JN239375

シャブタイ・ツヴィをめぐるメシア思想とユダヤ神秘主義

異端の鎖

山本伸一

keiso shobo

目次

凡例

- 本文中においてユダヤ人の人名は現代ヘブライ語に近い片仮名で表記する。ただし、聖書の登場人物に関しては一般的に通用する表記を用いる。
- ヘブライ語、アラム語、ラディーノ語、アラビア語、ギリシア語は、できるだけ原音に近い表記でラテナイズする。
- 人名の原語表記と生没年（不詳の場合は記さない）は索引に示す。その際、ユダヤ人の人名はヘブライ語の音写を採用する。索引の地名はできるかぎりその土地の言語で表記する。書籍や論考の表題は訳語とともに本文中に併記する。
- 引用文中の（　）は実際に括弧付きで表記されている場合に加えて、著者が直前の語句の意味を説明する際、原語を補記する際、また聖書の出典を示す際に用いる。［　］は語句を補うために用いる。［…］は中略を示す。
- 参考文献のうち論文はすべて初出の書誌情報とし、論文集に再録されたものは参照しない。
- 参考文献の人名や雑誌名については、一般的に通用している表記がある場合、それらを採用する。
- シャブタイ派運動に関するゲルショム・ショーレムの単著は重要な文献であるため、ヘブライ語原著（*Shabtai Tsvi ve-ha-Tenu'ah ha-Shabta'it be-Yemei Ḥayyav*）の参照箇所を示す際に、英訳（*Sabbatai Ṣevi: The Mystical Messiah*）の対応箇所を［　］で付記する。ただし、原著と英訳のいずれかを参照する場合は一方のみの頁数を示す。

序論　歴史記述の呪縛

すべてはメシア棄教から始まった

一六六六年の秋、アドリアノープルの壮麗な宮廷の一室で、一人のユダヤ人が尋問を受けていた。救済者を名乗って、王位簒奪を目論んだ廉だった。四〇歳を迎えたばかりのこのユダヤ人はいかなる申し開きも認められず、死罪か改宗かを迫られた。時のスルタン、メフメト四世が自ら尋問に加わったとも伝えられている。バルカン半島から中東、北アフリカにまで支配を広げるオスマン帝国の強大な権力の中枢で、実際には官職も兵力も持たないこの男の存在は、あまりにも小さかった。緊迫したこの状況のなか、ユダヤ史に深い禍根を残す出来事が起こる。メシアとして名乗りをあげ、すでに多くの同胞に救済の期待を抱かせていたにもかかわらず、あろうことか、彼は自ら公にしたはずの約束に易々としらを切り、その場でターバンをかぶってムスリムになることを選んだのである。この人物こそが、本書の中核を占めるシャブタイ・ツヴィである。

このメシア自称者を論じるに際しては、様々な背景の人々にも光を当てねばならない。例えば、彼の改宗とメシア性に逆説的な神秘を見出した人々、救済の挫折を踏み台にして新たな救済思想を打ち立てようとした人々、またそうした怪しげな営為に異端の鉄槌を下した人々である。彼らが関与した出来事は、創意と葛藤と憎悪によって特徴づけられ、シャブタイ・ツヴィの死後も含めて約一世紀半に及んで展開した。

かつてその歴史は異端の系譜として構想された。シャブタイ・ツヴィをめぐっては、実のところ毀誉褒貶が錯綜していたにもかかわらず、正統を自負する者たちは異端狩りに乗り出すに当たって、疑わしい人々の背後に潜む同質性と連続性を暴き出すことに多大な努力を傾注した。本書の目的は、多彩な実態を浮き彫りにするために、疑惑の対象となった人々や書物の差異を強調し、そうした歴史記述の妥当性を問い直すことである。

この目的に向けて一連の作業に取り掛かる前に、まずはことの発端に遡ることにしよう。シャブタイ・ツヴィがメシアの使命を自覚し、自らの手でユダヤ人に救済をもたらすと宣言したのは、宮廷での尋問から遡ること、わずか一年三か月前のことだった。ユダヤ史において、メシアはつねに希望と幻滅の極相を示す。古来の伝統ではユダヤ民族に救済をもたらす象徴でありながら、いざ我こそはと名乗り出ても、決まって人々を失望させてきた。歴史を振り返れば、メシア自称者はしばしば姿を見せるが、一度たりとも本当の意味で艱難の運命から民を救ったことはない。シャブタイ・ツヴィも例外ではないと見る向きは当初からあった。ラビたちは猜疑の目を向け、一度ならず破門を言い渡した。その一方で、メシア到来の知らせはオスマン帝国領だけでなく、ヨーロッパ全土のユダヤ人共同体にまで広がり、多くの人々がやがてもたらされる救いに心を躍らせたことも事実である。史料はシャブタイ・ツヴィの素性さえ知らない大衆が救済に備えて禁欲と悔い改めに励み、さらにはエルサレムへの移住を企てて財産を売却する者さえいたことを伝えている。人々の期待感は一部の慎重論を抑えて、わずかな期間で一挙に高まっていった。

ところが救済をもたらすはずのメシアがイスラームに改宗したことにより、彼らの希望はあえなく潰えた。メシア棄教の知らせが届くと、ほとんどのユダヤ人の目に、シャブタイ・ツヴィはもはや一顧だに値しない詐欺師に映った。またも僭称者は同胞を裏切ったのである。結果として、わずか一年三か月という一過的な驀進ののちに、その影響力は急速に失われていった。残されたのは失望と沈黙だった。それから一〇年後、いかなる救いの徴を示すこともなく、シャブタイ・ツヴィがオスマン帝国の僻地で没したことを考えれば、人心の離反はこの男の本質を言い当てていたのかもしれない。

それでも、なかにはシャブタイ・ツヴィの改宗に神秘的な理由が隠されていると信じ続ける者たちがいた。預言者としてシャブタイ・ツヴィをメシア宣言に導いたガザのナタン、「メシアの偉大な書記」と呼ばれたシュムエル・プリモ、改宗ユダヤ人の家系に生まれてメシアに自らの使命を重ね合わせたアブラハム・カルドーゾらである。彼らはメシアがただ死の恐怖に怯えて為政者に阿諛追従したのではなく、土壇場の変節に深甚な神意が介在したはずだと確信していた。矛盾にこそ真理を見出すこの種の思惟は、彼らの宗教的背景に起因する。シャブタイ・ツヴィのメシア性を信じ続けた人々は、ユダヤ教の知的伝統のなかで薫陶を受け、加えてカバラーと呼ばれる秘教に通じた神秘家だった。これらのカバリストたちは、メシアがユダヤ教を捨てるという現実に直面しながら、皮相的な理解では到達できない秘密の理由を探求したのである。シャブタイ・ツヴィがメシアとして人々の関心を集めた時期に比べれば、カバラーに通暁した信奉者たちが改宗の秘密を語った時期のほうがはるかに長い。そうした意味で、シャブタイ・ツヴィをめぐる多彩な解釈は、一人のユダヤ人がイスラームに改宗したという事実を超えてユダヤ思想史における重要な意味を含んでいる。

カバラーの歴史におけるメシア棄教の神秘的解釈

神秘的なメシア論を繙く前に、まずはシャブタイ・ツヴィを信じる者たちの共通の思想的源泉であるカバラーについて触れておこう。この秘教の淵源は一二世紀後半のフランス南部に遡る。本来はヘブライ語で「受け取ること」あるいは「伝承」という意味しか持たなかったカバラー（qabbalah）という単語が、神の秘密をめぐる特定の伝承を指すようになったのは、南仏はラングドック地方の学塾だった。ナルボンヌのアブラハム・ベン・イツハクやポスキエールのアブラハム・ベン・ダヴィドといった最初期のカバリストは、ユダヤ法（halakhah）の大家として知られている。つまり、カバラーは伝統的なユダヤ教のなかで顕幽を跨ぐ領域に発生したと言える。黎明期を特徴づける『清明の書』（*Sefer ha-Bahir*）がまとめられたのはまさにこのころであり、そのなかには神の性質をめぐる神学的議論だけでなく、戒律の釈義（taʿamei mitsvot）への関心も垣間見える。

その後、一三世紀になると中心地はスペイン北部に移った。カバラーの古典にして神秘文学の精華、『光輝の書』（*Sefer ha-Zohar*）がこの地で書かれたのは一二八〇年前後のことである。『光輝の書』は一般的にミドラシュ（midrash）と呼ばれるユダヤ教の聖書註解のジャンルに属し、シャブタイ・ツヴィが愛読したことでも知られている。カバリストたちは『光輝の書』を単なる註解ではなく、聖書の表面的な言葉の奥にある深層を解き明かすための知恵の宝庫だと考えた。そして、のちには聖書やタルムードに比肩する聖典と見なすようになったのである。この時代、カバラーの基礎をなす概念が完成した。神に備わる力や性質を表す一〇個のセフィロート（sefirot）である。それぞれは単数形でセフィラー（sefirah）と呼ばれる。最も聖性の高い「王冠」（Keter）のセフィラー、そこから「知恵」（Ḥokhmah）と「理知」（Binah）が生じるとされた。両者の間には「知識」（Daʿat）が描かれることもある。さらに下へ向かって「慈愛」（Ḥesed）、「厳正」（Gevurah）、「壮麗」（Tifʾeret）、「永遠」（Netsaḥ）、「栄光」（Hod）、「根幹」（Yesod）、「王権」（Malkhut）と続く。「王権」はしばしば「臨在」（Shekhinah）とも呼ばれる[1]。セフィロート体系はシャブタイ・ツヴィや彼を取り巻くカバリストの思想のなかで、つねに不可欠な役割を果たす概念である。

一四世紀末になると、カバラーの中心地スペインではカトリック勢力のレコンキスタが進むにつれ、ユダヤ人迫害が激しさを増した。そのなかでユダヤ人は洗礼を強いられることもあり、強制改宗者はコンベルソ、あるいは蔑称でマラーノと呼ばれた。一四九二年にユダヤ人のスペイン追放が命じられると、人々は寛容な土地を目指して、オランダ、イタリア、北アフリカ、バルカン半島、パレスチナに逃れ、これを機にカバラーの中心地も広がっていくことになる。

ユダヤ人の人口移動の結果、カバラーは一六世紀のパレスチナで爛熟期を迎えた。とりわけ、ガリラヤ地方のツファットでは、一五三〇年頃からいくつもの学塾が営まれ、各地から神秘を考究するユダヤ人が集った。こうしてツファットは、次第に秘教の総本山とも呼べる重要な場所になっていく。ツファットのカバラーの特徴は、セフィロート体系に基づく神学が宗教的な実践に取り入れられていったところにある。カバリストが集まるこの土地は、霊魂と神の世界をめぐる想念に満たされていた。彼らは人に憑いた邪悪な霊を祓い、罪によって汚れた人間の霊魂を浄化した。交霊術や悪魔祓いの記録には事欠かない。また、カバリストは分断された神の世界に原初の調和をもたらそうと、戒律に隠された意味を探求し、厳格にそれらを守った。もともとユダヤ教では戒律によって生活が細かく規定されるが、ツファットでは精緻で複雑な神の世界の構造と結びつけられて、それまで知られていなかった戒律の奥義が明らかにされた。この時代のカバリストたちは祓魔師であり、神働術（theurgia）に長けた神秘家であり、同時にユダヤ法に通じる賢者だった。

本書でシャブタイ・ツヴィのメシア性を信じるカバリストの思想を論じるときに、とりわけ重要なのが、ツファットのカバリスト、イツハク・ルーリアである。ルーリアは、『光輝の書』に代表される古典カバラーがもはやこの時代に適さないと考えて、新たな教えを説いた。その教えは創造論や霊魂転生論を基軸とし、緻密な網羅性と構造的な反復性を特徴としている。彼の教義は数名の弟子に伝えられたが、なかでも主要な役割を担ったのがハイム・ヴィタルである。ヴィタルはルーリアの教えを門外不出としたため、当初はパレスチナのごく限られたカバリストしか学ぶことはできなかった。ルーリアの名を冠したカバラーが広まっていくのは、ヴィタルの死後、半世紀ほどが経ってから、つまりシャブタイ・ツヴィのメシアニズムが盛んになる時代と一致する。ルーリアのカバラーの流布は、本書が扱う新たなメシアニズムの発生と無縁ではない(2)。

シャブタイ・ツヴィ自身も若い頃からカバラーの世界に心酔し、ムスリムになってからもカバラーの概念で神と自身との親密で排他的な関係を説明した。カバラーは一貫して彼のメシア性を語るうえで不可欠な共通言語であり続け、一部の信奉者の間でメシア棄教に隠された神の秘密が論じられた。カバラーの象徴論において、異教はとりもなおさず悪である。それなのに、なぜメシアはターバンをかぶってムスリムになってしまったのだろうか。なぜあえて救済者が悪の跳梁する奈落へと自ら降りていかねばならなかったのだろうか。こう問い、悪の根拠に目を凝らすことによって、一見すれば挫折にしか映り得ない棄教が、信奉者には隠然と輝く神秘の薄衣をまとって見え始めたのである。

注意しなければならないのは、カバラーそのものが宗教的な逸脱として指弾されたわけではないという事実である。それどころか、一七〜一八世紀はカバラーの概念がユダヤ人のあらゆる宗教的な実践に浸透していった時代であり、シャブタイ・ツヴィを敵視するラビも例外なくカバラーに通じていた。秘教はユダヤ人の時代精神が胚胎するマトリクスであり、問題はその秘密の門扉を開くための鍵が誰の手に握られているかということだった。シャブタイ・ツヴィという存在に救済の秘密を見出そうとするカバリストは、往々にしてその鍵の専有を主張したために、一八世紀以降は幾度となくユダヤ教内部の対立と論争のきっかけを作ることになる。

「シャブタイ・ツヴィの教団」という異端の系譜

本書には一貫して批判的に検討を加え続ける問題がある。それはシャブタイ・ツヴィをめぐるメシアニズムの連続性である。一八世紀、異端との戦いに身を捧げたラビたちの文書には、しばしば「シャブタイ・ツヴィの教団」という表現が現れる。伝統の守護者を自認する彼らは、世代を超えていまだ人々を惑わすメシア信仰に危機感を覚え、「シャブタイ・ツヴィの教団」に対して繰り返し呪詛の言葉を投げ、ときに破門を言い渡した。メシア信仰を疑われた人々に対する迫害は、異端狩りの様相を呈することさえあった。共同体からの追放、手稿の押収と焚書、被疑者との破門の応酬など、告発の結果はときに苛烈を極めた。このとき攻撃に回ったラビたちの語り方には、ある特徴が見られる。それはシャブタイ・ツヴィの冒瀆的な傾向を継承する人々のつながりを指摘することである。彼らが著した文書からは、救済論を唱えた人々やカバラーの流布に勤しんだ神秘家たちがいかに連綿と偽メシアの思想と習俗を継承していたかを読み取ることができる。「シャブタイ・ツヴィの教団」を列記する文書は、あたかも直線的な異端の鎖があったかのように綴られたのである。

こうしたラビたちの筆頭に挙げられる人物は、ヤコブ・エムデンである。一八世紀のヨーロッパで起こったいくつもの論争に関わり、異端狩りの急先鋒として知られる。中世キリスト教の異端狩りがそうであったように、その執拗な攻撃が純粋な正義感から出たものでないことは、エムデンの駁論の片言隻語から読み取れる。本書でしばしば参照することになる彼の著作は、メシアニズムの第一世代が活動した一七世紀後半に書かれた記録の抜粋と抄訳で始まる。そこにはシャブタイ・ツヴィの経歴や改宗の経緯が記され、さらにナタンやカルドーゾの言動、そして「シャブタイ・ツヴィの教団」の諸相へと進んでいく。だが、そこに書かれた多くの出来事にエムデンは直接関与していない。彼が物心ついたときにはすでに第一世代は世を去り、その時代の信奉者の集団に接触したことはなかったからである。エムデンの本当の宿敵は、彼と同時代に生きたヨナタン・アイベシッツだった。アイベシッツは一八世紀の最も権威あるラビに数えられ、雄弁な説教師、自然科学の知識を備えた開明的な賢者、ユダヤ法の伝統を護持する大家として今日なお名高い。まさに時代を代表するラビである。エムデンはそのアイベシッツがシャブタイ・ツヴィの異端に冒されていると非難したのである。それを周知するために、シャブタイ・ツヴィの時代からメシア信仰に関わってきた人物の系譜をたどることがエムデンの戦略だった。そしてこのあと、のちにカトリックへの集団改宗を先導するヤコブ・フランクに対して異端の疑惑が持ち上がると、エムデンはこの新たな敵との闘争に立ち上がった。ここでも同じようにフランクの素性を明らかにし、この異端者がシャブタイ・ツヴィのあとを追ってムスリムになったドンメ教団の後裔であると指摘する。アイベシッツやフランクに対するエムデンの敵意を考えれば、異端駁論に一定の史料価値を認めることはできるとしても、歴史記述として読むには細心の注意を要する。エムデンの戦略は、異端の系譜を時系列で綴ることによって「シャブタイ・ツヴィの教団」の代表格であるアイベシッツやフランクの過ちを白日のもとに晒し、依然としてユダヤ社会に潜む悪に対して正統という名の鉄槌を下すことだったからである(3)。アイベシッツとフランクの問題をシャブタイ・ツヴィに遡求したエムデンは、独自の立場から異端史を描こうとしていたと言える。

シャブタイ・ツヴィを介して救済を探求したユダヤ人がいたことは事実だが、一八世紀に異端を疑われた人々の神学やメシアニズム、社会的な地位や相互のつながりは極めて多様で曖昧だった。破戒と棄教はメシアにしか許されない行為だと捉える人々がいる一方、メシアを信じる者も同じようにユダヤ教を棄てて新たな救済に与ることができると考える人々がいた。シャブタイ・ツヴィを神格化する教団があり、他方でメシアの霊魂が別の指導者に継承されたと主張する者たちがいた。このように信仰の秘密をめぐる意見の対立のほうが際立っていた。つまり、シャブタイ・ツヴィに何らかの救済論的な役割を見出した人々がいたとしても、彼らは決して一枚岩の集団ではなかったのである。したがって、シャブタイ・ツヴィの異端の鎖は、もとをたどればエムデンをはじめとする一八世紀の一部のラビたちによって恣意的に形作られたと断じても過言ではないのである。

近代ユダヤ学におけるシャブタイ派

奇妙なことに、エムデンら告発者が綴った異端史は広くユダヤ学のなかで受け入れられてきた。研究者たちは「シャブタイ・ツヴィの教団」という言葉の代わりに「シャブタイ派」という名称を当て、あたかもそうした組織的な実態、あるいは思想の水脈が存在したかのように歴史を記述した。古き伝統の守護者を自負したラビたちの枠組みを踏襲したのは、近代のユダヤ研究（Wissenschaft des Judentums）に携わった人々である。一九世紀に入るとドイツのユダヤ人は学術的な歴史研究を発展させ、ドイツ語で民族史を書くようになった。ユダヤ啓蒙主義（haskalah）の精神に涵養された初期のユダヤ史家は、往時のユダヤ社会を混乱に陥れたシャブタイ・ツヴィだけでなく、メシア信仰の迷妄に惑わされた信奉者をも辛辣な言葉で非難した。世俗と伝統の狭間でユダヤ教が一義的に説明できないほど雑多な様相を呈し始めた一九世紀にあって、彼らは歴史を綴ることによってユダヤ教を精錬することを目指した。そのためには、選り分けられるべき不純物についても明らかにしておかねばならなかった。この時代、啓蒙主義の歴史家は、エムデンが属した中世ユダヤ教の精神とは明確に異なる世界を生きていた。動機もさることながら、出自さえ相違するにもかかわらず、ここにはほとんど無自覚にエムデンとの共犯関係が成立している。

嚆矢となったのはペーター・ベールの歴史記述である。ベールは改革派ユダヤ教の発展に尽力した人物で、ラビの伝統にこそ信仰の本流が通じているとし、ユダヤ人は「純粋なモーセの宗教」（rein mosaische Religion）あるいは

「モーセの原宗教」(mosaische Urreligion) へ回帰すべきだと主張した。そこから逸脱した傍流の歴史を研究した主著、『あらゆるユダヤ人の宗教教団 [...] およびカバラーという秘教の歴史と教義と見解』(*Geschichte, Lehren und Meinungen aller [...] religioesen Sekten der Juden und der Geheimlehre oder Cabbalah*) にはこの信念が刻印され、近代ユダヤ教の歴史的な正統性を示そうとする意図がうかがえる。「ゾハル主義者、すなわちシャブタイ派」と題された章では、エムデンの著作を主要な史料に用い、異端がたどった顚末を批判的な論調で綴っている。[4] ベールの手法はイザーク・マルクス・ヨストの歴史書でも繰り返される。『ユダヤ教とその諸教団の歴史』(*Geschichte des Judenthums und Seiner Sekten*) において、ヨストはエムデンをはじめとする告発者の文献を史料に用いた。ドイツで発展した近代ユダヤ学の金字塔、ハインリヒ・グレーツの『ユダヤ人の歴史』(*Geschichte der Juden*) も例外ではない。当時まだ信奉者が書いた文書は手稿のまま各地で保管されていたためにほとんど明らかになっておらず、これらのユダヤ史家は同時代のキリスト教徒の記録や一八世紀に出版された異端駁論を参考にしながら、シャブタイ派の歴史を記述した。[5] シャブタイ・ツヴィのメシアニズムとその後の影響に関する学術研究は、このように告発者たちの反駁を借用しながら、近代的な歴史記述によって補綴されることで始まったのである。彼らの著作で用いられるシャブタイ派(Sabbathianer) という言葉は、ほどなくヘブライ語で Shabta'i と翻訳され、シャブタイ・ツヴィからヤコブ・フランクに至る流れのなかで異端者を指す総称として流通するようになる。

一般にシャブタイ・ツヴィのメシアニズムを指すシャブタイ派という総称は、シャブタイ・ツヴィを信じ続ける人々や組織の系譜を想定している。その想定は自明でないにもかかわらず、一九世紀のユダヤ史家の視角は批判的な検証を経ないまま、二〇世紀のユダヤ学にも引き継がれた。代表的な例として、シャブタイ派研究最大の功労者であるゲルショム・ショーレムが挙げられる。ショーレムはシャブタイ・ツヴィに始まるシャブタイ派の歴史が、ラビから一般のユダヤ人にいたるまで、多くの人々を巻き込みながら展開したと主張した。その勢いはさながら燎原の火のごとく、教養あるラビから一般大衆にまで広がり、彼らの心をメシア到来の期待で燃え上がらせた。ショーレムによると、一六六六年のメシア棄教によりシャブタイ派運動は地下に潜行したが、影響はユダヤ社会のそこかしこに見出すことができる。その範囲はエムデンが標的にしたアイベシッツやフランクだけでなく、ハシディズム、ハスカラー、改革派ユダヤ教にまで及んだという[6]。このように、ショーレムはシャブタイ派を単なる異端や逸脱と捉えず、近代ユダヤ教の諸形態を生み出した前駆的な現象だったと論じた点で、一八世紀の反対派のラビや一九世紀の啓蒙主義的な歴史家とは大きく異なる。それでも依然としてシャブタイ派の一体性や連続性はショーレムの研究の前提であり続けた。シャブタイ派を一つの連続した運動として捉えるという彼の宣言からは、むしろその傾向が強調されたと言ってもよいだろう[7]。

ここまでの記述を簡潔に整理するならば、次のようにまとめることができるだろう。すなわち、シャブタイ・ツヴィをめぐる神秘的なメシアニズムは救済の失敗にもかかわらず、確かに約一世紀半の間広範な地域でおびただしい数のユダヤ人を引きつけてきた。しかしながら、それは決して一つの組織を形成していたわけではなく、むしろ「シャブタイ・ツヴィの教団」の一体性は異端を糾弾するラビたちによって作られ、シャブタイ派は近代の歴史家が付与した枠組みだった。したがって本書が明らかにすべきは、失敗したメシアニズムが長期間にわたり人々を引きつけた理由、およびこの現象を単数形で語ることをやめたときに姿を現す多様な実態である。

本書の構成

本書では、シャブタイ・ツヴィからヤコブ・フランクが活動した時代までの一世紀半を扱うことになる。とはいえ、ゲルショム・ショーレムが書こうとした「シャブタイ派」の通史を、彼に代わって実現させることが目的ではない。むしろそれとは逆にシャブタイ派という枠組みに疑義を呈しながら、シャブタイ・ツヴィをめぐるメシアニズムに関わった人々の関係や相違を評価し直すことを目指す。一連の思想史を書くことが不可能だと主張しているわけではない。そうした通史が書かれるとき、一貫性を前提とせず、特定のイデオロギーに重ね合せることのない、批判的な観点で綴られなくてはならない。本書が「シャブタイ派」という呼称をあえて回避するのは、そうした観点を念頭に置いた意図的な試みだからである。「シャブタイ派」に代わって、シャブタイ・ツヴィをめぐるメシアニズムといった表現が頻出するだろう。そのように述べる場合、文字通りシャブタイ・ツヴィを信じる者だけでなく、彼の存在を乗り越えたところに開ける新しい思想、そして彼のメシア性を踏み台にする救済論までが含まれる。言い換えるならば、ユダヤ教の根本をなす救済や終末に思索を傾ける際に、シャブタイ・ツヴィの存在を経由するあらゆる道程を指している。実際にシャブタイ・ツヴィが現れて以来、たとえ一切その名前に言及しなくても、ユダヤ教のメシアニズムがこの人物を無視することはできなかった。沈黙のなかにもつねにシャブタイ・ツヴィについて語る様々な声の残響を聞くことができた。この宗教現象の重要性は、まさにこうした目に見えない呪縛にこそある。それを確認するためには、少なくともシャブタイ・ツヴィからフランクまでの範囲を網羅する必要がある。

一世紀半の出来事を綴るにあたって、本書は三つの部分から構成される。あらかじめそれぞれの問いを提示しておくならば、次のようにまとめることができる。第Ⅰ部「破戒と改宗をめぐる葛藤」では、第一世代を代表するシャブタイ・ツヴィ、ガザのナタン、アブラハム・カルドーゾの三人の具体的な思想を分析しながら、彼らが何を共有し、いかなる点において相違を抱えていたのかという問いに答える。シャブタイ・ツヴィとナタンは、宗教的カリスマとそれを支える戦略家として描かれることがある。(8) 確かに二人が相互に触発し合うことなしにこのメシアニズムが生まれることはなかったが、メシア棄教以降はむしろすれ違いの方が際立っていることを指摘する。また、カルドーゾはシャブタイ・ツヴィに影響を受けて活動した人物だが、彼が描くメシアのイメージはシャブタイ・ツヴィともナタンとも大きく異なる。メシアは真実の神を宣べ伝えるカバリストであり、自分自身をおいて他にいないという確信にたどり着いたのがカルドーゾである。シャブタイ・ツヴィという矛盾に満ちた存在を共有しながら、ナタンもカルドーゾも反故にされた救済の意味を闡明しようと葛藤し、そこからそれぞれが独自の思想を練り上げたのである。

続く第Ⅱ部「ユダヤの内部に渦巻く異端の疑惑」では、一八世紀の三つの展開に光を当てる。最初に扱うのが放浪のカバリスト、ネヘミヤ・ハヨーンである。ハヨーンが出版したカバラー論考では、シャブタイ・ツヴィが一切言及されないにもかかわらず、共同体を超えた異端論争に発展した。ハヨーンとは対照的に、イタリアの名家に生まれパドヴァの知的気風に育まれながらも、ラビたちによって激しく攻撃された人物がいる。今日では倫理文学の祖として知られる、モシェ・ハイム・ルツァットである。シャブタイ・ツヴィのメシア性を否定したにもかかわらず、ルツァットについて問題になったのは彼の啓示体験と権威に対する不遜な態度だった。また、すでに権威が認められていたラビさえも異端狩りの対象になった。一八世紀を代表するラビ、ヨナタン・アイベシッツである。アイベシッツの周りでは、東欧の怪しげなカバリストたちとの噂が絶えなかった。それでも彼がシャブタイ・ツヴィを信仰していると認めたことは一度もなく、潔白を信じて支持するラビは多かった。ハヨーン、ルツァット、アイベシッツは、一つの集団に属していたわけでも、密接な相互関係を持っていたわけでもない。それでも告発者たちが一連の異端の系譜に彼らを組み入れたのはなぜだろうか。第Ⅱ部を通して見えてくるのは、シャブタイ・ツヴィとの関わりを疑われた人々の多様性だけでなく、異端狩りに従事したラビたちによる伝統や権威を守るための戦略である。

第Ⅲ部「ユダヤからの解放を目指す新しい救済論」では、シャブタイ・ツヴィのメシアニズムに影響を受けてユダヤ教を棄てた二つのグループに注目する。その一つは、シャブタイ・ツヴィに倣ってイスラームに改宗したサロニカのドンメ教団である。彼らは第一世代の信奉者の多くの文書を保有し、教義のなかに取り入れていった。しかし、改宗が救済につながるという逆理を除いて、彼らがどれほどシャブタイ・ツヴィの思想を知っていたかは疑問が残るし、そもそも救済が実体的な意味を持っていたかどうか極めて疑わしい。ポーランドで約三〇〇〇名のユダヤ人がカトリックの洗礼を受けるきっかけを作ったヤコブ・フランクも、改宗が救済の条件であると教えた人物である。ただしフランクの場合、救済はユダヤ人自治の確立という現実的な解決として提示される。ナタンやカルドーゾだけでなく、ほとんどの信奉者にとってメシアのみに許された特権として捉えられた改宗には、どのような意味がこめられていたのか。そして、正統を自認するラビたちは、もはやユダヤ人ですらない彼らに対してどのように応答したのだろうか。

結論「拡張し続ける異端の鎖」では、ショーレム以後の世代においてさえ、シャブタイ派の影響をユダヤ教の内部に見出そうとする研究者がいることに言及する。本書でしばしば参照するユダ・リーベスである。リーベスはシャブタイ派にユダヤ民族主義を見出し、そのエートスを内包するシャブタイ派がフランクを超えて、一八世紀の宗教的権威に影響を与えたと主張する。彼の発見が正しければ、もはや正統のなかにさえ異端が巣食っていることになる。該博な知識と鋭敏な洞察に裏打ちされたリーベスの論証は、異端狩りが過去のものとなり、多くの資料によって批判的な研究が可能になった現代でさえも、異端の鎖が容易に解き難いものであることを印象づけるのである。

注

(1) セフィロート体系のシンボリズムにはいくつもの原理があるが、重要なのは「知恵」が父で「理知」が母を表していること、また「慈愛」が善の源泉で「厳正」が悪の源泉と考えられていることである。さらに「壮麗」を中心とする中間位の六個のセフィロートは男性的な性質を持ち、特に「根幹」は男根の表象とされる。それに対して「王権」ないしは「臨在」は女性的な性質を示す。それは地上の人間に臨みながら、人間の罪のために上位の男性的な神から断絶されている。ユダヤ人は罪を償い、その断絶をもとに戻し、神の内部世界で「聖なる婚姻」(zivvugaʾ qadishaʾ)を実現させなくてはならない。これらは『光輝の書』以来の概念であるため、シャブタイ・ツヴィのメシア性を論じるカバリストの間でも議論の基本となる。

(2) ショーレムは、ルーリア派のカバラーが広く浸透したことで、シャブタイ派のメシアニズムが全ユダヤ的な現象として拡大したと説明した。Scholem, *Shabtai Tsvi*, 18–74 [22–93]. シャブタイ・ツヴィのメシアニズムがルーリア派拡散のきっかけになったという学説もある。Idel, "Eaḥd me-ʿIr," 5–30. また、『光輝の書』の印刷本の普及や儀礼における章句の朗誦がシャブタイ派の展開と関係しているとの見方もある。Huss, "Ha-Shaʾtaʾut ve-Toldot ha-Hitqablut Sefer ha-Zohar," 58–68.

(3) 通史や系譜を作ることで敵の素性を暴露し、異端に明確な枠組みを与える戦略は珍しくない。一般的にこの種の文筆活動は、「正統」を自称するグループが社会的地位を確固たるものにするために行われる。このジャンルには単なる異端の一覧表のみならず、異端史と呼び得る作品まで含まれることになる。Henderson, *The Construction of Orthodoxy and Heresy*, 151–154.

（4） Beer, *Geschichte, Lehren und Meinungen*, Band 2, 259-340. ベールはフランク派の家系に知己を持っており、彼らに寛容な態度を示したという興味深い一面もある。Werses, *Haskalah ve-Shabta'ut*, 147-148.

（5） Jost, *Geschichte des Judenthums*, 153-184. Graetz, *Geschichte der Juden*, Band 10, 168-258.

（6） Scholem, "Mitsvah ha-Ba'ah," 347-392. ハシディズムやハスカラーとの関連を指摘したのはショーレムが初めてではない。ハシディズムについては以下を参照。Graetz, *Geschichte der Juden*, Band 11, 105; 107-108. Dubnow, *Toldot ha-Ḥassidut*, 34. ハスカラーについては以下を参照。Löw, *Gesammelte Schriften* II, 172; IV, 449. ショーレムが描いたシャブタイ派研究の壮大な構想、および研究の経緯については以下を参照。Meir and Yamamoto, "Sefer Patuaḥ," *Toldot ha-Tenu'ah ha-Shabta'it*, 11-44.

（7） Scholem, op. cit., 351.

（8） シャブタイ・ツヴィとガザのナタンの相補的なイメージは、ショーレムのモノグラフ、*Shabtai Tsvi ve-ha-Tenu'ah ha-Shabta'it be-Yemei Ḥayyav* において提示された。ツヴィ・ヴェルブロフスキーによる英訳は *Sabbatai Ṣevi: The Mystical Messiah*。このイメージを採用した代表的な文学作品として知られているのは、大江健三郎の『宙返り』（講談社、一九九九年）である。オウム真理教事件後の架空の新興宗教団体を題材にしたこの作品では、師匠（パトロン）と案内者（ガイド）が、それぞれ事件の首謀者らのみならず、シャブタイ・ツヴィとナタンをモデルにしている。師匠の「宙返り」はシャブタイ・ツヴィのメシア棄教に相当する。ショーレムのモノグラフに着想を得たことは作中に暗示されている。前掲書「下」、一六五―一七二頁を参照。大江がカリフォルニアでこの研究書に出会った経緯は、一九九八年の「アモス・オズとの往復書簡」（村田靖子訳）で回顧されている。ここで大江が言う「いま進行中の私の小説」とは『宙返り』のことだろう。大江健三郎『暴力に逆らって書く』（朝日新聞社、二〇〇六年）、七九頁参照。

第Ⅰ部
破戒と改宗をめぐる葛藤

善と悪において創造者とならざるをえない者は、まことに、まず破壊者となって、もろもろの価値をくだかざるをえないのだ。したがって、最高の悪は最高の善の一端である。そして最高の善とは創造的なものなのである。

——ニーチェ『ツァラトゥストラ』

第1章　シャブタイ・ツヴィの破戒と改宗

一、メシアと預言者の共鳴と離別

メシアニズムの引き金

シャブタイ・ツヴィは一六二六年にオスマン帝国の港湾都市スミルナに生まれた。地中海に面したスミルナはロンドンを拠点とするレヴァント会社のネットワークの中核を担い、貿易特権を与えられたフランスやオランダの商人が訪れる国際的な都市として栄えていた。一六五〇年代、八万人を超える人口のこの町には約七〇〇〇人のユダヤ人が居住し、九つのシナゴーグがあった[1]。同じ時代、推定二万五〇〇〇〜三万人のユダヤ人人口に四〇以上のシナゴーグを擁したコンスタンティノープルの繁華に比べれば規模では劣る。だがスミルナのユダヤ人共同体が形成され始めたのは、ようやく一六世紀後半のことであり、この数十年間に遂げた成長の著しさは瞠目に値するものがあっただろう[2]。スミルナにはトルコからだけでなくヨーロッパ出身のユダヤ人が集まり、貿易に携わる者も少なくなかった。シャブタイ・ツヴィの父親モルデハイもそうした仕事に従事し、のちに兄エリヤフと弟ヨセフが家業を継いだと伝えられている[3]。やがて神の秘密に没頭してメシアを名乗る人物が、閉鎖的なゲットーでも辺境のシュテットルでもなく、イスラーム、ユダヤ教、キリスト教が交差する開放的な商業都市で生まれ育ったという事実は特筆すべきである。神秘的な想像力を涵養するのは、俗塵を拒む静謐な環境だけでなく、ときに多様な伝統の輻輳を条件とするのかもしれない。

シャブタイ・ツヴィの出自は、ラビを輩出するような家系とは無縁だった。それでもいくつかの記録によると、彼はタルムードを学ぶ学塾（yeshivah）で教育を受け、優れた学識を備える敬虔な賢者として知られていたという。師事したのはヨセフ・エスカパというスミルナで最も高名なラビだった。学塾での研鑽を経て、シャブタイ・ツヴィはカバラーを独りで学び始めた。この町には特にカバラーで有名な学塾があったわけではない。しかし一六〜一七世紀のヨーロッパではいくつものカバラー文献が出版されていたし、その学習は決して特別なことではなく、むしろラビの素養と呼べるほど普及しつつあった。そうした条件が、スミルナという貿易都市において秘教の独学を可能にしたのだろう。[4] シャブタイ・ツヴィの特徴は、『光輝の書』など古典的な書物を学んだ点にある。『光輝の書』にはタルムード時代のラビたちが登場し、ハラハーの法的な議論よりも、神の秘密の開示が主要なテーマとなる。また、ルーリア派のように複雑な構造を特徴とする創造論や霊魂転生論は現れない。この事実から、彼が構造的な神学よりもミドラシュ、つまり物語や聖書解釈の文学における神秘の顕現に親しんでいたと推測できる。

メシアニズムも若き日のシャブタイ・ツヴィの心を捉えた。カバラーは様々な宗教的な論点を扱うが、メシアをめぐる秘密、つまり誰が歴史の終わりにユダヤ人を救い、それはいつどのように起こるのかという問いがしばしば中心的な位置を占める。『光輝の書』の主人公、シムオン・バル・ヨハイ（二世紀のタンナ）は神秘に通暁した賢者であり、同時に神の介在を促すテウルギアによって世界に調和をもたらす救済者として描かれている。シャブタイ・ツヴィはこのメシアとしての神秘家のイメージからインスピレーションを受けた可能性がある。加えて、キリスト教や改宗ユダヤ人のメシアニズムがシャブタイ・ツヴィに影響を与えたとも指摘される。当時の英国やオランダでは、キリストの再臨を説く千年王国論が勢いを得ていた。この終末思想はユダヤ人の聖地帰還やキリスト教への改宗を扱い、キリスト教徒だけでなく、必然的にユダヤ人の救済に関する議論につながる。[5] それにとどまらず、この議論はマラーノの救済とも重なりを持った。マラーノとはかつてスペインで洗礼を受けることを強いられたユダヤ人の末裔で、アムステルダム、イタリア、北アフリカ、トルコが多くの人口を擁していた。一度ユダヤ教を棄てたユダヤ人が果たして救済に値するのかという問いは、アムステルダムのラビの間で盛んに議論された。マラーノのために書かれた霊魂の修復の式文が印刷されていたこともわかっている。[6] スミルナにはキリスト教の商人や宣教師だけでなく、多くのポルトガル系のマラーノも訪れた。シャブタイ・ツヴィの信奉者のなかには、複数の強制改宗者の子孫がいたことが確認されている。シャブタイ・ツヴィがマラーノとの接触を通して、メシアや救済の問題を内在化させていったという見方もある。[7] 異なる民族と宗教が出会うスミルナだからこそ起こり得る交流だったと言えるだろう。

シャブタイ・ツヴィが自身の内部に備わるメシアの潜在性に気づいたのは、カバラーを学びそこに示現する救済の秘密に触れた結果である。この事実は間違いないが、誇大とも言える自覚はいつ彼の心に芽生えたのだろうか。いくつかの証言からは、まだスミルナに住んでいたときにその兆しがあったことがうかがえる。[8] 最も早い時期に言及する記録では、ユダヤ暦五四〇八年（西暦一六四七～四八年）に啓示を受けて「ヤコブの神のメシア」として目覚めたとある。きっかけは人里離れた場所で瞑想しながら、独り逍遥しているときだった。彼の青年時代を知る者が、のちにこう振り返っている。[9]

　　五四〇八年のある夜、その人（シャブタイ・ツヴィ）は孤独な瞑想のなか、町から二時間ほど離れたところを歩いていた。このときいかにして主の霊が降ったか語ってくれた。神の声が自分に話しかけてくるのを聞いたという。「お前はイスラエルの救済者、ダビデの子のメシア、ヤコブの神のメシアだ。イスラエルを世界中からエルサレムのなかに集めて、贖いをもたらすことになるだろう。［…］お前は真実の贖い主で、お前以外に救いをもたらすことができる者は他にいない。」そのときから、その人は聖なる霊と大いなる光に包まれたのだった。[10]

これはシャブタイ・ツヴィが二二歳のころで、まだスミルナで家族とともに暮らしていた時期に当たる。当時は耳を傾ける者が誰もいなかったのか、周囲の反応は何一つ知られていない。これを機にメシアとして活動を始めることがなかったことを考えると、彼自身も確信に至ったわけではないのかもしれない。だがもし啓示がメシアとしての実存を基礎づけたのだとしたら、のちに彼が語る神との親密なつながりは、神の声を聞いたまさにこの瞬間に遡ることになる。

加えて、ユダヤ暦五四〇八年という年には歴史的な意味を見出すこともできる。まずこの年にフミエルニツキの叛乱によるユダヤ人虐殺（gzerot tah ve-tat）が起こったという事実は看過できない。ポーランドのユダヤ人は南東部の辺境に集中しており、統治が手薄になるヴォーリン地方やポドリア地方では、借地人や徴税人としてポーランド貴族から一定の権限を与えられていた。そのため被統治者からは、ポーランド貴族の手先と見られることもあった。ウクライナ・コサックの指導者（hetman）、ボフダン・フミエルニツキがポーランド・リトアニア共和国の支配に対して蜂起したとき、叛乱に便乗した暴動や殺戮に多数のユダヤ人が巻き込まれた背景にはそうした不満と反感があった。[11] さらにカバラーの終末論から見れば、五四〇八年は『光輝の書』で死者の復活が起こると予言された年である。[12] この予言はのちに複数のカバリストに取り上げられ、五四〇八年は終末の年に当たると解釈され続けた。[13] シャブタイ・ツヴィがフミエルニツキの虐殺とカバラーの終末予言を知っていた可能性は十分にある。だがこれらが彼のメシア意識に直接響いたという証拠はない。[14]

スミルナで過ごした青年期について多くの史料で一致するのは、シャブタイ・ツヴィが冒瀆的な振る舞いによって同胞の顰蹙を買っていた点である。例えば彼はみだりに口にしてはならない神の名、神聖四文字（YHVH）を唱えることがあった。[15] 周囲のユダヤ人はこの冒瀆に眉をひそめ、かつての師エスカパは、「多くの人々を罪に導き、新しい信仰を作らないように先手を打つ者は報われる」と述べ、シャブタイ・ツヴィの殺害さえ呼びかけたと伝えられる。[16] 先に引用した啓示体験の記録でも、彼が「主の御名を文字で発音し、奇妙な振る舞いに及んだ」と回顧されている。

ただし、シャブタイ・ツヴィにしてみれば、既存の慣習や戒律をやみくもに破っていたわけではなかった。不可解な振る舞いにはつねに隠された意味があり、神秘を知るカバリストだからこそ、それを理解し実行することができると考えていたはずである。あるいは神の名を口にしたのは、その神を直接知っているという確信があったからかもしれない。
この種の冒瀆的な振る舞いが祟ってか、シャブタイ・ツヴィは一六五一～五四年頃にスミルナを出て、放浪の生活を送るようになった。多くのユダヤ人が住むサロニカに立ち寄り、そこでも奇態な言動によって顰蹙を買ったという記録が残されている(17)。この町でシャブタイ・ツヴィは律法の巻物を花嫁に見立て、天蓋の下で結婚式を挙げたという。この象徴儀礼には、「壮麗」のセフィラーである自分自身と「臨在」のセフィラーである律法の巻物が合一することで、神の世界の統合を促す目的があったと考えられる。のちに信奉者たちは、こうした一連の行為を「奇妙な振る舞い」(maʿasim zarim)と呼んだ。一見するとこの言葉には非難の意図が垣間見えるが、そこにメシアの証が隠されていると信じる人々の間では、逆説的ではあるが、救済の予兆を表す隠語として定着した(18)。
その後、コンスタンティノープルに移ったシャブタイ・ツヴィは、一六五八年頃、ユダヤ暦にまで変更を加えようとした。三つの巡礼祭(shalosh regalim)、すなわち過越祭、七週祭、仮庵祭を一週間という短期間で行ったという記録からは、神の世界のみならず、既存の暦に恣意的な操作を加えたことがわかる。

五四一八年(西暦一六五七～五八年)、イスラエルが巡礼祭で犯した罪を償うために、そのお方は三つの巡礼祭を一週間で行った。すべての世界を修復するために、主はそのお方に新しい律法と新しい戒律を授けた。そして五四一八年、禁じられたことを許してくださった主を、そのお方は祝福することだろう(19)。

神が「禁じられたことを許してくださった」と表現されているが、この一節が信奉者による回顧であることを考えると、実際にシャブタイ・ツヴィがどのような意図でこうした行動に出たかは正確にはわからない。もし依然としてメシア意識が継続していたとすれば、終末を早めるために暦を操作した可能性が考えられるだろう。

そうした逸話のなかで印象的なのが、コンスタンティノープルに滞在していた際、揺り籠のなかに魚を入れて魚座のもとでユダヤ人が解放されると宣言したというものである。「奇妙な振る舞い」の一例と取れるこの逸話は、シュヴァリエ・ド・ラ・クロワなる人物によって一六七九年に記録され、一六八四年にパリで出版された『オスマン帝国の極めて興味深い様々な報告に関する［…］回想録』に収められている。

彼［シャブタイ・ツヴィ］はまた別の狂態を思いついて、かなり大きな魚を一匹買ってきた。そして、それに服を着せ、子どもに見立てて揺り籠のなかに置いたのである。ラビたちはこの振る舞いを聞くに及んで驚倒した。そして、非常に学識豊かなこの男が頭を狂わせてしまったことを憐れんだ。数名の友人がこの常軌を逸した事実の理由を本人から聞き出すと、彼は空に人間の運命を支配する一二の星座を見たからだと言うのである。そして、イスラエルの民は魚座のもとで隷属から解放されることになると告げた。彼らに伝えられたのはこの秘密であった。(20)

ショーレムはド・ラ・クロワの記録を引きつつ、シャブタイ・ツヴィが占星術の知識を備えていたとして、魚座がユダヤ人の救済をつかさどり、揺り籠はそこへ向かう贖いの漸次的な成就を象徴していたと解説している(21)。ここでは加えて、シャブタイ・ツヴィが魚の母を装ったことにも言及する。「知恵」のセフィラーが父であるのに対して、古くから「理知」は母や救済を象徴するとされてきた。シャブタイ・ツヴィの周辺でも「理知」のメシア論的な理解が見られる(22)。おそらくこの「奇妙な振る舞い」は、天空に魚座を見て魚の母を演じることで自らを「理知」のセフィラーと重ね合わせようとした象徴儀礼だったのだろう。

この時期のシャブタイ・ツヴィについては断片的なことしかわかっておらず、史料の信頼性にも問題があるため、正確に足跡を追うことはできない。一説によると、一六五九年に故郷スミルナに戻って、家族のもとに蟄居していたとも言われている。その後、空白の時期を経て、一六六二年に兄の助言でパレスチナに向かった。そして、エルサレムのユダヤ人共同体の代表として、喜捨を集めるためにエジプトを訪れたことがわかっている。パレスチナのユダヤ人共同体は、中世以来非常に貧しく、各地のユダヤ人の援助によって支えられていた。それでも共同体の使者として信任を得た事実からは、この時期のシャブタイ・ツヴィが敬虔な賢者として振舞っていた可能性がうかがえる(23)。

シャブタイ・ツヴィの経歴を追跡していると、冒瀆的な行為を繰り返し自信に満ちて活動している時期と、他人と会うことを避けて抑鬱的な精神状態にある時期がはっきりわかれていることに気づく。例えば一六五九年にスミルナに戻ったあとは精神の高揚を示す証言がなく、エジプトに向かうまでのシャブタイ・ツヴィはメシアを名乗ることはもちろん、特に目立った行動に出ることもなかった。特定のユダヤ人共同体に定住することを避けたのも、神聖四文字を唱える高揚のあとに訪れた精神の減退が作用しているかもしれない。幼少期からしばしば悪魔によって苛まれていたという証言もある(24)。精神医学の語彙を用いるならば、この起伏は躁鬱病、あるいは双極性障害に起因すると考えることができるだろう(25)。

いずれにしても高揚と抑鬱の繰り返しが、周囲の人々に強い印象を与えたことは間違いない。のちに信奉者はシャブタイ・ツヴィが高揚のなかで啓示を受け、抑鬱状態にあるときは悪と戦っていると解釈した。啓示を受けた状態は、光に満ちた状態（heʾarah）と呼ばれ、陰鬱に沈んでいるときは消沈（nefilah）、あるいは顔を隠している状態（hastarat panim）という言葉で表現される。しかしまだこのころのシャブタイ・ツヴィは、神の啓示と悪魔の幻惑が交互に訪れ、精神が苛まれる理由を自ら説明できずにいた。メシアとしての自覚と精神の起伏を結びつけるには、ガザのナタンとの出会いを待たねばならない。

預言者との出会い

シャブタイ・ツヴィがオスマン帝国領内の各地を転々としていた時期、のちにメシアニズムの扇動に大きな役割を果たす若者が、同じくトルコ人の支配下にあったエルサレムに学んでいた。ガザのナタンこと、アブラハム・ナタン・アシュケナズィーである。[26] 彼はエルサレムの学塾でヤコブ・ハギーズに師事した。父親のエリシャ・ハイム・アシュケナズィーは、パレスチナ一帯で書かれたカバラーの書物を旅先で出版することを生業としており、ツファットの著名なカバリスト、ヨセフ・カロの『真義を告げる者』（*Maggid Mesharim*）をヴェネツィアで上梓した人物としても知られている。[27] だがどうやらナタンは父親を介してカバラーを学んだわけではなく、二〇歳の頃、結婚を機に妻の家族とともにガザに移り住んでから本格的に神秘の世界に足を踏み入れたと見られる。のちに彼は『光輝の書』とともに、イツハク・ルーリアの著作を読んでいたと述懐している。[28] そしてナタンにとって、とりわけこのルーリア派のカバラーが神学やメシア論を構築するうえで重要な基礎となる。

ナタンが書いたカバラー論考を読むと、彼がいかにこうしたルーリア派の創造論から多くを吸収したかがうかがえる。それは宇宙の開闢を思わせる段階的な光のダイナミズムとして提示され、シャブタイ・ツヴィとは異なる神秘思想へのアプローチが見出せる。加えてナタンはルーリアやその弟子のハイム・ヴィタルがそうしたように、人間の霊魂がたどってきた転生の過程を言い当てることができたという。[29] シャブタイ・ツヴィと出会う前の彼の活動は、ガザを拠点にして人々に傷を負った霊魂の修復を指導することだった。これはまさに当時のカバリストが人々の心を摑むための霊能者的な技法である。一七世紀後半にあって、ナタンがルーリア派の継承者であり、同時に実践的な宗教家だったことをうかがわせる。[30]

シャブタイ・ツヴィがナタンに出会ったのは、一六六五年の春だった。このころエルサレムの使節として喜捨を集めるためにエジプトにいたシャブタイ・ツヴィは、シュムエル・ガンドゥールというラビの報告で、ガザに優れた神秘家がいることを知った。高揚と抑鬱を繰り返す精神の不安定は自らの霊魂に原因があると考えていたシャブタイ・ツヴィは、それを癒してもらうためにナタンのもとを訪れた。ところが、ある記録によると、このとき彼の訪問に心奪われたのはナタンのほうだったという。

［シャブタイ・ツヴィは］ラビ・シュムエル［・ガンドゥール］の手紙のことを聞いて、霊魂の修復と平穏を見出そうと、［使節の］任務を放り出してガザに向かった。だがラビ・アブラハム・ナタンは彼を見ると、地面にひれ伏して、あなたがエジプトに向かうにあたってここを通り過ぎたときに教えを請わなかったことをお許しくださいと非礼を詫びた。そして彼の霊魂が非常に優れていると宣言したのである(31)。

驚くべきことに、ナタンがシャブタイ・ツヴィのことを知ったのはこのときが初めてではなく、出会いに先立ってすでにメシア到来を予言する啓示を受けていたという。のちにナタンはその啓示を回顧しながら、一六六五年二月下旬に恍惚のなかで神の玉座を見たと述べている。

天使や祝福された霊魂の幻視のなかで私の力は目覚め、プリム祭の前の週から長い断食（hafsaqah）を行っていた。体を清めて神聖な状態で特別な房室に閉じこもり、涙を流しながら立禱（ʿamidah）を唱えていた。嘆願の祈り（taḥnunim）のときだった。霊が私の前を通り過ぎ、髪の毛は逆立ち（ヨブ記 4:15）膝が震えてぶつかり合った（ダニエル書 5:6）。そして私は神の玉座（merkavah）を目の当たりにし、昼夜にわたって神の姿を見たのだ。［聖書の］預言者と同じように、私は完全な預言を授かった。主はこうおっしゃった、云々。私の心は預言が誰に向けられているのか、そしてそのお方が永遠に生きるのだとはっきりと悟った。［…］救済者がガザに現れてメシアを宣言するまで、私はそれを心のなかにしまっておいた。そのときにならなければ、契約の天使は私が見たことを公にすることを許さなかったからだ。イツハク・ルーリアが伝えた徴によって、そのお方の真実がわかったのだ(32)。

これはナタン自身の口から回顧的に語られたものであり、もちろん後付けの説明だろう[33]。むしろこのテクストから読み取るべきは、預言者の言葉を引用しながら自らの啓示も神に由来するという主張である。シャブタイ・ツヴィがメシアである証拠は神によって権威づけられ、かつ聖書の伝統によって補強されているのである。

またかつてシャブタイ・ツヴィの学友だったモシェ・ピンヘイロは、一六六八年にナタンから聞いた神秘体験を次のように伝えている。

［ナタンは］しばしば火の柱のようなものを眼前に見て、それと言葉を交わした。人の子の顔のようなものを見ることもあった。「語りかけてきたものがどのような霊魂だかわかるのですか」と私が尋ねると、いつも「わかっている」と答えた。しかし不遜なことと思われないように、長い間それを明らかにしたがらなかった。そして、ルーリアのすべての書物と真実の知恵（カバラー）を通してあらゆることを理解した。ある日、「大いなる光の啓示を受けるだろう」と語り、実際にそうなった。タリートとテフィリーンをまとっていると、［ナタンは］目を見開いたまま昏倒してしまったのだ。それでもかつてないほど意識は鮮明で、すべての［創造の］過程と神の玉座とアミーラー（シャブタイ・ツヴィ）の顔を見たのである。［…］またナタンは［ガザで］ある場所に行くようにという声を聞いて、一冊の文書を見つけたことも確かだと言った。そこには「アブラハムはこう語った」という幻視が書かれていた[34]。

このようにシャブタイ・ツヴィのメシアたる所以は、ナタンの神秘体験によって強固なものとなったのである。

加えて、メシア到来を印象づけるためにナタンがとった戦略は、自らの体験を強調するだけに止まらなかったことにも注目したい。ここに言及される「一冊の文書」は、義人アブラハムなる架空の神秘家が五〇〇年以上前にシャブタイ・ツヴィに関する啓示を受けて書き記し、ガザのシナゴーグの地中に埋めたとされる古文書である。ナタンは自らが受けた啓示のなかで預言者エリヤに命じられ、その場所を突き止めて掘り起こしたと主張した。もちろんこれはシャブタイ・ツヴィの正統性を示すためにナタンが作った時空を超えた物語である(35)。義人アブラハムの口を借りて、ナタンはシャブタイ・ツヴィの到来が次のように予言されていたと記している。

私、アブラハムは四〇年の間隠遁し、エジプトのナイル川のなかに潜む大蛇の力に苦しみながら、「いつ不可思議なる終末が訪れるのだろうか」(ダニエル書12:6)[と案じていた]。そのとき我が友(マギード)の声が心を打った。「見よ、五三八六年(西暦一六二六年)、モルデハイ・ツヴィに息子が生まれる。その名をシャブタイ・ツヴィという。その人は大蛇を制圧し、逃れようとする蛇と曲がりくねった蛇の力を奪い取る(36)。その人は真実のメシアで、武器を持たずにやって来て梯子を使って驢馬に乗る。そのお方の王国は永遠で、その方を除いてイスラエルに救済者はいない。」[…]私(義人アブラハム)はまだこの幻視に驚いている。私の前に立つ人を見よ。その容貌は腰からその下まで磨き上げらた真鍮に見え、周囲は炎のように明るい。[…]それから私は深い眠りに落ち、暗闇の恐怖がエジプトに満ちた。[…]見よ、その人の大きさは[ファラオのようにわずか]一平方アンマで、髭と陽根は一アンマの長さだった(37)。手には槌を持ち、六〇〇万回にわたって山々を砕いた。そしてその人が山に登ると、底まで続く穴があって、そのなかに落ちていった。その幻視は「お前はこの人の力を目にするのだから、嘆いてはならない」と私に語りかけてきた。しかし私は悲しみをこらえることができず、深い眠りに落ちてしまった(38)。

ナタンはこの自作の「古文書」に自ら注釈まで付けてみせ、メシア預言に信憑性を与えようとした。その注釈によると、真実のメシアであるシャブタイ・ツヴィは狭い場所に立ち、ナイル川の蛇たちに聖性を奪われながらも格闘しているという。この蛇たちはカバラーの用語で外殻(qlippah)と呼ばれる悪の勢力であり、ユダヤ文学で悪の化身として描かれるファラオである。

一方で、驚くべきことに、蛇と戦うシャブタイ・ツヴィもまた蛇の性質を備えているという。つまり、メシアは悪と潜在的に強靭な結びつきと同質性を備えている。それゆえにシャブタイ・ツヴィは、ファラオを思わせる佝僂か侏儒のように奇怪な姿で外殻の棲家に降っていき、悪の領域を修復することができるのである。(39) 救済者たるメシアが悪の世界へ降りていく様子は、間違いなくシャブタイ・ツヴィが患っていた精神疾患を暗示したものである。(40) ナタンはシャブタイ・ツヴィとガザで出会ったあと、彼の双極的な精神状態に善悪を往還するメシアの本質が隠されていることを説明するために「義人アブラハムの幻視」を著したのだろう。まだシャブタイ・ツヴィの存在が世に知られていなかったことを考えれば、ナタンは彼にメシアの自覚を植え付ける目的でこの偽書を書いたと推測することもできる。(41) いずれにしても、ナタンがシャブタイ・ツヴィに出会ってすぐに救済の役割を見出そうとしたことは間違いない。

その後、二人はガザからエルサレムやヘブロンを旅した。道中、ナタンは精神の高揚と抑鬱を繰り返すこの男の苦しみに耳を傾けただろう。かつて啓示のなかで芽生えたメシア意識も話題になったかもしれない。ナタンを確信に導いたシャブタイ・ツヴィの言葉は知られていないが、ときに神の啓示に満たされ、ときに悪魔の責め苦に苛まれる特異な精神状態がナタンの想像力に火をつけたことは間違いない。そして彼は最初の一歩を、カバラーの神学的な論法ではなく、シャーマンの入神状態にも似た啓示体験によって踏み出した。シナイ山でモーセに律法が授けられた日を記念する七週祭（Shavu'ot）の直前、つまり五月中旬、シャブタイ・ツヴィとナタンはガザにいた。シャブタイ・ツヴィは依然として抑鬱状態にあったが、天から聖霊が降るとされるまさにその夜、ナタンは決定的な啓示を受けたという。

> 七週祭前夜、ラビ・シャブタイ・ツヴィは不安に襲われた。［…］七週祭の夜、賢者アブラハム・ナタンと［聖書を］読むために出かけることができなかったので、不安な病人のように家に残っていた。その夜、聖書やミシ

ユナを読むために一〇名ほどの他の賢者がアブラハム・ナタンの私塾に集まった。夜半、皆が詩を詠唱していると、アブラハム・ナタンが昏倒してまったく四肢の感覚がなくなってしまった。居合わせた賢者たちは恐怖におののき、途方に暮れてしまった。天井の高いところに光のきらめきと輝く火が見えた。その幻視に驚き畏れていると、声が聞こえてきた。[…]それは「我が友ナタンが言うとおりに注意深く行え」と言い、そのあと「我が友シャブタイ・ツヴィが言う通りに注意深く行え」と続けた。[…]賢者たちはアブラハム・ナタンの口が動いていないかと見つめたが、動いていないようだった。彼の四肢はもとのまま麻痺していた。[…]その後、意識が戻ると彼らはラビ・シャブタイ・ツヴィについて語ったのはどういうことかと尋ねた。アブラハム・ナタンは[シャブタイ・ツヴィが]イスラエルの王となるにふさわしいお方だと応えた。(42)

メシア到来の預言が人々に知られると、ナタンだけでなく、ガザのユダヤ人も救済に与るために禁欲に励むようになっていった。

アブラハム・ナタンは再びこう述べた。「ラビ・シャブタイ・ツヴィはヤコブの神のメシアたるにふさわしく、完全な信仰（'emunah shlemah）によって信じなければならない。[…]そのお方を信じない者は、たとえ義人でも戒律と善行を守る人でも、この世界も次の世界もイスラエルの民とともに分け前を得ることはできない。そしてシオンの嗣業を目にすることはない。」多くのエルサレムの住民が［シャブタイ・ツヴィを］信じ、悔い改めた。ガザでも大きな悔い改めが起こり、人々は沐浴と断食を行った。(43)

ナタンはこのメシア宣言の直後から信仰の重要性を強調した。従来のユダヤ教のメシア論であれば、いくつかの外的な条件でメシアか否かを判断し、特定の個人に対する信仰が救済に直結するとは考えない。それにもかかわらず、シャブタイ・ツヴィに関しては、たとえそうした条件に合致しなくても「完全な信仰」を保たなければならないというのである。(44)

一六六五年六月、シャブタイ・ツヴィはナタンと別れて行動するようになる。この頃、「完全な信仰」の対象であるはずのシャブタイ・ツヴィが意外な想念を抱き始めた。それはメシアにのみ許される破戒の特権である。信奉者たちが「奇妙な振る舞い」と呼んだ数々の象徴儀礼は、戒律や律法の価値を毀損するほどのものではなかったが、このころからシャブタイ・ツヴィは意図的に規範を犯すようになっていく。このあと第二節で扱うように、その最たるものがアヴ月九日に代表される断食日を祝日に変えるというものである。おそらくはそうした変化について、何らかの説明が必要だと感じたのだろう。ナタンがこの時期を回顧する記述に次のような内容が見られる。

メシア王を信じる者は、[シャブタイ・ツヴィが] いくつもの違背を犯し、他の人々まで何人も違背に導いておきながら、いかにしてメシアたり得るのかなどと尋ねてはならない。一時的なこと (horaʾat shaʿa) に過ぎないと応えることができるからである。そのお方の口から我々は何度もご自身の言葉がすべて一時的なものであると聞いた。またある文書では、「イスラエルの種は我が面前において永遠に民であることはなくなるだろう」(エレミヤ書 31:36) という聖句を詳しく解説していた。「永遠に (kol ha-yamim) [民で] なくなる」ことはなく、「暫定的に (miqtsat ha-yamim) [民で] なくなる」のである。(45)

この前後のテクストにおいて、ナタンは聖書の預言者たちがしばしば逸脱的な行為に及んだこと、タルムードにおいてラビたちが戒律と律法、特に偶像崇拝を犯した際の罰則について論じた箇所を参照しながら、救済のための脱法を正当化しようとした。無論、それはシャブタイ・ツヴィに許されたことだが、彼の命令によって追従した信奉者たちについても、ナタンは一時的に許容できるという見解を示した。この文書を書いた年代は一六七三年頃と見られ、すでにイスラームへ改宗した信奉者が相当数いたと見られる。ナタンはメシアの破戒や改宗に込められた神秘的な意味の説明を試みただけでなく、いつかは脱法状態が解消することをも願っていたかもしれない。

ルーリア派を継承するガザのナタンの「修復」

メシアが現れたという知らせは、ナタンの書簡や様々な人々の報告によって、ガザから各地に広まっていった。メシア到来を告げる預言者ナタンの書簡が回覧され、キリスト教徒が発行する新聞は偽メシアに浮かれるユダヤ人の盲信と蒙昧を大々的に報じた。その意図がどのようなものであれ、ユダヤ人のメシアが現れたという知らせがオスマン帝国を超えてヨーロッパにまで及んだ事実は、このメシアニズムの勢いを物語っている。そうした情報の拡散に加えて無視できないのが、ナタンによって書かれた祈りの式文の普及である。それらは「修復」(tiqqun) というルーリア派のカバラーの実践形式に基づいて書かれていた。この種の式文には二つの目的がある。一つは人間の霊魂が現在の身体に生まれ変わる前、つまり前世で犯した罪を祈りによって償うことである。カバラーの霊魂転生論によれば、神の光に由来する人間の霊魂は、罪による穢れが浄化されて初めてもとの場所に戻ることができる。このもとの場所とは神の根源であり、霊魂の修復は被造物が創造以前の状態へ回帰することを意味する。そしてもう一つは、創造のプロセスで崩壊した神の世界を原初の調和に戻すことである。カバラーの神学では神がセフィロートと呼ばれる一〇個の力によって表現され、相互の有機的なつながりは人間が罪を犯すことで綻びてしまうと考えられている。この分断を回復させることにより、神の世界は本来の一体性を取り戻すことができるのだが、そのためには地上のユダヤ人が戒律に忠実な生活を送ることが求められる。ナタンはメシア到来の知らせとともに人々に悔い改めを求めることで、救済にふさわしい敬虔な精神を培おうとした。のちに現れる告発者の非難を考えれば意外に聞こえるかもしれないが、シャブタイ・ツヴィをめぐるメシアニズムがユダヤ人の敬虔主義として始まったという事実は、つねに念頭に置くべきである。

ルーリア派の「修復」は、神が世界を生み出したプロセスを語る創造論に基づいている。創世記の冒頭には神が光と闇を分け、空と水と大地を作り、天体や動植物を生み出していく様子が描かれているが、カバリストはそれを世界創造の表面的な描写に過ぎないと考える。ナタンが多くを学んだイツハク・ルーリアもそうだった。彼はまず「無限」（'Ein Sof）と呼ばれる神が光として遍満する状態があり、そこから創造が始まったと述べる。被造物が創造される以前には、「あらゆる存在を満たす単純な至高の光があった。何もない空間に、何もない場所はなかった。すべてはこの単純な無限の光に満たされていた。始まりもなく、そして終わりもなかった。すべては単純な一つの光だった。」すべてを神の光が満たすこの聖性の極致に被造物が生まれる余地はない。そこで、「無限は光の中心点において自らを収縮させた。この光は収縮し、中心点の周りの方向に遠ざかっていった。そして、中心点には何もない場所と空間が残された。」すなわち、その本質において無窮の神は自らの中心から退いて、そこに創造のための空間を作った。これが「収縮」（tsimtsum）である。また、「無限」は自身に潜在する峻厳なる「裁き」を排出するために「収縮」を行ったとする考え方もある。「収縮」のあとに生じた「清浄空間」に「痕跡」（reshimu）が残されるが、必然的にそのなかには神の「慈愛」のみならず「裁き」も含まれる。一説では後者は「無形の塊」（golem）となり、物質的な創造の起点となる。また、やがて悪の「外殻」を生み出すとも言われる。「無限」は「収縮」によって生まれた空間に聖なる光を注いで四つの世界を展開し、それぞれに一〇個のセフィロートを作った。[46] それは容器（kelim）とも呼ばれる。ところがこれらの容器は、激しく降り注ぎ続ける至高の光に耐えられず、最上層の三個のセフィロートを除いて、その下に展開するセフィロートは、すべて崩れて落下してしまったという。これが「容器の破裂」（shvirat kelim）である。[47] こうしてセフィロートは分断され、容器の破片は閃光（nitsotsot）として地上に散逸してしまった。ルーリアによれば、ユダヤ人に課された使命は、祈りと戒律の実践を通して地上の閃光を天に返し、神の世界に再び調和を与えることだという。その「修復」の作業が終わるときに、万物が創造以前の状態に戻る。これこそが創造の完成であり、世界と歴史が完結するのである。したがって、「修復」とは神と人間の双方に能動的に働きかける行為だと言える。

ルーリア派の「修復」は一六世紀末以降、複数の手稿や印刷本に掲載されて各地のカバリストに読まれていた。ナタンの「修復」は、こうした文書を下敷きにして書かれたことがわかっている[48]。したがって、いくつかの罪業と修復に関して新たに追加された内容があるとはいえ、形式上は特筆すべき独自性が見当たらず、ナタンはルーリア派のエピゴーネンだったと言っても過言ではない[49]。

ナタンは多くのカバリストに自らの祈りの力で贖罪を果たすことを勧め、とりわけ知恵と実践に卓越した人々の力でメシアの時代の到来を促そうとした。こうした考え方は、戒律に対する従来のルーリア派の秘教的な解釈とまったく変わらず、メシアの超越的な一撃は介在しない。メシア到来に期待を寄せた人々は救済の訪れを待ちながら、列挙された罪状の細目に背くことのないよう注意を払い、魂の修復と神の領域の調和の回復のために祈った。シャブタイ・ツヴィのメシア宣言のあとに、従来の実践を踏襲する形で敬虔な生活が説かれた様子をたどるとき、そこに逸脱の影を見出すことはできない。いくつかの「修復」の手稿では、シャブタイ・ツヴィの名前が大きな文字で強調して書かれ、祈りの文言に組み込まれているものもあるが、ナタンが著した書簡に比べるとその実像を想起させる言葉は少ない[50]。とはいえ、そのなかで厳しい断食が定められるとき、単に一般的な贖罪だけでなく、メシアが訪れる際に伴う痛み、「メシアの苦しみ」を和らげて終末の訪れを促す意図があることは明らかだった。一六六六年にナタンの名で出版された「修復」は、その内容が従来のものであっても、メシア到来の知らせに触れた人々にはすぐそこにまで迫っている救済を想起させ、ルーリア派の「修復」とは異質の現実的な緊迫感をはらんでいたとしても不思議ではない。「修復」はシャブタイ・ツヴィのメシア宣言以降、ナタンがガザで書いた手稿をもとに作られたとみられ、『昼夜にわたる朗詠の修復』（*Tiqqun Qriah le-Khol Laylah ve-Yom*）、あるいは『夜の修復の書』（*Tiqqun ha-Laylah*）といった神秘家の修行を思わせるタイトルを付して出版された。出版地はコンスタンティノープル、アムステルダム、フランクフルト・アム・マイン、プラハ、クラコフ、マントヴァ、スミルナなど、ヘブライ語の印刷所がある主要都市を網羅している。[51] この地理的な広がりからは、救済に備えるための断食や深夜の祈りといった敬虔主義の実践が、スファラディー系だけでなく、アシュケナズィー系の地域にも及んでいたことがわかる。

のちにシャブタイ・ツヴィの異端とのつながりを疑われるカバリストが著した文書は、ほとんどが手稿の形で今日に伝わり、同時代に印刷所に持ち込まれて世に出回ったものは極めてまれである。当時は印刷所で出版するためにラビの認可が不可欠で、彼らの検閲を通過するには内容の正統性が条件だったからである。[52] したがってナタンの「修復」の式文は、異端の形跡に敏感なラビたちがこのメシアニズムの危うさに警鐘を鳴らす前の極めて短い期間だったからこそ、印刷が可能だったと言えるだろう。

悔い改めの実践がユダヤ人に広まった状況は複数の資料に残されている。ヘブライ語で書かれた同時代の写本には、いくぶん誇張を加えて次のように書かれている。

離散の地のあらゆるところで深い信仰のゆえに民が集まり、共同体は聖なるものとなった。老人も乳呑児も集った。花婿は部屋を出て、花嫁は天蓋を出た。[53] 地の果てから果てまで、断食し、慟哭し、完全に悔い改めて、民は一人の人間のようになって集められた。それぞれの集会で、ある者は昼夜三日間、またある者は一週間のうち日中六日間続けて飲まず食わずの断食に勤しんでいる。この大変な断食の義務は昼禱（minḥah）のあと安息日に始まり、次の安息日の花嫁が訪れるまで六日間続くのである。大贖罪日の断食の義務のように一週間労働が取りやめられ、一日中タリートとテフィリーンを身につけて律法を朗読している。三〇人も四〇人も人々が集まって、ある者たちはこうしたやり方で、またある者たちは別のやり方でこの修復を行っているのである。[54]

このように、当時シャブタイ・ツヴィをめぐるメシアニズムは敬虔主義の現象と見られていた。そして確かにこの時期のナタンの目的は、目前に迫る救済に向けて多くのユダヤ人を悔い改めに導くことだった。人々は祈りと禁欲によって、たとえそれが不意に犯したものであっても自らの過ちを償い、メシアの時代に相応しい生活を送ることが求められたのである。[55]

では、シャブタイ・ツヴィはルーリア派のカバラーや「修復」について、どのような考えを持っていたのだろうか。この問いを掘り下げていくと、ナタンとまったく異なるタイプのカバリスト像が立ち現れてくる。スミルナで過ごした青年時代、シャブタイ・ツヴィはタルムードを学ぶ学塾を出ると、独学でカバラーを学び始めた。神の秘密を少人数で学ぶことに慎重なユダヤ教の伝統に照らせば、この伝承からは彼の性質に向こう見ずな危うさを感じずにはいられない。カバラーを独学する者は身を滅ぼすか、その危険を乗り切れる卓越した知恵を備えているか、どちらかである。[56] 青年時代の学友、モシェ・ピンヘイロはシャブタイ・ツヴィが後者に属するカバリストだったと証言している。ピンヘイロはルーリア派を学んでいたが、『光輝の書』から神の秘密にたどり着いたシャブタイ・ツヴィを讃えて次のように語ったという。

> ラビ・モシェ・ピンヘイロは「その人ほど敬虔な人物はいない。真実の知恵〔カバラー〕について、『光輝の書』と『カナーの書』以外のものを学ぶことはなかった」と教えてくれた。ラビ・モシェ・ピンヘイロはすでに多くのことを修めており、〔カバラーに関する〕困難な問いを自分の方法〔ルーリア派のカバラー〕で解決していた。〔シャブタイ・ツヴィは〕そうした解決を揶揄して、ある日〔ピンヘイロに〕神の秘密を明かした。「誰も理解していないが、それは簡単なことだ」と『光輝の書』を引いて示してくれたという。彼が独りで学んだのは、創造主のことをおのずと理解できる人々の一人だったからだ。ミドラシュには、それはアブラハム、ヒゼキヤ、ヨブ、それにメシアだと書かれている。[57] つねに大いなる精神集中によって祈り、真実の王〔神〕の前で祈る人のように身を捧げたおかげで、そこ〔神の秘密〕にたどり着いたのだ。[58]

ルーリア派のカバラーを学ぶピンヘイロが難問に直面したとき、シャブタイ・ツヴィは『光輝の書』に基づいて平易な方法で「神の秘密」を明かしてみせた。このテクストからは、シャブタイ・ツヴィの人並み外れた才能だけでなく、彼にとって『光輝の書』が知恵の源泉になっていたことがうかがえる。確かにシャブタイ・ツヴィがルーリア派のカバラー、さらに広くはツファットのカバラーを深く学んだ証拠を挙げることは難しい。この証言にあるように、彼の知的背景が『光輝の書』や『カナーの書』といった一三〜一四世紀のいわゆる古典カバラー文献によって形成され、メシアとしての自己認識もそこから生まれた可能性が指摘されている[59]。

神の秘密をどのように語るかという点で、シャブタイ・ツヴィとナタンとの間には大きな隔たりがあったことになる。その隔たりは、シャブタイ・ツヴィが古典カバラーを想像の源泉にし、ナタンが最新のルーリア派を学んだ事実に起因する。ところが、ナタンの思想はそれほど単純ではない。驚くべきことに、ナタンは一部の支持者に限って、すでにルーリア派の「修復」は重要さを失ったという一歩踏み込んだ解釈を伝えていた。ルーリア派を踏襲しつつも、その限界を指摘する姿勢には、伸るか反るかの現実に対処しようとする巧知が垣間見える。一六六五年の夏、ナタンはカイロの富裕なユダヤ人、ラファエル・ヨセフに宛てて『大蛇論』（*Derush ha-Tanninim*）と題された文書を著した[60]。この人物はカバラーに強い関心を示し、ナタンを援助したことで知られている。そのなかで、ナタンは「容器の破裂」によって地上に散らばった神の閃光を集めるために、もはや従来と同じ方法で「修復」を唱える必要がないと述べる。本来のルーリア派のカバラーでは、「容器の破裂」のせいで地上に落下した閃光を天上に返すことにより、神の世界が原初の調和を取り戻していくことになっている。このプロセスは地上で「修復」を唱えることによって促され、やがては世界の救済に結びつく。安息日に限っては一時的に「臨在」のセフィラーが天上の神と合一を果たすため、「修復」を唱える必要はないという解釈があったものの、一般的に「修復」は日々の重要な実践だった。ナタンはその考え方がもう古いのだと断言してみせる。

それではメシアが現れたこの時代、ユダヤ人はどのように終末に備えればよいのだろうか。ナタンはその答えがシヤブタイ・ツヴィの定めた「修復」にあると述べる。

アミーラー（シャブタイ・ツヴィ）が定めた「修復」を除いては、［その他の］「修復」を行ったり、臨在の離散を嘆いたりしてはなりません。私が述べたような［聖なる閃光の］片鱗が残されているからといって、まだ「修復」を唱える余地があるなどと言ってはなりません。なぜなら［現在は］外殻のなかに片鱗が残されていても、「修復」を唱えながら嘆くことが禁じられた安息日と同じだからです。(61)

ユダヤ人にとって最も神聖な安息日には、時間そのものに聖性が備わっている。安息日の聖性が平日にまで広がる終末の前夜、「臨在」のセフィラーはもう離散の状態に置かれておらず、神の身体と媾合を果たしている。これは神の世界の内部で生起する女性的な属性と男性的な属性の「聖なる婚姻」に他ならない。したがって、従来の「修復」は役割を終えてしまったというのである。とはいえ、ナタンは決して「修復」そのものの価値を否定しているわけではない。どうやらシャブタイ・ツヴィが定めた「修復」という別の様式が存在し、それを実践することが勧められている。これがナタンの名で印刷された「修復」でないことは確かである。微妙な違いのように聞こえるかもしれないが、ナタン自身がルーリア派の価値を見直している点で大きな変化だと言えるだろう。ラファエル・ヨセフのためにその新しい「修復」を書き送ると言い添えられているものの、残念ながら、『大蛇論』の本文には含まれていない。

これまでシャブタイ・ツヴィの「修復」は現存しないと考えられてきた。(62)だがラファエル・ヨセフに宛てられた別の書簡に目を転じれば、それと思しき観想の指南が記されている。(63)一六六五年九月頃に書かれたと見られる書簡で、再び安息日の聖性の高まりを確認すると、ナタンは様々な神の呼称を結びつけて観想しながら最終的に一つの神名を作るように指導する。

祈禱や朗唱に際しては、「根源のなかの根源」や「原因のなかの原因」にそれを向けることです[64]。そして、朗唱や祈禱のときにははっきりと唱えます。シェマアの祈りの朗詠に際しては、「唯一」という言葉のときに、そのお方が唯一無二であり、すべての始まりの最初であり、すべての目的の最後であり、全世界がそのお方の力で展開してきたということに精神を集中させます。主の聖性に自らの魂を向けて、［神聖四文字 YHVH の］VH と YH に結びつけます。HVYH、HYH、'DNY を結びつけるように精神を集中させます。するとそのうえに VH から YH、YH から VH へと「根源のなかの根源」の光が照り輝くでしょう。いかなるセフィラーにも精神を集中させてはなりません。そして、ここに述べた神の御名を除いては、夜になってその結合のために精神集中を行ってはなりません。［…］王権（「臨在」のセフィラー）は花婿の王冠［のセフィラー］の秘密に入り、HVYH は YH-YH と繰り返して読まれることになります。「その日、主はひとつになる」云々（ゼカリヤ書 14:9）と書かれているのはそのためなのです[65]。

一般的な「修復」がセフィロート体系のつながりを回復させるのに対して、ここではセフィロートへの瞑想が禁じられ、神聖四文字を中心にしたヘブライ文字の神名を結びつける方法が説かれている。そして上方の YH と下方の VH を統合すると、YH-YH という一つの神名が得られるという。シャブタイ・ツヴィが高揚のなか神聖四文字を唱えたという複数の証言があり、またナタンがルーリア派を「我々の時代にはふさわしくない」方法であり「安息日に平日の行為を行っている人のようだ」と述べつつ前述の観想を勧めていることから、セフィロート体系ではなく、ヘブライ文字の神名の統合こそがシャブタイ・ツヴィの独自の「修復」だった可能性がある[66]。

「修復」に対するナタンのダブル・スタンダードは、彼のメシアニズムにおける戦略と見ることもできるだろう。シャブタイ・ツヴィは確かにメシアである。だが誰の目にも明らかな救済はまだ示されておらず、ユダヤ人は依然としてそのために禁欲に励み、精神的な努力を重ねなければならない。ナタンは広く受け入れられたルーリア派の「修復」に実在のメシアという特異点を埋め込むことで、幅広い層の人々を敬虔主義の潮流に巻き込みながら、滑らかにメシア信仰へと導こうとした。それに対して、ラファエル・ヨセフのようなカバラーに通じた人物には、シャブタイ・ツヴィの実践を思わせる新しいスタイルの「修復」を示した。それによって、安息日の顕現であるシャブタイ・ツヴィが新たな時代を切り拓きつつあることを伝えようとしたのである。

二、シャブタイ・ツヴィの「信仰の秘密」

メシアの暴走と断食廃止の勅令

ガザのナタンがメシア到来を告げるためにいくつもの「修復」や書簡を書いていたころ、シャブタイ・ツヴィはただちにメシアの自覚を行動に移す決心をしたと思われる。その証拠に、彼は覚醒後一か月も経たないうちにナタンと別れてガザをあとにし、スミルナに向かった。このときすでに、コンスタンティノープルでスルタンから王位を奪おうと目論んでいた可能性が高い。なぜならハーグで発行された七月一四日付けの新聞には以下のように記されているからである。「褐色の髪（ユダヤ人の典型）で、身なりの美しい二三歳の若者はサベデイという名前である。［…］そして、預言者ナタンによって油を注がれた。エルサレムのナタンには両親がおらず、この人物とともに行動している。多数の人々が付き従い、コンスタンティノープルを手に入れるため、そこに向かっていると言われている。(67)」

さらにこれを裏づけるかのように、先に引用したラファエル・ヨセフに宛てた書簡で、ナタンは終末の行程を記している。

今から一年数か月すると、［シャブタイ・ツヴィは］トルコ王から戦わずして王権を取り上げるでしょう。そのお方が唱える聖歌と讃頌を通して、すべての民族が服従するのです。支配に向かうときは、そのお方はトルコ王だけを連れて行きます。すべての王が従属し、トルコ王だけが彼の奴隷になるのです。ドイツの土地を除いては、非割礼者（キリスト教徒）を殺戮することはありません。このときまだ［ユダヤ人が］離散の地から［エルサレムに］集まって来ることはありません。ユダヤ人は自分の土地で誰もが栄光を享受するのです。私たちの壮麗なる神殿も、このときには建立されません。［…］これは四、五年の間続くことでしょう。ラビ（シャブタイ・ツヴィ）はそのときサンバティオン川に向かい、その間はトルコ王に王権を譲ってユダヤ人［の処遇］について命令します。［…］この時代の終わり、『光輝の書』［に書かれた終末］の徴が現れるでしょう。［…］次の休耕年（shmitah）、つまり七年目（一六七一〜七二年）までにダビデの子［のメシア］が訪れ、七年目はシャブタイ王の安息日（shabbat she-hu' Shabbta'i ha-melekh）になるのです。［…］その年、そのお方は天の獅子にまたがり、七つ頭を持つ蛇が口に火を食らう手綱を手に、サンバティオン川を渡って来るでしょう。そのときすべての民族と王が地に平伏します。その日になれば、［ユダヤ人が］離散の地から［エルサレムに］集まり、神殿が建立されて天に昇っていくのが見えるでしょう。［…］イスラエルの地で死者が復活し、［…］イスラエルの外では四〇年後に死者の復活が起こるでしょう。(68)

ここに列挙されるメシアの軍勢による非ユダヤ人の支配、ユダヤ人のエルサレム移住、神殿の再建、死者の復活は、終末の典型的な出来事として知られている。サンバティオン川は想像上の川で、普段は渡ることのできない奔流だが、安息日にだけその流れが穏やかになるとされる。終末にメシアの軍勢が失われた十支族とともに、この川を渡ってやって来るという伝承は古くから存在する。(69)「義人アブラハムの幻視」と同じく、ナタンはここでも終末の描写を取り入れて、メシア到来に現実味を与えようと試みたことがわかる。

シャブタイ・ツヴィ自身の口から終末の統治が具体的に語られることはないが、当時の新聞記事やナタンの言葉、またのちのシャブタイ・ツヴィの行動から判断する限りでは、メシア宣言の中心にいた二人が何らかの形で支配を実現しようと企てていたことは間違いないだろう。ただ最終的な終末については、慎重に先延ばしにされる。シャブタイ・ツヴィが天の獅子に乗り、サンバティオン川を渡ってダビデの子のメシアとして現れるのは、一六七一～七二年のことだという。終末の出来事が次々と起こるのもそのときである。シャブタイ・ツヴィが終末の行程をどの程度意識していたのかはわからないが、この書簡はスミルナ、コンスタンティノープル、ローマ、ヴェネツィア、ハンブルク、アムステルダムなどの都市で読まれ、人々の想像力を掻き立てた。

シャブタイ・ツヴィが訪れた土地のユダヤ人の反応は多様だった。例えばエルサレムでは自称メシアを受け入れる風潮もあったが、保守的なラビたちは追放を決めて破門を言い渡した。それとは反対に、アレッポのユダヤ人からはメシアとして歓待を受けたと伝えられる。[70] この時期の特徴は、たとえシャブタイ・ツヴィのメシア性に疑念を抱く人々がいても、彼らが組織的な対応を取らなかった点である。破門が出されることもあったが、複数の共同体で同じ対応が共有されたという証拠は残っていない。一六六五年八月一二日にアレッポを出たシャブタイ・ツヴィは、九月はじめ頃、ユダヤ暦の新年の直前に故郷スミルナに到着したと見られる。このときエルサレムで出会ったシュムエル・プリモら数名の信奉者も一緒だった。プリモはこのあとシャブタイ・ツヴィの書簡を代筆し、「メシアの偉大な書記官」と呼ばれるようになる。[71]

最初の三か月間、スミルナでは特に目立った動きはなかった。[72] ところが一二月中旬、ハヌカの前後に、シャブタイ・ツヴィは再びメシアとして振る舞い始め、確信に満ちた言動が地元のユダヤ人の間で熱狂を呼び起こした。この種の沈黙と高揚の繰り返しは、彼の精神的な起伏に起因していたと考えられる。エルサレムと同様に、ここでもシャブタイ・ツヴィを警戒する人々がいた。だが信奉者たちの勢力は圧倒的で、メシアの「信者」（ma᾿aminim）を自称する彼らは、反対する者たちを「背教者」（kofrim）と呼んだ。シャブタイ・ツヴィを認めない人々の文書のなかでは、信奉者のことを背教者と呼ぶのが普通だが、皮肉なことにスミルナでは意味が逆転する事態が起こったのである。こ の時期、シャブタイ・ツヴィがメシアとして確信に満ちた態度を示していたエピソードには事欠かない。[73] 例えば、ラビの任免にまで力を行使した出来事はよく知られている。ヨセフ・エスカパを継いでラビ法廷の首席裁判官（'av beit din）を務めていたアーロン・ラパパが自分のメシア性を認めていないことがわかると、シャブタイ・ツヴィはラパパの職を解いてハイム・ベンベニステというもう一人のラビを首席裁判官に任命した。それに加えて、信奉者を王に任じる象徴儀礼が執り行われた。ユダヤ人の支配が回復する先触れとして、彼らにはイスラエルの十二支族にちなんだ王の称号が与えられ、シャブタイ・ツヴィはまるでその王たちを統括する帝国の為政者のように振る舞った(74)。

一連の出来事のなかに、このメシアニズムの騒乱が社会的な価値をも転倒させたことを示す印象的な事件がある。ある安息日、自分に敵対する人物をスミルナの有力者たちが擁護していることを知り、シャブタイ・ツヴィは多くの信奉者を引き連れてシナゴーグに向かった。そこにはその仇敵も居合わせた。扉は閉まっていたが、シャブタイ・ツヴィは斧を使って扉を叩き割って侵入した。そこで自分のことを認めないラビたちに対して、破門を言い渡すことも厭わないと宣言した。わずか半年ほど前にエルサレムで破門のうえ追放された人物が、今や敵対する人々を脅かす立場に立っていたのである。結局は安息日であることを理由に、彼らを不浄な動物に例えて罵っただけで終わったが、のちに異端の首魁とされるシャブタイ・ツヴィが、一時的ではあるにせよ、正統性を主張できるほどの権力を得ることができた事実はラビの権威の不安定性を物語っている(75)。

横暴とも言えるこのような振る舞いをさらに注意深く分析すると、ちょうどこのころからシャブタイ・ツヴィがユダヤ教の伝統的な慣習や戒律を破り、そうした逸脱を信奉者とともに共有しようとする傾向が見て取れる。周囲の者たちに禁じられた獣脂を食べさせたというエピソードが現れるのもこのころである。スミルナに戻ってからのシャブタイ・ツヴィは、信奉者にも破戒が許されるという考えを強く打ち出すようになったため、ナタンはこうした規範を蔑ろにする行為をメシアだけでなく、彼の命令によって追従した信奉者にも一時的に許容する姿勢を示した。

また定められた断食の日に祝宴を催すことが定着したのもこのころである。ユダヤ教ではエルサレム侵略を悼むために年間に四つの断食日がある。そのうち特にテベット月一〇日（バビロニア軍による神殿略奪）、タンムーズ月一七日（ローマ軍による城壁破壊）、アヴ月九日（ローマ軍による神殿略奪）が次々と救済を寿ぐ祝日と定められた。まずメシア宣言の一か月後、ナタンによってタンムーズ月一七日（一六六五年六月三〇日）の断食が歓喜の日に変えられたことで、ユダヤ暦は新しい意味を帯び始めた[76]。それがスミルナではシャブタイ・ツヴィ自身の決定によって、テベット月一〇日（一六六五年一二月一八日）の断食にも適用されることになった。さらに翌年の一六六六年にはアヴ月九日（一六六六年八月一〇日）の断食が廃止され、祝宴の日に定められた[77]。祝日に変えられた三つの断食日のうち、最も重要なのはアヴ月九日である。エルサレム神殿が破壊され、民族離散のきっかけになったと伝えられるこの日は、古来メシアが生まれる日でもあると伝えられる。宗教的伝統の断絶に民族の救済という正反対の意味が上書きされており、逆説的な意味づけを好むシャブタイ・ツヴィが、この日に特別な意味を見出したことに不思議はない。そして奇しくもアヴ月九日は、シャブタイ・ツヴィが生まれた日でもあった[78]。出生とメシア意識に関する偶然の一致は、二〇代のころから彼にメシアとしての自覚を抱かせた可能性があるが、断食に逆説的な解釈を加えたのはメシア宣言後、ナタンと別れて活動していたときのことだった。

改宗前に書いたとされる書簡で、アヴ月九日が近づくにあたって、シャブタイ・ツヴィは次のように述べている。

> 神の唯一の長子、シャブタイ・ツヴィ、メシアにしてイスラエルの救済者[79]。神の最愛の人、あらゆる土地のイスラエルの息子たちへ平安あれ。幸いなるお方、アブラハム、イサク、ヤコブが主のこの日を目にしようと渇望したために、今日あなたたちはこの私を目撃し、イスラエルの自由と救済を享受するに値するのだ。［…］我々の悲しみひとつひとつが喜びに変わり、断食は祭日と祝宴になるだろう。父はイスラエルにえも言われぬほどの喜びを与えたもうたのだから、己の不運に涙することも嘆き悲しむこともない。［…］日々、朔日の慣わしである祝宴を行い、お前たちはプリム（purim）なる昼夜続く哀悼の集いを私の顕現である光と輝きの日に変えるのだ[80]。

同じころ、アヴ月九日の断食日を祝日に変えるというメシアの勅令が出たことは、コンスタンティノープルやサロニカにも伝わった。シャブタイ・ツヴィがソフィアの信奉者へ宛てた書簡から、その内容を知ることができる。

お前たちに命じよう。高価な食事と美味しい飲み物、たくさんの蠟燭とたくさんの音楽や歌で、次のアヴ月九日を祝宴と大歓喜の日に変えなさい。なぜならその日は、地上の王のなかで最も気高いお前たちの王、シャブタイ・ツヴィが生まれた日だからだ。労働やその他のことについては、完全に祭日のようにしなさい。最高の服をまとい、祭日の祈りを唱えなさい。[…] これがその祈りの式文である。「我らが神よ、あなたは愛をもって我らに喜びの暦、楽しみの祝日と時間を与えてくださいました。これは慰めの祭日で、我らの王、我らのメシア、シャブタイ・ツヴィが生まれた日です。そのお方はあなたの僕、愛された息子にして長子、聖なる声、出エジプトの記憶なのです。(81)」

ユダヤ人の離散を決定づけたエルサレム神殿破壊の日は、もはや断食によって悲しみを表す日ではなくなった。シャブタイ・ツヴィがメシアとして覚醒したことによって、メシア誕生の伝承が現実のものとなった今、断食日は祝日として祝われなければならないのである。メシア棄教以後はシャブタイ・ツヴィを信じる人々の間でも意見が分かれることになるが、一六六六年のアヴ月九日にはまだ多くの人々が断食を取りやめたことがわかっている。そして一八世紀になると、告発者たちがアヴ月九日の断食廃止を異端の指標として用いるようになるのである。

ムスリムになったメシア

その威厳が絶頂に達した一六六五年一二月三〇日、シャブタイ・ツヴィは数名の信奉者を伴い、海路コンスタンティノープルに向かった。メシアを自称し、帝国転覆を企てる同胞がまもなく都に闖入するという知らせは、コンスタンティノープルのラビたちを動揺させた。その一方で、シャブタイ・ツヴィの使命を信じる者たちはここでも歓喜に沸いたという。この知らせは新たな預言者の登場や不可思議な徴の目撃談とともに各地に伝わった[82]。メシアニズムの高揚によって、人々の眠っていた想像力までが叩き起こされたと言ってもよいだろう。ところが、翌年二月上旬、噂が耳目を集めたことが災いして、シャブタイ・ツヴィが乗った船はダーダネルス海峡を通過し、マルマラ海に入ったところで当局によって拿捕された。尋問に際しては、それまでの尊大な言動を裏切るかのように、自分はメシアではなく、エルサレムのユダヤ人のために喜捨を集めに来ただけだと取り繕ったとされている[83]。しかし結局は捕らえられて、大宰相キョプリュリュ・アフメト・パシャの命令により投獄された[84]。一部の熱狂がさらなる騒乱を招きかねないと危惧されたのがその理由とみられる。それでもコンスタンティノープルでは、メシアを待ち望むユダヤ人が、パレスチナの貧しい共同体のために多くの喜捨を集め、救済の日の聖地参集に備えた。

約二か月後、シャブタイ・ツヴィはアビドスの要塞に身柄を移された。これ以上の混乱を避ける目的もあっただろうが、ヴェネツィアとの間で続いていたクレタ戦争（一六四五～六九年）の最終決戦に赴く大宰相キョプリュリュが、首都に獄囚を残しておきたくなかったためだろうとの推察もある[85]。移動はちょうど過越祭に当たる時期（一六六六年四月一九日）だった。そのためアビドスへ向かう道中、シャブタイ・ツヴィは過越祭の犠牲（qorban pesaḥ）のために羊を屠った。そのうえで、食べてはならない羊の獣脂を仲間たちに食べさせたという。律法に定められた過越祭の犠牲をエルサレムの外で捧げることは禁止されており、禁じられた家畜の脂を食べることも重大な戒律違反である。これらは戒律に縛られない救済の時代を近づけるための象徴儀礼だったと考えられる[86]。

アビドスの要塞は、やがてシャブタイ・ツヴィの信奉者の間で「力の塔」（migdal ʿoz）と呼ばれるようになった[87]。人目を集めないために隔離されたはずだったが、そこにはオスマン帝国だけでなく、遠くヨーロッパやペルシアなど各地から信奉者が謁見に訪れた。やや誇張しているようにも思われるが、コンスタンティノープルからは巡礼船が就航し、獄吏たちは賄賂を取って信奉者を「力の塔」のなかに入れたという記録もある。この時期のシャブタイ・ツヴィの威光は眩しさのあまり顔を見ることもできないほどだったと伝えられる。過越祭に犠牲を捧げて以来、しばらくの間シャブタイ・ツヴィは冒瀆的な言動に及ぶことはなく、むしろこの時期は信奉者たちの熱狂を伝える証言が際立っている(88)。おそらく当局が最も恐れていたのはシャブタイ・ツヴィ自身の振る舞いよりも、それによって多くの人々が翻弄され、社会秩序に混乱が生じることだったと思われる。シャブタイ・ツヴィはとうとうアビドスの「力の塔」からアドリアノープルに連行された。メシアを名乗るユダヤ人に対して、処遇を決める必要があると判断されたのだろう。九月一五日にアドリアノープルに到着すると、翌日一六日スルタンの宮廷で尋問が行われた。これが本書の冒頭で描いた光景である。ガザで「ヤコブの神のメシア」を名乗って一年三か月が経ったこのとき、シャブタイ・ツヴィは今日に至るまで想像され続ける異端の鎖の一端を握ろうとしていた(89)。

帝国統治の中枢が一人の異教徒に改宗を迫るという、一見すれば過剰に大掛かりなこの審判の背景を理解するには、一七世紀中葉におけるトルコの宗教事情を眺めておく必要がある。当時、王権のなかにはカドゥザーデ運動と呼ばれる敬虔主義が強い影響を及ぼしていた。一六三一年にアヤ・ソフィアの説教師になったカドゥザーデ・メフメトは、スーフィズムの神秘的な実践からコーヒー、葡萄酒、煙草、阿片などの嗜好品に至るまで、古来のイスラームを毀損すると思われる世俗の流行を放棄して、「善行を命じて悪行を禁ずる」（ʾamr bil maruf wa nahy ʿan ʾal munkar）というクルアーンの原理に立ち返るよう訴えた。これに賛同する支持者が人々を敬虔な生活に引き戻すだけでなく、異教徒をイスラームに改宗させようとしたのがカドゥザーデ運動である。後継者がコンスタンティノープルを追われたことで初期の勢いはひとまず収束したものの、大宰相キョプリュリュが運動の指導者だったヴァニ・メフメト・エフェンディに傾倒してエルズルムから呼び寄せたことで、再び宮廷に近い場所で敬虔主義が力を持つに至った。幼いスルタン、メフメト四世の母后トゥルハンはヴァニ・メフメト・エフェンディを寵愛し、カドゥザーデ運動の最も有力な支持者となった。オスマン史家、マーク・デイヴィッド・ベールの研究によれば、一六五〇～六〇年代に非ムスリムの改宗が国家規模で慫慂された背景にはヴァニ・エフェンディの働きがあった。実際にシャブタイ・ツヴィの審判に

も この人物が同席していたことがわかっている。自称メシアがイスラームに改宗したとなれば、他のユダヤ人も後を追ってムスリムになると期待されたのかもしれない。[90]

シャブタイ・ツヴィがイスラームに改宗する様子は、いくつもの同時代の記録に描かれている。大まかに言えば、彼の欺瞞を糾弾する立場の人々は、偽メシアがあっけなく馬脚を現し、裁判に陪席したメフメト四世に命乞いをしたという点で一致している。例えば、スミルナに滞在していたオランダ人牧師、トマス・コネンは、スルタンが偽メシアを直接問いただしたと伝えている。シャブタイ・ツヴィはメシアを名乗ったことを言下に否定した。それにもかかわらずスルタンは、矢を放って傷を負わなければメシアだと認めてやろうと挑んでこう付け加えた。「お前がこの試みの申し出を受けて立たず、別の方法で殺されるのもいやだと言うのなら、トルコ人の宗教を受け入れ、お前の宗教を棄てるしかないぞ。」これに対して、シャブタイ・ツヴィは「そういうことであれば、喜んでイスラームに改宗いたしましょう」と応じて、その場でムスリムになってしまったという。[91] つまり、シャブタイ・ツヴィは権力を前にして怯み、支配者の宗教に寝返ったのである。コネンの記録からは偽メシアへの非難だけでなく、ユダヤ人の愚かなメシア信仰に対する嘲笑が読み取れる。

それに対して、シャブタイ・ツヴィを支持する人々の記録には、改宗を挫折と捉えるような言葉が現れることはない。例えば、アムステルダムの信奉者、レイブ・ベン・オゼルは、コネンと同様にメフメト四世が矢を放つと脅したエピソードを伝えている。そして、ここでもシャブタイ・ツヴィはすぐにムスリムになることを受け入れる。だがその見返りとして、スルタンから宮廷の「門番長」(kapıcıbaşı)という名誉職に加えてアズィズ・メフメト・エフェンデというトルコ名を与えられ、寵愛を受けたことが強調される。[92] その後、ユダヤ人がクーデターを起こそうと試みたことへの見せしめに五〇人のラビたちが処刑されそうになったときなど、シャブタイ・ツヴィがスルタンをなだめて虐殺を思いとどまらせたというエピソードも紹介される。[93] このエピソードの真偽は定かでないが、「門番長メフメト」という呼称はその後の複数の史料に現れるため、実際に彼は宮廷で一定の敬意をもって受け入れられたのかもしれない。

それを示す信憑性の高い記録は、オスマン帝国の宮廷書記の一人、アブドゥラフマン・アブディ・パシャが書き残している。そのトルコ語の記録には、一六六六年九月一六日の出来事として次のように記されている。

しばらく前、イズミルに一人のユダヤの賢者が現れた。ユダヤ人たちが大変な好意を示し支持したために、問題を避ける目的で［アビドスにあるダーダネルス］海峡の要塞に移送された。しかし、ユダヤ人はそこにも集まり、誤った信仰によって「あのお方は我々の預言者（peygamber）だ」と言った。彼らが引き起こしたことは、腐敗と擾乱の原因になったほどである。件の賢者はスルタンの命令によってエディルネに連れて行かれた。ラビーウ・アルアウワル月一六日、［…］カイマカム・パシャ、シェイヒュルイスラム、ヴァニ・［メフメト・］エフェンディがこの賢者を尋問した。スルタンは窓から密かにその様子を眺め、耳を傾けておられた。やりとりがすむと、賢者は罪に問われた馬鹿げた行為のすべてを否定した。イスラームを奉じるように提案され、この会議のあとにはどこにも逃げられはしないのだぞ、この宗教を受け入れるか、すぐに処刑されるかだ。もしムスリムになるのなら慈悲深きスルタンにとりなしてあげようと言われると、すぐにこの賢者は［…］真実（イスラーム）を受け入れたのである。［…］皇帝の寛大な配慮によって、一五〇アクチェの俸給が与えられた。そしてすぐに宮廷小姓用の浴場に連れて行かれ、そこで真新しい衣に着替えた。毛皮を身につけ、名誉ある外套を羽織って銀貨の財布も与えられた(94)。

アブディ・パシャの記録にシャブタイ・ツヴィの名前や「門番長」の職名は言及されていない。また、メシアではなく「ユダヤの賢者」や「預言者」と呼ばれているのも特徴的である。スルタンは尋問に参加していないことになっているが、大筋の経緯やシャブタイ・ツヴィが厚遇されたことはレイブ・ベン・オゼルの記述を裏づけるものである。

そして何よりも、改宗に特別な意味づけがうかがえない点が共通している[95]。メシア棄教がその後の人々が展開する思想の性質を決定づけたのは間違いない。だが、この瞬間にシャブタイ・ツヴィがどのような思惑をもってムスリムになることを受け入れたのかは判然としない。いずれにしても、歴史的な経緯を追跡するうえで重要なのは、権力に対する屈服がいかにメシアの必然的な行為と解釈されたかという点である。この直後から数年の間に、シャブタイ・ツヴィだけでなく、ナタンを含む重要な支持者たちがメシア棄教に秘められた意味を読み解いた文書がいくつも書かれることになる。メシア棄教を正当化した根拠を知るには、彼らの声に慎重に耳を傾けなければならない。そこからわかるのは、正当化の論理が決して一様ではなく、それぞれの異なる思惑に基づいていたということである。

神の命令としてのメシア棄教

まずはシャブタイ・ツヴィが自らの改宗をどう説明したのかを見ていくことにしよう。改宗が計画的な転向だった証拠は何も残されていない。自分の精神的な起伏が交互に訪れる神の啓示と悪の攻撃によるものだという解釈は、ナタンから聞いていただろう。しかしトルコ人の高官に尋問されるまで、シャブタイ・ツヴィは自分が本当に異教に身を委ねようとは意図していなかったと思われる。そのせいか、ナタンがめぐらせた思索と煩悶に比べれば、彼の理由づけはあまりにも単純だった。それは、神が自分に改宗を命じたというものである。メシア棄教に関する最も古い解釈は、シャブタイ・ツヴィが兄のエリヤフに宛てた短い手紙に見ることができる。改宗からわずか九日後、九月二四日に書かれた貴重な言葉である。

今は私を放っておいてください。創造主が私をイシュマエル人（ムスリム）にしたのです。あなたたちの兄弟である私は「門番長」[96]の地位にあるメフメトです。「主が仰せになってそうなり、主が命じられて立ったのである。」（詩篇 33:9）

この断片には極めて重要な意味が含まれている。改宗はシャブタイ・ツヴィの意図ではなく、神の命令に従って行った行為だったというのである。『光輝の書』に自らの運命を読み取ることもなく、またナタンの主張に依拠することもなく、シャブタイ・ツヴィは追い込まれ逃れることのできなかった強制改宗の理由を神に求めたのである。

一方、改宗から一か月ほど経ったころ、ナタンはシャブタイ・ツヴィから書簡を受け取った。アドリアノープルに呼び寄せるためのものだった。ナタンは三六人の仲間を連れてガザを出立したという[97]。一六六六年一一月二〇日にダマスカスからナタンがシャブタイ・ツヴィに書き送った書簡には、メシアへの忠誠を見て取ることができる。

> 我らが王のなかの王、我らが主のなかの主よ。離散した我々を集め、捕囚から贖ってくださり、最高の地位に上げられたお方よ。ヤコブの神のメシア、真実のメシア、天の獅子、シャブタイ・ツヴィよ。その栄光が高められますように。[…]奇妙なことを耳にしましたが、我々の心は獅子のごとく、細かなことに思いをめぐらせることはしません。あなたの行いは高潔です。我々は疑念を抱くことなく信仰を保ち、あなたの御名の聖性に魂を捧げます[98]。

「奇妙なこと」とは、もちろん改宗の噂のことを指している。だがその真偽について詳しく問うことはなく、ナタンはメシアへの信仰を第一に挙げている。おそらくナタンはメシア棄教が単なる救済の挫折ではなく、何らかの意味が隠されていると考えていた。アドリアノープルへの道中も各地に書簡を送ったが、そこにはただ信仰を守るようにと記している。

同じころ、ナタンはメシア棄教の意味について尋ねられることがあった。ツファットでナタンに出会ったラビ・ビニヤミン・ハレヴィは、ナタン本人の口からメシア信仰の秘密を聞いたと述べている。私たちの手元に残された史料のなかでは、ここで初めてナタンのアポロギアが垣間見える。その説明によると、シャブタイ・ツヴィは「清らかなターバン」（tsanif tahor）を被り、「神聖な閃光を浄化するために外殻に自らの身を委ねた」という。つまり、改宗は聖なる行いであり、目的は悪の世界の浄化にあるということである。[99]次節で詳しく述べるように、メシアが自ら深淵に降りていき、そこで悪を打倒するという物語は、メシア棄教以前からナタンが語っていたものである。この救済譚はシャブタイ・ツヴィの抑鬱状態を説明するための解釈であって、当初は決してイスラームへの改宗を予見していたわけではなかった。ところが、その解釈と結び合って、メシア棄教という難問は悪の世界への高潔な転落へと止揚されたのである。

ナタンは「修復」によって敬虔主義を広めようとしたときと異なり、誰にでもメシア棄教の秘密を伝えたわけではない。アレッポのユダヤ人に向けて書いた書簡では、噂に惑わされずシャブタイ・ツヴィを信じるようにと激励するに留まり、メシア棄教の理由に踏み込むことはない。

恐れることなく信仰を強く保ちなさい。そのお方のすべての行いは高潔な試みなのです。そのお方の目的を悟ることができる者はおらず、［その意味は］はなはだ深く、誰に見出すことができるでしょうか（コヘレト7:24）。[100]

ナタンは詳しい事情を説明し、神秘的な解釈を伝える代わりに、依然としてメシア信仰の重要性を強調する。

時が経つにつれて、シャブタイ・ツヴィも神の命令による改宗の意味を探究していった。一六六七〜六八年頃、信奉者に宛てられた書簡には、その深まりがはっきりと現れている。[101]シャブタイ・ツヴィの言葉にまったく後悔を見てとることはできない。それどころか自らの改宗についてユダヤ教の通念を覆すほどの斬新かつ大胆な見解を示している。その根幹をなすのは、唯一メシアのみが真実の神を知ることができるという確信であり、神の命令によって改宗したというかつての弁解じみた言葉は、強烈な使命感に置き換わっている。さらに無視できないのは、意志ある者ならば誰でも改宗し、真実の神を知ることができると約束している点である。

幾代にもわたってただ私だけが真実［の神］を知り、そのお方のために実に多くのことをなしてきた。そのお方は私に心を尽くしてイスラームの宗教（din islam）、すなわちイシュマエルの宗教に入って、終わりの時まで［イスラームで］許可されていることを許し、禁止されていることを禁じ、モーセの律法を破ることをお望みになったのである。我が兄弟、息子、友人よ、私が極めて明確にそう理解するようになったことを知っておきなさい。まことに、神性の威厳と啓示のためにそうすることが肝要なのである。完全で強固な必然にしたがって、［イスラームに改宗して］私に同意する者たちすべてに神性を明らかにしたあと、ここ（イスラーム）に入れてあげることにしよう。(102) それは真実の最高位であり、根源のなかの根源、原因のなかの原因に備わった威厳の尊さなのである。(103)

真実の神を知っていたのはシャブタイ・ツヴィだけであり、だからこそ神は彼に改宗を命じた。ここにはメシア棄教がそのような特権的な行為だったことが、確信をもって明らかにされている。そしてこの文面からは、彼が改宗に踏み切ったあと、「同意する者たちすべて」に真実の神が明らかになると考えていたこともわかる。言い換えるならば、メシア棄教はシャブタイ・ツヴィという個人に強く結びついた神性（'Elohut）の秘密を伝えることだった。ここでは改宗の容認と秘教の開示が表裏一体のこととして語られている。(104) この教えはのちに一部の信奉者の改宗を正当化する根拠になった。

これに加えて重要なのがシャブタイ・ツヴィの律法に対する態度である。彼の言葉によれば、イスラームで「許可されていることを許し、禁止されていることを禁じ、モーセの律法を破る」よう命じたのはほかならぬ神であった。モーセがシナイ山で授かった律法には禁止命令が含まれているが、神がそれを守ることを禁じ、あえて破戒を命じたというのである。ユダヤ民族の救済者であるメシアがモーセ律法を破棄するというこの逆説は、出エジプト記の逸話に基づいている。モーセが契約の石板を授かるためにシナイ山に登って四〇日が経ったときのことである。麓で待機していたイスラエルの民は、指導者がいつまでも降りてこないことに不安を感じたため、モーセの長兄アロンに訴えて新たな崇拝対象となるよう金の仔牛像を鋳造した。事の次第を察知した神はモーセに下山を促した。シナイ山の麓でモーセが見たのは、仔牛像の周りに集って歌い踊る者たちの姿だった。彼は人々が偶像崇拝に耽るありさまに憤慨し、神の手に成る契約の石板を地面に叩きつけて割ってしまう。

この逸話に隠された真意を明らかにするために、シャブタイ・ツヴィは自らが律法を破棄して改宗したことについて次のように説明したと伝えられる。

そのことについては次のように述べられている。「主が働かれるときだ。あなたの律法を破ったのだから」（詩篇119:26）。イシュマエル人（ムスリム）たちの言葉に「預言者モーセの律法は力を失ってしまった」とあるように、秘密の解釈に従えば、「彼は仔牛像を見ると、手に持っていた［契約の］石板を投げつけて砕いた」（出エジプト記32:19）と言われており、また「［契約の石板を］砕いたために、お前の力が増し加わるであろう」とも言われている。[105]真実［の神］を欠いたモーセの律法にはいかなる価値もないため、「長い間、イスラエルには真実の神も律法もなかった」（歴代誌下15:3）と述べられている。真実の神を持たなかったために、彼らの律法は律法ではなかった。しかし、イスラームの宗教こそは真に真実なのである（din islam ḥaq ḥaq）［…］真実と信仰の主、トルコ人でありムスリムであるそのお方（ha-turko ve-ha-metsurman）は以上のように語った。[106]

この箇所で言及されるどの聖句も始めから律法の破棄や更新を含意するものではないし、かつてそのように解釈されたこともなかった。それでもシャブタイ・ツヴィは、激情に駆られたモーセが律法の石板を叩き割ったという逸話に逆転的な解釈を与えることで、戒律を破棄し、イスラームを奉じることこそが真実の教えだという結論に達した。シャブタイ・ツヴィが破戒と改宗を結びつけ、いずれも神の命令によって行ったと明言した事実は、ナタンをはじめとする信奉者に強烈なインパクトを与えたに違いない。

メシアのあとを追った「聖なる集団」

シャブタイ・ツヴィがムスリムになってからも、彼のもとを訪れる人々は絶えず、アドリアノープルでは信奉者のグループが形成されていた。その規模はわかっていないが、ガザのナタンのもとで学んだイスラエル・ハザンはそのグループを「聖なる集団」（ʿedah qedushah）と呼んだ。そこではシャブタイ・ツヴィと行動をともにしたシュムエル・プリモが中心的な役割を担っていたはずである。この時期にアドリアノープルを訪れた信奉者に、シャブタイ・ツヴィに倣って自発的にターバンをかぶった者たちがいたようである。[107] クシュ（おそらくはエジプト南部）から派遣されたユダヤ人がシャブタイ・ツヴィのもとを訪れたという記録がある。

我らの主（シャブタイ・ツヴィ）の尊顔を拝するため、クシュの地から四人の使節がやって来た。我らの主がこの衣（トルコ人の服）をまとったとわかると、彼らもその衣を身につけた。そして高位の人の手に接吻する習慣に従って、彼らは我らの主の手に接吻するためにモスクを訪れたが、そうさせてもらえなかった。[…]使節は自分たちの国では男女の預言者が立ち上がったと伝えた。[…]これらの使節を満足させるために、主はその預言者たちが語っている人物を見つけたことを認める内容の書簡を持たせた。[108]

クシュの地で起こった預言は、おそらく閉じられた共同体で起こる一種の集団ヒステリーであり、終末と救済を待望する風潮と相俟って起こったと思われる。使節はその預言の鍵を握る人物を探していたはずである。シャブタイ・ツヴィはイスラームに改宗してまで従おうとした彼らに応えて、自分こそが預言者たちの語るメシアに他ならないと認めたのである。

他方で、彼が語った改宗の救済論的な意義に魅了されて、人々があとに続いたという記録もある。以下は英国の外交官ポール・リコーによる同時代の証言である。

モーセがエジプト人の宮廷で過ごしたように、シャブタイはトルコ人の宮廷で過ごした。おそらくモーセを真似て、彼はしばしば同胞の苦悩に目を向けた。そして生涯にわたって自分はその救済者だと主張し続けた。あえてトルコ人の反感を買うために、自分のようにならなければ、つまり影とモーセ律法の不完全な要素（それはムスリムになることで完成する）を捨てなければ、［…］神を説き伏せることも、父祖の聖地に導くこともできないと公言した。この結果、バビロニアやエルサレム、そのほかの遠いところからも多くのユダヤ人が集まってきた。彼らはスルタン（Grand Signior）の前で帽子を脱ぎ捨てて、進んでムスリムの信仰告白を行った。[109]

この種の証言から、メシア棄教直後はユダヤ人による自発的な改宗が頻発していたと推測できる。

先述のイスラエル・ハザンは、自らの意思と関係なく、シャブタイ・ツヴィに導かれてムスリムになった人々こそが救済を約束されると述べている。そして「万軍の主は彼らを讃えて言った。我が民エジプト、我が手の業アッシリア、我が嗣業イスラエルは幸いである」というイザヤ書の聖句を次のように逆説の救済論に読み替える。

「我が民エジプトは幸いである」（イザヤ書19:25）と言われているのは、アミーラー（シャブタイ・ツヴィ）とともにターバン（tsanif）をかぶった聖なる民のことである。［…］「我が手の業アッシリア」（同）というのは、最初から最後まで自分たちの信仰を決して疑うことのない、イスラエルのなかの信仰に厚い人々（シャブタイ・ツヴィの信奉者）のことである。彼らは主の手の業と呼ばれる。「我が嗣業イスラエル」（同）というのは、アミーラーのことである。[110]

神はシャブタイ・ツヴィと同様にムスリムになった改宗者やメシアへの「完全な信仰」を貫く人々に祝福を与えるというのである。

一方で、改宗しない信奉者は劣っていると見なされていた可能性がある。試練を潜り抜けたと言えるのは、ターバンをかぶった改宗者だけだという。

「私に良き徴を示してください」（詩篇 86:17）という聖句に、悪しき徴とは書かれていない。この問いの意味について、アミーラーが言ったことはもう知っているだろう。ターバンをかぶる良き人と悪しき人がいる。［…］「私に良き徴を示してください」という聖句について、（シャブタイ・ツヴィ曰く、）その王権が明らかになるとき、私がこの試練に導いた信仰者だけが残るだろう。[111]

ハザンもナタン同様に改宗しなかったが、これはシャブタイ・ツヴィの命令をかろうじて免れていただけだったと思われる。それでも、「アミーラー曰く、ターバンをかぶらせなかった人々がおり、彼らはこの試練にまったく入ることはできないだろう」と述べているように、彼らはシャブタイ・ツヴィの神の秘密を知らないために、救済から除外されると考えられていたのである。[112]

こうした証言から判断すると、シャブタイ・ツヴィは自分が改宗するだけでは飽き足らず、アドリアノープルを訪れるユダヤ人をイスラームに導き入れ、しかもそうすることで救済に近づくと説いたのだろう。[113] この事実は改宗以前から、彼が信奉者にユダヤ教の慣習や戒律を破らせていた事実と相反しない。言い換えるならば、シャブタイ・ツヴィにとって救済は個人の問題ではなく、彼と同じ道を歩もうとする人々には分け隔てなく開かれていたということになる。

アドリアノープルのこうした風潮は、ナタンにとっては扱いの難しい問題だったに違いない。彼のカバラー論考を検証する限り、信奉者に改宗を勧める言葉は見当たらない。むしろナタンは依然として戒律に厳格で、シャブタイ・ツヴィに破戒や改宗が許されていても、その他の人々は敬虔なユダヤ人として暮らさなければならないと考えていた。イスラエル・ハザンは、ナタンの懸念がよくわかるエピソードを残している。

> これは我らが師、ラビ・ナタンが警告して言ったことである。アミーラーが光に照らされているときには、何としてもその前から離れることである。光に照らされていれば、そのお方のところにいる人は、誰もが離れなければならない。人々をイシュマエルの宗教(イスラーム)に入れたいとお望みだからである。(114)

シャブタイ・ツヴィが光に照らされているのは、抑鬱状態の対極で、啓示を受けて高揚した精神状態を意味する。ナタンの言葉からは、神の啓示に満たされたときに、シャブタイ・ツヴィが周囲の人々をイスラームに引き入れていたことがわかる。そこには深い神秘があるはずだが、凡人が関わるべきことではない。ナタンはそのように考えていた。

ナタンは敵対するラビに強いられてアドリアノープルに近づかないと誓いを立てたが、カストリアという小さな町を拠点にしながらしばしば「聖なる集団」を訪れていた。シャブタイ・ツヴィと接触する機会もあったに違いない。しかし、彼はかつて自らが見出したメシアに意見を変えるよう迫ったことはなかった。

そうしたなか、ナタンが弟子たちにまったく異なるメシア棄教の神秘を説いているという話が、とうとうシャブタイ・ツヴィの耳に届いた。シャブタイ・ツヴィはこれに激怒し、ナタンとシュムエル・ガンドゥールに対して鬼気迫る書簡を書き送った。

我が僕ナタンよ、お前は異教の霊に憑かれてしまい、私に従っていない。[115] お前の手で私は汚されてしまった。この手紙を見たらすぐにこちらに向かいなさい。私の兄弟であり友人である信仰の人よ、[…] 私の前に来なさい。シュムエル・ガンドゥールよ、悪から戻って来なさい。[…] お前の歯から獲物と未熟なイチジクをもぎ取ってやる。[116] お前は私が禁じていた重大なことを誤って用い、盗み食いし、一緒になって他の者にも食べさせたのだ。そしてその者たちの前で襤褸のように擦り切れたタリートを立派にまとってみせ、自分の霊を汚して私の霊を傷つけたのだ。ああ、私の他に神の命令により誰が命を与えることができようか。（民数記 24:23）[117] ヤコブの神のメシア、シャブタイ・ツヴィ。[118]

この時期のシャブタイ・ツヴィにとって、ナタンは信仰の秘密を誤解し、それを信奉者たちに広める危険な人物に映っていたに違いない。ナタンの教えがアドリアノープルでも知られていた証拠は、イスラエル・ハザンの言葉に残されている。

新しい律法の秘密、それは主が将来イスラエルの民に教えるものである。アミーラー（シャブタイ・ツヴィ）にはすべてが明らかにされた。「主の業は奇妙である」（イザヤ書 28:21）という聖句を見よ。曲がりくねった道を歩んでも驚いてはいけない。なぜならこの道は、「獅子の仔も通らない」（ヨブ記 28:8）小径だからである。[…] なぜイスラエルの光とその聖性がこの試練に入らなければならないかというと、外殻のすべての構造を壊し、根こそぎにし、打ち砕き、消し去ってしまうためなのである。その根源から壊れて覆され、完全に修復されるように、「火打ち石に手をかけ、それを根こそぎ持ち上げる。」（ヨブ記 28:9）[…]「価値のないものから貴重なものを取り出す」（エレミヤ書 15:19）ために、大いなる深淵（ʿumqaʾ ha-tehumaʾ rabbaʾ）にある容器の破裂で崩落した聖なる閃光をすべて取り出さねばならない。［…］すべての外殻をもとに戻し、それを聖性のなかに置くのである。[119]

メシア棄教の目的が悪を殲滅させ、さらに善へと聖化させるという考え方は、シャブタイ・ツヴィではなく、もっぱらナタンがメシア棄教のアポロギアとして用いた。特に「大いなる深淵」という概念は、メシアの霊魂が降りていく場所としてナタンが『大蛇論』で用いた言葉に他ならない。信奉者たちが頻繁に使う「清らかなターバン」の秘密も、ナタンがメシア棄教の正当化のために考え出した撞着表現である。[120] つまり、アドリアノープルの「聖なる集団」では、ナタンの教えに基づいたメシア論が受容されていたのである。

この時期の二人の関係が、ガザのときのように互いを鼓舞し合うようなものでなかった理由は、メシア棄教の秘密をめぐる解釈の相違にあったと思われる。シャブタイ・ツヴィは改宗を神の命令と捉え、その秘密の意味を理解するには、同じように改宗して唯一神を知る自分に従うべきだと考えた。それに対して、ナタンは改宗がメシアにのみ許された特別な行為だと考えていた。悪の領域にあえて身を投じることにより、それを内部から壊乱し、さらには善に変えることができるのは、ほかでもないシャブタイ・ツヴィだったはずである。だが実際には、彼はいかなる救済の兆候ももたらすことはなかった。ナタンは最後までメシアを敬ってはいたが、もはやシャブタイ・ツヴィにユダヤ人を救済に導くという現実的な役割が残されているとは考えなくなっていった。[121]

一方で、シャブタイ・ツヴィの振る舞いは奔放を極めた。一六七一年のプリム祭が過ぎ、いまだ熱狂が続く中、彼はサラとの離婚を決めた。[122] そして翌年、信奉者の一人、アーロン・マジャールの娘を娶ろうとした。[123] 彼のあらゆる振る舞いがそうであるように、この離婚と結婚にも贖いへ向けた象徴的な意味が込められていた。サラとの結婚から六年が経ったこの年、シャブタイ・ツヴィは自らをイスラエルの奴隷に喩えて、「もしヘブライ人の奴隷を購入して六年が経過すれば、七年目には彼は無償で出て行くことができる」（出エジプト記21:2）という聖句を引いて離婚を正当化したという。[124] サラが毒を盛って彼を殺害しようとしたのが理由だったとも伝えられるが、それ以上にこの離婚には、隷属からの解放と安息年の贖いの意味が込められていることに注目しなければならない。その一方で、今度は最初の妻ワシテの不遜に憤って離縁したアハシュエロス王に自らを喩え、エステルに見立てた娘と聖なる婚姻を果たそうとした。[125] ここでエステルとして迎え入れられるはずであったのが、マジャールの娘である。ところが、当時ソフィアにいたこの娘が頓死したために、彼は目論んでいた結婚を果たすことができなかった。[126] この時期のシャブタイ・ツヴィは確信を持って大胆な振る舞いに及んでおり、周囲の人々を次々とイスラームに改宗させていたという記録もある。[127]

自由を許されていたシャブタイ・ツヴィの運命が大きく傾いたのは、ムスリムになって約六年が経ったときのことだった。一六七二年、彼はコンスタンティノープルを訪れた際に、地元のシナゴーグで祈りを唱えたことが発覚して捕らえられた。改宗後も公然とユダヤ人として振舞っていたことは複数の史料から確認されるが、このときは日和見的な振る舞いが為政者の怒りを買ったのかもしれない。結果、彼はアドリアノープルへと送還され、投獄されてしまった。一連の騒動に決着をつけたのは、かつて改宗に立ち会った大宰相キョプリュリュ・アフメト・パシャだった。[128]「頑なな背教者」に立腹した大宰相は、これ以上ユダヤ人の間で混乱を引き起こさないよう、一六七三年一月、シャブタイ・ツヴィをモンテネグロの海沿いの町、ウルツィニに追放することを決定した。[129] そこはユダヤ人共同体のないオスマン帝国の僻地だった。ユダヤ人の住まないウルツィニにアドリアノープルのようなグループができることはなかった。[130] シャブタイ・ツヴィは心変わりして一度は離縁した妻サラを呼び寄せたが、彼女はその三年後に死んだ。そのあと彼は、サロニカのヨセフ・フィロソフに娘との結婚を申し出ている。実際に娘の名はエステルであり、アドリアノープルで未遂に終わった贖いの象徴儀礼を完了させようとしたのだろう。優れたラビとして知られていたフィロソフは、ナタンからカバラーについて教えを受けた人物でもある。当時シャブタイ・ツヴィはムスリムになったと考えられていたため、この申し出を受けることによってフィロソフがサロニカの人々から非難されるのは明らかであった。それでも、彼は遠く離れたウルツィニに娘のエステルを送り出した。[131] 今や落魄の身となった自称メシアと親戚関係を結ぼうとしたフィロソフの意図もまた象徴的に贖いを完成させることだったはずである。ただし、彼はエステルを嫁がせる前からシャブタイ・ツヴィの非ユダヤ的生活に同意していたわけではなく、「モーセとイスラエルの宗教に従って［娘を］嫁がせた」のであり、シャブタイ・ツヴィも「モーセの宗教において道を整える」と約束したとされる(132)。実はこの結婚こそが、のちにサロニカを改宗者集団の一大拠点へと発展させるきっかけになる。

ナタンは一六七五年にウルツィニのシャブタイ・ツヴィのもとを訪れた。二人のメシア論が妥協点にたどり着いた証拠は残されていないものの、彼は最後までシャブタイ・ツヴィに期待を寄せていたのかもしれない。シャブタイ・ツヴィはナタン訪問の翌年、一六七六年に大きな注目を集めることもなくウルツィニで世を去った(133)。メシアの命令に従ってムスリムになった信奉者は、この当時すでに二〇〇家族を数えていたという(134)。

注

（1）Bashan, "Contacts between Jews in Smyrna and the Levant Company of London," 53. シャブタイ・ツヴィが住んだと伝えられる家屋の廃墟がケメラルトゥに残されている。Sisman, "Cortijo de Sevi as Lieu de Mémoire," 61-84.

（2）Barnai, "Qavim le-Toldot Qehillat Qushta," 58. Heyd, "Jewish Communities of Istanbul," 303. スミルナの経済的な台頭の背景には、サロニカの羊毛産業の衰退がある。Baer, *The Dönme*, 86-87.

（3）Scholem, *Shabtai Tsvi*, 84-88 [103-110].

（4）一六～一七世紀、トルコにはコンスタンティノープル、サロニカ、ツファット、イズミルに印刷所が存在したが、ヨーロッパと比較すればカバラーの書物はわずかしか出版されていない。*The Sixteenth Century Hebrew Book* 1, xliii-xlix. *The Seventeenth Century Hebrew Book* 1, lxii-lxv.

（5）英国やオランダを中心にキリストの再臨に備えて悔い改めが勧められた。この終末思想によれば、偽メシアの登場は世界が終焉を迎えるときの予兆の一つである。千年王国論者はユダヤ人がイスラエルの地に帰還することや、キリスト教に改宗することが、終末のプロセスの一環だと考えており、往々にしてユダヤ人に好意的だった。代表的な人物にセラリウスがいる。Van der Wall, "The Amsterdam Millenarian Petrus Serrarius, 90-91. セラリウスはアブラハム・カルドーゾの文書も読んでいた。

Scholem, *Shabtai Tsvi*, 267–270; 639–641 [333–336; 753–756].

（6）Altmann, "Eternality of Punishment," 1–40. Scholem, *Toledot ha-Tenuʿah ha-Shabbtaʾit*, 85.

（7）Scholem, *Shabtai Tsvi*, 398. [485–486]. Barnai, "ʾAnusei Portugal be-ʾIzmir," 189–198. Idem, *Shabbtaʾut*, 39–51. バルナイはシャブタイ・ツヴィがメシアを名乗る前に、すでにスミルナではメシアニズムの高まりがあったと主張する。アムステルダムのマラーノ、モシェ・アブディエンテは一六六六年に『日々の終わり』（*Fin de los Dias*）と題したシャブタイ・ツヴィ讃歌を出版した。校訂版はエルカヤムの単著を参照。Elqayam, Avi. *Ha-Masaʿ le-Qets ha-Yamin*. Los Angeles, 2014. ただし、ベン・イスラエルもアブディエンテもシャブタイ・ツヴィと直接的な交流はなかった。のちに重要な役割を果たすアブラハム・カルドーゾもシャブタイ・ツヴィの思想に影響を与えた証拠はなく、マラーノが担ったとされる役割は限定的だったと言える。

（8）Scholem, *Shabtai Tsvi*, 111–113 [139–141].

（9）これはツファットのカバラーの実践の一つとして知られている。モシェ・コルドヴェロの『逍遥の書』（*Sefer Gerushin*）はその典型的な記録である。シャブタイ・ツヴィによる神秘的逍遥の実践に関しては、以下を参照。Ben-ʿOzer, *Sipur Maʿaseh Shabtai Tsvi*, 4.

（10）Scholem, "Teʿudot Shabtaʾiyot Ḥadashot," 190. シュロモ・ラニアードによるこの書簡は、一六六五年にシャブタイ・ツヴィがガザを出て、アレッポに立ち寄ったときに語った内容に基づいている。同様の記録は以下。Coenen, *Tsipiyot Shav*, 39. 「ヤコブの神のメシア」はサムエル記下23:1の表現。ラニアードは、アレッポの共同体の首席ラビを務めていたときにシャブタイ・ツヴィに出会い、その後もメシアであると信じ続けた。また、『信仰の証言』（*Sahadutaʾ di-Mehemahutaʾ*）という文書を著したことでも知られている。校訂版は以下を参照。Elqayam, Avi ed. *Sahadutaʾ di-Mehemahutaʾ le-R. Shlomo Laniado*. Tel-Aviv, 2019. *Be-ʿIqvot Mashiaḥ*, 69–87.

（11）*The YIVO Encyclopedia*, s.v. Gzeyres Takh Vetat. *Encyclopedia Judaica*, s.v. Chmielnicki, Bogdan. ポーランドにおけるこの虐殺がシャブタイ・ツヴィのメシア意識に与えた影響を評価することは難しい。ハインリヒ・グレーツらは一六四八年にシャブタイ・ツヴィが活動を開始したと記述する。それに対して、ショーレムはナタンと出会ってメシア宣言に導かれた一六六五年がより重要であると主張した。Scholem, *Shabtai Tsvi*, 493 [591–592].

（12）該当箇所は「失われたミドラシュ」（*Midrash ha-Neʿelam*）に収められた終末のプロセスに関するラビたちの議論。実際にはメシア到来、神殿再建、聖地参集のあと、最後に死者の復活が起こると説かれている。エルアザル・ベン・アラハ（一世紀のタンナ）の次の言葉が五四〇八年の根拠とされる。「長い間、私は土のなかに住まう者たちを見ると、それは六〇〇〇年期の四〇八年（五四〇八年）だ。土のなかに住まうすべての者（死者）たちが立ち上がる。それによって、仲間たちが目覚める。彼らはḥet（数価は四〇八）の息子たちと呼ばれる。［五］四〇八年に立ち上がるということだ。この（ha-zot）ヨベルの年、お前たちは誰もがその所有に戻る。」（レビ記25:13）そのとき、これ（ha-zot）、つまり［ha-zot の数価である］五四〇八［年］が終わる。」 *Sefer ha-Zohar* 1, 139b.

(13) Scholem, *Shabtai Tsvi*, 71-74 [88-93].「メシアの苦しみがお前たちに訪れる」（ḥevlei mashiaḥ yaboʾu lakhem）の頭字語をつなぐと「フミエル」になる。また「メシアの苦しみ」（ḥevlei mashiaḥ）の数価は四〇八で、五四〇八年を暗示していると解釈された。ユダヤ暦の表記では、五〇〇〇を省いて表記するのが一般的である。

(14) フミエルニツキの叛乱に乗じたユダヤ人虐殺を原因とする見解は、二〇世紀前半まで多くの歴史家によって繰り返されていた。Scholem, *Shabtai Tsvi*, 1-2; 70-74 [1-2; 88-93]. バルナイによる再検討は以下を参照。Barnai, *Shabtaʾut*, 53-61.

(15) 神の名を唱えたことへの非難に対して、「自分だけのための秘密」（un secret reservé à luy seul）だと答えたという記録がある。De la Croix, *Memoires*, 266. 本書では本来ヘブライ文字で表記される神聖四文字（Tetragrammaton）をYHVHとし、ヤハウェなどとは読まない。

(16) Coenen, *Tsipiyot Shav*, 40. Sasportas, *Tsitsat Novel Tsvi*, 4. エスカパについては以下を参照。Barnai, "R. Yosef ʿEsqapa," 53-81.

(17) このとき、のちに改宗者集団の基礎を作ることになるヨセフ・フローレンティーンの居所に滞在したとされる。Molkho, "Ḥomer le-Toldot Shabtai Tsvi," 537.

(18) 敵対する人々は同じ表現を否定的な文脈で用いる。Sasportas, *Tsitsat Novel Tsvi*, 2. このように一つの表現を信奉者と敵対者が正反対の意味で用いる例は他にも存在する。例えば蛇のモチーフについては、本書二六―二八、八四―八七頁を参照。

(19) Scholem, "Teʿudot Shabtaʾiyot Ḥadashot mi-Sefer Toʿei Ruaḥ," 182.

(20) De la Croix, *Memoire*, 268. ド・ラ・クロワ以外にこの逸話を伝える同時代の資料は存在しない。

(21) ショーレムによれば、イツハク・アバルヴァネルのダニエル書註解『救済の泉』（*Maʿayane ha-Yeshuʿah*）にも、魚座がイスラエルの隷属からの解放、エジプトからの脱出、メシアによる贖いを象徴すると述べられている。Scholem, *Shabtai Tsvi*, 129 [161]. 魚の象徴的な意味については以下を参照。*Encyclopedia Judaica*, s.v. Fish and Fishing. 初期キリスト教徒の間で、魚

(ichthus) の図や頭字語は「イエス・キリスト、神の子、救世主」(Iesous Christos Theou Huios Soter) を意味し、秘密の符牒として用いられた。この時代、ユダヤ教由来の魚の救済論的な象徴がこの新しい宗教運動で用いられていたとしても不思議はない。シュトロムザは、アラム語を話すパレスチナの初期キリスト教徒が「ヌンの子ヨシュア」(Yehoshuʻa bin Nun) から着想を得たという説を唱えている。「ヌン」(nun) はアラム語で魚を意味し、イエス (Yeshu / Yeshuʻa) は救済 (yeshuʻah) を連想させるヨシュアという名前からの派生。Stroumsa, “The Early Christian Fish Symbol Reconsidered,” 199–205. ツファットのカバラーでは、安息日に魚を食べることで魚のなかに転生した義人の魂を天上に返すことができると解釈される。Hallamish, *Hanhagot Qabbaliyot be-Shbbat*, 497. ただし、シャブタイ・ツヴィがこれらの解釈を知っていたことを示す証拠はない。

(22) ユダヤ民族の救済を意味する「理知」は、占星術のなかで土星と関係づけられてきた。Idel, “Saturn, Schabbat, Zauberei und die Juden,” 229–230. ナタンの著作における「理知」の解釈については以下を参照。Yamamoto, “Torat ha-Shmitot ve-ha-Meshihiyut,” 309–310.

(23) Scholem, *Shabtai Tsvi*, 120 [150–151].

(24) *Be-ʻIqvot Mashiah*, 61.

(25) ショーレムが描くシャブタイ・ツヴィのイメージにおいて、精神疾患が重要な位置を占める。ショーレムはもともと、シャブタイ・ツヴィの精神の起伏に病跡学的な説明を与えることに価値を見出していなかった。Scholem, “Mitsvah ha-Baʻah,” 352–353. 最終的にはシャブタイ・ツヴィの躁鬱気質がシャブタイ派思想の特徴を決定づけたと考えるようになった。Scholem, *Shabtai Tsvi*, 100–110 [126–138].

(26) 本書ではガザのナタンという通称を用いる。ナタンの名前については以下を参照。Scholem, *Shabtai Tsvi*, 199–200 [162–163]. ナタンはシャブタイ・ツヴィによってアブラハムからビニヤミンへと改名した。Idem, “Teʻudot Shabtaʼiyot ʻal Natan ha-ʻAzzati be-Ginzei R. Mahalalel Halleluyah be-Ancona,” 234.

(27) *The Seventeenth Century Hebrew Book* 1, 664–665.

(28) Scholem, *Shabtai Tsvi*, 166 [203].

(29) ナタンに関するこの種の聖人譚は、主にイタリアの信奉者の間で記録が残されている。代表的なものはアレッツォのバルーフによる「イスラエルの子らの記憶」。Freimann, *ʻInyanei Shabtai Tsvi*, 46–48. ベナヤフによれば、ナタンの聖人譚はルーリアのそれをもとにしている。Benayahu, *Ha-Tenuʻah ha-Shabtaʼit be-Yavan*, 460–461. ナタンは自らにルーリアの霊魂が転生していると考えていた。ただしこれはナタンに特有の言説ではなく、ハイム・ヴィタルやシャローム・シャラービーら、ルーリア派のカバリストに共通する主張である。

（30）ショーレムが想定したカバラーの歴史において、ルーリア派のカバラーの拡散がシャブタイ派のメシアニズムを爆発させる引き金になったとされる。しかしルーリア派がシャブタイ・ツヴィのメシアニズムに排他的に作用したとするこの想定は、必ずしも十分に論証できるわけではなく、むしろ無関係である可能性が指摘されている。Idel, "Eḥad me-ʿIr," 5-30.

（31）Haberman, "Liqutei Mikhtavim," 208.

（32）Scholem, "ʾIggeret Natan ha-ʿAzzati," 423-424.「主はこうおっしゃった」というフレーズは預言書でイザヤやエレミヤらが神の言葉を受けたときの定型句で、ナタンが聖書の預言者に自らを投影していることがわかる。

（33）ショーレムの捉え方と比較せよ。Scholem, *Shabtai Tsvi*, 166-168 [203-206].

（34）Freimann, op. cit., 95.「アミーラー」（ʾAmirah）とは「我らが主、我らが王、その栄光が高められますように」（ʾAdoneinu Malkeinu Yarum Hodo）の頭文字をつないだもので、シャブタイ・ツヴィの雅称として信奉者に用いられた。ピンヘイロの証言、「ラビ・ナタンの口伝による我らが主の信仰の秘密」は、初期の最も重要なテクストの一つ。フライマンの書写は誤りが多く、テクストは新たに発表される必要がある。Ibid., XI-XII, 93-98. ここでは以下の写本を参照した。Ms. NY JTS 2052.

（35）『義人アブラハムの幻視』（*Ha-Marʾeh shel ʾAvraham he-Ḥasid*）と呼ばれるこの偽書は、繰り返し書写されて、広く出回ったことがわかっている。*Be-ʿIqvot Mashiaḥ*, 53-58. Idem, *Shabtai Tsvi*, 182-189 [224-233].

（36）イザヤ書27:1を参照。本来は神により斬殺される対象だが、シャブタイ・ツヴィはその力を我がものにするという。

（37）ここではファラオの身体的特徴を揶揄するタルムードの表現をメシアの姿に適用している。早くもナタンがメシアの異教的性格を暗示している事実は興味深い。*Talmud Bavli*, Moʿed Qatan 18a.

（38）*Be-ʿIqvot Mashiaḥ*, 59-60. このテクストに言及されるマギードとは伝達者の意味で、啓示を与える天使のこと。

（39）Ibid., 61-65. 蛇（naḥash）とメシア（mashiaḥ）の数価は三五八で等しい。カバラー文学における蛇の救済論的解釈については、以下を参照。Liebes, "Ha-Mashiaḥ shel ha-Zohar," 124-126.

（40）ショーレムは悪の世界に降るシャブタイ・ツヴィの描写をキリストの地獄降り（descensus Christi ad inferos）に喩える。Scholem, *Shabtai Tsvi*, 685 [800-801]. Idem, "Die krypto-jüdische Sekte," 97. ナタンの思想にしばしばキリスト教の影響が垣間見えることを考えれば、示唆に富む表現である。

（41）のちにシャブタイ・ツヴィはナタンが「義人アブラハムの幻視」を著したことに気づき、自分は騙されていたと後悔したという。Sasportas, *Tsitsat Novel Tsvi*, 207. さらにその後、ナタンが古文書のうち一葉しか書き写していなかったため、自らのメシア性に自信をなくしたシャブタイ・ツヴィは、ナタンに文書をすべて持って来るように迫った。Amarillio, "Te'udot Shabta'iyot me-Ginzei Rabbi Sha'ul Amarillio," 264.

（42）Haberman, "Liqutei Mikhtavim," 208. Scholem, *Shabtai Tsvi*, 177–179 [217–218].「イドラ・ラッバー」では明言していないが、シムオン・バル・ヨハイと弟子が集まったのは七週祭と推定することができる。リーベスはキリスト教の聖霊降臨（使徒言行録2:1-42）と「イドラ・ラッバー」（*Sefer ha-Zohar* 3, 127b-145a）の関係を示唆している。Liebes, "Ha-Mashiaḥ shel ha-Zohar," 208-215.

（43）Haberman, op. cit., 209.「ヤコブの神のメシア」という呼称はサムエル記下23:1の表現に基づいている。

（44）メシア棄教前の同様の考え方はラファエル・ヨセフに宛てられた『大蛇論』にも見られ、シャブタイ・ツヴィへの「完全な信仰」が求められている。Sasportas, *Tsitsat Novel Tsvi*, 12. メシア信仰の強調は、キリスト教のソラ・フィデ（sola fide）との共通点を指摘されることもある。Scholem, *Shabtai Tsvi*, 229–230 [282–284]. Maciejko, "Jacob Frank and Jesus Christ," 119–120. ナタンはメシア棄教後もこの姿勢を変えなかった。

（45）Scholem, "Iggeret Natan ha-'Azzati," 433. Idem, *Shabtai Tsvi*, 181–182 [223–224].

（46）四つの世界は、至高世界（'olam ha-'atsilut）、創造世界（'olam ha-briah）、形成世界（'olam ha-yetsirah）、造物世界（'olam ha-'asiyyah）である。神の源泉から注ぐ光の力は、同時に自らが生み出された源泉をも希求し、あたかも呼吸のように往還する。ルーリア派における創造は、古典カバラーと違い、不断の双方向性によって特徴づけられる。

（47）Vital, *Sefer 'Ets Ḥayyim*, 1.2; 8.5.

（48）Tishby, Tiqqunei Tshuvah shel Natan ha-'Azzati, 169.

（49）ただし、ナタンの「修復」には、アヴ月九日の断食を守らなかったときの罪が言及されていない。シャブタイ・ツヴィがこの断食を祝宴に変えるように命じたためと考えられる。Ibid., 167–171.

（50）Tishby, "Iggeret Rabbi Me'ir Rofe le-Rabbi 'Avraham Rovigo," 81–82. シャブタイ・ツヴィを扉絵に用いたものもある。Scholem, *Sabbatai Ṣevi*, Plate III.

（51）印刷本の数はイディッシュ語やスペイン語への翻訳も含めて一六に上り、確認されるだけで一三の同種の手稿本が現存する。

Scholem, *Shabbtai Tsvi*, 420, 648–649, 831–833. *The Seventeenth Century Hebrew Book* 2, 876–881. Ya'ari, *Ha-Defus ha-'Ivri be-Qushta'*, 156. ナタンの「修復」は研究が進んでおらず、論文は以下のものに限られる。Tishby, "Tiqqunei Tshuvah shel Natan ha-'Azzati," 161–180. Liebes, "Ha-Tiqqun ha-Klali," 201–245. Ben-Sason, "Qeta'mi-Quntres Tiqqunim Shabta'i," 46–52.

(52) 第Ⅱ部で扱うことになる『神の力の書』や『日々の歓びの書』は数少ないシャブタイ派の印刷本と見なされてきた。『楽園の門の書』や『ベシュト頌』など出版当時は影響に気づかれなかったが、研究者がシャブタイ派の痕跡を指摘した書物もある。ショーレムによれば、一七世紀末から一八世紀にフュルト、ディヘルンフルト、ズルツバッハで、シャブタイ派の痕跡を看取される書物が多数印刷された。Scholem, "Ha-Tenu'ah ha-Shabbeta'it be-Polin," 54–55. この観点で、今後の研究の手がかりとなる印刷本一覧は以下。*'Otsar ha-Sefer ha-'Ivri* 2, 139–150; 291–306; 504–525.

(53) カバラーでは花婿が「壮麗」のセフィラーを、花嫁が「臨在」のセフィラーを意味する。神の男性的要素と女性的要素が結びつくと、神の世界に調和がもたらされ、地上のユダヤ人が救済される。ここでは結婚式の描写を用いて、救済の訪れを表現している。

(54) Scholem, "Shnei Sridim," 189. ラファエル・モルデハイ・マルヒによる記録は、一六八七年頃に書かれたものである。

(55) Idem, *Shabtai Tsvi*, 236–239; 377–391 [192–194; 461–477].

(56) *Talmud Bavli*, Hagigah 11b. ここでは禁じられた関係、創造の御業、神の玉座、天地や過去と未来について思索をめぐらせることが危険視されている。

(57) *Vayyiqra' Rabbah* 14:2.

(58) Freimann, *'Inyane Shabtai Tsevi*, 95. 「ラビ・ナタンから伝え聞いた主の信仰の秘密」と題されたこの文書は、ピンヘイロがナタンに語った話がもとになっている。

(59) Scholem, *Shabtai Tsvi*, 88–95 [110–118]. リーベスはシャブタイ・ツヴィのメシア意識が『光輝の書』によって形成されたと述べる。Liebes, "Ha-Mashiah shel ha-Zohar," 111. エルカヤムはシャブタイ・ツヴィからヤコブ・フランクに至るまで、『光輝の書』はシャブタイ派において中心的な位置を占めていたと主張している。Elqayam, "Ha-Zohar ha-Qadosh," 345–347. フスによると、『光輝の書』とそれに関連する註解の普及はシャブタイ派の広がりによって可能となった。Huss, "Ha-Shabta'ut ve-Toldot ha-Hitqablut Sefer ha-Zohar," 53–71. シャブタイ・ツヴィが学んだと伝えられるもう一冊のカバラーの書物は『カナーの書』（*Sefer ha-Qanah*）である。ネフニヤ・ベン・ハカナー（一～二世紀のタンナ）に帰されるこの書物は、一四〇〇年頃のビザンチン地域で著されたとされる。六一三の戒律を扱い、規範の相対化が特徴である。この匿名の著者は『不可思議の書』（*Sefer ha-Pli'ah*）も著した。これら二つの文書は一冊の書物として印刷されることがあった。Oron, *Ha-Pli'ah ve-ha-Qanah*, 1-34. イデルはシャブタイ・ツヴィが『不可思議の書』を読み、そこに書かれた土星（Shabta'i）の占星術的解釈からメシア意識を形成したと主張している。Idel, *Saturn's Jews*, 47-83. サロニカの信奉者の間でも重要な位置を占めた。Benayahu, *Ha-Tenu'ah ha-Shabta'it be-Yavan*, 350-354.

（60） *Be-'Iqvot Mashiaḥ*, 9-52. 一六六五年、メシア棄教直前に書かれた『大蛇論』では、シャブタイ・ツヴィの精神的な苦悩を念頭に置きながら、メシアの霊魂と悪の葛藤を描いている。ラファエル・ヨセフはチェレビ（Çelebi）の称号を与えられたカイロの有力者で、シャブタイ・ツヴィやナタンを支援した人物。ハイム・ヴィタルの息子、シュムエル・ヴィタルを滞在させ、ルーリア派のカバラーを学んだ。エジプトのユダヤ人、ヨセフ・サンバリが、大部の旅行記に一連の経緯を記している。Sambari, *Sefer Divrei Yosef*, 17-18; 44; 313-317. Sasportas, *Tsitsat Novel Tsvi*, 73. 『大蛇論』という表題は、ルーリアの弟子の一人、ヨセフ・イブン・タブールの論考に着想を得たものと思われる。Avivi, *Qabbalat ha-'Ari* 1, 174-175. Scholem, *Shabtai Tsvi*, 241 [298].

（61） *Be-'Iqvot Mashiḥ*, 15.

（62） Ibid. 別の箇所でも神聖四文字との関連でシャブタイ・ツヴィの「修復」の存在がほのめかされている。Idem, "Te'udot Shabta'iyot Ḥadashot mi-Sefer To'ei Ruaḥ," 190.

（63） Sasportas, *Tsitsat Novel Tsvi*, 7-12. この書簡は広く回覧されたことがわかっている。終末に関する同様のイメージは、この時期の様々な文書に現れる。例えば、次の論文に発表された俗謡を参照。Van Bekkum and Yamamoto, "'The Prophet Nathan Has Come'," 78-81.

（64） 「根源のなかの根源」や「原因のなかの原因」は「無限」に準ずる神名。以下を参照。Elqayam, *Sod 'Emunah*, 66-71.

（65） Sasportas, *Tsitsat Novel Tsvi*, 8. 以下も参照。Haberman, "Liqutei Mikhtavim," 212-213.

（66） シュムエル・プリモが伝えるシャブタイ・ツヴィの教えにも類似点を見出すことができる。それを記したカルドーゾの記録によると、シェマアの祈りの朗詠ではセフィロートに精神を集中させる必要はなく、神聖四文字の結合を瞑想するとされる。Scholem, "Ḥadashot li-Ydi'at 'Avraham Qardozo," 345.

（67） ローマのある人物がエルサレムからの報告を受けて書いた書簡。Van Wijk, "The Rise and Fall of Shabbatai Ẓevi," 17-19. わ

ずか六週間ほどで、情報がパレスチナを出てヨーロッパを横断し、キリスト教徒の手で印刷されたことになる。

(68) Sasportas, *Tsitsat Novel Tsvi*, 10-12. 以下も参照。Haberman, "Liqutei Mikhtavim," 211.「天の獅子」はタルムードの表現。*Talmud Bavli*, Hullin 59b. シャブタイ・ツヴィが跨る獅子としてしばしば現れる。Sasportas, *Tsitsat Novel Tsvi*, 78.

(69) *Encyclopedia Judaica*, s.v. Sambatyon. ナタンは終末を失われた十支族の伝承に関連づけることに否定的だった可能性もある。Scholem, "Le-Sh'elat Yeḥasam," 49. 彼はシャブタイ・ツヴィと異なり、のちにこうした古来の伝承を積極的に用いなくなったと思われる。

(70) ショーレムはシャブタイ・ツヴィがアレッポに留まることを拒んだときから、スミルナが目的地ではなく、首都であるコンスタンティノープルを目指していたと結論づけている。Scholem, *Shabtai Tsvi*, 351-352 [431-433]. しかし先に引用したオランダ語の新聞記事の発行日から判断するなら、ガザを出発するときにはコンスタンティノープルを目指す計画があったと考えるほうが妥当である。

(71) Rubashow, "Sofro shel Mashiaḥ," 36-47. のちにアドリアノープルで、シャブタイ・ツヴィの神格化や三位一体的な神学を説いたとされる。さらに一六九〇年代にはアドリアノープルの共同体のラビの職を得た。

(72) Ibid., 300-302; 309-310. ショーレムはこの時期のシャブタイ・ツヴィが抑鬱状態にあったと推測している。Ibid., 307.

(73) Scholem, *Shabtai Tsvi*, 314-338 [389-417].

(74) Ibid., 347-351 [426-430].

(75) Coenen, *Tsfiyot Shav*, 55-56.

(76) Haberman, "Liqutei Mikhtavim," 210.

(77) Freimann, op. cit., 56-58. Scholem, *Shabtai Tsvi*, 513-531 [615-632].

(78)「シャブタイ」(Shabta'i) という名前は安息日 (Shabat) に生まれた男児に付けられる名前であり、一六二六年アヴ月九日は安息日に当たる。Ibid., 83-85 [103-106].

(79) シャブタイ・ツヴィが自らをメシアであり、「神の唯一の長子」であると認識した可能性を強調しておくべきであろう。モシェ・イデルによれば、ユダヤ史においてこうした自己認識は、イエスの他には一三世紀のカバリスト、アブラハム・アブーラフィアにも見られるため、イデルはシャブタイ・ツヴィがアブーラフィアの著作が引用される『不可思議の書』を学んだこと、さらにキリスト教の影響が及んでいたことを指摘している。Idel, *Ben*, 454-460. シャブタイ・ツヴィを神の子と見なす発想はドンメ教団の文書に見られる。*Sefer Shirot ve-Tishbahot*, 203.

（80）この書簡が断食日を祝日に変えるために書かれたことを考えると、プリム祭はアヴ月九日の断食日と混同されていると見てよいだろう。ヘブライ語の書簡の原文は現存しないが、イタリア語、英語、アルメニア語、ギリシア語の翻訳が残されている。ショーレムはポール・リコーの英訳をもとに、失われたヘブライ語原文を復元している。Scholem, *Shabtai Tsvi*, 514-515. 類似した書簡、および一九七〇年に聖カタリナ修道院で発見されたギリシア語訳写本については英訳にて以下を参照。Idem, *Sabbatai Ṣevi*, 615-616. この書簡のヘブライ語原文は今日まで知られていないが、最も古い翻訳はギリシア語の写本であることがクートザキオーティスによって明らかにされた。Koutzakiotis, *Attendre la fin du monde au XVIIe siècle*, 96-103. 駆け出しの研究者だった筆者に学会で声をかけ、前掲書を恵投くださった氏への謝意を込めて、ここではギリシア語のカストリア写本（Bibliothèque Nationale de Grèce 2753）を翻訳した。文中でシャブタイ・ツヴィと訳した語はIosamba Isebiと表記されている。

（81）Sasportas, op. cit., 130. Freimann, op. cit., 57.

（82）Scholem, *Shabtai Tsvi*, 353-362 [433-460].

（83）Sasportas, *op. cit.*, 2. 一六六五年二月頃まで、実際にシャブタイ・ツヴィは喜捨を集めるためにエジプトに滞在していたが、ガザにナタンを訪ねるためにその任務を放棄したと伝えられる。

（84）*Encyclopedia of the Ottoman Empire*, s.v. Köprülü family. ファズル・アフメト・パシャとも。当時、キョプリュリュ・アフメト・パシャはヴェネツィアとの間で続いていたクレタ戦争に従軍していたため、この事案が軍人大宰相の直接的な関心事だったかどうかはわからない。

（85）Sasportas, op. cit., 75.

（86）Sasportas, op. cit., 2. 禁じられた獣脂はシャブタイ・ツヴィ自身も口にした。Freimann, *'Inyanei Shabtai Tsvi*, 48.

（87）「力の塔」の名前は箴言18:10に由来する。

（88）ショーレムの分析によると、要塞に移された直後のシャブタイ・ツヴィは抑鬱状態にあったが、五か月ほどで再び精神の高揚が確認される。Ibid., 507-510.

（89）Ibid., 562-567.

（90）*The Princeton Encyclopedia of Islamic Political Thought*, s.v. Kadizadeli. Baer, *Honored by the Glory of Islam*, 109-113.

（91）Coenen, op. cit., 84-85.

(92) シシュマンは「門番長」は名誉職に過ぎず、シャブタイ・ツヴィもそのように捉えていたと分析している。実際にこの官職は同時に複数存在し、改宗者に与えられた例もある。Sisman, *The Burden of Silence*, 79–81.

(93) Ben Ozer, op. cit., 103–107.

(94) Galanté, *Nouveaux Documents sur Sabbetaï Sevi*, 80–81. Baer, *Honored by the Glory of Islam*, 127. Idem, *The Dönme*, 1–2. トルコ語原文は以下を参照。Gövsa, *Sabatay Sevi*, 38. ドンメ教団の伝承では、このときメフメト四世から下賜された刀があり、シャブタイ・ツヴィの死後もサロニカで代々受け継がれていた。Slousch, "Les Deunmeh," 493.

(95) シャブタイ・ツヴィが処刑されなかった歴史的背景については、以下を参照。Sisman, op. cit., 47–55.

(96) Coenen, op. cit., 82. ショーレムの説明は以下を参照。Scholem, *Shabtai Tsvi*, 578–579 [686].

(97) Ibid., *Shabtai Tsvi*, 599–600 [708–709].

(98) Coenen, op. cit., 89. Evelyn, *The History of the Three Late Famous Impostors*, 49–50.

(99) Freimann, *'Inyanei Shabtai Tsvi*, 58.

(100) Coenen, op. cit., 90. Evelyn, op. cit., 52. Freimann, op. cit., 118–119.

(101) この書簡はドンメ教団の間にラディーノ語で伝わっていた。Amarillio, "Te'udot Shabta'iyot me-Ginzei Rabbi Sha'ul Amarillio," 265–269. リーベスの詳細な分析は以下を参照。Liebes, "Yaḥaso shel Shabbtai Tsvi," 267–307.

(102) リーベスの解説によれば、シャブタイ派文献における「入れる」という言葉は「改宗させる」という意味で用いられる。Liebes, op. cit., 275.

(103) Amarillio, op. cit., 267.

(104) Liebes, op. cit., 281. ショーレムによれば、一六六五年の時点で、シャブタイ・ツヴィはナタンに神との密接なつながりを感じていることを伝えていた。ショーレムは自己神格化の萌芽があったことも示唆している。Scholem, *Shabtai Tsvi*, 182 [224].

(105) これはレシュ・ラキーシュ（三世紀のアモラ）による「お前が砕いた」（出エジプト記 34:1）の大胆な解釈である。*Talmud Bavli*, Shabbat 87a.

(106) Amarillio, op. cit., 267–268. イスラームではモーセの律法（Tawrāt）が歪曲を被ったという考え方があり、シャブタイ・ツヴィはそのことを述べていると思われる。*Encyclopaedia of Islam*, s.v. Taḥrīf.「トゥルコ」と「メツルマン」について、イスラエル・ハザンがシャブタイ・ツヴィによる解釈を記している。Lefler, *Yisra'el Ḥazzan*, 122–123. 以下も参照。Liebes, "Yaḥaso

shel Shabbtai Tsvi," 276. Benayahu, *Ha-Tenuʿah ha-Shabtaʾit be-Yavan*, 292. Scholem, *Shabtai Tsvi*, 718–720 [841].

(107) Scholem, *Shabtai Tsvi*, 618 [729].「長い間、イスラエルには真実の神も律法もなかった」という聖句は、ナタンやカルドーゾをはじめとする信奉者によってしばしば好んで用いられる。Elqayam, *Sod ʾEmunah*, 58–66.

(108) Freimann, op. cit., 64.

(109) Rycaut, *The history of the Turkish empire [...]*, 219.

(110) Lefler, *Yisraʾel Ḥazzan*, 68–69.

(111) Lefler, *Yisraʾel Ḥazzan*, 312. Scholem, "Perush Mizmorei Tehilim," 177.

(112) Ibid., 177. Scholem, "Die krypto-jüdische Sekte," 99.

(113) この教えはのちにサロニカの信奉者を集団改宗へと導くことになる。ドンメ教団のユダ・レヴィ・トゥーバーは「私は救いの日にお前を助けた」（イザヤ書 49:8）という聖句を引きながら、一六七一年を「ターバンの時」、「我らが主のターバンの良き日」と呼んで救済論的に解釈した。Schatz, "Le-Demutah ha-Ruḥanit shel ʾAḥat ha-Kitot ha-Shabtaʾiyot," 402–403.

(114) Scholem, "Perush Mizmorei Tehilim," 163.

(115) 民数記 14:24 の聖句が呪いの言葉に変えられている。

(116) ヨブ記 29:27、雅歌 2:13 を参照。リーベスによれば、この表現はシャブタイ・ツヴィがナタンの口から出た誤謬を改めさせることを意味する。つまりナタンを改宗させようとしていると解釈できる。Liebes, "Yaḥaso shel Shabbtai Tsvi," 280. シャブタイ・ツヴィは「信仰の秘密」を教えた信奉者が改宗を拒んだとき、「なぜお前は私の神を奪ったのだ」と喝破したと伝えられる。Scholem, op. cit., 178. シャブタイ・ツヴィにとって、神との親密な関係はメシアである自分と改宗者にのみ専有されるべきものだった。

(117) この聖句には mi-bilʿadai「私のほかに」という言葉が加えられている。アブラハム・カルドーゾの解釈も参照。Freimann, op. cit., 25.

(118) Amarillio, "Teʿudot Shabtaʾiyot me-Ginzei Rabbi Shaʾul Amarillio," 268.

(119) Scholem, op. cit., 183.

(120) それぞれ、本書八三頁、および七七頁参照。

(121) ショーレムはアドリアノープルでの二人の関係が良好だったと判断している。Scholem *Sabbatai Ṣevi*, 839–843. 一方、ベナヤフは「義人アブラハムの幻視」に対してシャブタイ・ツヴィが抱いた疑惑をもとに反証を提示している。シャブタイ・ツヴィはナタンがガザで「発見」した古文書の予言を改めて検証するため、ナタンが公開していない部分も持参するように命じた。ベナヤフによると、双方の関係はのちに修復した。Benayahu, op. cit., 230-234.

(122) サラについての要約は以下を参照。Van der Haven, *From Lowly Metaphor to Divine Flesh*, 23-53. プリム祭は、紀元前五世紀、アケメネス朝ペルシアのアハシュエロス王治世、ユダヤ人の王妃エステルによるユダヤ人救済の事績を記念する日。悪しき異教徒の宰相ハマンはユダヤ人虐殺を企てたために、アハシュエロス王によって成敗された。

(123) サラとの離婚と新しい結婚の経緯については、ナタンがシェマヤ・ディ・マヨに宛てた書簡に詳しい。Amarillio, op.cit., 263-265.

(124) Amarillio, op.cit., 256.

(125) Amarillio, op.cit., 264. エステル記1:10-22を参照。ナタンによれば、シャブタイ・ツヴィはアハシュエロス王と同じ本質を持つ「メシア王を暗示するアハシュエロスの秘密」である。Tishby, "Tiqqunei Tshuvah shel Natan ha-ʿAzzati," 165.「シャブタイ・ツヴィ」と「アハシュエロス」のヘブライ文字の数価は八一四で一致する。

(126) それからしばらくの間、シャブタイ・ツヴィはマジャールの娘が復活して結婚が遂げられることを予言していたと見られる。Scholem, *Shabtai Tsvi*, 759 [885].

(127) Amarillio, op.cit., 254-262.

(128) Heyd, "Teʿudah Turkit," 337-339. Scholem, *Shabtai Tsvi*, 748-751 [873-876].

(129) Ibid., *Shabtai Tsvi*, 751-752 [876-877]. イタリア語ではDulcigno、トルコ語ではÜlgünと表記。信奉者たちは箴言30:31にちなんで、ʾAlqumと呼んだ。Ibid., 757.

(130) Emden, *Torat ha-Qenaot*, 13r. Scholem, op. cit., 748-752. Benayahu, op. cit., 26.

(131) Freimann, op. cit., 68. このとき、フィロソフはエステルを独りで嫁がせることはせず、息子も同行させた。のちにヤコブ・ツヴィの名で知られる息子が決定的な役割を果たすことになるが、この二人は別の兄弟であると考えた方がよいかもしれない。ベナヤフの分析を参照。Benayahu, op. cit., 85-86.

(132) Benayahu, op. cit., 30. フィロソフによる歌も参照。Ibid., 232-233.

(133) シャブタイ・ツヴィには息子と娘が一人ずついたことがわかっている。息子はイシュマエルという名だったが、若くして死んだと考えられる。Scholem, "Berukhiya Rosh ha-Shabta'im," 84-185. 娘の名は知られていない。Amarillio, "Te'udot Shabta'iyot me-Ginzei Rabbi Sha'ul Amarillio," 264.

(134) Scholem, "Die krypto-jüdische Sekte," 99. シャブタイ・ツヴィが信奉者に宛てた最後の書簡が残されている。新年と大贖罪日の祈禱書を送るように指示するだけの短いものだが、「イスラエルとユダの神のメシア」であることを自ら記している。Amarillio, op. cit., 250.

第2章　救済論を後退させるガザのナタン

一、追放された預言者

悪の衣をまとうメシア

シャブタイ・ツヴィがアドリアノープルに呼び寄せるまで、ガザのナタンは改宗について詳しいことは把握していなかったと思われる。メシアの命令に応じて、ナタンが信奉者を連れてガザを出たのは、一六六六年一一月の始めだった。このときすでにシャブタイ・ツヴィがイスラームに改宗したという話は多くの人々の耳に届いており、期待は幻滅に変わりつつあった。ここまでの出来事を記録した文書は破棄され、偽メシアの記憶を消し去ろうとする動きが活発になっていったことだろう。その一方で、ナタンがダマスカスを経由して、さらに北上してイスケンデルンに至り、一六六七年一月末にはブルサに到着すると、預言者がメシアのもとに向かっていると知った当地のユダヤ人から熱狂的な歓迎を受けた。旅の間、ナタンに対する非難はそれほど激しくなかったのかもしれない。唯一知られている破門は、エジプトのラビたちによるものである(1)。だが預言者がメシアに面会すると噂されて再び注目が集まるや、ブルサからコンスタンティノープルのラビに介入を求める声が上がり、ナタン追放を命じる破門が通達された(2)。ナタンは迫害を避けるように、シュムエル・ガンドゥールら少数の弟子とともに、シャブタイ・ツヴィの故郷スミルナに向かった。

メシア棄教は軽々しく口にしたくない問題だったのだろう。この時期のナタンは無用な議論や誤解を避けるために、敵対者だけでなく信奉者にも多くを語らなかった。シャブタイ・ツヴィの二人の兄に宛てた書簡では、「今年が我々の救済の年で、いずれにしても疑いなく救いは近づいている」と述べているものの、肝心のメシア棄教には触れていない。(3)

ナタンはスミルナをあとにしてシャブタイ・ツヴィに会いに行く途中、イプサラに逗留していたとき、アドリアノープルのラビたちに近くまで来ていることを察知されてしまう。彼を危険視するラビたちはコンスタンティノープルの有力者とともにイプサラへ使節を送り、ナタンを尋問させた。(4) このときもシャブタイ・ツヴィとは対照的に、ナタンの言動からメシア棄教をめぐる宗教的な確信を見て取ることはできない。それを示すかのように、ラビたちを前にシャブタイ・ツヴィを擁護するどころか、自分は預言者ではなく、シャブタイ・ツヴィのメシア性を明かしたに過ぎないと述べたという。そして、一六六七年五月三一日、アドリアノープルに近づかないこと、シャブタイ・ツヴィと連絡を取らないこと、信奉者を集めないことを約束させられ、その内容に自ら署名した。(5)

こうした厳しい状況のなか、どれほど頻繁にシャブタイ・ツヴィとの間でメシア棄教の解釈について意見交換が行われたかはわかっていない。ナタンは誓いを無視してアドリアノープルの「聖なる集団」を訪ねていたが、二人が破戒と改宗について同じ意見にたどり着くことはなかった。(6) 前節で指摘したシャブタイ・ツヴィの叱責は、そうしたなかで起こったことだった。

一六六八年一月、イオニア海のザキントス島に住むヨセフ・ハミーツに宛てて書いた書簡で、心を許せる間柄だったのか、ナタンはメシア棄教について以前と同じことを繰り返している。(7)

私たちは来る日も来る日も、このときこの瞬間にも、大いなる安息日（Shabat ha-gadol）を待ち望んでいます。その名が示す通り、そのお方（シャブタイ・ツヴィ）は神聖なる安息日、知恵の源、気高き聖性、至高の王冠の力なのです。[…] そのお方をおいて、他にイスラエルの救い主はいません。清らかなターバンをかぶったからといって、聖性が汚されることはありません。[…] 私たちは聖なる『忠実な羊飼い』にその証拠を見出しました。この書物を学んだ人ならば、真の救い主について知っているはずです。そこではこう言われています。「あなたは民の罪のために汚される。私は大いに苦しんでいる。彼らは悪人たちとともにその人の墓を作り、私に心を配ることはない。彼らの目に私は犬の死骸ででもあるかのように、民のなかの悪人と映る。[8]」[…] そのお方は確かに『忠実なる羊飼い』で明らかにされる人なので、奇妙な振る舞いに及ぶことになります。[…] さらに『光輝の修復』の六〇章には明らかな証拠があります。そこではこう言われています。「善は内側から、その衣は悪。これは『貧しい人が驢馬に乗ってやってくる』(ゼカリヤ書9:9)という聖句の解釈である。[9]」[…]「その衣は悪」というのは、そのお方がかぶったターバンのことです。そしてもちろん、「貧しい人」というのは金銭がないということではなく、悪しき衣をまとっていても世界を豊かにするためにやってきたということです。そのお方は律法において貧しく、戒律において貧しく、それゆえ聖書に出てくるすべての貧しい人なのです。[…] ターバンをかぶったからといって、安息日が汚されることはありません。[…] イスラエルの罪のためにそうせざるをえなかったのです。[10][…]

ナタンの著作のなかで、シャブタイ・ツヴィが安息日に例えられることは珍しくない。「大いなる安息日」も「神聖なる安息日」も、ここではシャブタイ・ツヴィを暗示している。また、『光輝の修復』の「善は内側から、その衣は悪」という一節は、ターバンをかぶったシャブタイ・ツヴィの暗示として頻繁に引用されるようになる。[11] ここではメシア棄教は決して救済の挫折ではなく、メシアだからこそ悪を装うという逆説で説明されている。そしてその原因はユダヤ人の罪だという。ゼカリヤ書のこの一節はイエス自身が予型論的に用いたことから、人々の罪を背負って苦しむキリストのイメージとして知られているが、ラビ・ユダヤ教の聖書解釈でもメシアの暗示として理解するのが一般的である。[12]

同様の考え方は、ナタンの弟子、アブラハム・ペレツが書いた論考で、もう一つの巧みな比喩を用いて表現されている。[13] ペレツによれば、悪の「外殻」は聖なる閃光から滋養を吸い取って活力を得るという。これはまさにナタンが語ったメシアの霊魂論に基づく比喩である。ペレツはそれを次のように説明する。

外殻が幅を利かせているため、聖なる閃光は捕えられて搾り取られるが、自らを救い出すためにはそうする必要があるのだ。同じようにメシア王は、自らの振る舞いを外殻の支配に結びつけて「修復」を行う必要がある。外殻がメシア王にその門の入り口への道を通って内部に入らせ、炎のなかから聖なる閃光を救済するためだ。それは木のなかにいる虫の性質に似ている。木は外からは完全かつ立派な状態で誰の目にも頑丈に見える。ところがよくあるように、開いてみると虫に食われてぼろぼろになっているのだ。[14]

すなわち、ナタンが説くメシア棄教の秘密とは、イスラームという悪をまとって内側からそれを崩壊させる手段としての改宗である。聖なる戦いがシャブタイ・ツヴィ自身の善悪の両価的な性質によって行われたという考え方は、改宗を神の命令と捉えたシャブタイ・ツヴィの自己理解とは大きく異なっていることがわかる。

とはいえ、ナタンがシャブタイ・ツヴィとの関係を断ち切ることはなかった。一六六八年、シャブタイ・ツヴィがローマまで行って「修復」の象徴儀礼を行うように命じたとき、その危険な旅を引き受けさえしている。[15] 一六六八年三月、ナタンがヴェネツィアに到着したとき、トルコだけでなくイタリアでも偽預言者の評判が広まっていたことを痛感させる出来事が起こった。当地のゲットーに滞在した際、警戒する地元のラビからかつてのメシア預言について尋問を受けたのである。その結果、彼らは前年にイプサラで出された文書とともに、ナタンの活動を厳しく咎める警告を作成した。「イスラエルの子らの記憶」(*Zikaron li-Vnei Yisra'el*)と題されたこの告知文は、大判の紙に印刷されて広くユダヤ人共同体に出回った。のちにナタンは強制的に発言させられたとして、そこに書かれた内容を否定しているが、預言者本人が過ちを認めたというラビたちの勝利宣言は決定的だった[16]。二週間の滞在のあと、ナタンはヴェネツィアを離れ、ボローニャやフィレンツェを経てリヴォルノに向かった。そこでは一転して、シャブタイ・ツヴィの学友だったモシェ・ピンヘイロに歓待されている。

その後、カトリックの中枢、ローマにたどり着いたナタンは、シャブタイ・ツヴィに命じられた通り、キリスト教を悪と見立ててそれを破壊する儀式を行った。これは一種の「修復」だった。ある記録によると、ナタンは精神集中の祈りを行いながら一日中ヴァチカンの周囲を歩き続けたという[17]。サスポルタスは、この際ナタンがローマの転覆を促すためにある巻物を川のなかに投げ入れたと書き残している[18]。のちにナタン自身はその「修復」によって行った悪との戦いを次のようなアラム語の韻文で表現した。

私は天の天から井戸の奥へと飛び降りた。四つの主要な罪（悪の「外殻」）［…］が居座る場所。私はそこに剣の刃に伏す者のように座った。そして次々と矢を放ち、それらと戦った。槍と弓と刃、投石機の石、安息日の燭台（menarta' de-shabta'）の力で。私たち（ナタンと同行者）はその地を偵察し、そこで次々と攻撃を行った。これらすべてはその巨大な罪の町（ローマ）で行われた[19]。

ショーレムが指摘するように、本来これはシャブタイ・ツヴィが行う悪の世界への潜入と外殻との格闘であり、ナタンと同行者が彼らのメシアに代わって、「安息日の燭台の力で」それを行っていると解釈できる[20]。ナタンはローマから戻ると、アドリアノープルのシャブタイ・ツヴィを訪ね、この象徴儀礼について報告したと伝えられる。

ルーリア派のカバリストとしての晩年

ナタンはサロニカで信奉者たちにカバラーを教えた。例えば、のちに娘をシャブタイ・ツヴィに嫁がせるヨセフ・フィロソフは、その地でナタンに学んだ人物である。ナタンはこのフィロソフ父娘がのちに集団改宗のきっかけを作ることになるとは予想もしていなかっただろう。その後、ナタンはカストリアに滞在して多くの弟子を得た。そのなかにはナタンの教えを『詩篇註解』にまとめたイスラエル・ハザンがいる。『創造の書』など主な作品が著されたのは、この時期だったと考えられている。ナタンはこの地域のユダヤ人から義人と敬われ、彼らを祈りと断食の敬虔な生活へ導いた。その教えにシャブタイ・ツヴィへの期待や終末論は非常に薄く、ルーリア派のカバラーに基づく規範指導（hanhagot）が中心だった。この時代ツファットから多くの同様の規範指導が伝わっており、戒律を厳格に守るだけでなく、複雑な戒律のなかに込められた神秘的な意味を探求するための実践である。ナタンはそうした既存の形式を踏まえながら、弟子たちとともに遠い救済の時代に備えていたのである。そうした教えはドンメ教団の文書をはじめ、いくつかの写本のなかに保存されている[21]。そこには破戒や改宗に関する議論は見られず、逼迫したメシア待望の言説を見出すこともできない。むしろ従来のルーリア派のカバリストの敬虔主義が色濃く表れており、ナタンが義人と呼ばれた理由がうかがい知れる。

弟子の一人、アブラハム・ペレツの論考のなかに、メシア棄教後のナタンが人々に伝えた精神を一言でまとめた言葉がある。

救済に与れるかどうかは、戒律を行うときの精神集中（kavvanot）、臨在［のセフィラーと天上の神と］の結合、地上における［臨在の］装飾にかかっている。これは「［イスラエルの民が］値するならば［贖いを］得ることができる[22]」という［タルムードの］言葉の意味である。救済は終末よりも先に与えられるため、大いなる安息日が訪れるまで、イスラエルはまだすべての戒律を厳格に守らなければならない。［…］あなたは髪の毛筋さえも怠惰に耽ることがないように、注意して守らなければならない。もし［善悪の］知識の樹が完全に立ち上がりきらなければ、すなわち律法や戒律を今整えられているようにしっかりと身にまとわなければ、生命の樹の高みに達することもできないからである。(23)

ペレツの論考にはメシア棄教の解釈も含まれるため、全体を読めば明らかにナタンの影響のもとに書かれたと判断できる。しかしこの一節だけを切り出せば、救済の条件はツファットで書かれたルーリア派の文書と見分けることさえ難しい。ナタンは密かにシャブタイ・ツヴィのメシア性を問い続けながら、一方では保守的なカバリストとして活動していたと考えてよいだろう。

シャブタイ・ツヴィがウルツィニに追放されたあと、一六七五年にナタンはその地を訪れている。二人の間で何が語られたのかはわかっておらず、滞在はわずかな期間だったと思われる。改宗を迫られることを恐れていたかもしれないが、何よりも二人の間のメシア棄教に関する見解の違いが大きかったことが易々とは超え難い壁を作ったのだろう。ナタンはガンドゥールやプリモとともに晩年をソフィアで過ごしたというが、卓越した神秘家としていくつかの聖人譚が残されている以外、明らかになっていることはほとんど何もない。(24)

彼はシャブタイ・ツヴィに請われてガザをあとにして以来、一四年にも及ぶ年月を放浪に費やし、一六八〇年にスコピエで没した。シャブタイ・ツヴィの再臨がこの年に起こると人々に語り、ソフィアからサロニカに向っているところだったとも伝えられるが、そのような発想は私たちが知るナタンの救済観とは合致しない。(25)スコピエのユダヤ人墓地のナタンの墓石には、次のような言葉が刻まれていた。

生きとし生けるものに割り当てられた家。安息の墓碑。神の賢者から目覚める。聖なる灯火は天よりも尊い。沈黙と賞賛のゆえに、私はその人への賛辞を縷々と語りはしない。アブラハム・ビニヤミン・ナタン・アシュケナズィーは、木曜日、シュヴァット月一一日、五四四〇年（一六八〇年一月一二日）、天の学塾に召された[26]。代々スコピエのユダヤ人はナタンの墓に不思議な力が宿っていると信じ、町を離れるときはそこを参拝する慣わしがあった。この言い伝えは、かつてメシア到来を告げ知らせた預言者ではなく、土着の義人に対する民間信仰を思わせる[27]。

一方でシャブタイ・ツヴィを見出した預言者としてのナタンが、一部の人々の記憶に残り続けたこともまた事実である。サロニカでは一六八三年に集団改宗が起こり、そこから生まれた改宗者コミュニティはナタンの書簡をいくつも所有していた。ナタンが破戒と改宗をメシアの特権と考えたのに対し、彼らはまったく反対の方向に進んでいったため、本当の意味で彼のメシア論を継承したとは言えないものの、信奉者の記憶に残り続けたことは明らかである。その後も写本の形で彼の著作が出回っていたことがわかっている。第Ⅱ部で扱うラビのなかには、そうした文書を読んだ者たちがいた。他にも『日々の歓びの書』（*Sefer Ḥemdat ha-Yamim*）、サロニカのイツハク・ハナンによる『イサクの息子たち』（*Bnei-Yitsḥaq*）、ヤコブ・コペル・リプシッツによる『楽園の門の書』（*Sefer Shaʿar Gan ʿEden*）には、ナタンに特有のカバラーの痕跡を見ることができる。そこにはルーリア派のカバラーをもとにし、挫折したメシアを説明するなかで彼がたどり着いた創造の秘密が、シャブタイ・ツヴィにもメシアニズムにも一切言及することなく描写されている[28]。

二、メシアの霊魂の本質と律法の相対化

蛇と戦うメシアの霊魂

ナタンがシャブタイ・ツヴィにメシアの霊魂を見出したのは、ガザで初めて出会ったときのことだった。神の啓示

と悪魔の責め苦の間を行き来する精神の振幅は、神秘家としてのナタンの心に深く響いたであろう。彼は自らの神秘体験を通して、シャブタイ・ツヴィがメシアであることを証明しようとしたのである。こうした神の言葉の預言に加えて文筆も活発だった。現存するナタンの最初の論考は『大蛇論』である。タイトルが示すように、メシアの霊魂が創造の原初のなかに見出されると、悪魔の化身である龍蛇がいたるところに現れ、メシアの霊魂と戦いを繰り広げる。ここにはシャブタイ・ツヴィの実像や歴史的な記述は見当たらない。読者が目の当たりにするのは、善悪の境界を超えるメシアの霊魂である。ここで言う善とはユダヤ教のことで、悪は蛇によって表象される。エデンの園でエヴァを唆して善悪の知識の木の実を食べさせた蛇は、ユダヤ文学の伝統で悪の象徴として描かれてきた。驚くべきことに、ナタンはメシアの霊魂だけでなく、その蛇に救済の鍵を託そうとした[29]。

ナタンは創世記の聖句に基づき、創造のプロセスに附随する出来事を明かす。特徴はそこにシャブタイ・ツヴィの霊魂を描きこんでいる点である。

律法ではシャブタイ・ツヴィについて「神の霊が水面を漂っている」(創世記 1:2) と言われている。さらに次のように言われている。「これがメシア王の霊である[30]」。確かに「神が漂っている」［という聖句］はそのお方の呼び名と同じ数価である[31]。霊魂が大いなる深淵にあって、「母胎から出てくるかのように現れるときには」(ヨブ記 38:8) 雲と霧の闇がその周りを取り巻いて、霧がそのお方を包んでいる[32]。

浮遊する「神の霊」が「メシア王の霊」であるという解釈は、古くミドラシュの伝承として知られていた。ゆえにシャブタイ・ツヴィの神格化はナタンの独創とまでは言えないだろう。それよりも際立っているのは、ゲマトリアを用いて「神が漂っている」という語句がシャブタイ・ツヴィの名前と等しいと指摘する点である。つまり、「メシア王の霊」とはシャブタイ・ツヴィの霊魂のことで、創造の原初以来、それが「大いなる深淵」に存在していたというのである。

この「大いなる深淵」とは、どのような場所なのだろうか。ナタンはルーリア派の概念をもとにして、メシアの霊魂が漂う「大いなる深淵」の来歴を語る。その起源は「無限」という原初の空間を満たす神の遍在性だった。神のみが充満するその空間には、いかなる空隙も存在せず、被造物が生じる余地はなかった。均質な「無限」からは何も生まれ得ない。それならば、この世界には創造のきっかけとなる出来事があったはずである。ルーリア派のカバラーでは、「無限」のなかに同心円状の新しい空間が広がり、そこで創造の過程が展開するとされる。これが神の遍在性において起こった「収縮」と呼ばれる現象である。ナタンもルーリア派にならって、「無限」が収縮することで、玉葱の鱗葉のような一〇枚の層構造が展開したと述べる。その後、至高世界、創造世界、形成世界、造物世界の順に四つの世界が生まれた。このプロセスのなかには、「原初の人間」(ʾAdam Qadmon)の姿も描かれる。ナタンによれば、「大いなる深淵」は一連の階層の最も低く奥まった場所に位置するという。ルーリア派のカバラーでは「収縮」によって生じた空間を「清浄空間」(tehiru)と呼ぶが、ナタンは「清浄空間」の下層をメシアの霊魂が漂う「大いなる深淵」と名付けた。メシアの霊魂が聖なる場所ではなく、神から最も遠く離れた位置にあるという考え方は通念を裏切る。(33)

「清浄空間」という名に反して「大いなる深淵」は決して無垢な場所ではなく、「この清浄空間はまだ浄化されておらず、メシア王が原初の人間の足へと降るまでは浄化されない(34)」。すべての人間の霊魂は「原初の人間」の身体部位に由来し、その末端、なかでも足や踵は修復が難しい。そこでは何が起こっているのか。

この深淵のなかには、サマエルとその妻(リリート)がいる。この秘密については「深淵の表面に闇があった」(創世記1:2)と書かれているが、そこにはメシアの霊もあった。深淵とは水のことである。「主は堅強な剣をもって、逃れようとする蛇のレヴィヤタンとその妻である曲がりくねった蛇、すなわち盲目の大蛇を罰する」(イザヤ書27:1）という聖句が成就するように、そのお方は清浄空間を浄化するだろう。[35]
メシアの霊魂は何度かこうして浄化を試みたが、雌雄の蛇との戦いはまだ終わらない。これはシャブタイ・ツヴィが悪魔に責め苛まれていることを表している。悪魔との格闘からナタンが想起したのは義人ヨブだった。聖書に描かれるヨブは敬虔な人物でありながら、家族や財産を失い、かつ重篤な皮膚病に苦しむ。これはすべてヨブの信仰を試すために、神の許しを得たサタンが故意にもたらしたものだった。ヨブはそれでも屈することなく信仰を貫いたために病から回復し再び富を築いたが、ナタンはそのような皮相的な物語には関心を示さない。彼がヨブに見出した本質は、神に認められた義人が悪に苦しめられるという逆説的なモチーフだった。ナタンは聖書やラビ文学から着想を得て、シャブタイ・ツヴィとヨブを重ね合わせたのである。ナタンが依拠するのはタルムードのヨブ伝承である。ここではその一つ、モーセの時代、ヨブがファラオに仕える奴隷だったという伝承が引き合いに出される。驚くべきことに、ヨブはメシアの霊魂を備えていたという。

ヨブはメシア王だった。これについては、次のように言われている。「ヨブはファラオの僕のひとりであった。[36]」別の言葉では、「主の言葉を畏れる者はファラオの僕のなかにいる」（出エジプト記9:20）と言われている。これはすでに述べた［メシアの］霊魂が外殻の間に沈み込んでいたということである。いつの世代でもいくつかの閃光がそこから出ていき、もし彼ら（イスラエルの民）がふさわしければ、その閃光は孜々として主に仕えていたはずだった。[37] それがメシア王であり、彼は外殻から霊魂のすべての根源を引き出していたことだろう。アミーラー（シャブタイ・ツヴィ）もまた生を受けたときは、外殻に由来する霊魂の一つの閃光に過ぎなかった。彼がすべての根源を引き出すと、そのあとで主が大いなる試みを彼にもたらす。何度か高みに上ったあとで、彼は大いなる深淵に落ちる。すると蛇たちが彼を試みて「お前の神はどこにいるのか」と問うのである。[38]

悪の懐中に身を投げねばならないシャブタイ・ツヴィの運命は、サタンが神に許しを得てヨブに数々の災いをもたらしたときにすでに決まっていたのである。彼の精神の起伏も同じ原因によって説明される。外殻に打ち勝って「高みに上がった」ときは威厳をもって振る舞い、再び「大いなる深淵に落ちる」ときには陰鬱に沈む。ここではファラオにも歴史を超えた意味があることに注意しなければならない。悪の象徴として描かれる蛇は、カバラーでは悪の要素、外殻を意味し、ここではファラオと呼ばれる。つまり、シャブタイ・ツヴィの霊魂は悪に支配された隷属状態に苦悶しているのである(39)。

ところが、まさにそのときに逆転劇が繰り広げられる。隷属に苦しむメシアの霊魂が戦いのなかで優位に立ち、その悪を打破するのである(40)。加えてナタンは、他でもないメシアこそがファラオ、あるいは「大いなる蛇」と呼ばれることを明らかにする。善と悪を越境するメシアの本質が露見するのは、まさに次の箇所である。

その人は信仰によって立っている(41)。この他にもすべての身体の部位で辛苦を味わっており、これらの試みのためにヨブと呼ばれ、ファラオの僕と呼ばれるのである。ファラオ（par῾oh）はメシア王の真実の名である。破壊（pri῾ah）という言葉は「アロンが破壊した（pra῾oh）」（出エジプト記 32:25）という聖句の秘密である。彼によって外殻に由来する無割礼者は完全に破壊されるという意味である。これを成し遂げると、その人はファラオと呼ばれるようになる。もはやヨブとは呼ばれることはなく、ファラオと呼ばれるのである。［…］ファラオは大いなる大蛇と呼ばれ、エジプトのナイル川に潜んでいた。［…］それゆえ、彼は大いなる大蛇のファラオと呼ばれ、メシア王とは反対のエジプト王と呼ばれる。しかし、彼は蛇と呼ばれながら、蛇の数価はメシアと同じである(42)。［…］見よ、この大いなる蛇の力を。それは聖なる蛇の外殻なのである(43)。

メシアの霊魂は単に悪を制圧したわけでもなければ、ただ翻然と悪に魂を売り渡したわけでもない。世界の深部において悪を打倒して、自らがその悪と一体化したのである。ゲマトリアで蛇とメシアの数価が等しいという秘密を見出すことによっても、それが裏づけられている。神から最も遠く離れ、悪が跳梁する「大いなる深淵」に生まれたメシアの霊魂は、存在論的な観点から見ても蛇の特性を備えていた。「聖なる蛇の外殻」という撞着表現は、善悪を超脱するメシアの本質を的確に表しているのである。

『大蛇論』はシャブタイ・ツヴィが改宗する直前に書かれた論考だが、のちにナタンの弟子が書いた文書にも同様のイメージが見出される。ナタンはメシアの霊魂にカインに遡る系譜を見出して、次のように述べたと伝えられる。

ラビ・ナタンは次のように説いた。［…］清浄空間の下層は外殻の棲家である。その場所を修復するために、メシア王は外殻の奥深くまで降りて行く必要がある。それゆえ、彼は悪魔たちの王（melekh ha-shedim）と呼ばれる。彼ら（外殻）を制圧し、修復し、支配するからである。［…］カインとアベルは［最初の人間から生まれた］二人の息子であり、第六要素（「壮麗」のセフィラー）とメシア王である。清浄空間の下層はメシア王が修復するであろう。［…］したがって、カインこそがメシア王なのである。(44)

この逆説的な発想は『大蛇論』の主張と完全に合致する。シャブタイ・ツヴィは悪を制圧するために悪の世界に降りていく使命を担っており、そのために「悪魔たちの王」の異名をとる。メシア自身が悪であるからこそ、清浄空間の下層、すなわち「大いなる深淵」を修復することができるのである。(45)

メシアの時代に与えられるもう一つの律法

ナタンがメシア棄教の直前に著した『大蛇論』は、シャブタイ・ツヴィの振る舞いではなく、メシアの霊魂をカバラーの創造論のなかに描きこんだ作品である。この世界観は一二〜一三世紀に生まれた古典カバラーに遡るが、同時にハイム・ヴィタルやイスラエル・サルークといった一六世紀のカバリストの創造論によって上書きされており、ナタンがルーリア派の継承者だったことを示している。

ところが、よく注意してみると、『大蛇論』のなかにルーリア派のカバラーではほとんど扱われない概念が現れる。それは「安息年」（shmitah）をメシア論的に解釈したものである。本来、安息年は六年ごとに一年間の休耕年を設ける、あるいは負債を免除するという規定で、古代イスラエルに遡る習慣である。[46] それに基づいてナタンは救済に向かう歴史を想定し、安息年をそのなかの区切りとして理解している。したがって、安息年はハラハーという皮層的な問題ではなく、秘教的な救済史の文脈に置き直されている。

『大蛇論』の冒頭で、ナタンは次のように述べている。

さて、私はあなたに伝えよう。シャブタイ・ツヴィ〔…〕は王（神）を自らの手で玉座に返し、以前の安息年にも増して完全なものとした。そして、臨在は上昇したのである。［「容器の破裂」のせいで］三つの容器が至高世界から崩落したが、造物世界においてはもはやまったく存在せず、形成世界にわずかばかり残されているだけである。それらは部分的な閃光であり、全体を含むものではない。[47]

シャブタイ・ツヴィが男性的な天上の神を「玉座に返す」ことで、女性的な性質を備える「臨在」のセフィラーが上昇し合一を果たす。これは神の世界の原初の調和を回復させる行為である。このとき、かつて世界創造の過程で、「無限」から注がれる光に耐えられず破裂した「容器」は、神の閃光とともに最上層の至高世界から地上へ向かって崩れ落ちた。しかし、シャブタイ・ツヴィが原初の調和を回復させつつあり、最下層の造物世界にはもはや閃光は残されていない。つまり、「臨在が上昇した」ことで、世界は救済の最終段階に差し掛かっているのである。ただし、その一つ上の形成世界には閃光がわずかに残っていることから、最終的な完成には到達していない。問題の概念は「以前の安息年」と呼ばれている年で、そのときに比べると現在はシャブタイ・ツヴィのおかげで下層の世界が浄化されつつあることを暗示している。

このあと、再び「以前の安息年」と比較すると、メシアの踵の霊魂がこの世界を訪れ始め、救済が近づいていることが明らかにされる。

メシアの踵の霊魂が訪れ始めてからも、[…]修復してくれる者が現れるまで［「臨在」のセフィラーは］離散のなかに遅滞していた。メシア王が修復したことによって、それはすでに修復されたかのように見える。というのも、すべて［の霊魂］は［メシアの］根源に由来するからである。そのお方が離散から出ていったことによって、すべて［の霊魂］が出ていったかのように見えるだろう。というのも、メシア王は王（神）や天使たちを恐れることがないからである。彼はイスラエルの罪のために敗れ、その下で虐げられている。以前の安息年［が過ぎ去って］、五時以降はすでに安息日の聖性が増し加わっている。そして、その安息年以来、金曜日の五時以降のように安息日の聖性が始まっているのである。[…]［もはや］臨在は離散の状態にない。[…]臨在の離散を嘆き悲しむべきではない。(48)

ここでもナタンは、神の世界の修復が完全には終わっていないことをほのめかしている。修復されたように見えるのは最下層の造物世界のことであり、いまだに上層には救うべき閃光が残されている。それでも「以前の安息年」が終わって、「金曜日の五時以降のように安息日の聖性が始まっている」のだという。「金曜日の五時」とは神の時間軸で捉えたときに、安息日が間近に迫っている時代のことである。(49) これはナタンがルーリア派の「修復」を撤廃したときに述べたように、安息日の聖性が平日にまで拡張しつつあることを意味している。言い換えるならば、シャブタイ・

ツヴィが現れたこの時代には、最終的な救済が訪れる前からすでに悪の浄化が始まり、聖性が高まっているのである。ナタンが時代の変化を強く意識していたことは間違いない。それでも、メシア棄教以前に書かれた『大蛇論』には、時代の移り変わりに伴う厳然たる証拠や可視的な現象は明示されない。『大蛇論』における安息年のメシア論的解釈には、新しいメシアの時代が訪れたという以上の特別な意味を見出すことができないと言ってよいだろう。

ところが、先の引用の直後に、ナタンは次のような興味深い記述を残している。

『光輝の書』に「安息日は主の御名であるとはどういうことか」とあるが、ここまでに述べたことからそれが明らかになる。[50]安息（shvitah）とは根源のなかの根源であり、それは主の御名だということはすでにわかっている。それはこの力が与えられ、つねに六〇〇〇年が経ってから［…］安息日（shabat）の秘密によって上昇するということを教えている。ラビたちは「世界は六〇〇〇年あり、一は崩壊する」と述べている。[51]

最も聖なる時間である安息日が神の名でもあるという『光輝の書』の一節について、ナタンは安息日と「根源のなかの根源」という神の至高性を表す呼称を関連づけて説明する。そして、六〇〇〇年後に最も聖なる状態において「上昇する」と述べる。

ここではこれ以上の説明はないが、ナタンが依拠しているのは、七〇〇〇年という大きな時間軸のなかで六〇〇〇年を区切りに最後の一〇〇〇年間が安息日に相当するという考え方であり、安息年の七年周期をはるかに大きな歴史的意味に読み替えていることがわかる。この歴史の周期を最初に提示したのはタルムード期のラビたちで、ナタンもそれをもとにしている。タルムードのサンヘドリン篇では、安息年が七〇〇〇年のうちの最後の一〇〇〇年であると語られる。

ラビ・カティーナ曰く、世界は六〇〇〇年あり、一は崩壊する。「その日、主のみが高められる。」（イザヤ書2:11）アバイェ曰く、二は崩壊する。「二日でその人は蘇り、三日目で私たちを立ち上がらせる。私たちはその人の前で生きることになる。」（ホセア書6:2）ラビ・カティーナにしたがって、こう教えられている。七年目が七年のうちの一年を解き放つ。世界もしかり。七〇〇〇年のうちの一〇〇〇年を解き放つ。「その日、主のみが高められる。」（イザヤ書2:11）［…］「タンナ・デヴェイ・エリヤフ」によると、世界は六〇〇〇年。二〇〇〇年は混沌、二〇〇〇年は律法、そして二〇〇〇年はメシアの時代である。[52]

神が時間を創造したのなら、歴史も六日間の平日と安息日という時間の最小単位を引き伸ばしたものになるはずである。ラビたちの意見をまとめると、世界の歴史は創造の直後にあった混沌、モーセがシナイ山で授かった律法、世界の終末を実現するメシアの時代に分けられ、最後の一〇〇〇年で崩壊するということになる。ラビたちが聖書に現れる規範に新たな解釈を施したことで、安息年は「世界周期」というはるかに大きな時間の枠組みを獲得したのである。

この歴史観はユダヤ教のなかでそれほど重要な位置を占めているわけではなく、どちらかといえばラビたちの雑多な見解の一つに過ぎない。ところが、カバラーにおいては世界の創造と終末を説明するためにしばしば取り上げられることになった。先に引用したナタンの言葉には、タルムードの歴史観だけでなく、一四世紀に匿名で著された『形状の書』（*Sefer ha-Temunah*）の世界周期論が影響している。[53]『形状の書』によれば、現在の我々が属する時代の前に、四番目のヘブライ文字「ダレット」（dalet）で表され、「慈愛」のセフィラーが支配する時代があったという。[54]この世界には「蛇もいなければ、悪しき欲望も食べることも存在しない。そして罪を犯す者も罪業もない」という。それに対して、五番目のヘブライ文字の「ヘー」（he）で表される、神の裁き、「厳正」のセフィラーが支配する時代は、悪が力を得て、人間が多くの罪を犯している点に特徴がある。これこそ我々が生きるモーセ律法の時代である。「この凋落の世界［…］では霊魂が穢れており、［…］生は困難を極めて短くなり、［…］悪しき欲望が膨らみ強くなる」とされる。[55] やがてこの「厳正」の時代が終わると、「壮麗」のセフィラーが支配する時代が訪れる。この時代は、垂直な直線で書かれる六番目のヘブライ文字「ヴァヴ」（vav）で表される。ここで世界はもう一度、「慈愛」の時代に似た完全性の様相を呈すると予言される。[56]「壮麗」の世界周期を経て七つの時代が終わると、すべては「理知」のセフィラーに戻る。「長い離散の間に穢れのなかに住まわされたイスラエルの売り払われた者たちが贖われる」この時代、「売り払われた者たちが贖われ、ヨベルにはそれが至高のメシアの日々だと明らかになる。」[57]『形状の書』の著者はこの世界で起こるはずの終末とメシアの黙示的な伝承にまったく関心を示さず、もっぱら終焉へと向かう宇宙のリズムを描くことを目的としているため、「至高のメシアの日々」についても具体的なことは語られていない。

　特筆すべきは、むしろ規範の転倒である。『形状の書』のなかでメシアの概念と破戒が結びつくことはないが、現在の律法の権威を相対化するかのような言葉は過激である。この世界で我々に与えられた二二個のヘブライ文字のうち、「シン」（shin）の文字は、三つの枝を持つ櫛形をしている。ところが『形状の書』の著者によれば、四つの枝を持つ形状が「シン」の完全体だという。[58] 本来の「シン」が回復すると「禁じられていることが許される」[59]。この世界の律法のなかには禁止戒律（mitsvot lo'taʿaseh）と当為戒律（mitsvot ʿaseh）が混在しているが、これは善のなかに悪がはびこる時代の特徴にすぎず、次の世界周期の律法ではそれらの禁止戒律が許されるという。律法の価値の相対化とも呼べるこの発想は、ナタンの教義の根幹をなす要因のひとつになっていくのである。

　もともと世界周期論に内在していた反規範の傾向が、ナタンの思想に組み込まれるのはシャブタイ・ツヴィがイスラームに改宗したあとだった。メシア棄教後に著された『燭台論』（*Derush ha-Menorah*）や『創造の書』[60]（*Sefer ha-Bri'ah*）に視線を転じてみれば、世界周期論はより精妙で独創性に満ちた思想として立ち現れてくる。蛇、太陽と月、昼と影など、多彩な象徴表現を用いて語られ、『大蛇論』よりも詳細に時代の遷移が説かれている。なによりも重要なのが、新しい世界周期はまだ到来していないという主張であり、これこそがナタンがたどり着いた終末論の本髄に深く関与している。それを理解するためには、『形状の書』とは異なり、彼がこの世界を「厳正」のセフィラーではなく、「慈愛」のセフィラーに対応していると考えていることに注意する必要がある。本来、セフィロート体系の右側に位置する「慈愛」のセフィラーは善の源泉であり、左側に位置する「厳正」のセフィラーは悪の源泉である。ナタンはそれさえも単純な善悪の二分法で捉えることはない。

『形状の書』をはじめとするそれまでの世界周期論では、悪しき欲望に穢された現在の「凋落の世界」が「厳正」のセフィラーの性質を反映し、それが終わると禁止戒律が撤廃された慈愛の世界に移行すると説かれた。ところが、ナタンは善と悪、清浄と不浄、許可と禁止が混在した現在こそが慈愛の世界であり、メシア到来によって厳正の世界に移行するという逆の過程を主張している。その過程で、地上の穢れのなかに身をやつしていた「臨在」が「少しずつ上昇し始め、今日までに塵埃から立ち上げられた」ために、「慈愛」の世界の時代は間もなく完了し、シャブタイ・ツヴィを信じる者たちに救済が訪れるという(61)。

イスラエルのなすことがすべて、土の上に現れた日から慈愛の要素に備わる構造の完成と呼ばれる。メシアの顕現においては、厳正の力を強めなければならない。[…]神の天啓が地を満たすには、この時代が過ぎなければならない。[…]それは安息日が始まるときである。そのとき、太陽と月(「壮麗」と「臨在」)の合一のために臨在を上昇させなければならない。[…]最後の終末が来るまで離散は引き延ばされ、たとえ彼ら(ユダヤ人)に罪がなくても贖われることはない。そうすると、彼らの手にイスラエルの会衆(「臨在」)を壮麗と結びつけるための善行はない。[…]慈愛の秘密においてこの聖なる至高の媾合が必要となるだろう(62)。

ナタンの意図を明らかにするために、ここで二つの問いに答えながら議論を進めていくことにする。まずシャブタイ・ツヴィが改宗したことによって、メシアの時代に入ったのか。そして、なぜ彼らが生きた時代が「厳正」ではなく慈愛の時代なのか。引用したナタンの言葉は必ずしも明瞭ではないが、少なくとも『大蛇論』よりも雄弁に語り、厳正の時代がまだ始まっていないと主張していることは確かである。それまで離散のユダヤ人と運命をともにしてきた神の女性的要素である「臨在」は、すでに天上の神との「聖なる婚姻」に備えて立ち上がっているが、「聖なる至高の媾合」が実現する厳正の時代はまだ訪れていない。ゆえに神の世界の完成を意味する「太陽と月の合一」のためには、立ち上がった「臨在」をさらに天へ向けて上昇させなければならない。つまり、「壮麗」と「臨在」が面々相対して、初めて次の厳正の時代が訪れるのである。

では、メシアの時代はすでに到来したのだろうか。答えは否である。確かに「メシアの顕現においては、厳正の力を強めなければならない」が、メシアの時代とは飽くまでも厳正の時代に先行する期間である。ナタンはその時代さえもまだ訪れていないという。このことは次の言葉から理解できる。

以上、我々はここから峻厳なる裁きの秘密において［神が］慈しみを垂れたまうとき、つまり反対領域の住処（悪）を破壊し終えるまで、月は欠けているということを学んできた。その構造において、慈愛の要素では聖性が続くことがない。なぜなら、この世界は慈愛の要素で創造され、これが最初の創造だったからである。この六〇〇〇年はすべて慈愛の段階にある。六〇〇〇年が過ぎると、慈愛の構造が完成する。［…］慈愛の原初の日が完成されるまで、厳正の要素はこの六〇〇〇年において勢いを得ていく。そして完全にできあがるのにあと一〇〇〇年かかる。それには一一〇（meʾah va-ʿeser）が残されている。その後、厳正の秘密において、第七〇〇〇年目の後に創造されることになる世界の根源の力が増大する。このことは『光輝の修復』の言葉から学ぶことができる。この世界は慈愛の秘密における原初構造である。七つの安息日があり、それぞれに創造の六日間がある。『光輝の修復』の三七章で述べられるように、一日は一〇〇〇年である。これは最初の安息日である。さらに安息日を七度完成させなければならない。そうであるならば、この創造においてなされるべき根本的なことは、慈愛の要素の修復なのである。(63)

『形状の書』の著者が、「厳正」のセフィラーの様相にある現在に先行して慈愛の時代が存在したと語っていたのに対して、ナタンは今がまさに慈愛の時代であり、いずれそれが完成すると主張する。また、現在の慈愛の時代こそが「最初の創造」であると考えている点でも、彼が『形状の書』と異なる前提を持っていたことがわかる。慈愛の時代の間も「厳正」のセフィラーの力は増し加わっているが、『燭台論』が書かれたのがユダヤ暦の世界創造から起算して五四三〇年（西暦一六七〇年）頃であることを考えれば、「慈愛の構造が完成する」までにまだ時間がかかるはずである。「一一〇が残されている」という言葉の意味するところは明瞭でないが、単に年月と解釈すれば短すぎるであろう[64]。

それよりもここで重要なのは、『光輝の修復』の解釈からこの六〇〇〇年が「慈愛」のセフィラーにおける創造の段階であり、それ以降の一〇〇〇年間が「安息日」と形容されている点である。世界周期論では、一つの時代の終わりに「安息日」の一〇〇〇年が続くので、次の一〇〇〇年が「最初の安息日」となるはずである。ナタンが六〇〇〇年にわたる慈愛の時代のあとに見据えているのがこの「最初の安息日」であり、これこそがまさにメシアの時代である[65]。続く彼の言葉にはそのことが明確に表現されている。

> 以上のことから次のように結論できる。最初の安息日を完成させるには一〇〇年かかる。これは「一〇〇歳で死ぬ若者」（イザヤ書65:20）という言葉の秘密である。それはダビデの子のメシアの秘密である。［…］これは「牡鹿（Tsvi）のごとくすぐに逃れよ」（箴言6:5）という聖句に関することである。「すぐに（MiYaD）」とはモーセ（Moshe）、ヨセフ（Yosef）、ダビデ（David）のことである。一〇〇年経って死ぬというのは、その（メシアの）光が消えるということであり、慈愛の要素の一〇〇〇年、つまり［創造の第七日目に対応する］一日が完成した後で［メシアが］天に昇るということである。［…］最初の安息日［の働き］によって地上から穢れた霊がなくなっ

た後で厳正が増大することになる。そこではシャブタイは聖なる蛇であり、[66]すべてのゴーレム（邪悪な混沌）を聖なる状態に戻すべく、円形の秘密において修復に携わっている。[67]

モーセ、ヨセフ、ダビデはユダヤ文学でメシアの原型とされる人々である。メシアの時代を意味する「最初の安息日」が一〇〇〇年で完成すると述べられているが、それは「慈愛の要素の一〇〇〇年」の経過を意味している。慈愛の時代の最後の一〇〇〇年がメシアの時代であり、それが終端に達するとメシアは光を失って昇天する。それまでの間「聖なる蛇」に喩えられるメシアの使命は、悪の要素をも聖化して万物を原初の清浄へと回帰させることである。

では、現在の世界周期の最後の一〇〇〇年に当たるメシアの時代はいつ始まるのか。シャブタイ・ツヴィが棄教し、多くの人々が幻滅したこの時期に、ナタンは決して確信をもってメシアの時代の開始を宣言することはない。『燭台論』が著されたのは一六七〇年（ユダヤ暦五四三〇年）頃で、世界創造から六〇〇〇年を経るには、あと五七〇年かかる。メシア棄教以前に書かれた『大蛇論』で言及される世界周期論に比べて、『燭台論』の描述は確かにより精緻である。だが、彼の言葉に従うならば、シャブタイ・ツヴィが信仰の秘密を示し「厳正」の力が増しつつあっても、メシアの時代は始まってすらいない。つまり、完全な救済の日々が訪れるのはまだかなり先の未来のことなのである。

最後に、現在がなぜ「慈愛」の時代なのかという問いに光を当てて、ナタンの世界周期論の核心を明らかにする。ショーレムが指摘するように、このカバリストが真実の意味を見出したのは「ヘセッド」という言葉の両価性であった。[68]セフィロート体系で神の「慈愛」を意味する「ヘセッド」には「恥辱」という否定的な意味もあり、いわゆる反訓に似た性質を持つ単語である。例えば、「自分の姉妹を娶る［…］のは恥辱（ḥesed）の振る舞いである」（レビ記20:17）という近親婚の禁止の文言は、危うい誤読の可能性を秘めている。ナタンは真実の律法（torat ʾemet）であるモーセ律法に対して、メシアが棄教したあとに世界を支配する法則をヘセッドの律法（torat ḥesed）と呼んだ。慈愛の律法とも恥辱の律法とも解釈できる表現であり、このパラダイムが支配する時期はイスラームとクルアーンが威力を増す。この反転的な発想はナタンに特有の弁証法である。

彼は『メシア王の秘密』(*Raza' Malka' de-Mashiha'*)と題された文書のなかで、シャブタイ・ツヴィがイスラームを信仰しなければならない理由を次のように説く。


そのお方(シャブタイ・ツヴィ)はその宗教(イスラーム)を奉じなければならなかった。縄は桶のあとに続くものである。[69] 人は導かれるところに向かうものである。これは右側に由来する慈愛の律法と呼ばれている。「私は慈愛の世界が築かれるだろうと言った」(詩篇89:2)と述べられている通りである。自分の姉妹を娶ったカインのように、それは欠陥[を象徴するもの]である。[70]

ナタンが「厳正」の世界周期について具体的なことを語らず、慈愛の時代の六〇〇〇年の終焉からメシアの時代の直前期に議論を集中させる理由は、まさにこの一節に凝縮されている。彼は表面的には恥辱に見えるメシア棄教のなかに「慈愛」という言葉の秘密を見出したのである。すなわち、シナイ山でモーセに授与された律法は真実の律法と呼ばれるものの、そこに諸々の規範が刻まれていたという事実は、イスラエルの民が不完全であることを物語っている。そこでシャブタイ・ツヴィはあえて棄教という恥辱によって慈愛の律法を導入し、メシアの時代に備えようとしたのである。現行の律法を秩序づける文字列がすべて解消し、まったく新しい律法が支配する厳正の時代が始まるまでは、クルアーンこそがその慈愛の律法として権威を獲得するのである。

このことはナタンよりもイスラエル・ハザンの言葉において、はっきりとした表現で現れる。ナタンに極めて近い場所で学んだハザンが、メシア棄教を単なるメシアの悪の世界への下降と見なすことはない。

イシュマエル人(ムスリム)の宗教は慈愛の律法と呼ばれ、我々の神聖な宗教は真実[の律法]である。[…]イシュマエル人には彼らの父祖が伝えたものしかない。［…］彼らの律法は慈愛と呼ばれる。これについては「私の目の前にあなたの慈愛がある」（詩篇 26:3）と言われている。これは目の前にあるターバンの秘密である。［…］［シャブタイ・ツヴィは］歌い、慈愛の律法を読誦した。それはイシュマエルの民のクルアーンである。「その口を開いて知恵を語り、その言葉に慈愛の律法がある。」（箴言 31:26）二つの律法はひとつであり、これは「慈愛と真実が出会う」（詩篇 85:11）という聖句の意味である。シャブタイ・ツヴィのなかで二つの律法が出会うのである。[71]

ナタンの教義を継承したハザンは、「ターバンの秘密」を真実の律法と慈愛の律法の統合であると主張している。シャブタイ・ツヴィが改宗によってモーセ律法とイスラームのクルアーンを信奉するという事態は、すでに聖書に暗示されていたのである。メシアが恥辱（ḥesed）の律法を読むために、この時代は同じく慈愛（ḥesed）の名で呼ばれるべきであり、このことはシャブタイ・ツヴィの改宗によって初めて明らかになったのである。ただし彼は決して従来の律法を棄てたわけではない。ターバンをかぶってムスリムになっても、すべての行動や解釈はユダヤ教の律法の文脈において実践された。ユダヤ人のメシアであったはずのシャブタイ・ツヴィは、カバラーに基づく論理的な説明に従ってムスリムであることを選択し、双方の均衡の上に生きる越境的存在として、「慈愛」の時代の最終段階に向かって人々を導こうとした。ナタンはそのように主張したのである。

『形状の書』とは異なる解釈を導入したナタンの意図は、世界周期の連続性よりも、メシア棄教後の時代の位置づけを明らかにすることにあった。安息日の聖性が高まって「臨在」が塵埃から立ち上がり、「厳正」のセフィラーの力が増し加わっても、人々がメシアの時代に永遠の生命を享受することができるわけではない。むしろ、メシア棄教というグロテスクな現実に直面して、明日にでも訪れると期待されていた救済が延期されてしまう。ナタンが解き明かしたことは、『形状の書』の著者が語るような時代の変遷に伴う律法の交代ではなく、実はシャブタイ・ツヴィの改宗によるユダヤ教とイスラームの奇妙な並存であった(72)。

ナタンの世界周期論では、終末の遅延というユダヤ教のメシアニズムを拘束する宿命的な呪縛が依然として断ち切られていない点は興味深い。つまり、メシア棄教という解き難い問題を目の前にして、一方で独自の世界周期論が確立されたが、他方でその理論は彼らが離散の時代とメシアの時代のはざまを抜け出せない現実に対する巧みな答えとして提示されたのである。

戒律を免れるメシア

ナタンの『燭台論』には、ゾハル文学で語られる律法の相対化とも言える発想が継承されている。時代によって規範が変わるという律法の相対化は、シャブタイ・ツヴィの改宗に直面してメシアの棄教という矛盾した行為を説明するための言説であり、エデンの園に立つ一対の樹もその困難のなかで教義に組み込まれていったと考えられる。実際その想定を裏づけるかのように、メシア棄教以前に書かれた『大蛇論』をはじめとする文書のなかに「生命の樹」と「死の樹」の表象が用いられることはない。この事実は、『大蛇論』で世界周期論もまだ漠然とした形式で取り入れられているに過ぎなかったことと一致する。世界周期を支配する秩序の遷移とともに、ナタンが『燭台論』のなかで「生命の樹」と「死の樹」に備わる性質と対照性について雄弁に語り始めるのは、シャブタイ・ツヴィの改宗のあとのことなのである。

「生命の樹」と「死の樹」の歴然たる違いは、すでに聖書の逸話のなかで明らかにされている。ナタンはシナイ山で十戒が授けられたあと、イスラエルの民が畏れおののいてモーセにすがりついたときの言葉に、その隠された意味を見出した。すでに聖なる霊に満たされていたはずの太古の人々は、なぜ神の声を聞くことを恐れたのか。

「あなた（モーセ）から我々に語ってください。耳を傾けますから。神が我々と［直接］話をすることがないようにしてください。さもないと、我々は死んでしまいます。」（出エジプト記20:19）人々は聖なる霊にたどり着いて、素晴らしいことに、偉大な預言者たちよりも優れた目を持っていた。では、なぜ神の声を耳にすると死ぬというのか。生命の樹（ʾillanaʾ de-ḥayyei）に関わる大いなる階梯を上っていたのに、なぜ［神の］声を聞いても死なない預言者たちとは違っていたのか。彼らは生命の樹の秘密に従って律法を受け取った。そこには死も義務もなければ、許されることも禁じられることもない。この一段にたどり着く前に、彼らは死の樹（ʾillanaʾ de-motaʾ）によって死を味わわなければならないからである。［…］律法授与の日、イスラエルは生命の樹に属しており、誰もが至高世界に由来する魂に近づいた。これによって、彼らの律法は義務もなければ、禁止も許可もなかった。したがって、まずは聖なる霊にたどり着く必要があると考えたために、「［あなたから］我々に［語ってください］」云々、と言ったのである。だが、生命の樹から得るはずの預言の力が常に備わっていたわけではないので、死に至らざるを得なかった。［…］その後、彼らは死の樹に与らねばならなかったのである。(73)

律法が授けられたとき、イスラエルの民はのちに現れる預言者と同じように、「聖なる霊にたどり着いて」いたので、本来ならば神と交感することができるはずであった。ところが、彼らに「預言の力が常に備わっていたわけではなかった」ために、神の声を聞くことを恐れたのである。

モーセの世代の人々がいまだ不完全であったことを説明するために、ナタンはここに「生命の樹」と「死の樹」の表象を導入している。シナイ山で十戒を授かった人々は「生命の樹」、あるいは至高世界に属する神聖な状態にあったが、実際にはそれは神の声を直接聞いて耐えられるほどのものではなかった。モーセに内在する超越性には及ばないのである。結局、「モーセを除いては、まだ誰一人として至高の霊魂にたどり着いていない」とも言われる。(74) 彼らはそれを知っていたために、「神が我々と話をすることがないようにしてください」とモーセに懇願した、というのがナタンの解釈である。

そしてここで最も重要な点は、「生命の樹」の秘密を知っていた彼らには「死も義務もなければ、許されることも禁じられることもない」、すなわち不可避の運命であるはずの死やあらゆる規範を超脱していたという記述である。本来、二枚の律法の石板には当為命令と禁止命令が刻まれているはずだが、ここではそのようには考えられていない。モーセが授かった律法は「生命の樹」に由来するものだったため、その律法に当為命令と禁止命令の二分法は存在しなかったのである。

それにもかかわらず、イスラエルの民が「死の樹」によって表される死すべき運命と戒律を背負わなければならなかったのは、不完全性と度重なる罪のためである。ナタンの解釈に沿うならば、彼らはシャブタイ・ツヴィが現れて本当の意味で「生命の樹」に到達するまで、真の救済を待ち続けねばならなかったのである。

また、申命記で神がイスラエルの民に預言者を立てることを約束する場面の解釈でも、人々が「生命の樹」にたどり着く前に「死の樹」に結びつくことになった経緯が繰り返される。「我が神、主の声を聞いて、この大いなる火を見て死んでしまうことがないようにしてください」という求めに対し、神が民の弱さを斟酌して慈悲を示す場面について、ナタンはこう述べている。

「彼ら（イスラエルの民）が言うことは最もである」（申命記 18:17）と主がおっしゃった。［…］彼らは至高の霊が自分たちに訪れるまで高められたいと望んでいた。生命の樹にはまったく死が関わらないからである。それはまるで［祭壇で］蠟燭の灯を整えるのと似ている。その目的は火を点けることである。整えるというのは火を点ける準備をすることである。香を整えるというのは、つまり内祭壇に油を注ぐことであると言われている。[75]［…］タルムードでは香を整えることは蠟燭の灯を整えることのなかに含まれており、このことはすでに知られている。[76]香を整えるにあたっては、創造世界、形成世界、造物世界の霊魂によってなされなければならない。また、それが死の秘密となるようにしなければならない。［…］彼らはそれについて罪を犯して、「我々は死んでしまいます」（出エジプト記 20:19）と言った。つまり、死の樹に結びつこうと欲したのである。そこでは禁止と許可、および適合と不適合に関する戒律の軛が課される。香の秘密に背くのは掟をないがしろにすることである。［イスラエルの民は、まだ］義務を伴わない律法を意味する生命の樹には［属して］いないのである。［…］至高の［光の］統合によって、すべてを修復し、すべての反対領域の軍勢を滅ぼし、砕き、打ち負かし、諸世界の光が増進する。そこでは、あらゆる禁止と許可、および適合と不適合が修復されるだろう。(77)

古代イスラエルの民が「我々は死んでしまいます」と言ったのは、字義通りに理解するならば、神との直接対面で激しい畏怖のために命が脅かされると危惧したからである。進んで死を選んだとするナタンの解釈は、その裏にある秘密の意味の暴露である。イスラエルの民は、これを機に、「生命の樹」を離れて「死の樹」に結びつき、進んで戒律の軛を負うようになったという。

「禁止と許可、および適合と不適合に関する戒律の軛」を負ったことは、必ずしもイスラエルの民の恐怖心だけに起因するわけではない。荒野を彷徨するイスラエルの民に伝えられた祭儀に関する種々の規定のなかに、大祭司アロンが香を焚くための祭壇に関する記述が見られる。のちにタルムードで内祭壇とも呼ばれるこの小さな祭壇は、パンの卓台や燭台とともに至聖所を隔てる垂れ幕の前に置かれた。出エジプト記では、毎朝アロンが燭台を清掃して整えるとき、そして夕刻ごとにそこに火を灯すとき、一日に二度神に捧げる香を焚くと定められている。ナタンによると、人々が「死の樹」に与るというのは、蠟燭の灯を整え、香を整えることの象徴的表現である。だが、それは単なる束縛や労働ではない。やがて夜に備えて蠟燭に灯を点けるための不可欠な備えである。大祭司が執行するこの最も神聖な日課は、至高世界よりも下の「創造世界、形成世界、造物世界の霊魂によってなされなければならない」。すなわち、「死の樹」に属する戒律であるかぎり、この行為は神聖でありながらも、最上位の聖性を必要としないのである。そして、「至高の統合」と呼ばれる行為によって、破壊された調和を修復することができ、こうした戒律も悪を殲滅することで取り除かれることが示唆される。言い換えるならば、戒律の実践を経ることによってしか、人々が規範から解放されることはないのである。

「至高の統合」は次のようにも説明される。カバラーでは霊魂（neshamah）が人間の魂の分類体系の最上位に位置づけられる。至高世界の光はその人に備わる霊魂の段階に応じて下位の世界に降り注ぐ。

至高世界に由来する光は、その人の霊魂の段階に従って至高の光の統合によって明らかになる。それは光の現れである。このことについて、その人は悪を修復し、［…］天上にある霊魂の根源の力に基づいて［至高の光の］統合を行い、至高世界に由来する光を明らかにする力を手にしている。［…］人の行いは善と悪を選り分けることである。［…］人はそれを直線によって、すなわちすべてを当為命令の戒律、つまり行為の戒律によって作り上げる。行為は［下位の］三つの世界（創造世界、形成世界、造物世界）に位置づけられねばならない。それらは具体的な物事に対してつけられた行為の名で呼ばれる。(78)

至高世界の光は「至高の光の統合」によってこの世界にもたらされるが、その目的は善と悪を選り分けて、悪を滅ぼすことである。ナタンはこれが当為命令によって行われると述べる。それは「直線」とも言い換えられている。彼がカバラー論考のなかで「直線」（qav yosher）あるいは「直行する光」（ʾor yashar）という言葉を用いるとき、それはモーセ律法、すなわち既存の規範を意味している。(79) これに対して、我々はメシア律法が蛇を形象化した曲線で表現されることを想起しなくてはならない。ここでは詳論されないが、実はこの対比を知ることによって、戒律に対するナタンの理解をより正確に説明することができる。

ナタンは、イツハク・ルーリア自身に遡りながらも、ハイム・ヴィタルが隠蔽しようとした悪の教義を見逃さなかった。それは、すべてを満たしていた神が世界を創造するために自らのうちに収縮した際にできた「清浄空間」に関するものである。[80] ルーリアはこの清浄空間に神の原初形態である「無限」の光がわずかに残されたと考えた。「痕跡」(reshimu) と呼ばれるこの光の残滓が、のちに神の峻厳な属性である「裁き」となって悪の外殻の生成につながる。したがって、下位の三つの世界、「創造世界、形成世界、造物世界は多くの厳正の場所に作られた」と言われる。悪が神の創造に起源を持つことを解き明かそうとしたルーリアの教義を、ナタンはメシアの働きを説くために、さらに読み変えていく。まず、彼は創造の過程を妨害する力となりうる光の痕跡を曲線で表される「思惟なき光」(ʾor she ʾein bo maḥshavah) と名付けた。そしてルーリアの教義を敷衍して、神的な「思惟を伴う光」(ʾor she yesh bo maḥshavah) は世界を創造する目的で収縮し、再び清浄空間を照らし出すまで自己の内部に留まり続けると述べる。この「思惟を伴う光」が「直線」の正体である。[81]

だが創造の過程において、すべての清浄空間が「思惟を伴う光」によって刺し貫かれるわけではない。それは四つの世界構造を降って「清浄空間」の上部までしか到達せず、「大いなる深淵」と呼ばれる「清浄空間」の下部を照らすことはない。すなわち、メシアの霊魂が悪と格闘している場所までは届かないのである。前述の引用でナタンが述べる「至高の統合」によって遂げられるのは、「直線」、すなわち「思惟を伴う光」が差し込む「清浄空間」の上部だけである。比較的聖性の高いこの領域では、当為戒律の遵守によって悪の外殻を滅ぼすことができる。だが、魔窟の如き「大いなる深淵」には神の光の「痕跡」から生成した外殻が巣食い続ける。これを完全に制圧することが、ほかならぬメシアに課された使命である。[82]

「大いなる深淵」には「思惟を伴う光」が届かない。[83] その代わりに、「原初の大蛇」とも呼ばれる外殻が蠢動するこの領域には、曲線で表される「思惟なき光」が滞留している。ナタンは、メシアの魂がここで悪を善に戻すために奮闘していると述べる。メシアが余人にはなし得ない修復を行うことができるのは、彼が「生命の樹」の本質を備えているからにほかならない。[84]

メシア王の霊魂は生命の樹に属し［…］あらゆる側面と現実において修復に携わっている。禁止や許可、あるいは不浄や清浄には関わらない。また悪を浄化したあとに善に戻すことができる。(85)

戒律の力が及ばない悪の領域を支配できるのは、メシアがその中心に屹立しながら本質において「生命の樹」の力を備えているからである。しかも、彼は決して悪を滅ぼすことだけを目指しているわけではなく、「悪を浄化したあとに善に戻す」というさらに高潔な使命をも担っているのである。

ナタンの神話的な描写は、メシアの魂の神聖な特質だけでなく、改宗に及んだシャブタイ・ツヴィの使命にも言及している。シャブタイ・ツヴィは実際の世界においても自ら悪のなかに潜伏しなければならなかった。それは彼の双極的な人格を想起すれば、多くの苦痛を伴うものであったに違いない。だが、メシアには苦痛に耐えうる強靭な力が備わっているという。

［メシアの］力は打ち砕かれ、外部（悪の領域）の間に引き込まれて生け捕り網に落ちてしまった。そして、彼ら（ムスリム）の慣習と宗教に従ったが、傷を負うことはなかった。［…］すべての修復は生命の樹に結びつくそのお方の力に由来する。この世界から免れたエデンの園に立っているかのようであり、戒律の義務を課されない。そのお方は造物世界の中心点であり、反対領域の中核である。(86)

シャブタイ・ツヴィはムスリムとなったが、依然として生命の樹の超越的な属性を備えており、悪しき異教徒のなかにあってユダヤ教の戒律を免れながら修復に携わっている。「エデンの園に立つ」メシアは、「思惟を伴う光」が届かず、規範の拘束力が及ばないこの悪の領域でこそ、本来の力を発揮できるのである。

メシアの本質的な使命が明示されたところで、「至高の光の統合」によって目指される目的が、神聖でありながらも不完全であることがさらにはっきりしてくる。燭台の灯や香を整えるという神聖な戒律でさえも、善悪の基準で判断される限りはメシアが行う修復には及ばないのである。それでもメシアを待つ人々にできることは、善悪の戒律を遵守することである。

我々が注意し遵守すべきは、終わりの時まで悪から善を選り分けておくことである。〔…〕そのとき、悪は力を失って地上に落下し、天上への意志はすべて生命の樹の秘密にある。(87)

こうして、ナタンは最終的な修復と贖いをすべてシャブタイ・ツヴィに託した。それが完了するまでは、モーセ律法に従って、「善と悪を選り分けておく」ことが彼らに課された責務なのである。では、やがてメシアの時代が訪れると、彼らはどうなるのか。

これについては賢者たちがこのように言っている。疑いがなくなる日が訪れるであろう。それは特権も義務もないメシアの時代である。(88) 経血〔に関する戒律〕はエヴァの呪いの力に由来している。〔…〕すべてはエヴァの呪いの結果である。呪いを取り去ることで、至高世界にいるように生命の樹をまとうことができる。そこには懐胎がない。地上の世界で近親相姦が禁じられている限りは、それを離れるまでは我々は天上の世界で兄弟と姉妹、息子と娘を結びつけることはできない。そのとき〔…〕これが生命の樹の秘密となるであろう。それはこの世界から離れる必要のない至高なのである。(89)

メシアの時代が訪れると、モーセ律法の時代の不浄を意味する「エヴァの呪い」は完全に取り去られ、シャブタイ・ツヴィを信じる者たちは「至高世界にいるように生命の樹をまとうことができる」。天上の世界では月経も妊娠もなく、近親相姦の禁忌もなくなるという考え方は『光輝の修復』に由来する。(90) ナタンは性に関する規範が失われることを予言しているというより、生命が再生を繰り返す循環が終結し、人間は「死の樹」から解放されて永遠の生命を得ることを明らかにしている。罪業を原動力とする霊魂転生の連鎖も停止し、この解脱によってすべては原初の調和を回復すると考えているのである。

さらに、興味深いことに、シャブタイ・ツヴィを信じる者たちはこの世界にいながらにして至高世界に生きることができると説かれている点である。すなわち、ナタンはメシアの時代の到来とともに、自分たちが生きる環境が一変してしまうとは考えていないのである。信奉者が「生命の樹」に与るとしても、この世界から離れる必要はなく、おそらくは救済というものが精神的な水準で起こると考えられていたのだろう。

「生命の樹」と「死の樹」という概念によって、ナタンがメシアの超脱的な性格を尖鋭化させていったことは間違いない。だが、我々は『燭台論』のなかに、彼の巧妙とも言える慎重さを発見することができる。彼の言葉に逡巡や婉曲が見られるわけではないが、かといってメシア棄教以前の確信はもはや残されていない。シャブタイ・ツヴィの使命に対する当初の情熱が薄れていくなかで、それでもナタンはあえて自ら時代を動かそうとはしなかった。最終的な修復をシャブタイ・ツヴィに託して、彼を信じる者たちは戒律を守り、善と悪を選り分けて救済の日に備えなければならない。そして実際に『燭台論』を著した時期、ナタンはサロニカやカストリアで弟子を集めて律法の更新や戒律の破棄とはかけ離れた敬虔な生活を送っていたのである。このような状況に鑑みれば、彼が破壊的な終末を語ったり、メシアの時代の理想を具体的に描いてみせたりしなかった理由はよく理解できる。救済と解放を象徴する「生命の樹」という概念は、いつか実現すると期待されながらも、現行の規範に生きる時代を経たあとにしか成立しえないと考えていたのである。

ただしこうした穏健な救済論では、シャブタイ・ツヴィの命令による信奉者の棄教を説明できなかったはずである。メシアのみが慈愛の律法を読むことができると考えたナタンは、晩年シャブタイ・ツヴィが改宗を勧めることを正当化している。ナタンが言及するのはホセア書である。ホセアは偉大な預言者でありながら、神に対するイスラエルの民の背徳を象徴するかのように、道を外れた女に呪われた子を生ませた。ナタンはそうした人々さえも終末には祝福されるという逆転の聖句を引用しながら、イスラームへの改宗者に希望を見出してみせる。

ホセアによると、主が「お前たちの子らが罪を犯した」と言った際、他の民のところにその者たちを連れて行くように言ったのであって、イスラエルを根絶するという意図があったわけではない。いかにしてそのようなありえないことを考えられようか。そうではなく、破戒を通じて彼らを他の民のところに連れて行くということである。[…]まだその時ではなかったので、主は「姦通する妻を娶りなさい」(ホセア書1:2)とホセアに言ったのである。[…]離散を通して清められたあとの終末、メシア王にはイスラエルの民の多くの人々に対してこれを行う力がある。それゆえ、ホセアはこう述べた。「主が『お前たちは私の民ではない』とおっしゃる代わりに、『お前たちは生ける神の子らだ』とおっしゃるだろう。」(ホセア書2:1)[91]

当然ナタンが無条件に勧めることはなかったが、前掲の一節にはメシアの権能が及ぶ限りにおいて改宗が正当化されるという苦渋の妥協が見てとれる。シャブタイ・ツヴィの教えを知っていればこそ語り得た暗示的な釈義でもあるだろう。ナタンが没して三年後、サロニカでは大規模な集団改宗が起こった。当地の信奉者たちが抱く救済への希求は、ナタンがユダヤ教を囲ってめぐらせた律法の垣根さえも易々と打ち壊したと言える。あるいは彼が示した妥協のわずかな間隙が、実は一見厳格に見える垣根をすでに脆弱なものにしていたのかもしれない。

注

（1） Sasportas, *Tsitsat Novel Tsvi*, 198–199.
（2） Coenen, *Tsifiyot Shav*, 101.
（3） Sasportas, op. cit., 200.
（4） Ibid., 203. Freimann, op. cit., 59.
（5） Sasportas, op. cit., 203–206. この文書はのちに「イスラエルの子らの記憶」と題した一枚刷りの告知のなかに再掲された。本書七八―七九頁を参照。
（6） 帰路、アドリア海を臨むアンコナに立ち寄ったときに交わした会話を、その地のラビ、マハラル・ハレルヤが書き残している。Scholem, “Teʻudot Shabtaʼiyot ʻal Natan ha-ʻAzzati be-Ginzei R. Mahallal Halleluyah be-Ancona,” 231; 233. Sasportas, op. cit., 268.
（7） ハミーツについては以下の論文を参照。Tishby, “Teʻudot Shabtaʼiyot ʻal Natan ha-ʻAzzati bi-Kitvei R. Yosef Ḥamits,” 80–117. 実際にはこれを手に入れた人物は信奉者ではなかった。ショーレムはこれをメシア棄教の必然性が明示された最初の文書だとするが、実際には前述のラビ・ビニヤミン・ハレヴィに宛てた書簡と大きく内容が異なることはない。Scholem, *Shabtai Tsvi*, 628［741］.
（8） *Sefer ha-Zohar* 3, 125b. イザヤ書 53:5; 9 を参照。『忠実な羊飼い』は『光輝の書』に収められた文書。忠実な羊飼いと呼ばれるモーセが、ラビ・シムオン・バル・ヨハイらの前に現れて、十戒の秘密を講釈する。
（9） *Tiqqunei Zohar*, Tiqqunaʼ 60.
（10） Sasportas, op. cit., 260–262. Freimann, op. cit., 59–61. Scholem, *Shabtai Tsvi*, 628–629［741］.
（11） ナタンがソフィアで明かしたとされるメシア棄教の秘密を参照。Emden, *Torat ha-Qenaot*, 21r. 以下も参照。Amarillio, “Teʻudot Shabtaʼiyot me-Ginzei Rabbi Shaʼul Amarillio,” 270–271.
（12） ラビの解釈は以下を参照。*Talmud Bavli*, Sanhedrin 99a. *Miqraʼot Gdolot*, s.v. Zekhariyah 9:9. 新約聖書は、マタイ福音書 21:1–11、マルコ福音書 11:1–11、ルカ福音書 19:28–38、ヨハネ福音書 12:12–19 を参照。
（13） アブラハム・ペレツについては、以下を参照。Benayahu, *Ha-Tenuʻah ha-Shabtaʼit be-Yavan*, 42–44.
（14） Scholem, “ʼIggeret Magen ʼAvraham,” 138. ナタンはメシア棄教以前に著した『大蛇論』で、ゲマトリアを用いて、「虫」（to-laʻat）とシャブタイ・ツヴィが同じ性質を備えていることを論証している。虫は悪を内側から破壊するメシアを暗示しており、ペレツはナタンからこの表現を学んだはずである。*Be-ʿIqvot Mashiaḥ*, 37.

(15) Scholem, *Shabtai Tsvi*, 746-748; 771-775 [634-636; 654-660].

(16) Ibid., 619-620 [729-730]. Levinson, *Tobiyah ha-Rofe and His Book Maʿaseh Tobiyah*, 80-84. シュムエル・アボアブとエムデンの著作には、「イスラエルの子らの記憶」の抜粋が掲載されている。Emden, *Torat ha-Qenaʾot*, 22v-25r. Aboab, *Dvar Shmuʾel*, 263-267. 現存する印刷物は以下の原色付録を参照。Scholem, Shabtai Tsvi. ナタンが証言内容を否定した文書は以下を参照。Amarillio, op. cit., 269-270. イタリアの信奉者、アレッツォのバルーフが残した記録は、この警告に対抗してあえて同名の「イスラエルの子らの記憶」というタイトルが付けられた。こちらは印刷されなかったが、多数の写本が残っている。ナタンの死までの出来事を知るうえで貴重な史料である。Freimann, op. cit., 43-69. この史料が書かれた背景や写本の異同についての重要な研究は以下を参照。Halperin, *Sabbatai Zevi*, 21-27.

(17) Tishby, "Teʿudot Shabtaʾiyot ʿal Natan ha-ʿAzzati bi-Kitvei R. Yosef Ḥamits," 113.

(18) Sasportas, op. cit., 259; 268.

(19) Ibid., 268. 以下のヘブライ語訳を参照。Scholem, *Shabtai Tsvi*, 658-659.「四つの主要な罪」(ʾarbaʿat ʾavot neziqin)は深淵に潜む「外殻」を意味する。*Talmud Bavli*, Baba'Qamaʾ 2a. 出エジプト記 21:31-34; 21:35-36; 22:4; 22:5。同行者はおそらくシュムエル・ガンドゥールだったと思われる。あるドンメ教団の文書に、四つの「外殻」にシャブタイ・ツヴィを含める解釈が見られる。Ben-Zvi, "Quntresim be-Qabbalah Shabbtaʾit," 386-387.

(20) これはナタンのメシア棄教の理論を実践に翻訳した呪術的な象徴儀礼で、バルカン半島に戻ってからも類似した「修復」を行ったことがわかっている。カストリアで行われた「修復」については以下を参照。Benayahu,op. cit., 235.

(21) Benayahu, op. cit., 257-305.

(22) *Talmud Bavli*, Sanhedrin 98b.

(23) Scholem, "ʾIggeret Magen ʾAvraham," 133; 147.

(24) Benayahu, op. cit., 378-383. プリモはシャブタイ・ツヴィの「信仰の秘密」を理解したが、ナタンにはできなかったという証言がある。Scholem, "ʾIggeret meʾet R. Ḥayyim Malʾakh," 172.

(25) Scholem, *Shabtai Tsvi*, 793-794 [925]. Benayahu, op. cit., 75-76; 79. 一部の信奉者はユダヤ暦五四四〇年(一六八〇～八一年)を救済の年と考えていた。

（26）Rosanes, *Qorot ha-Yehudim be-Turqiyah ve-ʾArtsot ha-Qedem* 4, 84; 444. ナタンは弟子たちにしばしば「聖なる灯火」（botsinaʾqadishaʾ）と呼ばれた。この呼称は『光輝の書』のシムオン・バル・ヨハイやイツハク・ルーリアに由来する。Liebes, *Praqim be-Milon Sefer ha-Zohar*, 139-140. シュロモ・ロザネスをはじめ、一九三〇年代に調査を行った研究者がいたため、墓石の写真とそこに刻まれた碑文が残されている。Makuljević, "Nathan of Gaza, Shabbetai's Prophet and His Lost Skopje Grave," 192-193; 207-208. スコピエのユダヤ人共同体はホロコーストで壊滅し、墓地は打ち捨てられた。その後、一九六三年七月二六日の大地震を機に整理されたと見られる。

（27）一七五四年には、当時サロニカで活動していたヤコブ・フランクもその墓を訪れたことがわかっている。Makuljević, op. cit., 211-213. Maciejko, *The Mixed Multitude*, 16. ベルヒヤ・ルッソのミイラが安置されたとされる寝台についてもこの種の慣習が伝わっている。Sisman, *The Burden of Silence*, 205-206.

（28）Tishby, "Ben Shabtaʾut ve-Ḥasidut," 238-268. Benayahu, op. cit., s.v. Ḥanan, Yitsḥaq. Scholem, "Berukhiya Rosh ha-Shabtaʾim," 200-201.

（29）蛇が救済の役割を担うという考え方に、蛇を「天から来た王」と尊ぶオフィス派との類似点を見出すことができる。特にサラミスのエピファニウスが伝える教説には、オフィス派の聖餐とも呼べる習慣が記されている。*The Panarion of Epiphanius of Salamis: Book I (Sect 1-46)*, 265-266.

（30）*Bereshit Rabbah* 2:4.

（31）「シャブタイ・ツヴィ」（Shabtai Tsvi）と「神が漂っている」（ʾElohim meraḥefet）という言葉は、ゲマトリア（ヘブライ語の数秘術）でいずれも八一四で等しい。八一四はシャブタイ・ツヴィとの関係を暗示する神秘の数字とされ、信奉者の間で頻繁に用いられた。このゲマトリアの計算に「霊」（ruaḥ）という語が含まれないため、神とシャブタイ・ツヴィは等位である。

（32）*Be-ʿIqvot Mashiaḥ*, 17.

（33）この逆説的な描写は、シャブタイ・ツヴィの精神的な抑鬱を反映したものだと考えられている。Scholem, *Shabtai Tsvi*, 102-103 [127-128].

（34）*Be-ʿIqvot Mashiaḥ*, 18

（35）Ibid., 19. 雌雄の蛇はそれぞれサマエル（Samaʾel）とリリート（Lilit）を表し、悪魔の権化として描かれる。引用されるイザヤ書の聖句で「主」（YHVH）は神であり、ここにもシャブタイ・ツヴィが神と同じ力を持つことが暗示されている。

（36）ラビの伝承としては一般的なものである。特に以下を参照。*Talmud Yerushalmi*, Sotah 25b.

（37）メシア来臨の条件のなかに、すべてのユダヤ人が贖いに値することが条件であるとする見解はタルムードに現れる。*Talmud Bavli*, Sanhedrin 98a.

（38）*Be-ʿIqvot Mashiaḥ*, 20–21. キリスト教の聖書解釈でも、ヨブがキリストの予型（praefiguratio Christi）とされることがある。

（39）メシアの霊魂が外殻のなかに囚われているという考え方は、すでにハイム・ヴィタルの著作に見られる。Scholem, *Shabtai Tsvi*, 248–249 [308].

（40）ヨブとメシアの関係やファラオの聖性は、ナタン以前のカバラーにも現れる。Tishby, "Be-ʿIqvot be-ʿIqvot Mashiaḥ," 15–16.

（41）ハバクク書 2:4 の「義人は信仰によって生きる」（tsadiq be-ʾemunato yiḥyeh）という聖句に基づく表現。この聖句は頭字語を入れ替えると「ツヴィ」（tsvi）となるため、シャブタイ・ツヴィを表す表現としてしばしば用いられる。ナタンは「義人アブラハムの幻視」でも同じ表現を用いるが、その時点ではまだ善悪の反転を語らない。*Be-ʿIqvot Mashiaḥ*, 60. ナタンの用法については以下も参照。Scholem, *Shabtai Tsvi*, 255 [317].

（42）本書六五頁、注（39）を参照。

（43）*Be-ʿIqvot Mashiaḥ*, 21.

（44）サロニカ時代の弟子、エリヤフ・モジャジョンによる記録。Tishby, "ʾIggeret Rabbi Meʾir Rofe le-Rabbi ʾAvraham Rovigo," 87. アヴィ・エルカヤムによれば、ナタンはカインとアベルの関係にシャブタイ・ツヴィと自分自身の関係を見出していた。Elqayam, *Sod ʾEmunah*, 218–220.

（45）ここでカインとメシアが同一視されている点は興味深い。弟アベルを殺めて人類史で最初の殺人者となったカインは、しばしば蛇との不浄な関係を指摘される。例えば、タルムードにはエヴァが蛇や悪魔サマエルと交わってカインを産んだという伝承が見られる。*Talmud Bavli*, Shabbat 145b–146a. ゾハル文学においてカインが蛇や悪から産まれたとされる箇所は以下を参照。*Sefer ha-Zohar* 2, 178a. この連想は必ずしもナタンの独創ではない。カバラーには善悪の親和性に関する言説がいたるところに現れる。一三世紀のカバリストたちが悪の起源を神の内部に求めて以来、善悪は単純な対蹠的構造として理解されることはなかった。Scholem, "Gut und Böse," 29–67. ナタンが学んだルーリア派のカバラー、とりわけハイム・ヴィタルの著作には、逆説的表現が蛇の象徴とともに暗示されていた。例えば以下を参照。Vital, *Sefer ha-Gilgulim*, Haqdamah 32; Pereq 20.

（46）出エジプト記 23:10–11、レビ記 25:20–22、申命記 31:1–13 を参照。

(47) *Be-'Iqvot Mashiah*, 14.
(48) Ibid., 14-15.
(49) 「金曜日の五時以降」は一六五七年を意味している。Ibid., 15.
(50) *Sefer ha-Zohar* 2, 88b.
(51) Scholem, op. cit., 15. 六〇〇〇年という区切りについて、ナタンはシャブタイ・ツヴィにも語っていた可能性がある。Emden, *Torat ha-Qena'ot*, 18v.
(52) *Talmud Bavli*, Sanhedrin 97a. 「タンナ・デヴェイ・エリヤフ」は預言者エリヤに帰されるミドラシュ。
(53) ショーレムはカタルーニャ地方で書かれたとしたが、イデルによると写本の産地からビザンツ帝国圏の作品だとされる。Scholem, *Reshit ha-Qabbalah*, 181. Idel, *Kabbalah in Italy*, 290-291.
(54) *Sefer ha-Temunah*, 37v.
(55) Ibid., 38v-39r.
(56) Ibid., 40r-41v.
(57) Ibid., 29v.
(58) *Sefer ha-Temunah*, 61v-62r. ナタンの修復に現れる四つの頭を持つシンについては以下の写本を参照。Ms. Heb 8° 159, 24v; 123v, The National Library of Israel.
(59) *Sefer ha-Temunah*, 62r.
(60) 『創造の書』におけるナタンの世界周期論は、カバラーの象徴論と結びつき、『燭台論』を発展させた内容である。より包括的な議論は以下を参照。Yamamoto, "Torat ha-Shmitot ve-ha-Meshihiyut," 299-320. 本書ではベルリン写本を用いたが、ホルツェルによって『創造の書』の校訂版が出版されている。Holzer, Leor. *Sefer ha-Bri'ah: Mahadurah Biqoretit ve-Nituah*. Jerusalem, 2019.
(61) *Be-'Iqvot Mashiah*, 118.
(62) Ibid., 120-121.
(63) Scholem, op. cit., 122-123. 『光輝の修復』の該当箇所は三七章ではなく三六章。
(64) 一一〇という表現を理解するためには、ゲマトリアの解釈が必要かもしれない。というのも、他のすべての年数に「年」

（shanin）という言葉が付いているが、一一〇は「年」が省略されている。そこで、次のような解釈が可能である。このあとの引用と同様に一〇〇（meʾah）を一〇〇〇年と解し、一〇（ʿeser）をヘブライ文字の数価で捉えて五七〇年とすれば、合計して一五七〇年を意味する。ナタンがユダヤ暦五四三〇年（西暦一六七〇年）にこの箇所を書いたとすれば、七〇〇〇年まではあと一五七〇年残されていることになり、年代の整合性が成立する。

（65）「最初の安息日」（shabat be-reshit）はシャブタイ・ツヴィ自身を含意している。Scholem, *Sabbatai Ṣevi*, 698. ヴェルブロフスキーによる英訳では、「厳正」の時代とメシアの時代が同じ期間を指していることになっているが、これは正しくない。Ibid., 813. 同様の計算は以下にも見られる。*Be-ʿIqvot Mashiaḥ*, 113.

（66）『燭台論』では一貫してシャブタイ・ツヴィを「アミラー」（ʾAmirah）と呼んでいることから、ここでの「シャブタイ」という用法は、同じ語根の土星（shabtaʾi）や安息日（shabat）を含意している可能性がある。ナタンの書簡に同様の事例がみられる。Idel, *Messianic Mystics*, 194–195.

（67）*Be-ʿIqvot Mashiaḥ*, 124.

（68）Scholem, *Shabtai Tsvi*, 698–699, 735–736 [811–814; 863–864].

（69）*Tanḥumaʾ*, Parashat Vayigash 5.

（70）Scholem, op. cit., 699. カインの側面から拡散した霊魂が「欠如」と呼ばれることは『光輝の書』にも言及されている。*Sefer ha-Zohar* 1, 178b.

（71）Lefler, *Yisraʾel Ḥazzan*, 266. Scholem, "Perush Mizmorei Tehilim," 182.

（72）ナタンはシャブタイ・ツヴィにのみ許された特権的な状態を語っているが、一六七〇年代にはすでにメシアに倣ってイスラームに改宗した信奉者が現れており、暗示的に正当化を試みていた。ナタンの世界周期論はドンメ教団に伝えられた可能性がある。Hagiz, *Shever Poshʿim*, 2v. Scholem, "'Tsmiḥat Qeren Ben-David'," 69.

（73）*Be-ʿIqvot Mashiaḥ*, 93.

（74）Ibid., 95.

（75）*Talmud Bavli*, Tamid 33a. このミシュナで用いられる内祭壇（ha-mizbaḥ ha-pnimi）は、香を焚くための場所である。出エジプト記 30:1 を参照。

（76）*Talmud Bavli*, Yoma 15a.

（77）*Be-ʿIqvot Mashiaḥ*, 96.

（78）Ibid., 97.

（79）例えば以下を参照。Ibid., 124.「直線」はルーリア派の用語である。もともと「直線」が広がって「容器」が形成されるとされていたが、ナタンはその順序を逆に捉えている。Wirszubski, "Ha-Teʾologiya ha-Shabtaʾit," 222.

（80）「清浄空間」と訳した言葉は、『光輝の書』の創世記篇の冒頭に由来する。*Sefer ha-Zohar* 1, 15r. ルーリア派においてはハイム・ヴィタルの著作には見られず、その他の弟子、ヨセフ・イブン・タブールやイスラエル・サルークによって継承された。Scholem, *Shabtai Tsvi*, 242–243 [298-300]. Avivi, *Qabbalat ha-ʾAri* 3, 1336.

（81）世界を築く力を持つ「思惟を伴う光」、および反対の作用を持つ「思惟なき光」の概念は、やがてヨナタン・アイベシッツにも継承されることになる。

（82）Wirszubski, op. cit., 214–218. Scholem, *Shabtai Tsvi*, 242–245 [298-304].

（83）*Be-ʿIqvot Mashiaḥ*, 139.

（84）ここでは議論の趣旨を考慮して詳論しないが、メシアであるシャブタイ・ツヴィの霊魂が本質的に悪の根源を持っているというナタンの逆説的な教義も極めて重要である。Wirszubski, op. cit., 235. これに対して、ショーレムはナタンがそうした危険な発想を完全に是認しているとは考えていない。Scholem, op. cit., 245–246. 実際に、メシアが「完全な悪であり、外殻であり、キリスト教のイエスである」とする発想はナタンのメシア論の大きな特徴であることは間違いない。*Be-ʿIqvot Mashia*, 43. リーベスによれば、ナタンは不安定で破壊的な性質をもつ「思惟なき光」がシャブタイ・ツヴィを、それを修復する力を持つ「思惟を伴う光」が自分自身を表すと考えた。Liebes, "Shabtaʾut ve-Gvulot ha-Dat," 18–19.

（85）*Be-ʿIqvot Mashia*, 102.

（86）Ibid., 102. ここで「外部」（ḥitsonim）と訳した語は「外殻」と同義である。

（87）Ibid., 103.

（88）*Talmud Bavli*, Shabbat, 151b.

（89）*Be-ʿIqvot Mashia*, 104.

（90）*Tiqqune Zohar*, Tiqquna 29.

（91）一六七三〜七六年頃に書いたと考えられる書簡。Scholem, "Iggeret Natan ha-ʿAzzati," 422; 433.

第3章　アブラハム・カルドーゾが追求した真実の神

一、メシアの救済を夢見た強制改宗ユダヤ人

強制改宗者としてのメシアと真の預言者

シャブタイ・ツヴィのメシアニズムを語る上で、ガザのナタンに加えて見逃すことのできないもう一人の人物がアブラハム・カルドーゾである。カルドーゾがメシアニズムに没入した遠景には、かつてイベリア半島のユダヤ人が長く直面し続けた脅威があった。それは一四世紀のレコンキスタで課せられたキリスト教への強制的な改宗である。一六二六年、彼はスペインのメディナ・デ・リオセコで強制改宗者の家庭に生まれ、ミゲルと名付けられた[1]。両親からユダヤ人であることを打ち明けられたのは六歳のときだった。異教に排他的な社会においてユダヤ人は出自を隠さねばならず、そのことがスペイン時代の彼を苦しめた。カルドーゾはキリスト教徒としてサラマンカ大学で医学、自然科学、神学を修めたが、次第にユダヤ人としてのアイデンティティが先鋭化されていった。年の離れた兄フェルナンドとともにユダヤ教に戻ることを決めると、二一歳のときにスペインを出てヴェネツィアに向かった[2]。そして、兄はイツハク、弟はアブラハムと改名した[3]。

アブラハム・カルドーゾはヴェネツィアで一〇年ほどユダヤ教の教育を受けた。のちにメシア到来の知らせに期待を寄せることになるモシェ・ザクートに師事したが、もちろんこの時期の二人はシャブタイ・ツヴィのことなど知る

由もない[4]。ヴェネツィアでは聖書やタルムードだけでなく、マイモニデスの著作も学んだと思われる。カルドーゾは一六五九年にヴェネツィアを出ると、リヴォルノを経てエジプトへ向かい、一六六三年からトリポリの地方行政官レジェプ・ベイのもとで医師として働き、その傍らでカバラーを学び始めた。このときルーリア派のカバリスト、ハイム・ヴィタルの息子、シュムエル・ヴィタルやハイム・コーヘンのもとで秘教を学んだと述べているが、詳しいことはわかっていない[5]。

カルドーゾがメシア到来の知らせを受け取ったのは、トリポリで暮らしていた時期に当たる。当時ガザからエジプトまで逐一ナタンの動向が伝わっていたことを考えれば、一六六五年五月三一日のメシア宣言からほどなくその知らせを伝え聞いたに違いない。実際にシャブタイ・ツヴィの呼びかけに従って一六六六年アヴ月九日の断食を控えたと回顧している。しかしカルドーゾはすぐに行動を起こしたわけではない。兄イツハクへ宛てて「我々のメシア」が現れたと伝えているが、メシアと預言者のもとを訪れようとした様子はなく、救済に期待を抱くこともなかった。ここからうかがえる距離感は当時の熱狂的な雰囲気とは大きく隔たっている[6]。

カルドーゾが文書でシャブタイ・ツヴィの正当性を伝え始めたのはメシア棄教の報に触れたあとのことだった[7]。しかも一六六六年九月一六日のメシア宣言以降、彼は一年半もの間沈黙を守っていたと見られる。即断を控えてメシアがユダヤ教を捨てて異教に寝返った事実に隠された秘密について思索を重ねていたのだろう。一六六八年四月頃、メシア棄教を擁護するために兄イツハクに宛てた書簡には、練り上げられたメシア論がはっきりと記されている。カルドーゾはそのなかで、シャブタイ・ツヴィが強制的にターバンをかぶらされたことが、まったく偶然ではなく、むしろ聖書やラビ文学に予言されていたのだと説明している。

私たちの時代の賢者も含めて多くの人々が、いつの日かメシア王は支配権を持って訪れ、徴や奇跡や素晴らしいことを示すものだと思ってきました。それは大きな誤解なのです。[…]「私は彼を憐れむ」（エレミヤ書 31:19）

という聖句について、［メシアが］投獄されるだろうという解釈があります。(8) また将来人々の辱めを受け侮られ誹られるだろう、多くのイスラエルがそのお方を侮辱して「神によって打たれ、苦しめられる」（イザヤ書 53:4）だろうと言われています。つまりメシア王は天使たちよりも気高くありながら、すべての人々にひどい扱いを受け、中傷されることになるのです。これら二つの真逆のことは一致しません。はじめそのお方は卑しく、ユダヤ人の目には忌むべき悪人と映り、苦しみを味わい、イスラエルの罪のせいでそれに耐えなければならないのです。［…］そのあとで高められ、預言者や賢者が語ったあらゆる偉大なことがそのお方に起こるのです。［…］メシア王はまさに殉教するために現れたのに、スルタンは［周囲の］忠告に従って恥辱の衣を着せたのです。どう見ても、そのお方は強制改宗者です。私たちの罪が原因なのです。(9)

つまりイスラームに改宗させられたシャブタイ・ツヴィは投獄されたが、それは聖典の伝承に照らしてみれば一時的な出来事に過ぎず、将来は高い地位に上るというのである。カルドーゾは「正義の太陽が昇るのはもうすぐ」だと述べ、救済が近づいていることさえ約束している。

この書簡のなかでメシアの未来の栄光に満ちた姿と同じくらい印象的なのは、シャブタイ・ツヴィを「強制改宗者」と呼び、イザヤ書に描かれる「苦難の僕」のイメージと重ね合わせている点である。カルドーゾはさらにこう続ける。

［ユダヤ人が］律法を捨てたために、ダビデの子のメシア（シャブタイ・ツヴィ）が律法を守れないように、意思に反して強制改宗者になるという冒瀆を受けねばならなかった。［…］主が「我々皆の罪をその人に負わせた」（イザヤ書 53:7）のは、私たちが皆、強制改宗者にならなければならないからです。「その人が罪人の一人に数えられた」（同 53:12）のは、イスラエルの罪人は宗教から出て行く者と呼ばれるからです。イスラエルは今そのお

方を罪人に数えていますが、主は宗教から異教へと出て行かざるをえない者たちを打たれることはありません。「彼は不正を行うこともなく、偽りを口にすることもない」（同53:9）からです。[10]

イザヤ書のメシア論的解釈はカルドーゾがシャブタイ・ツヴィを擁護する際の最大の武器である。そもそもユダヤ教の聖書解釈の伝統で「苦難の僕」にメシアの姿を見ることは稀であり、キリスト教の予型論においてイエスと重ね合わせる方が遥かに一般的である。したがってシャブタイ・ツヴィをこの文脈に当てはめる解釈には、カルドーゾがカトリック神学を学んだスペイン時代の過去がにじみ出ていると言えるだろう。[11]カルドーゾは「未割礼者の信仰のあらゆる誤り」と呼んでキリスト教をことあるごとに喝破するものの、出自の痕跡はいたるところに見出される。[12]

一方でシャブタイ・ツヴィを「強制改宗者」と呼んで、マラーノとの存在論的な同一性を指摘する点はカルドーゾの独創である。同じ書簡の別の箇所でカルドーゾは、シャブタイ・ツヴィが「私のように強制改宗者になる」と書いており、自らの出自と結びつけてメシア棄教の必然性を強調しているが、最終的には「私たちが皆、強制改宗者にならなければならない」のだという。[13]そのために神が働きかけてシャブタイ・ツヴィの改宗を引き起こしたのである。この段階でカルドーゾは明言しないものの、マラーノである自らの存在もまた神によって定められたものであり、ユダヤ人として法的に問題があるどころか、メシアに極めて近い存在であると感じていたはずである。

先に引用した兄のイツハクに宛てた書簡には、シャブタイ・ツヴィが投獄され改宗させられた事実をメシア論的に読み解く解釈のほかに、もう一つ際立った一節がある。それはガザのナタンの啓示が実現しなかった理由に関するものである。ナタンは一六六五年九月頃にラファエル・ヨセフに宛てた書簡で、「今から一年数か月すると、「シャブタイ・ツヴィは」トルコの王から戦わずして王権を取り上げるでしょう」と宣言した。ナタン自身は天啓を通して王権の奪取が起こることを知ったとは書いていない。だがカルドーゾはこれが啓示による預言だったという話を耳にしていたのかもしれないし、あるいはそうした文書が出回っていた可能性もある。いずれにしても、カルドーゾは兄に向かって、シャブタイ・ツヴィがスルタンから王位を奪えなかった理由を、神の心変わりに関する聖句に基づいて次のように語っている。

真実の確固たる預言者ナタンは、一年数か月するとユダが救われると言いましたが、実現することはありませんでした[14]。ただし彼の預言に傷がついたのはそのためではありません。かつて主は異教徒を滅ぼし根絶しようとおっしゃいましたが、彼らが悔い改めたために悪を思い直され（危害を加えることをやめ）ました。また建て植えようとおっしゃいましたが、彼らが罪を犯したために善を思い直され（厚遇することをやめ）ました[15]。［…］預言者ナタンは悪ではなく善を語ったのです。主は善を思い直されることはありません。私たちは預言者ナタンの言葉が実現しなかったところを目の当たりにしました。［…］主は自らの御名で地上に何かを伝えるために、預言者を遣わさず天使に命じるときは、善を思い直すことがあり得ます。しかし自らの御名で人間に善に関わることを伝えるために預言者を遣わすときは、悪と同じように［善を］思い直すことはないのです。［…］預言者ナタンは、天使が一年数か月で救済がもたらされると告げるのを聞いたので、「主はこうおっしゃった」と言わなかったのです。［…］主が彼に命じたのではなく、彼が自らエゼキエルのように預言で見聞きしたことを語ったのです。主にしてみれば、この［救済の］告知が実現しないことは明らかでした。なぜなら主はナタンに「メシア到来を告げよ」とは命じましたが、イスラエルを責め苛む者が現れることがわかっていたので、「この吉兆を私の名でイスラエルに伝えよ」とは命じなかったのです[16]。

言い換えるならば、王位簒奪について神自身が啓示を与えず天使を介して伝えたのは、神には信奉者が迫害を受けることが予想できていたからである。カルドーゾによると、神は天使を遣わせることであえて間接的な啓示に留めておいたというのである。人々は王位簒奪の預言が実現しなかったといってナタンを偽預言者呼ばわりしているが、それは神の直接啓示と天使を介した間接啓示の違いを理解していないために起こる誤解である。この一節は一見ナタンを擁護しているようだが、預言者を正しく理解する自分を誇示する目的があることは容易に見て取れるだろう。実際にカルドーゾはナタンの一挙手一投足を把握しようと努めていたと思われる。例えば、それはナタン自身の言葉によって裏づけられる。のちにメシア到来の啓示を受けた瞬間を回顧するとき、ナタンは「完全な預言」において「主はこうおっしゃった」と振り返っている[17]。それに対して王位簒奪の預言に関しては、神ではなく天使の啓示に過ぎなかったと告白している[18]。

こうした例を踏まえると、カルドーゾは確かにナタンに関する情報を細大漏らさず集めていたことがわかる。だがなぜシャブタイ・ツヴィだけでなく、預言者ナタンのことまでこれほど深く理解しようとしたのだろうか。その答えはメシア棄教と預言の真実を兄に説いたこの書簡が書かれた時期に関係する。カルドーゾはメシア棄教の知らせを受けて、シャブタイ・ツヴィとナタンについて思いをめぐらせ続けた。おそらくはその時期に、ヴェネツィアでナタンを譴責する告知文が出されたことを知った。一六六八年四月一二日に署名された「イスラエルの子らの記憶」というこの文書は印刷されて広く出回っていたため、トリポリにいるカルドーゾがそれを入手しても不思議ではない。そこには一六六七年にイプサラでナタンが署名した誓約も含まれており、反対派のラビによるナタンへの締め出しが厳しくなっていることは明らかだった。

この破門状の存在を知るに及んで、カルドーゾは誰かに伝えなければと感じたに違いない。シャブタイ・ツヴィの使命もナタンの預言の意味も、知悉しているのは自分である。その自負の最初の吐露が兄への書簡だった。カルドーゾはそのなかで自身が経験した啓示を次のように説明している。

それは［ユダヤ暦］五四二四年のことでした。五四二五年の半年と少し経ったとき（一六六五年の秋頃）、メシア王が現れると天から告げられたのです。私はそれを夢だろうと思っていました。［ところが］よく考えてみると、もし五四二五年にメシアが顕現しなければ、『光輝の書』の言葉が成就されないことに気づいたのです。『『光輝の書』の』ある箇所ではそのお方が「根幹」の側面（セフィラー）から訪れるとあり、別のところでは知恵の側面から訪れるとあります。そして多くの箇所では、厳正の側面から訪れるだろうと書かれているのです。そして五四二五年（一六六五年）の七週祭に啓示が降りました。またある夜、横になって思いをめぐらせていると、大いなることが私に起こりました。それは明かすことも解釈することもできないでしょう(19)。

ここで啓示の日とされる一六六五年の七週祭は、まさにナタンが昏倒した状態で「我が友シャブタイ・ツヴィが言う通りに注意深く行え」と口走ったその日である。また啓示をすぐに明かすことができなかったという回顧も、ナタンが別の場面で述べたことそのままである(20)。ここでもナタンに関する知識には驚かされるが、極め付けはカルドーゾが彼の体験をあたかも自分のものであるかのように語っていることである。この執着は尋常ではない。今や多くの人々に疎外されるナタンの代わりに、預言者としてシャブタイ・ツヴィを擁護しようという目論見の表れだったと考えて差し支えないだろう。

この時期のカルドーゾは同居する妻や娘とともに神秘体験を共有し、加えてヴェローナの兄イツハクとアムステルダムの甥バルーフ・エンリケスに手紙を書くだけで、その活動は親類の内部に限られていた。そうしたなか、兄との関係を急速に険悪にする出来事が起こる。シャブタイ・ツヴィこそメシアであると嬉々として説得するカルドーゾに対して、兄が冷淡で否定的な返事をよこしたのである。返事そのものは現存しないが、一六六八年一〇月、カルドーゾがイツハクとエンリケスに送った二通の書簡からは、頑なな兄への失意が見て取れる(21)。このときを境にして、カルドーゾは対外的に自らの立場を表明し、ナタンではなく自らが預言者であることを強調するようになる。ともにスペインを出てヴェネツィアでユダヤ教に改宗した兄にメシア信仰を否定されたことが、その引き金になったのかもしれない。その後の兄弟のやり取りは一切知られていない。

折しもスミルナのラビ法廷から、シャブタイ・ツヴィとナタンを否定する文書が出された。それを受けてカルドーゾはトリポリから裁判官らに対し弁明書を送ることにした。これが一六六九年六月に書かれた「スミルナの裁判官への書簡」である。カルドーゾは冷静で謙虚な筆致で、彼らとともに律法と伝統を共有していることを明言している。理路整然たる弁明書には、それでも確信に満ちたメシア信仰が随所に顔を覗かせている(22)。重要な内容は二点に絞られる。一つ目はシャブタイ・ツヴィが伝統的なメシアの基準に合致することの証明であり、弁明書の大部分を占める。これは兄に語ったことをさらに体系的に整理した内容である。興味深いことに、カルドーゾは救済の内容や終末の描写には決して立ち入らない。ここでは、ムスリムになったこと自体がメシアの証拠だと直接的に結びつけることはしない。ここでは飽くまで保守的なラビを説得することが目的である。それに対して、二つ目はナタンが預言者として不適格であることの証明である(23)。

シャブタイ・ツヴィがメシアであることを論証するにあたって、聖書、タルムードなどのラビ文学、『光輝の書』、マイモニデスの「イエメンへの書簡」に基づき、六つの基準を提示する。カルドーゾは論証の末尾に骨子をこのようにまとめている。

1. メシアは疑いなく普通の人間（yalud 'ishah）だろう。
2. メシアは顕現したあとに苦しみ、至高の段階に昇る前に侮辱され、罵られ、呪われるだろう。
3. ［メシアは］奇妙な振る舞いに及び、イスラエルが信仰を捨てる原因となることを口にするだろう。それでも神が多くのことをなすように命じるため、そのお方は正しいだろう。
4. ［メシアは］冒瀆される（meḥulal）だろう。つまり強いられて聖なる状態から穢れた状態になるだろう。
5. ［メシアは］証明された預言者（nabi' muḥzaq）によって顕現することはない。［…］
6. 真実が明らかになる前に私たちは信じなければならない。［…］(24)

シャブタイ・ツヴィはこれらすべての基準に適合しているため、メシアだというのが論旨である。全体を通して繰り返されるのは、メシアとなるべき人物は本質的に異質で虐げられるという、イザヤ書五三章のメシア論的な解釈である。したがってラビたちが否定することによって、ますますシャブタイ・ツヴィのメシア性は確固たるものになるのだという。攻撃側の主張を逆手に取った被迫害者の論法である。それに加えて、律法や戒律に反することを行い、「奇妙な振る舞い」に耽るのがメシアの条件だという言葉が見られる。メシアは漫然とそれを行うのではなく、「戒律に反することを断固として行う力を備えている必要がある」という。これはナタンがシャブタイ・ツヴィについて語った言葉と一致する。また厳密に考えるならば、第6の項目はメシアの基準ではないが、信（ʾemunah）が知（vediʿah）よりも優位にあるという主張もナタンの信仰至上主義を想起させる。カルドーゾが当時流通していたナタンの書簡からこうした発想を学びとった可能性は否定できない。

このなかでとりわけ注目すべき項目は、第5の基準である。カルドーゾは古典に照らした客観的な議論を装っているため、まずは名指しを避けるが、ナタンが預言者であるか否かが基準の一部になっていることは予想できる。ここでいう「証明された預言者」というのは、多くのユダヤ人によって認められながら公然と活動する預言者を意味する。(25) カルドーゾによると、メシアはそうした預言者の働きかけや宣言によって表舞台に現れることはないという。「イスラエルが認めた預言者を通してメシアが現れるなら、（シャブタイ・ツヴィのように）侮辱され罵られることもない」からである。これを逆に言うと、メシアが侮辱され罵られている現実があれば、そこに公然と現れた預言者は「証明された預言者」ではないことになる。カルドーゾによれば、ナタンのメシア啓示は真性の預言だったが、神がナタンを遣わしたわけではなかった。ナタン自身もそれを知っていたが、周囲のラビが彼を祭り上げたことから、ヴェネツィアのラビが指摘するまで彼は本物の預言者であるかのように遇された。これが問題だったという。

第5の項目について、そのお方がメシアだという啓示があったことはほとんど［神からの］予兆だったと言ってよいでしょう。［…］ラビ・ナタン・ビニヤミンは完全な預言のなかでシャブタイ・ツヴィがメシアだと聞き、そして目にしたのです。自分を試そうとやって来たすべての賢者に向かって、主が自分を遣わしたわけではなく、予兆や徴を示すことはないとはじめから言っていました。［それにもかかわらず、］すべての賢者は彼の素晴らしい知恵を目の当たりにして、神の言葉だと信じなければと考えました。信仰を堅くしたことが軽薄だったわけではもちろんありません。［…］［シャブタイ・ツヴィが改宗したにもかかわらず、］一人や二人ではなく、三〇人もの賢者がその人に従いました。［…］［ナタンに破門を言い渡したヴェネツィアのラビたちは］「主はこうおっしゃった。お前の救い主が訪れた。その名はシャブタイ・ツヴィだ」というナタンが聞き、そして目にした言葉が、自分自身のために過ぎなかったと悟ったとき、律法に従って彼の言葉が真実ではないと判断したのです。律法によれば、イスラエルの預言者はそう呼ばれるのではなく、主が実際に遣わした者でなければなりません。そして徴や予兆が繰り返し与えられるという主の許可を持っていなければなりません。［…］私はその人が神に遣わされた預言者ではないと確信しています。(26)

カルドーゾはこのようにナタンが預言者として十分でないことを論証してみせた。そもそもスミルナのラビたちもナタンが預言者でないと考えていたため、少なくとも結論だけは受け入れられただろう。だがカルドーゾは「［ナタンが］預言者ではないというあなたがたの言葉ははっきりとした知識に基づく発言ですが、メシアに関する言葉はただの推測に過ぎません」と述べ、シャブタイ・ツヴィのメシア性は断固として貫き通す。(27)

カルドーゾは単にこの最重要事項を飲ませるために、預言者についてのみ譲歩するという取引に出たわけではない。ここにはそれ以上の思惑が込められている。それはカルドーゾ自身がナタンに代わる預言者だという主張である。スミルナへの書簡のなかで、彼はしばしば「証明された預言者」が公然と現れることはなく、私的な場所で活動するはずだと念を押している[28]。周囲に担ぎ上げられたにせよ、ナタンは神の約束ももらわず徴や予兆を示すこともなく、大々的に預言者として扱われたためにこの基準を満たしていない。それに対して、自分は敬虔と無私の生活のなかで数々の啓示を授かってきたが、親類を除いては誰にも知らせなかったという点を、具体的な出来事を挙げながら強調する[29]。言い換えるならば、私的な場所で啓示を受けメシアを信じてきた自分こそが、真の預言者として認められるべきだということである。

カルドーゾはこの弁明書の末尾に、さらに次のような主張を付け加えている。

「主がご自分の民に命じられた」(ルツ記1:6)のだから、私たちはそのお方が真実のメシアだと信じなければならない。だが最終的にそうでないということがわかっても、私たちは義務を果たしたことになる。またメシア自身を信じたのと同じなのだから、信仰の美徳を得たことになる。[…]シャブタイ・ツヴィがいまだ明らかに王ではなくメシアではないと主が命じることがあっても、メシアを近くし、贖いを芽吹かせてくださるだろう[30]。

これほどメシア信仰の確信を示しておきながら、カルドーゾは極めて冷静にシャブタイ・ツヴィが救済をもたらすことができない可能性まで考慮してみせている。重要なのは基準に照らしてメシアを信じることであり、それがユダヤ人の使命である。カルドーゾの論証は一見すれば合理的に見えるが、間違いなく異質なメシア論である。これを読んだスミルナのラビたちがカルドーゾの主張を認めたという記録はない。

すでに見たようにカルドーゾのメシア信仰を最初に厳しく批判したのは兄のイツハクだった。だが当時の反対派のラビの見解を知るうえでは、ヤコブ・サスポルタスの言葉が参考になる[31]。シャブタイ・ツヴィの周辺の情報を集めていたサスポルタスは、一六六八年四月のイツハク宛て書簡に対して厳しく反論している。主要な論点は、カルドーゾがラビ文献をまったく正しく理解しておらず、キリスト教のメシア論に冒されているというものである。

［カルドーゾが］律法を欺瞞に変えたことに対して呪いの言葉をかけない者が果たしているだろうか。[32] メシアは改宗しなければならず、自ら立ち上がるために強制改宗者になる必要があり、我々の罪のせいで冒瀆される（meḥulal）［…］などと言っている。この解釈をナザレのイエスに当てはめるキリスト教徒のような異端の霊（ruaḥ minut）を持っている。［…］あの者たち（キリスト教徒）は meḥulal という言葉を虐げられた（meduka˒）という意味で解釈し、自分たちの罪、そして最初の人間の罪を贖うために［イエスが］生涯苦痛に喘いだのだと言う。［…］この解釈が間接的に［カルドーゾに］もたらされたのは間違いない。一体どうすれば罪を償うために別の罪を犯すなどということがあり得るだろうか。［…］私の考えでは、この男（カルドーゾ）はポルトガルの強制改宗者の末裔で、キリスト教徒が自分たちのメシア（イエス）についてそうした解釈を行っていたために、改宗したメシア（シャブタイ・ツヴィ）にもそれを当てはめたのだろう。［…］この男は信仰で魂の救済が得られると思っているかのように非常に熱心である。ゆえにこの騙されやすい背教者は、その男（シャブタイ・ツヴィ）が悪人であり神ではないと気づかずに、我見でイエスと同じようにメシアだと考えたのである。[33]

サスポルタスはカルドーゾの出自やイザヤ書五三章の解釈から判断して、キリスト教のメシア論が作用して誤った信仰にたどり着いたことを暴いてみせる。これが決して根拠のない非難でないことはすでに指摘した通りであり、いみじくもサスポルタスは彼の傾向を的確に言い当てたことになる。もし「スミルナの裁判官への書簡」を知っていれば、この「背教者」がキリスト教のメシア論をシャブタイ・ツヴィに当てはめていることについてさらに確信を深めたことだろう。サスポルタスのカルドーゾ批判が当時どれほど共有されていたかはわからないものの、他のラビにとってもおそらくこのキリスト教的なメシア論に気づくのはそれほど難しいことではなかったはずである。シャブタイ・ツヴィやナタンにキリスト教の影を指摘する声はなくても、カルドーゾの存在を通してユダヤ人社会を席巻するこのメ

シアニズムがイスラームだけでなく、キリスト教と密接なつながりを持ち得ると予感したラビはいたに違いない。(34)

挫折したメシアと真実の神を伝えるメシア

ハンブルクのヤコブ・サスポルタスのもとまで書簡が届いていたことを考えれば、偽メシアを信じるユダヤ人医師が盛んに活動しているという噂は広く知れ渡っていたことだろう。それでもしばらくの間アブラハム・カルドーゾの立場が脅かされなかったのは、医者として恵まれた環境で働き続けることができたからである。一方、この時期のチュニジアでは、マムルークの末裔であるムラト二世がオスマン帝国の影響を脱するべく、武力によって支配権を得ようとしていた。(35)そうした不安定な権力関係のなか、一六七二年、トリポリでクーデターが起こり、サクズル・オスマン・パシャやカルドーゾが仕えていたレジェプ・ベイが殺害された。自らの身にも危険が迫ったため、カルドーゾは家族とともにチュニスに逃れた。そして今度はチュニスの高官に医師として仕え、再び厚遇を受けることになった。ここで初めてカルドーゾに対する破門が出された。ところが驚くべきことに、彼はトルコ人の高官の後ろ盾を利用して、敵対するユダヤ人に対して逆に破門を出したという。サスポルタスはそれを異常事態として次のように記している。

> 五四三四年イヤル月（一六七四年五月）、医師のカルドーゾがやって来たという知らせがチュニスからヴェネツィアに届いた。パシャはその男を召しかかえて厚遇したために、少数の愚か者が誤って追従した。確信に満ちたその男は、救いが近づきヤコブの神のメシア、シャブタイ・ツヴィと真実の預言者ナタンがやって来ると彼らに約束した。そうすると、民（ユダヤ人）の間で意見の違いが出てきた。その男に従う者も少数おり、反対する者も少数いた。後者は彼を追放したいと考え、ヴェネツィアのラビにどうすべきか意見を求めた。ヴェネツィアのラビは破門して追放するように伝えた。［…］それを受けて、［チュニスの一部の人々は］そのとおりにした。彼らが

共同体の使者を送って破門を伝えると、その男は逆に彼らに対して破門を出した。そしてパシャのところに行って、ユダヤ人が自分にしたことを告げた。パシャは憤慨し使者を鞭打ちの刑に処した。そして共同体にその男が破門を出すことを許すように命じた。［…］彼らはいまだに大変打ちひしがれている。(36)

確かにユダヤ教の破門には必ずしも厳密な手続きが定められているわけではないが、ラビの叙任を受けていないカルドーゾのような人物が単独で破門を出すという事態は通常ではあり得ないことである。(37)ここでは彼の傲慢な振る舞いを批判するために、あえてサスポルタスが表現を誇張した可能性も考えられる。それでもカルドーゾのメシア信仰に対して出された初めての破門が、このような形で意趣返しに遭った事実からは、ユダヤ教の破門が必ずしも宗教的権威に裏づけられておらず、告発者の社会的な力に依存していたことがよくわかる。そうした曖昧さのせいで、勢いに乗じたカルドーゾが一時的に対抗勢力を抑え込んだ事実は、スミルナで熱烈な歓迎を受けたシャブタイ・ツヴィの振る舞いと合致する。

しかしながら、その後カルドーゾを取り囲む環境は徐々に悪化していく。破門返しで勢いを得たものの、今度は当局に賄賂を使った反対派に陥れられてチュニスを離れざるを得なくなった。(38)その結果、一六七四年にリヴォルノへ向かったがそこではすぐに捕まり軟禁され、トルコに行く船に乗せられて翌年スミルナにたどり着いたと見られる。なぜか時間を置いてリヴォルノのラビから破門状が届けられたのはこのころで、これが二度目の破門となった。(39)スミルナには六年ほど滞在して数名の弟子を集めたが、その一方で疫病や事故でほとんどの家族を失ってしまった。

トリポリ時代から一転して不安定な日々を過ごすカルドーゾは、シャブタイ・ツヴィがいつになってもメシアとして立ち上がらないことに疑念を感じ始めていた。さらに不可解なことに、周囲のユダヤ人をイスラームに改宗させているという知らせまでもたらされた。(40)今や人々に認められず、正しい道を歩みながら迫害されているのは自分ではないかという思いもあっただろう。こうして、シャブタイ・ツヴィとの関係について深く考えるようになっていった。

救済の遅滞にも神の秘密は隠されている。シャブタイ・ツヴィが新しい一歩を踏み出さないことには、理由があるのではないか。そう考えたカルドーゾは、一六七三年頃、シャブタイ・ツヴィに読んでもらうために『アブラハムの朝』(*Derush Boger de-'Avraham*)という大部の神学論考を著した。[41] そのなかでカルドーゾは、ようやくこの時代に「信仰の秘密」(sod ha-'emunah)が明らかになり始めたが、本当の救済にたどり着くためにはメシアが目覚める必要があると訴える。

これらすべては離散の時代のイスラエルのことであり、救済が来ると「盲の眼が開き、聾の耳が開く」(イザヤ書35:5)、「盲いた民を連れ出したまえ。眼はあるのだから。聾いても耳はあるのだから」(イザヤ書43:8)と言われている。このあとに「主は宣言される。お前たちは私の証言者であり、私が選んだ僕なのだ。それゆえに知り、私を信じ、私を理解せよ。私の前に神は作られず、私のあとにも存在しない」(イザヤ書43:10)とある。[…]「盲いた民を連れ出した」あとに「異教徒が集められる」(イザヤ書43:9)。そのとき私たちは[神の]証言者となり、「神が選んだ僕」(詩篇105:26)となる。その人がメシアである。私たちは[メシアを通して]神を知り、信じ、理解するだろう。[…]私たちは離散の地で眼が見えず耳が聞こえず、証言者になれないと言われるが、そのあと離散から出て行くと、眼が見えて耳が聞こえるようになる。最初は証言者になることはできなくても、あとでそのお方が神であると知り、信じ、理解するようになるのだ。[…]メシアも初めははっきりと信仰を知らないために眼が見えない。その人については「誰が私の僕ほど盲いているだろうか」(イザヤ書42:19)と言われている。「これは私が支えた僕であり、私が望み選んだ者である。私の霊を与えたのである。この人が異教徒に正しい道を教えることになる。」(イザヤ書42:1)[…]つまり主は目の見えない人々を連れ出し、眼を開かせ、神の証言者にするためにメシア王を送られるのである。[42]

ここではユダヤ人だけでなく非ユダヤ人も言及されている。すべての人に真実の神が明らかになるには、まずメシアが「信仰」を知らなければならない。なぜなら「私たちはまだ離散の状態にあるため、信仰の真実がここにはないと告白するほかない。私たちはまだ懸命に努力してイスラエルの神の実在を知らせてくれる人を必要としている」からである。[43] カルドーゾはそのことをシャブタイ・ツヴィに伝え、本質的な神の理解に導いてくれるよう促しているのである。

この神学論考を著して数年後、シャブタイ・ツヴィの死を知ったカルドーゾの落胆は容易に想像することができる。結局メシアが次の一歩を踏み出すことはなかった。彼がそれまでのメシア論を見直さなければならなくなったのは言うまでもない。もはやシャブタイ・ツヴィの口から真実の神の意味を知ることができなくなった時代、一体誰がその役割を担うのか。カルドーゾの答えは、なんとシャブタイ・ツヴィに加えて自分がもう一人のメシアだというものだった。ただし彼が生前のシャブタイ・ツヴィのように尊大な振る舞いで救済を告げることはない。カルドーゾのメシア意識は、つねにカバラー論考のなかの暗示にとどまる。それでも敵対するラビたちにまで不遜な自称が知られていたことから、彼の真意がどうであれ、一部で第二のシャブタイ・ツヴィが現れたと囁かれていたのは確かである。[44] この奇妙な発想は、終末にメシアが二人現れるというユダヤ教ではよく知られた伝承に基づいている。[45] つまりゴクとマゴグの戦いに敗れて命を落とすエフライムの子のメシア（ヨセフの子のメシア）と、そのあとに立ち上がり敵を滅ぼすダビデの子のメシアである。カルドーゾの場合は一般的な伝承とは異なり、カバラーの象徴論のなかに二人のメシアを組み込む点で特徴的である。つまりメシアは地上に現れる救済者ではなく記号的な存在として示されており、歴史的なメシア伝承が形而上的な思弁のなかに移植されたと言えるだろう。

二人のメシアの発想がはっきりと現れているテクストの一つは、一六八二年頃に書かれた『イスラエルは主のための捧げ物、その収穫の初物』（*Qadosh Yisra'el la-Shem Reshit Tevu'atoh*）である。これはスミルナの弟子に宛てて書かれた儀礼の指南書で、ルーリア派のカバラーの実践から着想を得て「修復」と呼ばれる儀式の手順が説明されている。[46]

この儀式は六人の弟子が川原へ赴いて執り行われる。彼らはそれぞれ、カルドーゾに加えて、ガザのナタン、イツハク・ルーリアなどのすでに世を去ったカバリストの魂をマギード（伝達者）として備えているという。この「修復」は、ルーリア派やナタンの「修復」と同じように、祈りと聖書の朗読によってセフィロート体系の回復を促すために行われるが、最も重要な目的は「根幹」のセフィラーによって表されるヨセフの子のメシアと、「王権」のセフィラーによって表されるダビデの子のメシアを合一させることである。

セフィロート体系のなかでも「根幹」と「王権」の断絶が大きいことはよく知られているが、カルドーゾは「天上の至高世界」の二人のメシアが不完全であり、互いに憎み合ってさえいるという驚くべき事実を明らかにする。しかもエフライムの子のメシアはカルドーゾ自身であり、ダビデの子のメシアがシャブタイ・ツヴィなのだという。(47)

エフライムの子のメシアがいなければ、ダビデの子は完全なメシアにならないし、ヨセフの子（エフライムの子）もダビデの子のメシアがいなければ、完全な救済者にはならない。支配したいという妬みは魂の逃れがたい性質であり、それゆえ天上の至高世界において確執があったのだ。「［太陽とともに創造された］月は主に向かってこう言った。世界の主よ、二人の王が一つの王冠をかぶることなどできるのでしょうか」云々。(48)

カルドーゾは二人の王が共存できると答える。太陽と月が互いを補い合うように、二人のメシアの確執は「修復」の儀礼を通して解決されるというのである。だがその対立はいつまで続き、どのように仲裁されるのか。

ダビデの子のメシアとエフライムの子のメシアの間には抗争と確執があり、終末まで続くだろう。だがそのときになれば、「エフライムの妬みは止み、エフライムはユダを妬むことはない。ユダもエフライムを苦しめることはない。」（イザヤ書11:13）これらは二人のメシアのことである。彼らは「ともに東の人々を略奪する」（イザヤ書11:14)。これは「一人よりも二人がよい」(コヘレト書4:9)という聖句の秘密の意味である。[…]最初の救済者(モーセ)の救済のあとに離散が起こったが、二人でもたらされた救済のあとには[非ユダヤ人への]隷属はない。モーセについて「その人は美しい」(出エジプト記2:2)とあり、エフライムの子のメシアについては「エフライムよ、我々の義人たるメシアよ、あなたはその人より偉大である」[49]と言われている。もちろんそれはダビデの子のメシアのことである。[…]モーセは最後の救済の要であり、身体である。二人のメシアはその両腕である。その人がいなければ完全な救済はないが、二人のメシアに分断や抗争があっても救済はない。[…]メシアは天上で一つになって完成する。万事は一体性と合一にかかっているのである[50]。

カルドーゾがいう終末とは歴史の終焉でなく、神の世界の救済を指している。したがって神の世界が回復すれば、それは終末と見なすことができるのである。「修復」の儀礼はセフィロート体系に原初の調和をもたらし、二人のメシアを融合させるために行われる。このメシア論は非常に観念的であり、彼が探求していた神に関する知識の伝達も、現実の救済も、遠くに霞んでしまっている。

この一節にはカルドーゾのなかで起こった大きな変化が隠されている。『ペシクタ・ラバティ』というミドラシュの「エフライムよ、我々の義人たるメシアよ、あなたは私たちより(mimmenu)偉大である」という原文で、mimmenuは「私たちより」という一人称複数の意味で用いられている。だが三人称単数も同じmimmenuであるため、カルドーゾは「その人より」と解釈し、「ダビデの子のメシアより」エフライムの子のメシアが優れていると読み替えている。シャブタイ・ツヴィが世を去って数年後に書かれたこの論考で、カルドーゾはエフライムの子のメシアがダビデの子のメシアを凌駕する、すなわち自分自身がシャブタイ・ツヴィを上回るという大胆な結論に行き着いているのである。

この逆転は儀式の詳しい手順を語るなかで、さらにはっきりと表現される。それはスミルナを流れる川辺で行われる。カルドーゾの細かな指示に従って、弟子たちは様々な聖句や『光輝の書』の文言を唱えながら、川の流れに石を投げ入れるように指示される。川は「原初の人間」（Adam Qadmon）、石はそこから流出したセフィロートを表している。つまりこの儀式は、複数に分割された神の力を原初の調和へ返すために行われるのである。次に弟子たちは棗椰子の枝と柘榴の枝を用意するように指示される。前者は「根幹」のセフィラーを象徴し、エフライムの子のメシア、すなわちカルドーゾを意味する。「根幹」は神の男性性を表す力である。それに対して、後者は「王権」のセフィラーを象徴し、ダビデの子のメシア、すなわちシャブタイ・ツヴィを意味する。「王権」は神の女性性を表している(51)。カルドーゾは以上のことを明らかにした上で、一通りの儀式を終えた後に、この二本の枝を携えて、「ダビデの子のメシアの泉」と呼ばれる場所に行くよう指示する。ここはシャブタイ・ツヴィが青年時代に祈りを捧げ、その後も彼の母の墓地とともに信奉者の巡礼地だった場所だと考えられる(52)。二本の枝がまとめてその先を泉に浸され、ここでもいくつかの聖句が朗読される。そして、最後に次のような贖いの祈りが唱えられる。

主よ、［二人の］メシアに一つの霊を与え、臨在（「王権」のセフィラー）と合一したまえ。神の知識を広めるために。すべての原因のなかの原因の上昇を明らかにするために(53)。

ここで「主」と訳した言葉、「祝福される聖なるお方」（Qadosh Barukh Hu'）は神の男性的な力であり、儀礼はそれが女性的な「臨在」のセフィラーとの「聖なる婚姻」を願う祈りによって締めくくられている。この発想はルーリア派のカバラーでは典型的なものだが、カルドーゾが指示した「修復」は単なる祈禱の朗誦に終わらず、水、石、枝といった自然物を用いている点で特徴的である。一連の儀礼のなかで前提となっているのは、二人のメシアの上下関係である。エフライムの子のメシア、あるいは「根幹」のセフィラーであるカルドーゾは、ダビデの子のメシア、あるいは「王権」のセフィラーであるシャブタイ・ツヴィよりも上位に位置する。すなわち、シャブタイ・ツヴィなき時代にメシアの役割を担うのは、カルドーゾ自身なのである。たしかに彼はシャブタイ・ツヴィ擁護に立ち上がったときから、政治的な贖いや破局的な終末に伴うメシアの時代の到来といった、歴史的な次元での救済論を提示することはなかった。彼が説くメシアの役割は、真実の神について知識をユダヤ人に伝えることだった。その役割を果たせなかったシャブタイ・ツヴィに代わって、カルドーゾが弟子たちに真実の神の所在を教える。象徴儀礼にはそうしたメッセージがこめられているのである。

カルドーゾはヨブ記の一節に基づいて、セフィロート体系のなかからもシャブタイ・ツヴィを排除してしまう。

ダビデの子のメシアが到来する。[…] ダビデの子のメシアは残るが、「川は涸れて、乾くであろう」（ヨブ記14:11）。[この聖句の] 文字の数価はシャブタイ・ツヴィと等しい。その人（シャブタイ・ツヴィ）は神を明らかにすることができなかった。そのため天上に退くが、「根幹」であるエフライムの子のメシア（カルドーゾ）は「川の広がり」（rehovot ha-nahar）（創世記36:37）と呼ばれ、[…] 主と臨在においてすべての原因のなかの原因への信仰を知らせるために、この世界で律法の解釈と神の流出を広めるであろう（yarhiv）。それゆえ、「川の広がり」の数価は [...] アブラハム・カルドーゾと等しい(54)。

シャブタイ・ツヴィが救済をもたらすことなく世を去ったため、神の世界の聖なる流出を地上にもたらす「川」は干上がってしまった。今やメシアとしての役割を果たせるのは、カルドーゾしかいない。ただし彼はシャブタイ・ツヴィのように人々に期待を抱かせるのではなく、カバラーを通して律法の隠された意味を説き、真実の神を知らせることができる。ここではもはや最初の書簡でカルドーゾが固執したメシアの棄教という問題が直接的に触れられることはない。シャブタイ・ツヴィの死は「天上に退く」という表現で神聖化されるが、繰り返し説かれるのはもう一人のメシア、カルドーゾに託された使命である。

一六八一年、カルドーゾはスミルナから弟子たちとともにコンスタンティノープルに移住を試みた。ユダヤ暦五四四二年ニサン月（一六八二年四月頃）にその地でシャブタイ・ツヴィが復活することを期待してのことだったという。しかし、イエス・キリストの再臨を思わせるこの逆転劇が実現することはなかった。その後、カルドーゾは三度目となる破門を受けてロドストやガリポリを転々とすることとなった。破門の理由はアヴ月九日の断食を守らないように人々に告げたからだとされたが、カルドーゾはユダヤ教の規範や伝統について厳格な態度を示していたため、断食廃止を勧めたとは考えにくい。破戒や改宗がシャブタイ・ツヴィにだけ許された行為であると考える点では、ガザのナタンと立場が一致していたと言える。

ちょうどその時期に、サロニカでシャブタイ・ツヴィの義弟、ヤコブ・ツヴィに率いられて多数のユダヤ人がイスラームに改宗した。マラーノの過去を持つカルドーゾは、強制的に行われた改宗に神秘的な意味を見出そうとするが、サロニカのケースは明らかに自発的な転向だった。それゆえ、棄教者たちの過ちが偽り霊（ruḥot sheqer）の誘惑によって起こったに違いないと考えた。

離散の終わり（終末の直前）には多くの信仰や偶像崇拝が現れるだろう。「主よ、なぜあなたの道から私たちを迷わせ、私たちの心をあなたへの畏れから背かせたのですか。[…]」（イザヤ書63:17）とイザヤは言っている。あなたは良い霊も悪い霊も思いのままにできる神である。今サマエルや蛇に命じられ、あなたはそれらを妨げることがない。それゆえ、イスラエルは試練に晒され、誘惑されているのである。一六八三年、欺瞞の霊の教団（kat ruḥot sheqer）が現れた。サロニカや西方やドイツで起こったように、ラビも含めたユダヤ人が誘惑された。［悪しき］外殻はラビたちに徴を与えて、彼らを律法から連れ出し、醜悪な信仰を彼らの心に植えつけた。[…]キリスト教徒の信仰よりも、よほど欺瞞に満ちている。(55)

別の書簡で彼は自分の指導が及ばないところでマギードを持てば、身を危険に晒すことになると述べている。

マギードを備えている人々は神の秘密を書いたり語ったりしたいと思っても、誤った信仰に向かってしまう。[…]私の弟子を除いて、霊の顕現を見る者たちは、戒律を放棄してしまった。ターバンをかぶるだけでは飽き足らず、成文律法も口伝律法も犯し、なかには救済をもたらすために安息日を穢し、過越祭に酵母［入りの食物］を食べる者もいた。(56)

破戒の振る舞いに耽ったとされる「霊の顕現を見る者たち」は、間違いなくサロニカの改宗者を指している。のちに多くのラビたちが非難する規範の冒瀆を最初に指摘したのは、奇しくも同じように非難の対象となるカルドーゾだったのである。彼自身はいわゆる「シャブタイ・ツヴィの教団」に属しているとは微塵も感じていなかっただろう。それどころか、ラビの伝統とハラハーを守る善きユダヤ人であり、殉教すら恐れていないと自ら強調している。カルドーゾと改宗者たちの間に見られる不一致は、一つの集団の内部対立などではない。始めから規範というシャブタイ・ツヴィのメシアニズムを特徴づける点において、カルドーゾのグループはサロニカの改宗者集団とは根本的に相容れなかったのである。(57)

カルドーゾがサロニカの改宗者を非難した直接の背景は、一六八三年の集団改宗ではなかったことに注意しなくてはならない。彼が書いた文書において、この出来事が言及されるのは一七〇〇年前後のことである。カルドーゾがサロニカの集団改宗を同じ時期に知ることはなかったと思われる。むしろ彼の念頭にあったのは、シュムエル・プリモとの衝突やユダ・ハシードが率いたエルサレム移住計画の失敗だった。これらメシア信仰を誤解した指導者を非難するために、シャブタイ・ツヴィに倣ってイスラームへ改宗した人々を引き合いに出していると考えた方が正確である。言い換えるならば、カルドーゾも異端の告発者の立場に立ったうえで、独自に異端の鎖をつないでいたのである。

そうした複数の対象のなかでもカルドーゾの怒りの矛先が真っ先に向かうのは、「メシアの偉大な書記官」と呼ばれたプリモである。シャブタイ・ツヴィがウルツィニに追放されるまで右腕として仕えていたこの信奉者は、シャブタイ・ツヴィから直接学んだ「信仰の秘密」に関して意見の分断を許さなかった。シャブタイ・ツヴィについて誤ったことを語る者は、追放されなければならない[58]。それゆえ、自ら新しいメシアであることを示唆し、別の形で三位一体を説くカルドーゾに対して追及の手を緩めることはなかった。ナタンがカルドーゾに一切触れないのとは対照的な態度である。

　カルドーゾはしばしばプリモが住むアドリアノープルを訪れながらも、決して意見の一致を見ることはなく、二人の間では緊張関係が続いていたと思われる。カルドーゾはプリモの名前に触れることさえ嫌いつつ、彼に受けた迫害を次のように告発している。

> エディルネ（アドリアノープル）でもその男（シュムエル・プリモ）の信仰の異端（kfirat ʾemunato）が広まったが、誰も非難しなかった。それとは反対に、律法を学び戒律を守ってイスラエルの神を信じているのに、私や弟子たちはいつも批難され罵倒されてきた。その男は私を傷つけることを公認して全力で迫害し、二三度にわたって私を追放したほどである[59]。

ここで指摘される異端とは、シャブタイ・ツヴィの神格化、さらに厳密に言えば三位一体的な神格化である。プリモはそれを「神の秘密」と呼び、シャブタイ・ツヴィの最晩年に伝承されたと主張していた[60]。カルドーゾはそのことを人伝てに聞いて、キリスト教の三位一体との類似を指摘する。

> あなたはある賢者（プリモ）に近しい人物が、神の秘密（sod ha-ʾElohut）という恐るべきことを伝授されたと聞

いたという。それはコンスタンティヌス大帝について、天使がダニエルに告げたのと同じことだ。［コンスタンティヌスは］イエスが人間であり神であるという信仰を受け入れ、三位一体を信奉した。［天使が言うには］この王は「神々のなかの神を上回る神（ʾel ve-ʾal ʾel ʾelim）という恐ろしいことを語る。」（ダニエル書 11:36）「神々のなかの神」とは主のことで、そのお方のうえに第一原因があり、彼らは第一原因を三位一体にまとめたのである。先に述べた人物（プリモ）の名前は言わないほうがいいだろうが、主がその根源に帰っていったのだから、メシアは完全な神であると信じている。サロニカでもイスタンブルでもアドリアノープルでも、現代の偉大なラビ、敬虔な人々の多くがこの癩病（信仰の誤謬）に打たれてしまった。[61]

コンスタンティヌス帝はのちに三位一体説につながるアタナシウス派の神学を支持したローマ皇帝であり、預言者ダニエルが登場を見抜いていたというラビの解釈が知られている。[62] カルドーゾはそれを踏まえて、シャブタイ・ツヴィを組み入れた三位一体的な神学が「畏懼すべきこと」だと述べている。メシアは生身の人間であり、神とは一線を画す存在でなければならない。したがってシャブタイ・ツヴィを神の位置にまで引き上げる考え方は絶対に誤っているというのである。ここで興味深いのは、サスポルタスにキリスト教の残影を指摘されたカルドーゾが、プリモのメシア神学をキリスト教に酷似していると非難している点である。[63] カルドーゾはまるで異端を告発するかのように、プリモのキリスト教的な神学を暴き出したのである。

プリモの出自について詳しいことはわかっていないが、カルドーゾのようにマラーノ出身だと指摘されたことはない。またプリモの著作はラビとして見解をまとめたレスポンサが知られるのみで、そこではメシア信仰も神学的な問題も語られないため、実際にカルドーゾが指摘するような神学を唱えていたと証明することは難しい。[64] カルドーゾはプリモのドンメ教団とのつながりを暗示するが、実際にそうした関係があったかどうかはわかっていない。[65]

カルドーゾはプリモの欺瞞に憤慨して、とうとう一六九七年に直接対決を果たした。

私は主を信じるイスラエルの子らすべてに忠実に証言しよう。［…］賢者シュムエル・プリモと呼ばれるその人は、シャブタイ・ツヴィが神の段階に昇り、主はその根源に戻っていったと心から信じている。私がエディルネの公衆や賢者たちの前でこの男と大論争したとき、本人の目の前でこの男はメシアが将来神になると信じ、悪しき信仰によってあなたたちを惑わせているのだと告げてやった。(66)

しかし結果として、カルドーゾは再び破門を言い渡され、アドリアノープルを追放された。プリモは破門を決定的なものとするためか、カルドーゾが弟子とともに学んでいた『アブラハムの朝』の手稿本を焼き払うように命じたという。(67)

カルドーゾは一七〇〇年頃に書かれたと見られる書簡のなかで、プリモを非難しながら、啓示にマギードを用いることを厳しく戒めている。それよりも重要なことは、古典の学習を通してユダヤ人が忘れてしまった神の名を知ることである。言い換えるならば、救済に与るためには、神秘体験ではなく知識によって真実の神にたどり着くことが必要なのである。

この時代において秘教の詳細が私たちにとって何になるというのか。救済は主が誰であるかという根本的な知識にかかっているのだから。その御名は何だろうか。そのお方の聖なる臨在だろうか。［…］イスラエルは離散のなかで叫んでも、神名（ha-shem ha-meforash）を知らないから答えてもらえないのだとラビたちは言った。彼らが意図したのは［神名の］単語ではない。それがHVYHだということくらいは異教徒でも知っている。そうではなく、私たちが忘れてしまったこの名前で呼ばれているお方のことである。［…］すべての賢者は、『光輝の書』、グマラ、アガダーによって、本当に神の秘密を知ろうと努めるべきである。この問題についてはマギードに頼ってはならない。なぜならその者たちに神が誰なのか、そしてその御名の存在もその方の臨在も、明かすことは認められていないからである。(68)

神の名と神の臨在を人々に伝えることが本当のメシアの使命だと信じたカルドーゾは、決してそれを秘密にしたわけではなく、むしろ広く人々に知らせることが救済を促すと考えていた。それはシャブタイ・ツヴィが果たせなかった使命である。(69)それでも耳を傾ける弟子はわずかだった。カルドーゾを迫害する者、メシアを神格化する者、進んでイスラームに改宗する者が現れたのは、この時代に悪しき霊がはびこっているからである。それを啓示と勘違いするのであれば、マギードに頼ろうとすることはやめなければならない。カルドーゾはそう考えたのである。

晩年のカルドーゾは自分がメシアではないと弁明している。(70)これが本心だったかどうかは定かでないが、誤ったメシア信仰がはびこるなかではそのように振る舞うしかなかったのかもしれない。一七〇三年、カルドーゾはエルサレムに向かおうとした。その目的は聖地に学塾を設け、真実の神と預言を教えるためだった。(71)ところが上陸したヤッフォからエルサレムへ向かうところで、彼の活動に警戒していたラビたちによって阻止されてしまった。(72)結果、目的地を変えてアレクサンドリアに向かわざるを得なかった。その後、カイロに住み始めたが、一七〇六年、些細な金銭問題が災いし、甥のシャロームに刺されて命を落とした。シャブタイ・ツヴィが改宗して四〇年目だった。カルドーゾが救済が訪れると信じた年であり、エルサレムを目指したのもそれが理由だったとも伝えられている。(73)不遇の死を遂げたこの神秘家はどこに埋葬されたのかすらわかっていない。

カルドーゾはある文書のなかで、それまでに六〇本の論考や書物を書いてきたと回顧している。(74)神の知識を多くの人々に宣べ伝えるというカルドーゾの遺志は、弟子たちに引き継がれた。スミルナは彼らの中心地だったと見られ、一七一二年にエルサレムの首席ラビ、アブラハム・イツハキーの指示で、当地のラビがカルドーゾの文書を集めて焼却した。この時期からカルドーゾとその弟子たちに対する迫害が激しさを増していく。スミルナでの印刷が見込めなかったためだろうか、翌年には弟子のエリヤフ・タラゴンなる人物が、アムステルダムで『アブラハムの朝』を出版しようと試みたことがわかっている[75]。タラゴンの試みはイツハキーから事前の忠告を受けていた共同体の協議会によって阻まれたが、翌月には同じくアムステルダムにネヘミヤ・ハヨーンが現れ、ベルリンで印刷しておいた書物を頒布しようとした。これが『神の力の書』である。この出版がきっかけとなって起こった論争については第Ⅱ部で詳しく扱うことになる。

二、忘れられた真実の神と三位一体への帰結

「第一原因」信仰の誤謬と創造神信仰の重要性

アブラハム・カルドーゾに対する攻撃は没後も続いた。一七〇七年、エリヤフ・コーヘンというコンスタンティノープルのラビがカルドーゾを断罪するために著した一篇の論考は、その最たるものである。『聖なる論争』(*Merivat Qadesh*)と名付けられたこの異端駁論は印刷こそされなかったが、書写されて一部の人々の間で読まれた[76]。『聖なる論争』には必ずしも明示的ではないものの、興味深い特徴がある。それはキリスト教との類似性を否定する点である。それどころか、カルドーゾは「神の唯一性に背き、[…]異端の知識にたどり着いた」うえに、「その信仰において孤絶し、ユダヤ教でもキリスト教でもなく、イスラーム(hagri)でもない」と、いかなるアブラハム宗教にも属さない人物として提示される[77]。かつてヤコブ・サスポルタスはカルドーゾのメシア信仰を知り、それがキリスト教と酷似していると指摘した。イザヤ書五三章のメシア論的な解釈には、キリスト教の聖書解釈の特徴を見ることができ、サスポルタスはその本質を見抜いていたと言える。なぜエリヤフ・コーヘンはキリスト教との類似性さえも否定したのだろうか。その答えはカルドーゾの思想の展開と密接に関わっていると思われる。

カルドーゾがシャブタイ・ツヴィのメシア性を信じていたとき、サスポルタスが見抜いたように、その聖書解釈に

キリスト教の影響が滲み出ていたことは確かである。マラーノという出自と断ちがたく結びつくキリスト教を嫌悪しながらも、カルドーゾは決して往年の呪縛から自由ではなかった。だが、シャブタイ・ツヴィの死後、彼はメシアの神性を唱える者たちを容認することはなかった。シュムエル・プリモとの対決からは、彼の断固とした反キリスト教の態度を見てとることができた。シャブタイ・ツヴィを神格化する、あるいは三位一体の神学に組み入れることこそ、キリスト教の模倣であり、メシア理解の誤謬である。そう考えたカルドーゾは、正しい神の理解に人々を導くことがメシアの役割だと強く主張した。そして最終的には、ダビデの子のメシア、シャブタイ・ツヴィに引導を渡し、その役割を自らに引き受けて、エフライムの子のメシアこそが「主と臨在においてすべての原因のなかの原因への信仰を知らせるために、この世界で律法の解釈と神の流出を広める」と宣言したのである。『聖なる論争』の著者、エリヤフ・コーヘンは、カルドーゾがキリスト教の三位一体を峻拒していた事実を知っていたのだろう。カルドーゾがプリモのメシア神格化を断罪した書簡から引用がなされているのはその証左である。

確かに、シャブタイ・ツヴィに失望し、プリモやドンメ教団の活動が顕著になるにつれ、カルドーゾは反キリスト教的な神学の流布に力を注ぐようになった。その神学では、三位一体とは異なる神の複数性が前提となり、「神の秘密」が重視される。プリモと異なりメシアの神格化を説くことはないものの、カルドーゾは神をセフィロート体系として捉えることに何の抵抗も示さない。その複数性は、過去のカバリストが厳しく戒めてきたように、神の唯一性を確固たる前提とした考え方である。「神の秘密」とは真実の神の知識のことであり、カルドーゾによれば、ユダヤ人を含め、キリスト教徒もムスリムも哲学者たちも、長い間それを忘れ去ってしまっている。聖書やタルムード、『光輝の書』に現れる古代のユダヤ人はそれを知っていたが、ユダヤ人が離散してからは、真実の神に関する知識が失われてしまった。「長い間イスラエルには真実の神がいなかった」(歴代誌下 15:3) と言われているのはそのためだという。確かにシャブタイ・ツヴィが「神の秘密」を明らかにする可能性はあったものの、それが叶わないとわかったとき、忘れられた神について告げ知らせる使命は自らの双肩にかかっている。カルドーゾはそう考えて、真実の神を明らかにしようと立ち上がった。その神学の中心は、第一原因（Sibah Rishonah）と呼ばれる至高の神を超越的存在として捉える理解、およびそこから生じた創造主（Bore᾽）への信仰から成り立っている。(78) このときルーリア派のカバラーは一切典拠として用いられず、彼は『光輝の書』の神学に着想を得ている。

カルドーゾによると、真実の神を忘れた人々は、ユダヤ人も非ユダヤ人も、第一原因こそが創造主だと思い込んで崇拝してきた。とりわけカルドーゾが厳しく批難するキリスト教徒は、父なる神を第一原因と呼び、そこに知性や意志があると教える。だがそれは彼らに先立って古代の人々が説いた原初の神学を曲解したものだという。

イエスの弟子たちは神の知恵に深い造詣がなかった。［…］彼らは第一原因がそれ自身を知っていると言うが、もしそうならば、彼らは自身を知る知性と子を愛する意志の二つの精神的な力がそこ（第一原因）にあると考えていることになる。［それに対して］我々の父祖（古代のユダヤ人）は、第一原因が単一の単純なもので、意志や知性といった部分は存在せず、知っている、あるいは欲していると表現することはできないと教えた。それゆえに、［キリスト教神学は］父祖の教えに対する重大な違背を犯していることになる。［…］第一原因は知性でも意志でもない。なぜならそれは一つの単純なものであり、あらゆる欲求とあらゆる知識の根源なのだから。(79)

カルドーゾは第一原因からいかなる存在も生じないと述べているわけではない。第一原因そのものには知性や意志といった能動的な機能が備わっていない。その代わりに、そこから生じたところに知性や意志が現れ、しかもその認識論的なプロセスは不可逆的だと主張しているのである。(80) よって、父なる神（第一原因）から生じた子や聖霊が、自らの源泉を知っている、あるいはそれと均質の存在であるという三位一体の前提は誤っている。

古代の人々は第一原因の力に由来する最初の存在は第一原因と同じではないと説いた。三位一体のもう一つの違背は、それ（両者が別の存在であること）を否定していることである。［…］［第一原因から生じた］原初の光と呼ばれるあらゆる喜びのなかの喜びは、第一原因の本質や存在を知らない。なぜなら［…］至高の意志から連鎖して発生するものは、第一原因に決してたどり着けないからである。それらがたどり着けるのは至高の意志に過ぎない。(80)

すなわち、第一原因とそこから生まれる神的な存在の間には明確な断絶が存在する。能動的な認識である限り、「至高の意志」なる機能さえも第一原因を対象とすることはできないのである。

カルドーゾによれば、聖書のなかで繰り返しイスラエルの民に語りかけ、預言者がその忘却を嘆く神こそが第一原因から生じた真実の神であり、世界の創造主である。創造主は神聖四文字で YHVH とも呼ばれる。ただし、第一原因が創造主＝YHVH の父親で、それと均質な存在だと考えるのは誤りだという。なぜなら創造主＝YHVH は第一原因から生じた第二の神的存在ではあるが、決して第一原因を知ることができないからである。古代の正しい知恵を忘れたユダヤ人は、今日に至るまで第一原因が世界を創造したと誤解してきた。キリスト教では、イエスを信じる愚かなユダヤ人が神の内部に父子関係を導入してしまったために三位一体という誤った神学が生まれた。シャブタイ・ツヴィを神と並べるナタンやプリモの教えは、いわばこうした誤謬の副産物である。誤謬を糺して真実の神をユダヤ人に伝えるのが、メシアに課された仕事である。第一原因ではなく、創造主が唯一真実の神であることを証明するために、カルドーゾがしばしば依拠するのは「主（YHVH）は宣言した。お前たちは私の証言者で、私が選んだ僕なのだ。私こそがそのお方（Huʾ）で、私の前には神が作られず、私の後に何も存在しないと、お前たちが知り、私を信じ、理解するために」（イザヤ書 43:10）という聖句である。(81) ここでは「主」＝YHVH が人間の知識、信仰、理解の対象で、唯一の神であることが明言されている。「私の前には神が作られず、私の後に何も存在しない」という言葉からは、YHVH が第一原因を認識していないことがわかる。

神の呼称も聖書に隠された意味を理解するうえで重要な論点である。世界創造に関与したYHVHは「神」（ʾE-loah）、「イスラエルの神」（ʾElohei Yisraʾel）、「主」（Qadosh Barukh Huʾ）とも呼ばれる。[82] カルドーゾは先のイザヤ書の一節を次のように解釈してみせる。

そのお方（創造主＝YHVH）は第一原因から最初に生まれた。そのお方をおいて神はない。なぜなら万物の創造主がこうおっしゃったからだ。「知り、信じ、理解せよ。私がそのお方で、私の前に神は作られなかった。なぜなら私は最初のものであり、私の後には何もなく、いかなる神も作られることはないだろう。私は第一原因から出た最初のものだからだ。私は最後のものでもある。私とともに第一原因から出た他の存在はないからだ。［…］私以外に神はいない。もちろん兄弟もない。［…］私は至高の第一原因から出た唯一のものだから[83]だ。」

創造主＝YHVHが第一原因から生じたことは間違いないが、自らの源泉を知らないために、父も兄弟もいない。ゆえに唯一の神と捉えられなければならないというのである。[84]

この創造主＝YHVHこそが真実の神であり、それを知ることが律法の根幹だが、興味深いことにその可能性は非ユダヤ人には開かれていない。

律法の要諦は主を知ることである。律法は主が神であり、いかに仕えるべきかを教える。律法そのもののために、YHVHのために、それを守らなければならない。なぜなら律法はすべて主の御名なのだから。主の神性を忘れた者は、律法を忘れたことになる。［…］私たち（ユダヤ人）は証言者と呼ばれる。ラビたちによれば、異教徒はこれまでもこれからも主の神性の証言者にはなれない。「お前たちが私を証言すれば、私は神である。［だが］お前たちが証言しなければ、私は神ではないのと同じだ。」つまり、［ユダヤ人の］他に証言者はいないのである。

［ユダヤ人は離散にあって神の言葉に耳を傾けてこなかったが、預言者］イザヤはメシアが来れば目も耳も開くと言った。再び神である主を証言すれば、そのお方も再び私たちに知られることになるだろう。(85)

カルドーゾはユダヤ人が見失った真実の神を思い起こすために、創造主＝YHVHこそがその真実の神であるとし、律法の正しい解釈に立ち返ることを求めているのである。そのためには律法の研鑽と戒律の遵守が不可欠であることが繰り返し説かれる。そして、律法を守り、真実の神を知ることができるのはユダヤ人だけだという。

カルドーゾの思想には非ユダヤの影がつねに見え隠れしている。イザヤ書五三章の「苦難の僕」をメシア論的に読む解釈はその一つである。それに加えて、忘れられた原初の神の探求には、イタリア人文主義の古代神学（prisca theologia）の影響が指摘されている。(86) 古代神学ではキリスト教の真実性を証明するために、太古の宗教を研究して純粋な神の概念の原型を発見しようとする。アブラハムやモーセは正しく神を認識していた人物としてしばしば言及される。キリスト教の伝統を背景にユダヤ教の古代性を経由する点で、着地点はユダヤ教の正統性であっても、確かにカルドーゾは古代神学と同じ理路をたどっていると言える。ゲルショム・ショーレムは、超越的な第一原因と知覚可能な創造神を語るカルドーゾの神学にグノーシス主義の痕跡を指摘した。(87) 本来、グノーシス主義では世界が霊と物質の二元論によって成立していると考えられ、至高の神（aiōn）とそれに対抗するデミウルゴス（dēmiurgos）という二つの神の原理が提示される。至高の神が善なる精神的な存在であるのに対して、デミウルゴスは悪しき物質世界を創造し、人間に法を与えた存在である。グノーシス主義者によれば、モーセに律法を与えたイスラエルの神こそがそのデミウルゴスであり、これをグノーシス（知識）の根源たる至高の神と混同していることが既存の宗教の過ちだという。ショーレムが指摘するように、啓示宗教としてのユダヤ教に向けられた軽蔑は、もちろんカルドーゾの思想においてそのまま適用されているわけではない。彼は二つの神の価値を逆転させて、至高の神ではなく、そこから生じた創造神こそが真実の神だと主張する。言い換えるならば、それは反転的グノーシス神学である。(88)

しかしながら、カルドーゾが「イスラエルの神」の真実性と固有性を強調し、ユダヤ人の優位に帰結するとき、そこにはユダヤ教に対する彼の原理的な姿勢が現れている。カルドーゾは、ユダヤ教の律法と戒律に絶対的な価値を置き、真実の神を他宗教に譲ることは決してない。つまり戒律を守らないユダヤ人や異教徒に「神の秘密」を理解することはできないと考えている(89)。そうした意味で、未来における律法更新や戒律破棄を説いたナタンよりも、過去のユダヤ教の価値を掘り起こそうとする保守的な傾向が顕著だと言える。また、決してメシアの神格化に言及しない点でナタンやプリモと異なり、カルドーゾはシャブタイ・ツヴィの役割を限定的に捉えていることもわかる。

カルドーゾが教父の著作から同時代の神学に至るまで、広範なキリスト教の見識を備えていたことは間違いない。だが、『聖なる論争』の著者、エリヤフ・コーヘンの目から見て、反キリスト教的な二元論的神学がどのアブラハム宗教にも属さない異教的な思想と映ったとしても不思議ではない。「その信仰において孤絶し、ユダヤ教でもキリスト教でもなく、イスラーム的でもない」という端的な所感は、メシア没後に蔓延した「神の秘密」の誤解に立ち向かうカルドーゾの思想的展開をいみじくも的確に言い当てていたのである。

「第一原因」「創造主」「臨在」の一体性に見るキリスト教の影

アブラハム・カルドーゾの神学が「第一原因」と「創造主」＝YHVHを中心に展開するとき、そこには明らかにキリスト教の神学に対する対抗意識を見出すことができた。真実の神は世界を創造した「イスラエルの神」であり、ユダヤ人が忘れ去ったその神を人々の信仰として蘇らせることがメシアの使命である。キリスト教のように複数の位格を同等に扱い、ましてや人間であるはずのメシアを神格化することは度し難い誤謬である。カルドーゾはそのように考えた。

その一方でカルドーゾの神学には、もう一つの側面があることにも触れておかねばならない。確かに彼が「第一原因」と「創造主」＝YHVHの認識論的な隔絶を論じている限り、そこには唯一神信仰への厳密な理解を認めることができる。だが、神の「臨在」が関わってくるとき、奇妙なことにカルドーゾの神学は、彼が目の敵にしたキリスト教の三位一体に図らずも近傍してしまうのである。ここでは修復の象徴儀礼のときのように、「臨在」のセフィラーを「壮麗」のセフィラーと結びつけるテウルギアは問題にならない。むしろカバラーが生まれる遥か以前からラビ文学のなかに繰り返し言及される「臨在」という神の存在形態が、「第一原因」と「創造主」との関係性においてどのように捉えられるべきかということが論点になる。「創造主」が真実の神であるという事実と同様、この時代、「臨在」の認識にも混乱が生じている。そのため救済の時代にふさわしい正確な理解が必要だとカルドーゾは論じる。

カルドーゾが「臨在」の存在論の重要性に気づいたときのエピソードがある。彼が兄イツハクとともにヴェネツィアでユダヤ教に立ち返り、律法とタルムードの研鑽に励んでいたときのことだった。あるキリスト教の司祭が地元のラビに「イスラエルの神」の真実性を説明するように求め、そのうえ「臨在」の問題を持ち出し、それが被造物であるかどうか質問したという。この司祭は神が「臨在」を創造したとする中世のユダヤ人哲学者の見解を知っていた。サアディア・ガオンやマイモニデスらの聖書註解を次々と引き合いに出しながら、ついに司祭はそれらを論破して、「臨在」が被造物ではなく「創造主」であることを公衆の前で証明してみせた。そしてユダヤ人が「臨在」を被造物として認識しているならば、それは偶像崇拝であり、もう一つ神が存在すると認めていることになると警告した。カルドーゾが言うには、ヴェネツィアのラビたちは誰一人として司祭が仕掛けた議論に応えることができなかった(90)。

キリスト教の聖霊は、地上の人間に臨む神の顕現として描かれる点でユダヤ教の「臨在」と類似している。そのため、ユダヤ人が言う神の「臨在」は新約聖書の聖霊と同一だとする見方が、一部のキリスト教徒の間に存在した。おそらくはこの司祭もそうした見方を踏襲しており、誘導的に論争をしかけようとしたのだろう。聖霊が神の位格の一つであることを考えれば、「臨在」もまた神であり、被造物と捉えることはできないはずである。それにもかかわらず、サアディアやマイモニデスといったラビたちは「臨在」を神そのものではないと解釈したために一神教の原理に背いているというのが議論の骨子である。もちろん二つの異なる概念をキリスト教の神学に引き寄せて解釈しているに過ぎない。だがユダヤ人の聖書解釈に通じたこの司祭は、一神教の根本を脅かす綻びを指摘して、ユダヤ人の神理解の誤りを糾問しようとしたのである。(91)

神の唯一性に厳格なカルドーゾは、「臨在」を神の被造物と捉える哲学者の見解は誤りであり、キリスト教徒の指摘のほうが古来の伝統的なラビの見解に近く、正鵠を射ているという意見である。カバラー神学の論考、『これは我が神、そのお方を讃える』(*Derush Ze ʾEli va-ʾAnvehu*)において、カルドーゾはこのヴェネツィアでのエピソードを念頭に置きながら、司祭に同調するような主張を展開している。

イスラエルの信仰の根本は、主が我々の神で、主が唯一、そのお方は唯一で、その御名も唯一だということである。二つでも、二つ以上でもない。ところが、ミシュナ、グマラ、ミドラシュ、聖書註解では、つねに主と臨在が言及される。主が世界の創造主、イスラエルの神、万軍の主であることには誰もが同意するだろう。私たちが臨在と呼んでいるものが、何であるかを知らなければならない。神なのか、被造物なのか。神だとすれば、それが主ご自身なのかそうでないのかを知らなければならない。サアディア・ガオンは『信仰と知識の書』(*Sefer ʾEmunot ve-Deʿot*)で、臨在は新たなもので、完全な被造物だと述べている。[…]マイモニデスも『迷える者の手引き』(*Moreh Nevukhim*)のいたるところで[…]臨在は大いなる被造物だと述べている。[…]主が一つで、また臨在が一つ(別個の存在)だということを示す典拠は多い。[…]これらのラビたちは、臨在と主が二つの呼称を持つ一つの(同一の)存在だと気づいていなかった。[…]それゆえ臨在は被造物だと信じて教えざるを得なかった。[…]しかしながら、私たちの師の言葉から導かれる真実は、臨在が完全な神であり、どう考えても被造物ではないということである。ゆえにナフマニデスは創世記(44:18-47:27)の註解で、マイモニデスやその後継者の説明を否定している。預言者、タンナイーム、アモライームは臨在が完全な神であるということで一致している。すべてのカバリストの間でも、これは確固たる基本である。(92)

無論、カルドーゾがここからキリスト教の三位一体を認めることはないが、臨在が神そのものであることは古来のユダヤ教の正統な理解だという見解を示している。

そうであるとすれば、カルドーゾのカバラー神学には、第一原因、創造主、臨在という神の三層構造が前提とされていることになる。確かに神の唯一性はことあるごとに確認されるが、キリスト教的な父子関係や均質性で語れないとしても、この前提は三位一体と何ら変わりないのではないだろうか。この疑問を払拭しない限り、カルドーゾはユダヤ教の「神の秘密」こそが真実であり、それを宣揚する自分自身をメシアとして確証することはできないはずである。

カルドーゾ自身が認めることはないものの、神の三層構造はキリスト教の三位一体と明確な違いをもって提示されているわけではない。第一原因と創造主が異質であることは、言葉を変えながら繰り返し語られるが、ふとしたときにカルドーゾは両者の壁を取り払ってしまいそうになることがある。

第一原因ではなく、［創造］主が律法を授与したと言いたいのではない。主は第一原因とともにあり、それゆえに主が第一原因なしに、また第一原因が主なしに、万物を創造し、形成し、造作することはない。人間は魂を持たずにものを書くことはできず、魂は身体を持たずにものを書くことはできないのと同じである。(93)

すなわち、シナイ山での律法授与は、第一原因が創造主に作用したことで実現された。両者の関係は魂と身体にも例えられていることから、不即不離の関係にあるとされていることは間違いない。

さらに第一原因と創造主との隔絶を前提としつつ、創造主＝「短い顔」（Zeʿir ʾAnpin）に第一原因＝「日の老いたるお方」（ʿAtiq Yomin）との同一性を語らせることもある。(94) カルドーゾはイザヤ書 43:10 の一節を次のように読む。

主（創造主）が「日の老いたるお方」でないと考えてはならない。［…］［セフィロート体系の中心をなす］「短い顔」は「お前たちは私の証言者」だと言った。つまり、「主は宣言した」というのは「短い顔が宣言した」ということである。［…］つまり「私こそがそのお方である」というのは、私と「日の老いたるお方」は一如だということである。「そのお方」と「私」がそれぞれ別のものだと誤ってはならず、そのお方は私、私はそのお方である。(95)

カルドーゾがしばしば参照する『光輝の書』のイドラ文学（Sifrut ʾIdrot）では、いずれも男性的な神の表象である「日の老いたるお方」と「短い顔」の同性愛的な媾合が描かれる。エリオット・ウルフソンが指摘するように、カルドーゾは明らかにこの危うげな性愛に着想を得て第一原因と創造主の同一性を説いている。(96)言い換えるならば、両者の相違は明らかだが、同時に創造主が地上の人間に顕現するに際しては、第一原因がそのなかに入り込むことが不可欠だということになる。

それでは「臨在」は創造主とどのような関係を結ぶのだろうか。中世のラビの通念を否定し、カルドーゾは「臨在」が神であると断定した。「臨在」の本質を明らかにする『臨在論』（*Derush ha-Shekhinah*）では、この問いに答える興味深い記述が見られる。(97)

臨在はこう言う。「私がこの実在における最初のもので、そのために私は不可知の天の頂上における最初のものと呼ばれる。私には父がいない。私は最後のものである。私には中間的な存在においてしか兄弟はいない。だから最後のものなのだ。私以外に神はいない。私には子がいないからだ。」［…］臨在の源泉は第一原因である。(98)

ここで明らかにされている「臨在」の位置づけは、創造主＝YHVH のそれとまったく同じである。先に引用した創造主＝YHVH の言葉をここでもう一度確認しておこう。「私（創造主＝YHVH）の前に神は作られなかった。なぜなら私は最初のものであり、私の後には何もなく、いかなる神も作られることはないだろう。私は第一原因から出た最初のものだからだ。私は最後のものでもある。私とともに第一原因から出た他の存在はないからだ。［…］私以外に神はいない。もちろん兄弟もない[99]」。こうして創造主＝YHVH と「臨在」の言葉を比べると、両者がまったく同じ自己認識を有していることがわかる。「主は臨在の兄弟と呼ばれる」のはそのためである[100]。

相違点は、創造主は兄弟がいないと述べているのに対して、「臨在」はある種の媒介を経て存在しており、それが兄弟であると述べているところである。創造主は「臨在」を認知していないが、「臨在」のほうは創造主の存在に気づいているということだろう。いずれにしても、両者は第一原因に対して同等の関係を結んでいる。

『臨在論』で明かされる「臨在」の役割には、律法授与者としての側面がある。神（'Elohim）と呼ばれる「臨在」はユダヤ人に最も近く顕現し、シナイ山でモーセに律法を授与したという。

「臨在」は語る存在であるために「私」と呼ばれる。すべて［の被造物］に語りかける使者だからである。語りかけるそのお方（創造主＝YHVH）も「私」と言う。［…］「臨在」は［…］イスラエルに律法を教える。これが「神（'Elohim）はこれらすべてのことを語った」（出エジプト記 20:1）という聖句の秘密である。ここでは「主が語った」とは書かれていない。「臨在」によって世界が創造され、「臨在」によって被造物に律法が与えられたからである[101]。

「臨在」が地上の善にも悪にも近い存在であることを指摘する点は、一見すればカルドーゾの独創のようにも見えるが、実はその役割さえも創造主のそれと変わることはない。『呼称論』（*Derush Kinuyim*）には以下のような言葉が見られる。

世界を創造したイスラエルの神は、私たちが神に仕え、神と臨在を結合させ、そして神と偉大なる御名を祝福するよう命じられた。ダビデはそのようにした。「私の神にして王たるお方よ、私はあなたを褒め、あなたの御名を永遠に称えます。」（詩篇 145:1）［…］それゆえ私たちは、「そのお方は称えられよ、その御名は称えられよ」と言い、そのお方を主と呼ぶ。真実と正義によって仕えるために、そのお方は私たちに律法と戒律を与えてくださったのだ。(102)

つまり、律法授与者としての役割においても、カルドーゾは創造主と「臨在」の間に明瞭な線引きをしていないのである。

『アブラハムの朝』では、「私はそのお方である」というイザヤ書の一節に基づき、第一原因を含めた三者の関係が次のようにまとめられている。以下に現れる「聖なる老いたるお方」は第一原因のことであり、「短い顔」は創造主YHVH のことである。

「聖なる老いたるお方」と「短い顔」の間に分断も区分も存在しないと信じることである。［…］モーセに「知恵」の道、「理知」の門、「知識」の部屋が伝えられたのは、それらを通して一体性の信仰の真実を研鑽し、識別し、理解するためである。これがカバラーの知恵全体の奥義である。「私」（Ani）という言葉は一人称単数で、「そのお方」（Hu）という言葉は三人称［単数］である。ゆえに私たちに顕現する主と「臨在」は、「私」という言葉で表される。一方、「聖なる老いたるお方」は「そのお方」である。［…］主が「老いたるお方」ではないと考えないように、［…］知恵ある者は「老いたるお方」と「短い顔」がこう述べたことを知らねばならない。

「YHVHは宣言した。お前たちは私の証言者で、私はそのお方である。」（イザヤ書43:10）［…］「そのお方」と「私」が別の存在だと考えてはならず、「そのお方」は「私」であり、「私」は「そのお方」である。(103)

こうしてカルドーゾは、あれだけ嫌悪していたキリスト教の三位一体とほとんど区別のつかない地点にまでたどり着いてしまった。メシアの神格化に断固として反対するカルドーゾは、せいぜい「修復」の象徴儀礼のなかでダビデの子のメシアとエフライムの子のメシアの合一を企てるばかりで、こうした神学的な議論のなかにその主題を組み込むことはない。彼はシャブタイ・ツヴィからメシアの可能性さえ剝奪し、忘れられた「神の秘密」を再びユダヤ人に伝えることにすべての関心を向けているのである。名称こそはカバラーの用語で表記されるものの、第一原因が創造主を生み出し、そこからさらにユダヤ人に顕現する「臨在」が生じ、三者がすべて同じ神であるという三層構造はキリスト教の三位一体から導き出されたと断罪されても不思議ではなかっただろう。しかしカルドーゾの存命中、この怪しい神学が大規模な論争の引き金になることはなかった。カルドーゾはガザのナタンが預言者として不適格だと断じ、一方でシュムエル・プリモから破門されたことは確かだが、彼らの間の確執がこの段階で目敏いラビたちの注目を集めることはなかったのである。

注

（1）カルドーゾの生涯については以下を参照。*Encyclopedia Judaica*, s.v. Cardozo, Abraham. Bernheimer, "Some New Contributions," 112. Halperin, *Abraham Miguel Cardozo*, 40-42; 96-99. Yosha, *'Anus be-Havalei Mashiah*, 39-47.

（2）一七世紀にイベリア半島を離れたユダヤ人の間で、父祖の伝統に還るケースは珍しくなかった。一度洗礼を受けたユダヤ人がユダヤ教に戻ることは、キリスト教の異端と見なされた。

（3）兄のイツハクはスペイン時代から医業で身を立て、フェリペ四世の宮廷に仕えていた。イツハクはシャブタイ・ツヴィに強い疑念と嫌悪感を持っており、のちに弟と激しく対立することになる。Yerushalmi, *From Spanish Court to Italian Ghetto*, 313–343. 思想については、イツハクの著書『ヘブライ人の卓越性』(*Las Excelencias de los Hebreos*) のヘブライ語訳の序論も参照。Kaplan, *Yitshaq Qardozo*, 7–26

(4) Bernheimer, op. cit., 113.

(5) この証言には矛盾が指摘されている。Halperin, op. cit., 21–23; 29–30. カルドーゾの著作に見られるルーリア派のカバラーの影響は、ナタンに比べれば遥かに小さい。

(6) Sasportas, *Tsitsat Novel Tsvi*, 289.

(7) Scholem, *Shabtai Tsvi*, 264 [329].

(8) *Midrash Pesiqta' Rabbati*, Pereq 37.

(9) Sasportas, *Tsitsat Novel Tsvi*, 292–293.

(10) Sasportas, op. cit., 293–294. カルドーゾはシャブタイ・ツヴィが戒律をないがしろにしていることにほとんど触れないが、この一節からはそうした傾向を知っていたことがわかる。ただしシャブタイ・ツヴィによる破戒は彼の過ちではなく、ユダヤ人が「律法を捨てた」ことが原因だという。ナタンも民族のために苦悶するシャブタイ・ツヴィと将来の覇権を描いているが、イザヤ書五三章には言及しない。Ibid., 9.

(11) ショーレムによる議論は以下を参照。Scholem, *Toldot ha-Tenu'ah ha-Shabta'it*, 343–345. Idem, *Shabtai Tsvi*, 42–43 [53–55]. Halperin, *Abraham Miguel Cardozo*, 121–124. 一般的にラビたちは、全イスラエルを一人の神の僕のように形容していると解釈する。*Miqra'ot Gdolot*, s.v. Sefer Yesha'ya 53:7. モーセを表すとする解釈もある。*Talmud Bavli*, Sotah 14a.

(12) カルドーゾはキリスト教徒がイザヤ書五三章のメシア論的解釈をタルムードから学んだと考えている。Scholem, "Iggeret 'Avraham Mikha'el Qardozo," 6. Yerushalmi, *From Spanish Court to Italian Ghetto*, 337–338. ナタンもメシア論的解釈を提示するが、こちらはゾハル文学を介してイザヤ書五三章に触れる点でカルドーゾと異なる。Sasportas, op. cit., 260–262. Scholem, *Shabtai Tsvi*, 628–631 [741–743].

(13) Sasportas, op. cit., 291. Yerushalmi, op.cit., 320. 神は改宗を選ぶユダヤ人を罰することはないと述べるが、のちにカルドーゾはシャブタイ・ツヴィにならってムスリムになったサロニカのユダヤ人を厳しく批難するため、自ら進んで改宗することを容認しているわけではない。

(14) これはメシア棄教前にナタンがラファエル・ヨセフに書いた書簡の内容であり、広く回覧されていたことがわかっている。カルドーゾがその内容を知っていたことは間違いない。本書三九—四〇頁参照。
(15) エレミヤ書18:7-10を参照。
(16) Sasportas, *Tsitsat Novel Tsvi*, 296. Freimann, *'Inyanei Shabtai Tsvi*, 92.
(17) 本書二五頁参照。
(18) Wirszubski, op. cit., 227.
(19) Sasportas, op. cit., 289.
(20) 本書二六、二九頁を参照。
(21) いずれもスペイン語の書簡。兄イツハクへのものはイェルシャルミの単著を参照。Yerushalmi, op.cit.,321-343. エンリケスへのものは以下の英訳を参照。Maciejko, *Sabbatian Heresy*, 76-80.
(22) 全文は以下。Scholem, "Iggeret 'Avraham Mikha'el Qardozo," 4-22. ショーレムはこのラビ法廷への書簡が「イスラエルの子らの記憶」に対するカルドーゾの応答だったとし、その間に起こった兄との確執は考慮に入れていない。Ibid., 2.
(23) ナタンに対する疑念は、ヴェネツィアの破門状だけでなく、一六六九年に複数のナタンの論考を読んだことで芽生えた可能性もある。Molkho and Amarillio, "Iggeret 'Otobiografiyot shel Qardozo," 216-217.
(24) Scholem, op. cit., 12. 第4の基準で「冒瀆される」と訳されているmehulalは一般的に「傷つけられる」という意味で理解されるが、カルドーゾは聖書の他の箇所から前者の意味を導き出している。Ibid., 7.
(25) カルドーゾは「証明された預言者」について参照したラビ文献を明かしていない。メシアを自称したバル・コフバと彼を信じたラビ・アキヴァを例にして議論を進めるが、管見の限りではバル・コフバが「証明された預言者」か否かを論じる典拠は存在しない。ショーレムはカルドーゾがマイモニデスの『イエメンへの書簡』を参照したとする。Ibid., 9. 確かにそこではメシアと預言者の見分け方が述べられるが、「証明された預言者」は言及されない。内容と照らしてみれば、マイモニデスの『ミシュネ・トーラー』の以下を参照したと考えるべきか。Rambam, *Mishneh Torah*, Hilkhot Yesodei ha-Torah, 9:3. 以下のトーサフォートも参照。*Talmud Bavli*, Sanhedrin 89b.
(26) Scholem, op. cit., 13.
(27) Ibid., 14.

（28）Ibid., 9; 13.

（29）Ibid., 14–17.

（30）Ibid., 22.

（31）サスポルタスはアルジェリアのオランで、一三世紀を代表するラビ、ナフマニデスの家系に生まれた。一八歳にして、トレムセンのラビ法廷に加わり、その五年後には首席裁判官に就任した。その後、不当な処遇から逃れるため、アムステルダムへ移ったのをきっかけにしてヨーロッパに活躍の場を得て、ロンドン、ハンブルク、アムステルダムのスファラディー系共同体でラビを務めた。本書でしばしば参照する『ツヴィの萎れた花』（*Tsitsat Novel Tsvi*）は、サスポルタスがシャブタイ・ツヴィの異端を記録するためにまとめた書物である。

（32）*Talmud Bavli*, Berakhot 31b.

（33）Sasportas, op. cit., 298; 301–302. カルドーゾが生まれ育ったのはスペインであり、ポルトガルで生まれたというのは当時の敵対者たちに共通する誤解である。Freimann, *'Inyanei Shabtai Tsvi*, 9.

（34）実際にはナタンの教義にキリスト教的な傾向を見てとることもできる。Maciejko, "Jacob Frank and Jesus Christ," 119–123.

（35）*Encyclopaedia of Islam*, s.v. Tunisia, History, (c) The period from ca. 1500 to 1881.

（36）Sasportas, op. cit., 362. 書簡の日付は誤っており、これより少し前だと考えるべき。「スミルナの裁判官への書簡」のあと、カルドーゾはすでにナタンを真実の預言者とは見ていないため、このサスポルタスの記述は不正確であり、すでにシャブタイ・ツヴィの異端が一枚岩の現象であるかのような想定を見てとれる。

（37）一般的に軽い破門はラビ法廷の首席裁判官によって言い渡される。厳しい破門はシナゴーグの律法の巻物の前で読み上げられ、角笛（shofar）を吹き、読み終えられた際に蠟燭を吹き消すこともある。*Encyclopedia Judaica*, s.v. Ḥerem, The Procedure of Pronouncing a Herem.

（38）Sasportas, op. cit., 268.

（39）破門状はスペイン語で、日付は一〇月二六日。Bernheimer, op. cit., 127–129.

（40）一六七二年頃、カルドーゾがエンリケスに宛てた書簡には、シャブタイ・ツヴィの勧めで起こった改宗のことが書かれている。Scholem, *Shabtai Tsvi*, 731 [860]. これはのちにドンメ教団のユダ・レヴィ・トゥーバーが「ターバンの年」に起こったとする集団改宗と同じ出来事かもしれない。本書二八七―二九〇頁参照。

(41) 『アブラハムの朝』を書いた時期は、シャブタイ・ツヴィがアドリアノープルからウルツィニへ送られた時期と重なると推定される。この書簡がシャブタイ・ツヴィに届いたかどうかはわからない。Halperin, op. cit., 327; 331. Liebes, "Mikha'el Qardozo," 606. 写本は以下を参照。Ms. Ginzburg 660, Russian State Library, Moscow. 抄訳は以下を参照。Halperin, op. cit., 60–63. Maciejko, op. cit., 81–82. カルドーゾは一六八一～八二年頃、弟子たちとともに降霊会を開いて『アブラハムの朝』を学んだ。Molkho and Amarillio, op. cit., 207–208; 216–217. 一六九七年には、シュムエル・プリモがアドリアノープルでこの論考を焚書し、カルドーゾを追放した。Ibid., 204. 未刊行だが、カルドーゾの神学を知るうえで重要な文書である。

(42) Ms. Ginzburg 660, 11r–v.

(43) Ibid., 13v.

(44) Freimann, op. cit., 10.

(45) *Encyclopedia Judaica*, s.v. Messiah, Messiah in Rabbinic Thought.

(46) タイトルはエレミヤ書2:3より。全文は以下。Scholem, "Shnei Meqorot Ḥadashim," 253–270. カルドーゾが二人のメシアに語る重要なテクストは以下を参照。Scholem, "Li-Ydi'at ha-Shabta'ut mi-tokh Kitvei Qardozo," 22–27. Molkho and Amarillio, op. cit., 237–238.

(47) カルドーゾの名前とメシア論的解釈については以下を参照。Yosha, *'Anus be-Ḥavalei Mashiaḥ*, 7.

(48) 末尾の引用は有名なアガダーからのものである。*Talmud Bavli*, Ḥullin 60b.「神は大きな光を二つ作り、大きな光に昼を統べさせ、小さな光に夜を統べさせた。」（創世記1:16）という聖句に関するアガダー。月は二つの天体が同時に地上を照らすことができるのかと神に問うている。

(49) *Midrash Pesiqta' Rabbati*, Pereq 37.

(50) Scholem, "Shnei Meqorot Ḥadashim," 253. イスラエルの民をエジプトから導き出したモーセは、一般的にメシアの原型と考えられる。しかしエルサレムの神殿は破壊され、ユダヤ人が聖地を追放されたことで、ユダヤ人は長い離散を味わってきた。その離散を終わらせ救済をもたらすのがメシアである。

(51) 『光輝の書』でも「壮麗」と「王権」のセフィロートの合一がメシア論的に理解される。Liebes, "Ha-Mashiaḥ shel ha-Zohar," 118–128.

(52) Halperin, op. cit., 249; 270. Scholem, op. cit., 270. 母親の名はクララだったという記録がある。この墓所にはナタンも訪れた。

Scholem, *Shabtai Tsvi*, 88 [109-110]. オスマン帝国におけるこの種の泉は、ギリシア正教徒が願い事をしに訪れる「聖なる泉」（ayazma）を想起させる。

(53) Ibid.

(54) Scholem, op. cit., 267. カルドーゾのゲマトリアの用い方は複雑であり、訳文では詳細を割愛した。「川は涸れて、乾くであろう」の通常の数価七九九にヘブライ語の文字数（mispar）一二とさらに一を加えて（ʻim kolel）得られるのは八一二。したがって、一ではなく単語数の三を加えて八一四を得ていると思われる。「シャブタイ・ツヴィ」の数価は八一四。「川の広がり」の通常の数価（八七六）にさらに一を加えて（ʻim kolel）八七七が得られる。「アブラハム・カルドーゾ」（ʼAvraham Qardoso）の通常の数価八六五に文字数（mispar）一二を加えると八七七。以下と比較せよ。Wolfson, "Construction of the Shekhinah," 22-23.

(55) Scholem, "Li-Ydiʻat ha-Shabtaʼut mi-tokh Kitvei Qardozo," 14.

(56) Molkho and Amarillio, op. cit., 212.

(57) 一六八一年一二月、シャブタイ・ツヴィの未亡人エステルはカルドーゾに結婚を申し込んだという。Molkho and Amarillio, op. cit., 201. エステルはドンメ教団の黎明期に重要な役割を果たしたヨセフ・フィロソフの娘である。Benayahu,op. cit., 37-38. この婚姻には救済論的な意味があったが、結局は実現することがなかった。Benayahu, *Ha-Tenuʻah ha-Shabtaʼit be-Yavan*, 90-91. サロニカの信奉者がメシアを名乗るカルドーゾをシャブタイ・ツヴィを継ぐメシアとして取り込もうとした可能性がある。カルドーゾに求婚を袖にされてメシアとして迎えることに失敗したエステルは、その後自らの弟をヨセフの子のメシアに仕立て上げることになる。本書二六三—二六五頁を参照。

(58) Amarillio, "Teʻudot Shabtaʼiyot me-Ginzei Rabbi Shaʼul Amarillio," 271-272. 辛辣な言葉で書かれたこのプリモ書簡について、リーベスは暗にカルドーゾに対して向けられたものかもしれないと推測している。Liebes, "Mikhaʼel Qardozo," 606.

(59) Molkho and Amarillio, op. cit., 228.

(60) 一六六八年頃にアドリアノープルで書かれたシャブタイ・ツヴィの幻視、『信仰の証言』には、シャブタイ・ツヴィが天に昇る様子が描かれている。*Be-ʻIqvot Mashiaḥ*, 79-84. Idem, *Shabtai Tsvi*, 717-720 [834-836]. シャブタイ・ツヴィを神に例える教義は、彼自身の口からこの時期に語られた可能性が高い。Emden, *Torat ha-Qenaʼot*, 25v-26r. 『光輝の書』などではメシアが神に近い存在であることが暗示されている。Liebes, "Ha-Mashiaḥshel ha-Zohar," 170-173. ユダ・リーベスはこれがシャブタイ派の中心問題だと述べる。Idem, "Ha-Meshiḥiyut ha-Shabta'it," 4-20.

（61）Molkho and Amarillio, op. cit., 203. 同様の教えは、以下にも記されている。Ibid., 195; 222. プリモに加えてサロニカの改宗者にも神格化の教義があったという。Scholem, "Ḥadashot li-Ydi'at 'Avraham Qardozo," 344-346. 別の文書では、さらにエジプトやエルサレムにまでシャブタイ・ツヴィの神格化の教えが広まっていたと述べる。Idem, "Li-Ydi'at ha-Shabta'ut mi-tokh Kitvei Qardozo," 26. Bernheimer, op. cit., 125. ナタンやその弟子たちも未来の出来事としてシャブタイ・ツヴィが神になると語っている。*Be-'Iqvot Mashiaḥ*, 15-16; 124. Scholem, "Perush Mizmorei Tehilim," 175. さらにナタンの神格化の思想は、シャブタイ・ツヴィに壮麗のセフィラーやイスラエルの神が受肉するという考え方に転じた。ただし、この際も未来の出来事として語られる。Scholem, "Berukhiya Rosh ha-Shabta'im," 184. このことはカルドーゾに知られていなかったためか、神格化や受肉を説いたといってナタンが批判されることはない。

（62）例えばイブン・エズラの註解を参照。*Miqra'ot Gdolot*, s.v. Sefer Dani'el 11:36.

（63）カルドーゾは別の箇所でプリモのキリスト教的な神学をより詳しく伝えている。Scholem, "Li-Ydi'at ha-Shabta'ut mi-tokh Kitvei Qardozo," 20-21.

（64）プリモのレスポンサも出版されている。Primo, *'Imrei Shafer*. Constantinople, 1740.

（65）一方で放浪のカバリスト、ハイム・マルアハはプリモのもとで学んだことがわかっている。晩年のカルドーゾによると、マルアハやユダ・ハシードがエルサレムに移住して、そこで「シャブタイ・ツヴィが神である」（Shabtai Tsvi hu' 'Eloah）という悪しき信仰を教え、自分の支持者を引き剝がしにかかっていた。Bernheimer, op. cit., 125.

（66）Ibid. 195. この書簡でプリモの名前は頭文字で書かれている。同様の記述は以下にも見られる。Scholem, "Ḥadashot li-Ydi'at 'Avraham Qardozo," 346. Scholem, "Berukhiya Rosh ha-Shabta'im," 186. プリモもナタン同様、シャブタイ・ツヴィが神の位格に昇るのは未来のことと捉えていた可能性がある。

（67）Molkho and Amarillio, op. cit., 204.

（68）Ibid., 203.

（69）Ibid., 233-234. Scholem, "Shnei Meqorot Ḥadashim," 273.

（70）Ibid., 231. Bernheimer, op. cit., 116.

（71）Freimann, op. cit., 18-19.

(72) このときにカルドーゾの活動の妨害を支持したのが、エルサレムのスファラディー系首席ラビ、アブラハム・イツハキーである。イツハキーはこの当時からカルドーゾとネヘミヤ・ハヨーンの関係を指摘し、後者に対して破門を言い渡していた。詳細は本書一七二―一七三、一七七―一七九頁を参照。

(73) Freimann, op. cit., 37.

(74) Scholem, "Li-Ydi‘at ha-Shabta’ut mi-tokh Kitvei Qardozo," 26. ベルンハイメルはそのうち三四本を指摘している。Bernheimer, op. cit., 109-110. ショーレムは追補して四六本を数えた。Scholem, "Ḥadashot li-Ydi‘at ʼAvraham Qardozo," 324-328. ヨシャの一覧も参照。Yosha‘, *ʼAnus be-Ḥavalei Mashiaḥ*, 261-264.

(75) Carlebach, *The Pursuit of Heresy*, 84; 98.

(76) 論考のタイトルは民数記27:14に由来する。フライマンによる校訂テクストは以下を参照。Freimann, op. cit., 4-40.

(77) Ibid., 31.

(78) この神学はユダ・レヴィ・トゥーバーへの部分的な継承がうかがえる。Molkho and Schatz, "Perush Lekh Lekhah," 453.

(79) Scholem, "Ḥadashot li-Ydi‘at ʼAvraham Qardozo," 336. この論文に発表されたテクストの題目は『呼称論』（*Dersush ha-Kinnuyim*）である。

(80) Ibid. ここで言及される「至高の意志」は第一原因とYHVHを媒介する存在だと思われる。同様の中間的な神の様態は以下にも現れる。Wolfson, op. cit., 54-55.

(81) カルドーゾはのちにドンメ教団において重視されることになるが、イザヤ書の同一箇所については異なる神学的解釈がなされている。ユダ・レヴィ・トゥーバーの創世記註解を参照。Molkho and Schatz, "Perush Lekh Lekhah," 464-465.

(82) ここで「主」と表記したQadosh Barukh Huʼは、本来「祝福される聖なるお方」と訳すべき呼称。カルドーゾはこれらの呼称を本質的に同一と見ている。

(83) Scholem, "Ḥadashot li-Ydi‘at ʼAvraham Qardozo," 340. 以下も参照。Ibid., 341. Wolfson, op. cit., 121-122. これは以下の『出エジプト記ラッバー』の一節を念頭に置いた記述。*Shmot Rabbah* 29:5.

(84) カルドーゾが想定する第一原因と創造主＝YHVHの関係は微妙である。第一原因を父と呼ぶことはできないが、YHVHは「麗しき息子」（ha-ben ha-neḥmad）と表現されることがある。Freimann, op. cit., 1. Wolfson, "Construction of the Shekhinah," 40.

（85）Scholem, "Shnei Meqorot Ḥadashim," 274-275. 律法がすべて神の名で構成されているという考え方は、ナフマニデスに遡る。Idem, "Mashmaut shel ha-Torah," 41-42.

（86）Rosenstock, "Abraham Miguel Cardozo's Messianism," 80-92. Wolfson, op. cit., 39.

（87）Scholem, "Ḥadashot li-Ydiʿat ʾAvraham Qardozo," 333. Scholem, "Shnei Meqorot Ḥadashim," 252. ショーレムはここでグノーシス主義の逆転的な解釈をシャブタイ派全体に共通するもののように述べているが、これが書かれたのは「すべての信仰」がカルドーゾの著作と判明する以前であり、修正して理解されなければならない。

（88）ヨシャはカルドーゾの二元論的神学にグノーシス主義特有の敵対関係がないことから、反転的グノーシス主義の存在論ではなく、むしろ新プラトン主義の認識論だと主張している。Yosha, *ʾAnus be-Ḥavalei Mashiaḥ*, 77-95.

（89）カルドーゾの著作では、しばしばこうしたユダヤ人の優位が強調される。例えば以下を参照。Wolfson, op. cit., 14-15.

（90）Bernheimer, op. cit., 114.

（91）このエピソードでは、サアディアやマイモニデスを参照したあと、司祭がナフマニデスの律法註解に言及したとある。Ibid. 該当箇所（創世記46:1）に関して、ナフマニデスは『タルグム・オンケロス』（律法のアラム語訳の一つ）で神が「臨在」と訳され、「創造された威厳」（kavod nivraʾ）と解釈されていることを指摘している。オンケロスは神が地上の人間に臨んでいる場合、「臨在」や「威厳」といった人間が感知できる様態として選択的に解釈する。しかし、ナフマニデスによれば、臨在は被造物ではなく、神に他ならない。*Miqraʾot Gdolot*, s.v. Bereshit 46:1. カルドーゾは別の箇所で、キリスト教徒がラビから神学を学び、それを誤解して三位一体を唱えたと主張している。だが、ユダヤ教のほうでも古来の神学が失われてしまった。また、キリスト教徒は『光輝の書』を学び、かつて三位一体がユダヤ教に存在したことを論証したとも言う。Scholem, "Ḥadashot li-Ydiʿat ʾAvraham Qardozo," 336-338.

（92）Scholem, "Shnei Meqorot Ḥadashim," 279-280. 中世ユダヤ哲学の賢者による「臨在」の理解、および『信仰と知識の書』と『迷える者の手引き』の該当箇所については以下を参照。*Encyclopedia Judaica*, s.v. Shekhinah: In Jewish Philosophy; s.v. Ruaḥ ah-Qodesh: Medieval Jewish Philosophy. ここでサアディアやマイモニデスと違って、ナフマニデスが「臨在」の神性を正しく理解した哲学者として言及されるのは、後者がカバリストで古来の秘教伝統に通じていたという想定に基づいていると考えられる。

（93）*Derush Boqer de-ʾAvraham*, 21b. 写本は以下を参照。State Library of Berlin. Ms. Or. Oct. 940.

（94）「日の老いたるお方」という表現はダニエル書7:9; 13; 22に遡る。この老翁神のイメージは古典カバラーにおいて、「聖なる老いたるお方」（'Atiqa Qadisha'）とともに「無限」の一形態とされる。ルーリア派のカバラーでは至高世界に展開する最上位の神の顔（partsuf）という位置づけを占める。カルドーゾは後者の意味で「短い顔」と対置している。

（95）*Derush Boqer de-'Avraham*, 33b. 原文では単に'Atiqと Ze'irと表記されている。

（96）Wolfson, op. cit., 46–51. イドラ文学とは『光輝の書』の「大イドラ」（'Idra' Rabba'）と「小イドラ」（'Idra' Zuta'）の総称。*Sefer ha-Zohar* 3, 127b–145a; 287b–296b. 『光輝の修復』や『新しい光輝』と同じ時期に書かれ、『光輝の書』の主要部に付加されたと考えられている。シムオン・バル・ヨハイと彼の弟子たちによって神の顔などに関する議論が交わされる。ルーリア派のカバラーにおいては、イドラ文学こそが『光輝の書』の中核とされた。

（97）『臨在論』は前出のエリオット・ウルフソンの論文に発表されている。Ibid., 92–143.

（98）Ibid., 122–123.

（99）本書一四七頁参照。

（100）Wolfson, op. cit., 121.

（101）Ibid., 97–98.

（102）Scholem, "Ḥadashot li-Ydi'at 'Avraham Qardozo," 348.

（103）*Derush Boqer de-'Avraham*, 33v.

第Ⅱ部

ユダヤの内部に渦巻く異端の疑惑

お前は糞便だ
お前はごみの山だ
お前はおれたちを殺しにやって来る
お前はおれたちを救いにやって来る
——モシ族の即位式で王のために歌われる歌

第4章　カバラーの三位一体神学——ネヘミヤ・ハヨーン

一、異端論争の引き金を引いた『神の力の書』

蛇と呼ばれた放浪のカバリスト

シャブタイ・ツヴィをめぐるメシアニズムの特徴が、局地的な現象に留まることなく、トルコからヨーロッパ各地のユダヤ人共同体を覆う広域性にあったことは間違いない。その拡散を論じる際、都市に自らの権威を根付かせた信奉者よりも、放浪のカバリストに目を向けることでその伝承経路がはっきりと浮かび上がってくることがある(1)。ネヘミヤ・ヒヤ・ハヨーンはそうしたカバリストの典型である。エジプトのアレクサンドリアに生まれたこのハヨーンは、エルサレムやナブルスで育った。その後はバルカン半島や小アジアで暮らし、サロニカのラビの推挙を受けてスコピエの共同体でラビを務めた時期もあったという(2)。詳しい経歴はこれ以上わかっていないが、幼い頃からオスマン帝国領内を転々としたようである。そして、おそらくは一七〇三年にパレスチナを訪れていたカルドーゾとの出会いをきっかけに、「神の秘密」を広めて救済を促す活動に共感するようになったと考えられている。ハヨーンはこのときカルドーゾからいくつかの論考を受け取った。そのなかには『信仰の秘密』（*Raza' de-Mehemanuta'*）というカバラー神学の文書が含まれていた。この文書について、カルドーゾ自身は一六八六〜八七年にロードストに滞在していた際、「ある賢者がアルナウトのアルクム（ウルツィニ）でシャブタイ・ツヴィから聞いて書いた『信仰の秘密』という冊子を入手した」と述懐している。[3] つまり、その文書はシャブタイ・ツヴィが語った真正の教えだというのである。また別の書簡で、カルドーゾは自らとシャブタイ・ツヴィの超越的なつながりをほのめかしつつ、さらに詳しく文書を入手した経緯を振り返っている。それによると、実際に冊子を受け取ったのはコンスタンティノープルにいる自身の弟子だったという。

五四五六年〔西暦一六九五〜九六年〕、ある賢者がイスタンブルで私〔カルドーゾ〕の弟子に託した『信仰の秘密』を入手した。この賢者はトルコ人に変装してアルクムに赴き、アミーラー〔シャブタイ・ツヴィ〕とともに四か月にわたってその地に滞在したという。そしてアミーラーの口からこの「神の秘密」を聞いて、簡潔に書き留めた。この賢者は私の弟子の間で私の論じたことを聞いて、どうしてアミーラーと賢者カルドーゾの意見が一致しているのかと驚いたという。〔…〕この人の言葉が虚言で、プリモの言葉が真実だなどと、誰が無理に信じさせられようか。『信仰の秘密』はどうやらシャブタイ・ツヴィの最後の言葉だったようだ。その人は私の弟子に、アミーラーはかつてのように誰にも口外してはならないと誓わせることはなかったと伝えた。[4]

カルドーゾは文書の出所をこのように語っているが、言葉通りに受け取るには不審な点がある。このあと詳しく扱うため細部に立ち入ることを避けるが、『信仰の秘密』が説くのは神を垂直な三つの構造に分類しながら、その一体性を強調するカバラー神学である。内容から判断する限り、『信仰の秘密』にシャブタイ・ツヴィの思想の痕跡を見出すことはできない。

この食い違いの原因を解明したのが、ユダ・リーベスの研究である。リーベスは「信仰の神」を親密な存在として捉えていたシャブタイ・ツヴィが、『信仰の秘密』で描写されるような構造的で抽象的な神を語るはずがないと指摘し、むしろそれがカルドーゾの神学と共通していることを論証した。[5] つまり『信仰の秘密』はカルドーゾによる偽書であり、シャブタイ・ツヴィに遡るとする彼の回顧は虚偽だったということである。確かにリーベスが指摘するように、シャブタイ・ツヴィがメシアの秘密に関する箝口令を解いたのは不自然である。なぜなら、生前の彼はイスラームへ改宗した信奉者にのみこの秘密を伝え、それを他言してはならないと戒めており、箝口令は彼のメシア論を特徴づけるものだったからである。独自の「神の秘密」を流布することに人生を捧げたのは、むしろカルドーゾであり、この事実も『信仰の秘密』の捏造を傍証する。また一六七三年頃カルドーゾがシャブタイ・ツヴィに宛てて書いた『アブラハムの朝』に酷似する内容が散見されることも明らかになっている。すなわち、カルドーゾはかつてメシアと見込んだ人物に届かなかった「神の秘密」を、死後になってその口に語らせ、不可思議な一致で読者の関心を引いたのである。

ハヨーンはというと、『信仰の秘密』を受け取るとエジプトに移り、その神学を人々に広めようと考えた[6]。彼が思いついた方法は、この文書に注釈を付けて出版することだった。『信仰の秘密』を書いたのがシャブタイ・ツヴィではなく、カルドーゾだということをハヨーンが知っていたとしても不思議はない。受け取ったときに、カルドーゾからそう打ち明けられた可能性もある。いずれにしても、決して他人には著者の名を明らかにしなかった。シャブタイ・ツヴィであるにせよ、カルドーゾであるにせよ、名前を挙げればラビの認可が下りず、出版に漕ぎつけられないことがわかっていたからだろう。そのため自分が書いたものだと言ったり、『光輝の書』の古い写本のなかから見つけたと主張したり、曖昧な発言を繰り返していた。マギードの啓示を通して自らに明かされた言葉だと述べたこともあったという[7]。

『信仰の秘密』には「すべての信仰」（*Mehemanutaʾ de-Kholaʾ*）という新しい表題に加えて、「神の力」（*ʿOz le-ʾElohim*）と「至聖所」（*Beit Qodesh ha-Qodashim*）という二種類の長い註解が付けられた[8]。こうして素性を隠したうえ、ハヨーンはこれを手稿として流通させることに満足せず、『神の力の書』（*Sefer ʿOz le-ʾElohim*）という書名で出版する計画を立てていた。印刷本として世に送れば、秘教はもはや秘教ではなくなってしまう。だが、それこそがハヨーンに文書を託したカルドーゾの狙いだった。神名と臨在の真理を広く人々に伝えることが本当のメシアの使命であり、ユダヤ人の救済を促す。それはシャブタイ・ツヴィになし得ず、自分こそが担う使命である。そうカルドーゾは考えていたのである。ハヨーンがカルドーゾの神学に心酔したことは間違いないが、シャブタイ・ツヴィをメシアと見ていた証拠はない。『神の力の書』全体を見渡しても、シャブタイ・ツヴィを暗示する言葉は見当たらず、メシアや終末の一般的な議論さえ含まれていない。端的に述べるなら、カバラーの言葉によって神の内部構造と世界創造の関係を論じた神学書である。つまり、シャブタイ・ツヴィ自身が書いたという噂、あるいはカルドーゾの経歴を知らなければ、内容だけ『信仰の秘密』でシャブタイ・ツヴィと結びつけることは不可能だったのである。

一七〇八年、ハヨーンはエジプトからパレスチナを通ってスミルナに向かっていた。この旅の目的は『神の力の書』を出版することだった。加えて、彼はパレスチナにカバラーの学塾を開く資金を集めることも目論んでいた。カルドーゾがエフライムの子のメシアとして聖地で「神の秘密」を伝える学塾を営もうと夢見ていたことを、ハヨーンは知っていたかもしれない。この二年前にカルドーゾがカイロで甥に刺殺されていたことを思い出せば、『神の力の書』の出版だけでなく、学塾の開設も師の遺志を継ぐ企てだったのだろう。

しかしこのとき、ハヨーンの活動をいち早く察知したラビがいた。エルサレムでスファラディー系の学塾を統括するアブラハム・イツハキーである[9]。思い起こせば、カルドーゾが一七〇三年に学塾を作ろうとパレスチナを訪れたとき、エルサレムに入ることを阻止したのもイツハキーだった。それ以来、このラビはカルドーゾ一派に強い警戒心を抱いていたと考えられる。スミルナで経済的な支援を取り付けたハヨーンが、その後エルサレムを訪れたとき、首席ラビの地位にあったイツハキーは、断固たる態度で異端者の追放を言い渡した。そして、エルサレムからスミルナのラビたちへ、ハヨーンを追放し、彼が所持する文書をすべて焼き払うように指示した。このときシャブタイ・ツヴィへの信仰は指摘されていないものの、この事実上の破門状ではハヨーンを魔術師（meʿonen vu-menaḥesh vu-mekhashef）[10]、悪しき獣人（gvaraʾ ḥeivaʾ bishaʾ）と誹りながら、彼の思想がユダヤ人共同体に分断をもたらす懸念を表明している。

学塾の開設を断念したハヨーンは、スミルナで集めた資金で『神の力の書』を出版するためにドイツに向かった。同じころ、イツハキーも経済的に困窮したエルサレムの使者として喜捨を募る旅に出た。途中、コンスタンティノープルでは再度ハヨーンを弾劾する文書に署名したことがわかっている(11)。カルドーゾ一派の動きを封じ、ユダヤ人共同体に異端が入り込まないように垣根をめぐらせることも旅の目的だったのかもしれない。このあと、カルドーゾの教えを広めようとするハヨーンと、それを阻止したいイツハキーの活動は、トルコからヨーロッパに飛び火して激しさを増していくことになる。

ハヨーンは経由したイタリアで、シャブタイ・ツヴィのメシア性を信じる人々のもとを訪ねて回ったとみられる。そのうちの一人がガザのナタンの弟子、アンコナのエリヤフ・モジャジョンだった。当時はすでにナタンが没し、サロニカで学んだ弟子たちが様々な土地に散っていた時代である。彼らはナタンの教えを継承し、規範の重要性とメシア信仰を両立させていた。カルドーゾの神学とは相容れなかったはずである。実際にモジャジョンは、ハヨーンの「夢や言葉に憤って、彼を［アンコナのユダヤ人共同体から］追放した」と伝えられている(12)。ナタンとカルドーゾの思想的な不一致は依然として解消されなかったことがわかる。

ハヨーンは同じころヴェネツィアで、『一体性の秘密の書』（*Sefer Raza' de-Yihuda'*）という冊子を出版している。これは「聞け、イスラエルよ」の聖句と神の唯一性に関するカバラー論考で、認可を与えたヴェネツィアのラビたちは特に問題視することはなかったが、実は『神の力の書』の内容を縮約したもので、神の三層構造が論じられていた。アブラハム・ロヴィーゴの学塾でともに学んだビニヤミン・コーヘンも、ハヨーンの訪問を受けた人々の一人である。彼はロヴィーゴらのエルサレム移住に同行せず、イタリアに留まっていた。のちにベルリンで『神の力の書』が出版されたことを知ると、彼はハヨーンと親しく接したことを後悔しながら次のように回顧している。

ベルリンですでに本（『神の力の書』）を出したというこのハヨーンなる人物が奇妙なことを考えていることはわ

かっていたのだから、私は家に招くべきではなかったのだ。共同体の人々には、食べ物以外に求められても与えてはならないと告げておいた。その男は数日だけここに留まった。ヴェネツィアで出版した冊子（『一体性の秘密の書』）はしばらくして私の手元に届いたが、それはまったく質も量もわずかなものだったので傍に避けておいた。ベルリンで出版された本については何も知らない。この種の人間が「葡萄畑を荒らす者」（雅歌2:15）であることは明らかだ。［…］このような者については「たくさん本を書いてもきりがない」（コヘレト12:12）と言える。私たちにできるのは主に祈りを捧げることだけなのだから。[13]

ビニヤミン・コーヘンは、ロヴィーゴとともにナタンの著作を学んだカバリストである。かつて目にした小著の内容から判断して、『神の力の書』を読まずとも、ハヨーンがユダヤ教の伝統を攪乱していると推測できたのだろう。[14] ナタンの教えを学んだ者にカルドーゾの神学が響かなかったことは、このエピソードからもうかがい知れる。

イタリアで賛同者を見出せずにいたハヨーンは、さらに厳しい追及を受けることもあった。ルーリア派のカバリスト、ヨセフ・エルガスは、リヴォルノでハヨーンから『神の力の書』の手稿本を見せられ、そこにシャブタイ・ツヴィの異端が含まれていることを見抜いたと述懐している。[15] エルガスはことあるごとにハヨーンを「蛇」と呼ぶ。[16] ヤコブ・サスポルタスが用いて以来、シャブタイ・ツヴィの異端に対する蔑称になっていたことを考えれば、その意図は明確である。

五四七〇年（西暦一七〇九～一〇年）、件の蛇がこの町にやって来た。そこの出身のあるラビと調査のために赴いたとき、蛇は自分の本を取り出して私たちに読ませた。その本を開いてみると、表紙には「すべての信仰」と書いてあり、それはシャブタイ・ツヴィがトルコ人になってアルクムにいるときに『信仰の秘密』という題名で著した説教であることがわかった。［…］すかさずシャブタイ・ツヴィが著したのではないかと問うと、［…］この蛇は目を伏せて何も答えなかった[17]。

このあとハヨーンはシャブタイ・ツヴィへの信仰を否定したという。だがエルガスは事前に『信仰の秘密』を知っていたため、「すべての信仰」がそれと同一の文書だと即座に看破したのである。のちの反論のなかで、ハヨーンはこの文書がシャブタイ・ツヴィから受け取ったものではなく、シャブタイ・ツヴィへの信仰とも関係ないと潔白を主張している[18]。エルガスはハヨーンの宿まで押しかけて議論したというが、このときはそれ以上の手段を講じることはなかった。

一七一一年九月頃、ハヨーンは大きな騒動を起こすこともなく、プラハにたどり着いた。ドイツから東欧にかけてのアシュケナズィー系ユダヤ人が居住する土地では、当時、このような放浪のカバリストは決して珍しくなく、ときに敬意をもって迎えられた[19]。このときのハヨーンも例外ではない。彼は主席ラビのダヴィド・オッペンハイムの自宅に逗留し、次に出版を計画していた『ネヘミヤの言葉』(*Divrei Nehemyah*)の出版の認可を手に入れた。またナフタリ・コーヘンには『神の力の書』の原稿を見せて認可を受けることに成功した[20]。

プラハで出版の資金を集めたハヨーンは、一七一二年、ニコルスブルグやプロスニッツといったモラヴィア地方の町に滞在した。このとき、プロスニッツではシャブタイ・ツヴィのメシア性に関心を抱いたユダ・レイブに出会い、カルドーゾの神学を伝えたと考えられる[21]。ユダ・レイブはハヨーンの語る「神の秘密」をシャブタイ・ツヴィの口伝と信じたかもしれない。実はこの接触が、のちに一八世紀で最も著名なラビの一人、ヨナタン・アイベシッツをカルドーゾの神学に導くきっかけになった。カルドーゾとアイベシッツの神学の関係については、このあと改めて触れることになるだろう。ハヨーンはその後ウィーンを経て、ベルリンに到着すると一七一三年に『ネヘミヤの言葉』と『神の力の書』を出版することに成功した。彼はオッペンハイムが『ネヘミヤの言葉』のために書いた認可を『神の力の書』に流用し、それによって検閲をくぐり抜けることで、この怪しげなカバラー論考を権威ある神学書として頒布する準備を整えたのである。[22] そして同年六月、ハヨーンが向かったのは、メシアニズムが最高潮に達した一六六五〜六六年に、多くのラビたちが終末と救済の到来を信じたアムステルダムだった。

アムステルダムの共同体の名誉と内部対立

ネヘミヤ・ハヨーンと『神の力の書』をめぐって異端論争が勃発する前、アムステルダムにはその論争の火種となる二つの背景があったことを指摘しておかねばならない。それはアムステルダムのユダヤ人共同体が内部に対立を抱えていたという事実、そしてカルドーゾの文書とそれに対する警告が事前に持ち込まれたという事実である。したがって、ハヨーン論争は必ずしも一人の放浪のカバリストが引き起こしたわけではなく、既存の緊張関係が不可避的に臨界に達して爆発した出来事と捉えることができる。様々な人種や宗教が交錯するなか、一八世紀のアムステルダムではユダヤ人の活躍が目立つようになっていた。彼らの多くは、一七世紀にポルトガルのカトリック教会による異端審問を逃れるため、また貿易による成功と宗教の自由を求めてアムステルダムに移住したマラーノに出自を持つ。この土地では、多くのマラーノがユダヤ教へと回帰した。メナセ・ベン・イスラエルやイツハク・アボアブ・ダ・フォンセカといった時代を代表するラビもマラーノ出身だった。一七世紀初頭のオランダは経済的な力に乏しかったが、ポルトガルのスファラディー系共同体が成長を遂げたことが一因となり、交易による都市の発展が促された。一方でアシュケナズィー系のユダヤ人は、スファラディー系と比較すると経済的には豊かとは言えなかった。ポーランド・リトアニア共和国におけるフミエルニツキの叛乱に伴う虐殺やそれに続く迫害の結果、東欧からアムステルダムに流れ着くのは困窮したユダヤ人だったからである。アシュケナズィー系とスファラディー系のユダヤ人の間には、こうした経済的な格差にもかかわらず、つねにそこを埋めようとする努力がなされていた。それに加えて、イスラーム圏やヴェネツィアのラビが異なる習慣を持ち込んだことから、アムステルダムはユダヤの縮図の様相を呈していた。

ハヨーンがアムステルダムに来る直前、当地のラビたちの調和に水を差す出来事が起こった。その原因となった人物は、ハハム・ツヴィの名で知られるツヴィ・ヒルシュ・アシュケナズィーだった。のちにヨナタン・アイベシッツと論争を繰り広げるヤコブ・エムデンの実父である。ハハム・ツヴィはもともとアルトナ、ハンブルク、ヴァンスベック連合共同体のラビを務めていたが、一七一〇年にアムステルダムの共同体の求めに応じて、アシュケナズィー系のラビとして職を得た。ドイツでは薄給で糊口を凌いだハハム・ツヴィだったが、この地では他のラビの二倍の俸給が支払われた。この高額の俸給にもかかわらず、彼は共同体との合意に反して法的な仕事の見返りに金品を受け取り、さらには職務の怠慢まで暴露された。このため、ハヨーンが到着した同年七月には、共同体の多くの有力者（parnasim）が何とかこのラビを排除したいと考えるようになっていた。[23] 共同体の内部対立は、スファラディー系のラビ、シュロモ・アイロンをめぐってさらに複雑になる。[24]

アイロンはサロニカでガザのナタンに師事した過去を持ちながら、ロンドンでラビを務めたあと、一七〇〇年にラビ法廷の裁判官（dayyan）としてアムステルダムに赴任した。ヤコブ・サスポルタスもハハム・ツヴィも、アイロンを知りながら否定的な見解を示していないことから、ナタンとの関係は彼ら異端告発者の敏感な耳にも入っていなかったと考えられる。アイロンは一七〇八年にラビ法廷の長官に任じられると、裕福なスファラディー系の共同体を代表するラビとして敬意を集めた。ところが、このときアムステルダムにはモシェ・ハギーズというもう一人のスファラディー系のラビがおり、アムステルダムの有力者が自分を差し置いてロンドンからアイロンを呼び寄せたことに不満を抱いていた。[25] ハギーズはエルサレムで学塾を営むヤコブ・ハギーズの息子である。名門の家柄に生まれながら、境遇に恵まれなかった彼は、アイロンに対して敵意さえ覚えていたという。[26] 加えて、エルサレムのユダヤ人に送られる喜捨をめぐり、ハギーズは共同体との間に確執を抱えていた。[27] ハハム・ツヴィの事案も含め、これらの対立はそもそもハヨーンと無関係の問題だが、アムステルダムのユダヤ人共同体に不協和音が潜んでいたことは間違いない。これが一つ目の背景である。

それに対して、二つ目の背景は異端に対する警戒感と深くつながっている。すでに述べたように、エルサレムではアブラハム・イツハキーが、カルドーゾとその弟子たちの動きに目を光らせていた。喜捨を集める旅の途中、一七一二年にイツハキーはアムステルダムを訪れると、モシェ・ハギーズにハヨーンがシャブタイ・ツヴィの著作を印刷しようと試みていることを伝えた。かつてエルサレムでイツハキーに学んだハギーズは、師の言葉に触れてシャブタイ・ツヴィの忌まわしい異端が密かに忍び寄っていることを知った。だがこのときはまだ追及に立ち上がることはなく、沈黙を保つほうが賢明だと考えていたようである。その後、イツハキーはエルサレムに戻る途中でスミルナに立ち寄り、当地のラビたちに助言してカルドーゾの著作を焼き、異端の疑いのある者を三人追放した。[28] このことを受けて、スミルナのラビたちは、アムステルダムのハギーズや協議会（ma'amad）にカルドーゾの弟子がカバラー論考を出版しようと試みていることを告げた。[29] ハギーズに宛てた一七一三年二月下旬の書簡には、次のように書かれている。

我々の町の少数の人々の間で所有されている、アブラハム・カルドーゾという男によって定められ捏造されたいくつかの文書について、長い間苦しめられてきました。それらがここに来てから、我々はその由来が何なのかわからずにいたのです。しかし［…］秀俊なるラビ、アブラハム・イツハキーが訪れて、［…］共同体のなかでそれらの恥ずべき性質を明らかにしてくれました。我々は聖なる民の代表者、協議会の人々、力のある人々と諮って、厳しい力と契約の呪いをもって、それらの穢れた文書を持っている者は皆それを我々のところに持参してもらうことになりました。［…］そしてすぐにそれらの文書を燃やしてしまうことに決めたのです。［…］我々はそれらの文書が、［カルドーゾの弟子によって］印刷するためにここ（スミルナ）からそこ（アムステルダム）に送られたという噂を耳にしました。ですから、［…］急いで印刷所の経営者に警告し、もし彼らの手もとに回ってきたら、ただちにそれらの文書に対して「その民は穢れを退けよと声をあげた」（哀歌 4:15）と言わせてください。万が一すでに印刷所に持ち込んで、この異端の男［…］によって聖なる文字（ヘブライ語）を穢されないために。万が一すでに持ち込まれていたら、外に持ち出されてイスラエルの子らが汚されないようにそれらを集めてください。[30]

そして予告通り、このあとカルドーゾの弟子、エリヤソ・タラゴンが『アブラハムの朝』を出版するためにアムステルダムへやって来た。事前に忠告を受けていたために、協議会が反対しタラゴンの試みは失敗したものの、アムステルダムでカルドーゾの思想に警戒感が高まったことは間違いない。ハヨーンがアムステルダムに到着する約一か月前にすでにこうした出来事が起こっていたのである。

ハヨーンが『神の力の書』を携えてベルリンからアムステルダムへ到着したのは、一七一三年七月三日のことだった。このことを知ったハギーズは、ハヨーンがカルドーゾの弟子としてその本の拡散を試みていることを有力者たちに伝えた。これはイツハキーからもたらされた確かな情報だったが、アイロンはラビの権限によって問題ないと判断した。この段階でアイロンとハヨーンが秘密のメシア信仰を通じて親密だったという証拠はない。ナタンの弟子とカルドーゾの弟子では、必ずしもあらゆる点で見解が一致するはずはなく、アイロンの判断がどのような根拠に基づいていたかは不明のままである。いずれにしても、ハギーズの告発を受けてハヨーンは軟禁状態に置かれ、その間にアイロンを含む地元の有力者六名が『神の力の書』を検閲することになった。

このときハギーズはまだ『神の力の書』の内容を把握していなかったため、有力者のメンバーの家から不当に持ち出されたものを手に入れた。そして共同体が検討している間、ハハム・ツヴィとともに依頼されてもいない検閲を秘密裏に行った。結果として二人が出した結論は、そこに書かれたカバラー神学が異端的だというものだった。ハギーズは公然と攻撃に出るのは拙速だと考えていたが、ハハム・ツヴィは独断で『すべてのイスラエルの前に』(*Le-'Einei Kol Yisra'el*) と題された判決文を印刷し、ハヨーンと『神の力の書』を破門した[31]。判決文では、異端者にして魔術師であるハヨーンに激烈な呪詛の言葉が投げつけられ、シャブタイ・ツヴィの邪悪な教えを広めたと断罪されている。シャブタイ・ツヴィを『信仰の秘密』の著者だとするカルドーゾの主張が、ここに来てハヨーンの異端を決定づけたのである。またハヨーンがドンメ教団と接点を持った明確な根拠がないにもかかわらず、ハハム・ツヴィは

「サロニカの改宗者」に言及し、シャブタイ・ツヴィから続く異端の系譜を暴露してみせる点も見逃せない。こうしてシャブタイ・ツヴィからドンメ教団を経て、ハヨーンへと続く異端の鎖がつながれたのである。

ハギーズが懸念していたとおり、有力者たちはハハム・ツヴィが共同体としての決定を待たずに破門を出したことに憤慨し、判決文の回収を呼びかけた。さらにラビ法廷は一七一三年七月二三日に声明を発表し、これ以上ハヨーンと彼の著作に異議を唱えれば、「いかなる言語で書かれていても、文書を回覧した者たちは二日以内に破門の罰を課されることになる」と通告した[32]。つまり、ハギーズとハハム・ツヴィの介入に破門の警告をもって応じたのである。この時代、立場の異なる相手にラビ同士が破門を言い渡すことは珍しくないが、筆禍はさらなる追及によって激しさを増していった。共同体はハギーズとハハム・ツヴィに対して公開文書で自らの過ちを認め、ハヨーンの無実を証明するように要求した[33]。再三の求めにもかかわらず、二人が態度を変えないことから、一一月二〇日、アムステルダムの共同体は彼らだけでなく、その関係者や彼らのもとに子どもを預けて学ばせる者まで破門するに及んだ[34]。

この間、アイロンはハヨーンに対して概ね好意的で、『神の力の書』にも特段の問題はないという姿勢を崩さなかった。とはいえ、アイロンはそれまでカルドーゾの思想に触れたことはなく、『神の力の書』を読んだだけで、そこにシャブタイ・ツヴィへの信仰を見出したとは考えにくい。また詮索において右に出る者のいないサスポルタスやハハム・ツヴィさえ知らなかったアイロンの過去を、仮にハヨーンが事前に知っていたとしても、二人の間にメシア信仰に関する意見の一致があったとも言えない。したがって、秘密の符牒で通じ合ったと断定することはできないだろう[35]。むしろエマヌエル・イツハク・シュムエルが資料分析から明らかにしたように、ハハム・ツヴィがハヨーン批判を急いだために、アムステルダムの有力者たちが自分たちの信頼に傷がつくと恐れて破門を出した可能性が高い[36]。放浪の神秘家に過ぎないハヨーンを守ることが共同体の利益に適っていたとは考えにくいし、そもそも有力者たちはカルドーゾ一派に対して強い警戒感を抱いていた。加えて、アムステルダムのスファラディー系の有力者は莫大な財産を有し、国内外の非ユダヤ人との間に強固な政治的関係を築いている者も少なくなかった。共同体や家族の名誉を少しでも傷つけるような事案には敏感に対処することが、非ユダヤ人の支配下で権力を守るためには不可欠だったのである。こうした事実に鑑みれば、彼らの最優先事項は、共同体の威厳を守ることだったと考えるほうが妥当だろう。ハギーズとハハム・ツヴィが共同体のラビだったアイロンに破門を言い渡したことは、まさにそうした名誉を傷つける越権行為に他ならず、厳しく対処することで一致したと考えられる(37)。

二、『神の力の書』のカバラー神学

垣根を取り払われた秘密の教え

劣勢に立たされたモシェ・ハギーズとハハム・ツヴィは、一七一四年二月頃、アムステルダムからロンドンに逃れ、その後はそれぞれイタリアとポーランドに移り住んだ。だが二人が諦めたわけではなかった。彼らは縁故をつてにシユロモ・アイロンとネヘミヤ・ハヨーンがシャブタイ・ツヴィの教義を継承していることを各地のラビに伝え、異端撲滅の論陣に加わるよう要請した。さらにかつてハヨーンの著作に認可を与えたラビには、それを撤回するよう求めた。特にヴェネツィアにおけるハギーズの呼びかけは、シャブタイ・ツヴィの異端に対する反感を植え付けることに成功した。

そうした呼びかけに対して、ハヨーンも黙ってはいなかった。彼は『激しき炎』(*Shalhevetyah*)を出版して、自らのカバラー神学の正当性を訴えた。ところが、その主張には反対陣営からのさらに苛烈な反撃が待ち構えていた。イタリアではハギーズの友人、ヨセフ・エルガスが『公開批判及び蛇の追及』(*Tokhahat Megulah ve-ha-Tsad Nahash*)を印刷して、論争の震源地、アムステルダムに送りつけた。およそ一二〇ページに及ぶこの駁論では、正統的なカバラーから外れた、「太古の蛇の根源に由来する忌まわしき男、ネヘミヤ・ヒヤ・ハヨーン」の神学の誤りが指摘される(38)。同じころ、ハギーズも『罪人の破滅』(*Shever Posh'im*)を著すと、シャブタイ・ツヴィの異端からアブラハム・カルドーゾが出て、そこからハヨーンやシュロモ・アイロン、されにはドンメ教団が現れたという図式を描いてみせた。[39] ロンドンでは、ダヴィド・ニエトが『掟の炎』（*'Esh Dat*）を著してハヨーンを断罪した。ハヨーンはこのあと『青銅の蛇』（*Nahash ha-Nahoshet*）のなかで、エルガスの指摘に逐一反論を展開している。しかし、このころはすでにアムステルダムの共同体から支持を得ることは難しかったのか、『青銅の蛇』は印刷されず、わずか二点の手稿が残されているだけである。

この時点でシュロモ・アイロンは過去の経歴を問題視されるようになったと思われるが、沈黙を保ち続けた。そして、他のアムステルダムの支持者もこの神学論争に加わることはなく、ハヨーンが単独で応戦していたと見られる。共同体内部の潜在的な確執が背景にあったとはいえ、一部のラビたちが『神の力の書』を問題視したのには相応の理由があったはずである。たとえそれが異端論争を招いた複数の原因の一つに過ぎなかったとしても、カルドーゾ、ハヨーン、アイロンをシャブタイ・ツヴィの信奉者と断じた根拠を明らかにすることは、異端の鎖をつなごうとする彼らの戦略を知るうえで不可欠である。本節ではハヨーンやカルドーゾの著作を具体的に分析しながら、その根拠を二つに分けて提示する。

まずその一つが、カバラーを多くのユダヤ人に流布させようとするハヨーンの試みである。この時代、すでにカバラーはユダヤ人の宗教生活に深く浸透していた。とはいえ、それは祈禱などの実践に限られたことで、思弁的な神学にまで手を伸ばすのはごく一部のカバリストだった。敬虔な生活に導くためなら認められても、カバラーの神学書が出版されることに対しては保守的な考え方が根強かったのが理由である。ところが、ハヨーンは『神の力の書』の序論において、ユダヤ教の権威が秘教に携わろうとしないことを痛烈に批判した。そのうえで、『形成の書』（*Sefer Yetsirah*）を含むユダヤ教の古典から、カバラー神学を学ぶべき理由を論証しようとした。カバラーを通してあらゆる人々が神の本質を学ぶことができるという、秘教の垣根を取り払うかのような大胆不敵な主張を展開したのである。その主張は以下の三つの問いから成っている。[40]

まずハヨーンは「神の玉座［の秘密］を理解し、調べ、語ることは許されるか」と問う。ミシュナでは「禁じられた関係については三人で論じてはならない。創造の御業については二人で論じてはならない。神の玉座については、たとえ自らの知識を理解している賢者でも、一人で論じてはならない」とあり、かつて預言者エゼキエルが幻視した玉座の御業（ma῾aseh merkavah）は、天地創造の秘密よりも高貴で、思いをめぐらせることさえ危険だとされた(41)。だがハヨーンは『形成の書』を引き合いに出しながら、この最も深い神秘の学習さえも神によって許されていると主張する。

調べるべきではない秘密に関わってはならないとか、「目が閉じてしまい、心では理解できない」（イザヤ書44:18）のだから、［神の玉座の秘密を］調べればその人は命を落とし、悪臭が立ち上って腐敗が進む、などと言ってはならない。『形成の書』の著者は「それら（セフィロートの数）を吟味して調べよ。ものごとを清く定め、創造主をその場所に戻せ」と述べているではないか(42)。［…］本質に到達しようと調べている限り、たとえ誤っても不注意による間違いなのだから、［古代の賢者が］「学習における間違いは悪となる」と述べるような間違いではない(43)。むしろその間違いを主は楽しまれる。［…］これについての暗示は聖なる『光輝の書』にある。［…］「律法を研鑽したいと思った人が、教えてくれる人を見つけられず、律法への愛ゆえに知識もなく考えて口ごもっても、すべての言葉は天に上昇し、主はその言葉を喜ぶ(44)」と書かれている(45)。

秘教の学習に少人数で携わってはならないのは、律法に誤った解釈を与えてしまいかねないからである。ところが『光輝の書』の記述に依拠するハヨーンの主張は、たとえ解釈を誤っても、そこに敬虔な探究心があれば、むしろ神を喜ばせることとさえできるというものだった。

ハヨーンの大胆な意見の背景には、カバラーの学習に関するこの時代に特徴的な問題があったと思われる。マギードから啓示を受ける土着の義人が乱立し、一般の人々までもが修復の式文を唱えるなかで、誰が本当にカバラーを理解しているのかという問いである。保守的な人々は、これに対して、わずかな数の優れたカバリストのみが律法の秘密に通じていると考えた。ところが、ハヨーンは「誰からでもカバラーを学ぶことが許されるのか、あるいは神の使いのようなラビである必要があるのか」という問いを立て、次のように述べている。

神の使いのような人からしかカバラーを学びたくないと言う者たちがいるが、それは誤った意見である。「『祭司の口は知識を守り、人々はその口から教えを求める。その人は万軍の主の使いだからだ。』（マラキ書 2:7）その賢者が万軍の主の使いのようであれば、その人の口から教えを求めるものだ」というハギガー篇の賢者たちの言葉から、そう結論しているのだ。[46] 彼らがどのように［この一節を］読んで、グマラの言葉を不正確に理解しているか、私は驚くばかりである。［…］祭司は「すべての争いと諍いは彼らの言葉に委ねられる」（申命記 21:5）と言われているように、秘密の事柄を教えることはなく、争いと諍い［の解決］だけを委ねられるにすぎない。［…］私の言葉への証明は『光輝の書』の［第3巻］85b に書かれている。［…］「人は誰からでも、知識のない人からでも律法の言葉を学ぶべきだ。[47]」

ハヨーンが依拠するマラキ書の聖句は、祭司をカバリストの暗示と読み、神秘を知る人を見極める重要さを強調する言葉として引用されることがあったのだろう。だがハヨーンは歴史家の口ぶりで、祭司は神秘家のことではないと断言する。そして再び『光輝の書』の同じ箇所を根拠に、誰からでも秘密を学ぶことができると主張するのである。確かに『光輝の書』には、無垢の子どもや無学な老人が突如として律法の秘密を語り始める奇譚があり、意外な人が秘教の意味を明らかにする可能性を教えている。[48] ハヨーンは『光輝の書』のそうした言説を踏まえて、神秘の解釈は権威から自由であるべきだと述べている。

三つ目の問いは「神の存在の絶対性（hiyyuv metsi'ut）を知ることはできるのか」というものである。誰もが誰からでも神秘を学ぶことができるとき、実際にその本質を悟ることできるのだろうか。もちろんハヨーンは可能だと考える。

神について調べ知ることができるかどうか知る必要がある。ダビデ王は「自らの父の神を知り、そのお方に仕えよ」（歴代誌上28:9）と語ったという。つまり神を知ることはできるということだ。[…]『光輝の書』のレビ記の部分、[第3巻] 111 [b] には、「誰もが父とともにいなければならない。息子は父の秘密を求め、その家の秘密を知り、それを追求する［父の僕でなければならない］」と書かれている。(49) […] それゆえ誰であろうともカバラーの言葉を語ることを控えてはならないし、自らの師が教えてくれたことしか手にしないと言ってはならないのだ。(50)

ここで説かれていることは、実質的には一つ目の問いへの答えと変わらないものの、律法の秘密を学ぶ者は神の存在の絶対性を知るために、決してその知識を秘密にしてはならない点を強調している。こうしてカバラーに基づく神の知恵への扉を大きく開き、ハヨーンは『神の力の書』が多くのユダヤ人に学ばれることに期待を寄せたのである。

カバリストが秘教を学ぶことが許されると述べるとき、往々にしてその理由は終末の接近に求められる。『光輝の書』から現代のあらゆる種類のカバラーに至るまで、この常套句によって秘教の学習と終末が結びつけられる事例は枚挙にいとまがない。ところが興味深いことに、シャブタイ・ツヴィへのメシア信仰を疑われたにもかかわらず、『神の力の書』にはその種の終末論的な理解がまったく見られない。秘教の垣根を取り払いながらも、ハヨーンがメシアニズムに一切関心を示さない点は大きな特徴である。それにもかかわらず、既存の権威やカバラーの秘匿性に疑いの目を向け、多くの人々にユダヤ教の最も神聖な核に触れさせようとするハヨーンの試みが、保守的なラビの怒りを買うことになったのはすでに述べた通りである。彼らにとって、カルドーゾの思想に触れ秘教の流布を推奨しているという事実は、たとえ本人がシャブタイ・ツヴィへの信仰を否定しても、それだけで異端の継承者のレッテルを貼るには十分な根拠だった。

「信仰の三つの結びつき」とキリスト教の三位一体の類似

シャブタイ・ツヴィの異端に敏感なラビたちがネヘミヤ・ハヨーンの『神の力の書』を怪しんだのは、彼が秘教の流布を目論んだからだけではない。第二の理由は、そのなかで説かれる神学がキリスト教の三位一体を想起させたからである。告発者たちはシャブタイ・ツヴィが『信仰の秘密』を著した異端の首魁であると断じ、もはや破戒や改宗、また救済の挫折を責めることはない[51]。すなわち、シャブタイ・ツヴィの異端に関する論点は、メシアニズムや反規範主義ではなく、神学の問題へとすり替わっていくのである。では、カルドーゾがシャブタイ・ツヴィの名を借りて著した『信仰の秘密』のカバラー神学は、一体どのようなものだったのだろうか。この比較的短い創造論のテクストには、世界創造が始まる前に空間を満たしていた神の「無限」から、階層的な神の世界が生じていく様子が描かれている。ハヨーンが註解のなかで「収縮」と「容器の破裂」を通して説明しているため、『神の力の書』全体としてはルーリア派の系統に属する神学として読むことができる。それに加えて、神人同形論（anthropomorphism）を特徴とする『光輝の書』のイドラ文学も参照されるため、毛髪や顎髭といった神の顔の表象も際立っている。

こうした特徴にも増して重要なのが、神の三層構造である。アブラハム・カルドーゾは第一原因、創造主、臨在の関係を論じるなかで、これらが一つの神の異なる様相であると主張した。彼はキリスト教の三位一体に強く反対し、シャブタイ・ツヴィを神格化したシュムエル・プリモを断罪したが、三つの様相によって神の内部を説明する点ではキリスト教との近似性を完全にぬぐい切れていなかった。『信仰の秘密』においても、神の三層構造とその一体性は継承されている。それに加えて、ここでは流出論的なダイナミズムのなかで神の世界の働きが明らかにされる。「最も聖なる老いたるお方」（ʿAtiqaʾ Qadishaʾ de-Khol Qadishiyyaʾ）が無垢なる意志によって創造を企てたとき、「無限」

の秘密に従って「原初の人間」(ʾAdam Qadmaʿah)が生じた。これは「聖なる老いたるお方」や「長い顔」(ʾArikh ʾAnpin)、「王冠」(Keter)とも呼ばれる最上層の神である。[52]『信仰の秘密』では、この「聖なる老いたるお方」は直接には創造に関与しないと考えられており、カルドーゾの他の論考で「第一原因」と呼ばれる様相に対応していると考えてよいだろう。[53]次に「聖なる老いたるお方」は緞帳(parsaʾ)を広げると最初の空間を生み出し、そこに四つの世界(ʿolamot)や一〇個の顔(partsufim)が生じた。しかしこれで最上位の「最も聖なる老いたるお方」が修復されるわけではない。それどころか、「最も聖なる老いたるお方」から光が放出されたことによって、「王冠」、「知恵」、「理知」以外の顔は一度すべて崩壊した。その次に「知恵」と「理知」からセフィロート体系が生じるものの、これらもまたすぐに崩壊してしまうという。これはルーリア派の容器の崩壊に相当する段階である。その後、「王冠」が「知恵」と「理知」に働きかけて両者を交わらせた。「知恵」と「理知」はそれぞれ父と母とも呼ばれ、双方の媾合によって「聖なる王」と「臨在」が一体となった両性具有神が生まれた。この神は「息子」(Ben)とも呼ばれる。[54]「聖なる王」は伝統的なカバラーで中間位の六つのセフィラーを表す「短い顔」に対応する。これはカルドーゾが普通、主あるいは「イスラエルの神」と呼ぶ存在で、歴史のなかでユダヤ人に働きかけ、人々の祈りの対象となるべき側面である。「知恵」と「理知」は戒律と無関係だが、「聖なる王」は地上の世界を統べるために、ユダヤ人が戒律を守ることによって自らの源泉である「知恵」と「理知」から流出を受け取る。人々は「聖なる老いたるお方」ではなく、この「聖なる王」を求めなければならない。至高神よりも第二位の神の様相に大きな価値を見出す考え方は、カルドーゾに特徴的な反転的グノーシス主義と呼び得るものである。このように「聖なる王」と「臨在」は、ある意味において地上のユダヤ人と同じ義務を負いながらも、他方では緞帳を超えて「聖なる老いたるお方」と結びつくことができる。つまり神の階層構造の上位に位置する「聖なる老いたるお方」と下位の「聖なる王」と「臨在」の間に分断は存在しないのである。これもまたカルドーゾが三層構造の一体性を強調するときに用いた理路である。

カルドーゾが唱えた神の三層構造とその一体性を踏まえ、ハヨーンは註解のなかで「信仰の三つの結びつき」(tlat

qishrei de-mehemanuta'）という概念を用いた。ハヨーンはこの信仰こそが最も正しく、それに背く者はユダヤ人ではないとまで断言する。(55)「信仰の三つの結びつき」という用語そのものは新しいものではなく、初出は『光輝の書』である。ただし、そこでは「慈愛」、「厳正」、「壮麗」のセフィロートを意味しており、「聖なる老いたるお方」、「聖なる王」、「臨在」の結びつきとは異なる。(56)イェシャヤ・ティシュビーによれば、ハヨーンはカルドーゾの神学に正統性を与えるために『光輝の書』から「信仰の三つの結びつき」という無関係の用語を当てはめたに過ぎない。(57)

ハヨーンがカルドーゾの神学をこのように表現したことで生じた結果は二点に整理できる。一つは神を三つの様相で捉える神学を際立たせ、ラビたちに糾弾の口実を与えたことである。実際、モシェ・ハギーズは「信仰の三つの結びつき」の危うさを鋭く指摘して「ガリラヤ人が講じた［三という数字にまつわる］教えを持ち出し、すべては三位一体（shilush）のうえに成り立っている」と指摘した。(58)つまりハギーズは、ハヨーンの神学をキリスト教の三位一体と同一視しているのである。(59)もう一つの結果は、「信仰の三つの結びつき」という言葉によって、シャブタイ・ツヴィの異端がキリスト教の三位一体を取り入れていると考えられるようになったことである。そもそもこの用語はハヨーンによって、『光輝の書』の文脈から切り離され、本来とは異なる意味で用いられたが、さらに意味を変化させながら様々な文書に現れる。例えば、ナタンやカルドーゾとその弟子たち、シュムエル・プリモ、アブラハム・ロヴィーゴの学塾、ドンメ教団、ヨナタン・アイベシッツ、ヤコブ・フランクやその信奉者たちにも見られる。それぞれは必ずしも同一の概念とは言えないが、告発者たちにとっては異端を看破する際の指標になった。(60)

ここまでの経緯から、ハヨーンが『神の力の書』を出版した目的は明らかである。それはシャブタイ・ツヴィのメシア性や再臨を語ることではなく、カルドーゾのカバラー神学を広めることに他ならなかった。ユダ・リーベスによれば、ナタンやその他の第一世代の信奉者と共通点を持たず、カルドーゾの著作から思想を発展させたハヨーンは、極めて限定的な意味でしかシャブタイ派と呼び得ない。むしろ活動の本質は、その他のカルドーゾの弟子たちが師の教えを広めるために行った努力のなかで、最も際立ったものと見るほうが的確である。(61)リーベスの見解に付け加えるならば、カルドーゾやハヨーンの神学に破戒にまつわる思想が見られないことに注目すべきである。彼らに対する批判にも、「修復」の祈りやアヴ月九日の断食を変更した、あるいはハラハーをないがしろにしたといった言葉はない。むしろそれとは逆で、ハヨーンは「身体部位が戒律を守るとき、霊魂自身もそれを守っているのと同じである」と述べ、戒律が神の世界に調和をもたらすというカバラーの常套句を繰り返している。[62] こうした態度はカルドーゾに近く、シャブタイ・ツヴィの破戒ともナタンの反規範思想とも異なる。[63] それにもかかわらず、『信仰の秘密』をシャブタイ・ツヴィに帰した告発者たちのせいで、ハヨーンは異端の系譜に組み入れられたのである。

ハギーズとハハム・ツヴィの訴えは実を結び、ローマ、アンコナ、トリノ、カザーレ、アレッサンドリアといったイタリアの共同体を中心に、ハヨーンに対していくつかの破門状が出された。これにはアイロンも自身の立場が危うくなると感じたのか、俸給を払うことを条件にアムステルダムを離れ、エルサレムで離れて暮らすようハヨーンに要求した。[64] 最終的にはアムステルダムで庇護を受けることができなくなったため、ハヨーンは安寧の地を探し求めながらヨーロッパやオスマン帝国各地を放浪した。再び一七二八年にアムステルダムを訪れたとき、アイロンは彼と会うことを拒んだという。ハヨーンのその後は詳しくわかっていないが、一七三〇年頃に北アフリカで客死したと伝えられる。[65] ハヨーンをめぐる論争は、アイロンをはじめとする有力者らがハギーズとハハム・ツヴィを糾弾したことで、破門合戦とも言える様相を呈した。結果的には告発者たちの活動が各地で反響を呼び、シャブタイ・ツヴィからハヨーンに至る異端の系譜を人々の記憶に留めさせることに成功した。これはシャブタイ・ツヴィ存命中にラビたちが選んだ沈黙を守るという方針とは大きく異なる。そして、興味深いことに、ハヨーンに対して多くの非難が向けられたにもかかわらず、彼のカバラーが第一世代の信奉者の思想といかなる関係にあるのかということは議論されなかった。ここにハヨーン論争の本質が垣間見える。ハギーズらはハヨーンがシャブタイ・ツヴィの異端を継承していると言うが、それは『信仰の秘密』がシャブタイ・ツヴィによって書かれたという想定に基づく牽強付会の議論に過ぎなかったのである。

注

（1）イタリアはモデナのラビ、アブラハム・ロヴィーゴは自らの学塾で仲間とともにナタンのカバラーを学んだ。このあと扱うモシェ・ハイム・ルツァットやヨナタン・アイベシッツも特定の共同体を活動の基盤にした。それに対して、鍛冶師のカバリスト、ヘシェル・ツォレフ、ツォレフに出会ったことをきっかけにシャブタイ・ツヴィのメシア性を探求し始めたハイム・マルアハ、マルアハと志を同じくしメシア再臨を待望してエルサレムに移住したユダ・ハシードは、放浪のカバリストである。本書で論じる紙幅はないが、ヤコブ・フランクと並んで後者はメシア信仰の伝播を担った。

（2）ハヨーンとサロニカのユダヤ人に何らかの関係があったことを示す証言が残されている。第一次世界大戦前にイツハク・ラファエル・モルホがサロニカのユダヤ人から聞き取ったところでは、ヤコブ・ケリードーの離反によって二分したドンメ教団の間を取り持ったと伝えられている。Molkho, "Ḥomer le-Toldot Shabtai Tsvi," 540.

（3）Scholem, "Teʿudah le-Toldot Neḥemiyah Ḥiyyaʾ Ḥayyon ve-ha-Shabtaʾut," 173–174. アルナウト（Arnaut）はトルコ語でアルバニアを指すときに用いた言葉。アルクムはシャブタイ・ツヴィ最期の地、ウルツィニのこと。

（4）Molkho and Amarillio, "Iggeret ʿOtobiografiyot shel Qardozo," 197. この回顧録では、受け取った時期と場所が先の引用と異なっている。

（5）Liebes, "Mikhaʾel Qardozo," 603–616. 最近まで研究者の間でさえ、この文書にはシャブタイ・ツヴィに遡る思想が含まれていると考えられてきた。ショーレムも例外ではない。Scholem, *Shabtai Tsvi*, 776–785 [901–914].

（6）ハヨーンがカルドーゾに会ったという記録があるが、二人の直接的な接点にこれ以上の証拠はない。Emden, *Torat ha-Qenaʾot*, 31v–32r.

（7）Scholem, "Teʿudah le-Toldot Neḥemiyah Ḥiyyaʾ Ḥayyon ve-ha-Shabtaʾut," 172.

（8）「すべての信仰」という言葉は『光輝の書』に頻出し、まったく珍しいものではない。原初の調和状態にある神への信仰を指す言葉として用いられる。例えば以下を参照。*Sefer ha-Zohar* 1, 74b. ドンメ教団に伝わるシャブタイ・ツヴィの著作とされるもののなかに、「すべての信仰」と「至聖所」が含まれている。Molkho, "Ḥomer le-Toldot Shabtai Tsvi," 540. モルホは指摘していないが、ハヨーンの手によってドンメ教団にこの偽書が伝えられた可能性がある。

（9）イツハキーの活動についての記述は以下を参照。Carlebach, *The Pursuit of Heresy*, 81-86. Scholem, "Parashiyot be-Ḥeqer," 87-89. カルレバッハによると、イツハキーの活動はサスポルタスと並んで一七世紀の告発者の論点を知る重要な手がかりである。

（10）Emden, *Torat ha-Qenaʾot*, 30r. ここではハヨーンの穢れと誘惑が繰り返し言及される。menaḥesh や ḥeivaʾ といった言葉は蛇を連想させる。

（11）Ibid., 32v.

（12）Friedman, op. cit., 578. モジャジョンについては以下を参照。Benayahu, *Ha-Tenuʿah ha-Shabtaʾit be-Yavan*, 136-146, 284-288.

（13）Friedman, op. cit., 564.

（14）モシェ・ハギーズはビニヤミン・コーヘンがハヨーンだけでなく、シャブタイ・ツヴィにも懐疑的だったと記している。Ginzburg, *R. Moshe Ḥayyim Lutsato vu-Vnei Doro*, 360.

（15）エルガスの祖父は、シャブタイ・ツヴィの学友であり、棄教後の信奉者でもあったモシェ・ピンヘイロである。エルガスはリヴォルノのシュムエル・デ・フェズの学塾で学び、その後レッジオに移ってビニヤミン・コーヘンのもとでカバラーを学んだ。いずれの師もナタンのカバラーを学んでおり、弟子のエルガスが異端狩りに加担した事実は興味深い。

（16）ハヨーンの名前の「ヒヤ」（Ḥiyyaʾ）から、アラム語で蛇を意味する「ヒヴヤ」（ḥivyaʾ）を連想させたもの。Ergas, *Tokhaḥat Megulah ve-ha-Tzad Naḥash*, 40r. 中世のミドラシュでは、エヴァ（Ḥavvah）の原罪を語る際に「ヒヴヤ」と結びつける例がある。例えば以下のラビ・アハ（四世紀のアモラ）の言葉を参照。*Bereshit Rabbah* 20:11.「蛇はおまえ（エヴァ）を誘惑し、アダムを誘惑した。」

（17）以下も参照。Ergas, op. cit., 32r. Carlebach, op. cit., 78.「本」とあるがこのときはまだ印刷されておらず、ハヨーンが見せたのは手稿である。ハヨーンが『神の力の書』の紙束を見せたのはこれが初めてではなく、事後的に複数のラビがその異端的性質に気づいていたと回顧している。

（18）Ḥayyon, *Modaʿa Rabbaʾ*, 1r-4v.

（19）シャブタイ・ツヴィのメシア信仰を疑われた放浪のカバリストとして、ハイム・マルア、ユダ・ハシード、ハヨーンの他に、ポドハイツのモシェ・ダヴィドが知られている。Scholem, *Maftehot le-Kitvei ha-Pulmus*, 242-248. Wirszubski, "Ha-Mequbal ha-

"Shabtaʾi R. Moshe David mi-Podhajce," 73-93. モシェ・ダヴィドについて詳細な記録を残したエムデンによれば、この男はアルトナでヨナタン・アイベシッツと息子のヴォルフに関わりを持った。放浪の異端者という定型はヤコブ・フランクにも当てはまる。

（20）ナフタリ・コーヘン・カッツの名でも知られるこのラビは、護符や奇跡にまつわる多くの伝説に彩られた神秘家である。『神の力の書』への認可は以下。Ḥayyon, *ʿOz le-ʾElohim*, Haskamot ha-Geʾonim. このあと『神の力の書』に関する論争が起こると、ハヨーンに騙されて認可を出してしまったと悔やんだ。Kahana, *Toldot ha-Mequbalim, ha-Shabtaʾim ve-ha-Ḥasidim*, 126-133. Kaufmann, "La lutte de R. Naphtali Cohen," *Revue des études juives* 36, 256-286; 37, 274-283. ただしリーベスによれば、ナフタリ・コーヘンにはシャブタイ派との思想的なつながりが見て取ることができるという。Liebes, "Qavim le-Demuto," 293-305.

（21）プロスニッツは現在のチェコ共和国のプロスチェヨフ。ユダ・レイブはラビとしての教育を受けた人物ではなかったが、一八世紀にエルサレム移住を説く放浪のカバリストに触発されて、カバラーの学習とシャブタイ・ツヴィへの信仰に傾倒したとされる。ユダ・レイブは当時プロスニッツに住んでいたメイール・アイゼンシュタットの支持を得た。のちにアイゼンシュタットは自らがヨセフの子のメシアで、当時弟子のだったヨナタン・アイベシッツがシャブタイ・ツヴィを継承すると主張したとして、ニコルスブルグのラビから破門されることになる。*The YIVO Encyclopedia*, s.v. Prossnitz, Yehudah Leib ben Yaʿakov Holleschau. *Encyclopedia Judaica*, s.v. Judah Leib Prossnitz.

（22）『神の力の書』に掲載されたオッペンハイムの認可は、『ネヘミヤの言葉』への認可とほぼ同じ文章である。『神の力の書』に関しては、ハヨーンが著したと言及されているに過ぎない。その他にも三名のラビの認可が同じように流用されている。以下を比較せよ。Ḥayyon, *Divrei Neḥemyah*, Haskamot ha-Geʾonim. Idem, *Sefer ʿOz le-ʾElohim*, Haskamot ha-Geʾonim.

（23）Emmanual, "Pulmus Neḥemiyah Ḥiyyaʾ Ḥayyon," 215-216.

（24）シュロモ・アイロンについては以下を参照。Benayahu, *Ha-Tenuʿah ha-Shabtaʾit be-Yavan*, 147-160. Emmanual, op. cit., 219-221. Nadav, "R. Shlomo ʾAyllion," 301-310. 一六八五年、アイロンはツファットからの使節としてモデナでアブラハム・ロヴィーゴやビニヤミン・コーヘンと会って、ナタンの教義を伝えたとされる。Freimann, *ʿInyanei Shabtai Tsvi*, 98. Scholem, *Ḥalomotav shel Shabtaʾi R. Mordekhai ʾAshkenazi*, 57-60.

（25）モシェ・ハギーズについては以下を参照。Carlebach, op. cit., 19-74. ガザのナタンはエルサレムで、モシェ・ハギーズの父、ヤコブ・ハギーズに学んだ。モシェ・ハギーズの祖父、モシェ・ガランテは、一時シャブタイ・ツヴィのメシア性を信じた可能性が指摘されている。Scholem, *Shabtai Tsvi*, 164 [201]. Carlebach, op. cit., 35–36. シャクターは、シャブタイ・ツヴィのメシア宣言に共鳴したラビの子孫が急進的な反対派に転じたケースを分析している。ダヴィド・イツハキーの息子はアブラハム・イツハキー、モシェ・ピンヘイロの孫はヨセフ・エルガス、イタリアにナタンの教えを伝えたエフライム・コーヘンの孫はハハム・ツヴィ、曾孫はヤコブ・エムデンであり、確かに信奉者の子孫が代表的な異端の告発者になっていることがわかる。ハヨーンは、ハハム・ツヴィがかつてシャブタイ・ツヴィを信じていたことを暴露している。Schacter, *Rabbi Jacob Emden*, 374–383. Idem, “Motivations for Radical Anti-Sabbatianism,” 45. エムデンの叔父、ヴォルフ・オフナーのメシア信仰については、以下を参照。Putík, “The Prague Sojourn of Rabbi Jacob Emden,” 106–123.

(26) Emmanual, op. cit., 216–217.

(27) Carlebach, op. cit., 57–64. Emmanuel, op. cit., 211–212.

(28) Friedman, op. cit., 505.

(29) *Encyclopedia Judaica*, s.v. Maʿamad.

(30) Friedman, op. cit., 513–514.

(31) 四枚の紙に印刷されたこの判決文はアムステルダムから各地の共同体へ伝わった。Ḥagiz, *Shever Poshʿim*, 41v. Freimann, op. cit., 117–128. 実物はイスラエル国立図書館に保存されている。National Library of Israel, 4° 75 A 507.

(32) Emmanuel, op. cit., 227.

(33) Ibid., 237.

(34) Ibid., 239–240.

(35) 「信仰の三つの結びつき」という概念がナタンの『創造の書』にも『神の力の書』にも現れるが、そもそも『光輝の書』に由来する用語であり、双方が同じ意味で用いているわけではない。アイロンがナタンから「信仰の三つの結びつき」について聞いていたのは間違いない。Benayahu, op. cit., 295.

(36) Emmanuel, op. cit., 213.

(37) Ibid., 222.

(38) Ergas, *Tokhaḥat Megulah ve-ha-Tzad Naḥash*, 14r. ところで、ガザのナタンの『創造の書』の写本のなかに、エルガスによって書写されたものが現存している。しかも書写年代は、まさに論争が過熱していた一七一四年と記されている。つまりエルガスは、一方でハヨーンをシャブタイ・ツヴィの異端の継承者として攻撃しながら、他方でナタンのカバラーを学んでいた。この事実を指摘したメイール・ベナヤフによれば、エルガスを含めたイタリアのカバリストたちは、ルーリア派のカバラーに基づいたナタンの論考に学ぶべき有益な内容があると考え、熟慮のもとにハヨーンのカバラー神学を非難した。エルガスの著作にはナタンに対する批判の言葉がないことから、異端の系譜はシャブタイ・ツヴィからカルドーゾを経て、ハヨーンにつながるものと想定されていたことがわかる。Benayahu, *Ha-Tenuʿah ha-Shabtaʾit be-Yavan*, 345.

(39) Ḥagiz, *Shever Poshʿim*, 75. ハギーズはこの時期に『主のための戦い』（*Milḥamah la-Shem*）という小冊子を出し、数名のイタリアのラビたちから賛同を得ることに成功した。そのなかにはのちにルツァット論争で共闘するアンコナのラビ、シムション・モルプルゴも名を連ねている。

(40) カルレバッハは特にハヨーンが既存のラビの権威に挑戦した点を強調している。Carlebach, op. cit., 99–101.

(41) *Talmud Bavli*, Ḥagigah 11b.

(42) *Sefer Yetsirah* 1:4.

(43) *Talmud Bavli*, Avot 4:3.

(44) *Sefer ha-Zohar* 3, 85v. 以下、ハヨーンによる『光輝の書』の引用はすべて同一箇所。

(45) Ḥayyon, *Sefer ʿOz le-ʾElohim*, 4r; 5r.

(46) Talmud Bavli, *Ḥagigah* 15b.

(47) Ḥayyon, op. cit., 5r–6r.

(48) 子ども（yanukaʾ）については *Sefer ha-Zohar* 3, 186a–192a を参照。驢馬に乗る老人（sabaʾ）については Ibid. 2, 94b–114a を参照。

(49) *Sefer ha-Zohar* 3, 111b. 父は神を指す。

(50) Ḥayyon, op. cit., 6r–7r.

(51) Carlebach, op. cit., 93–94.

(52) いずれもゾハル文学における呼称で、他にも「日の老いたるお方」（ʿAttiq Yomin）とも呼ばれる。ダニエル書7:9を参照。その下位に展開する「短い顔」は六つの中間のセフィロートで、「長い顔」とともに神の男性的な性質を備えている。最下位の「臨在」のセフィラーは「女性」（Nuqvah）と呼ばれる。

(53) 実際には『信仰の秘密』では、「聖なる老いたるお方」が「第一原因」から生じるとされており、「第一原因」の位置づけが異なっている。ゆえに『信仰の秘密』は厳密な意味でカルドーゾの他の著作と整合性が取れているわけではない。

(54) カバラーにおいて神の両性具有（du-partsufin）は古典的な主題である。Idel, *Kabbalah and Eros*, 59–73. このあとで扱う『今日私は泉にたどり着いた』では、両性具有神が創造のプロセスを体現する。ところで、ドンメ教団の文書に「最初のアダム」を両性具有だったとする一節が見られる。Ben-Zvi, "Quntresim be-Qabbalah Shabbtaʾit," 386. この表現は、『饗宴』でプラトンがアリストファネスの説として語ったことを想起させる。その説によると、人類の祖型には男女の他に両性具有（androgynon）の存在があったという。Platōn, *Symposion*, 189e.

(55) Ḥayyon, *Sefer ʿOz le-ʾElohim*, 82v; 84v; 87v.

(56) ナタンは『光輝の書』の本質が「信仰の結びつき」であると述べたという。Benayahu, *Ha-Tenuʿah ha-Shabtaʾit be-Yavan*, 292. リーベスによれば、qishraʾ はアラビア語 ʿaqidah、あるいはラテン語の religio から影響を受けて信仰の要諦を意味するようになった可能性がある。また、「三つの結びつき」という概念はキリスト教の三位一体をもとにしている可能性がある。Liebes, *Praqim be-Milon Sefer ha-Zohar*, 400–401. Idem, "Hashpaʿah Notsrit ʿal Sefer ha-Zohar," 43–74. 「信仰の三つの結びつき」が『光輝の書』に現れるのは以下。*Sefer ha-Zohar* 2, 38a; 3, 36a.

(57) 「老いたる聖なるお方」「聖なる王」「臨在」の連結は、『光輝の書』において「信仰の三段階」（tlat dragei de-mehemanutaʾ）と呼ばれ、別の概念である。ハヨーンはこの連結を論じるにあたって異なる箇所（*Sefer ha-Zohar* 2, 88a–b）に依拠している。Tishby, "Hashlamot le-Maʿamari," 669–670.

(58) Ḥagiz, *Shever Poshʿim*, M2. 三位一体という言葉はキリスト教のそれを指す。タルムードに登場する三つの様相を備えた律法について語る匿名のガリラヤ人にあえて言及することで、イエスを暗示していることは想像にかたくない。ただし、タルムードではイエスを明示しているわけではない。*Talmud Bavli*, Shabbat 88a.

(59) キリスト教との類似を指摘した事例は他にもある。Ḥagiz, *Milḥamah la-Shem, Ḥerev ha-Shem*, 19v–20r. Tishby, op.cit., 672.

(60) Elqayam, *Sod ʿEmunah*, 197. エルカヤムはシャブタイ・ツヴィ自身もこの概念を用いた可能性があると主張している。Ibid., 196–199.

(61) Liebes, "Ha-Yesod ha-ʾIdeʾologi," 130–132.

(62) Ḥayyon, *Sefer ʿOz le-ʾElohim*, 76v.

(63) ハヨーンがナタンのカバラー論考を読んだ形跡はあるが、その影響はごくわずかであり、正しく理解していたかどうかも疑わしい。Fishheimer, "Ve-Hibit 'el Neḥash ha-Neḥoshet va-Ḥay," 254.

(64) Emmanuel, op. cit., 209-246.

(65) ハヨーン論争の一連の経緯については以下を参照。Carlebach, op. cit., 75-159; 167-172.

第5章　秘教サークルの疑われた啓示――モシェ・ハイム・ルツァット

一、若き神秘家へ向けられた異端の疑惑

異端の指標としてのマギード啓示

モシェ・ハイム・ルツァットは、一五世紀のヴェネツィアに遡る由緒ある家庭に生まれた。ルツァット家は代々ラビや有力者を輩出し、彼が生まれたパドヴァでも強い影響力を持っていた。ルネサンス期のユダヤ人が享受した水準に比べれば、当時のユダヤ文化は衰退が目立ったが、それでもパドヴァはヴェネツィアと並んで知が集結する都市だった。タルムードを学ぶ学塾があっただけでなく、パドヴァ大学ではユダヤ人が医学を修めることができたため、ドイツやポーランド、そして地中海地域から多くの若者がこの町を訪れた。往々にして非ユダヤ人の学問は敬遠されたが、ルネサンス以来の自由な気風が開明的なユダヤ人の子弟を引きつけたのである。ユダヤ社会に世俗の領域が生まれつつあったとも言えよう。ルツァット自身が大学で学ぶことはなかったものの、彼の周辺には医学を修める仲間が複数いたことがわかっており、こうした環境が彼の活動の背景にあったことは間違いない(1)。

ルツァットの運命を決定づけたのは、タルムードの研鑽でも医学でもなく、少年時代に触れた秘教の世界だった。彼はバル・ミツヴァを終えたばかりの一七二〇年頃からカバラーを学び始めた。やがて「主を求める人々の集会」(Ḥevrat Mevaqshei ha-Shem) という名のベイト・ミドラシュに加わるようになり、さらには七名のメンバーからなる

「聖なる集会」(Hevrah Qedushah) と呼ばれる独自の秘教サークルも立ち上げた。そこではルーリア派やモシェ・ザクートなどのカバラーが研鑽されたという。良家の子弟だったルツァットは、共同体のラビになるための経歴を積むことなく、秘教の世界に沈潜することができたのである。カバラーに心惹かれる若者にすぎなかったはずのルツァットに怪しげな噂が立ったのは、彼が「聖なる集会」を作って二年半が経ったころで、きっかけになったのは一通の書簡だった。一七二九年の夏、メンバーの一人、リトアニアのヴィルナからパドヴァ大学に医学を学びに来ていたイェクティエル・ゴルドンが、ウィーンに住むある人物に書簡を送った。そこには、ルツァットの神秘家としての稀有な力が次のように綴られている。

私(ゴルドン)は律法の言葉について、いかに主が秘蔵の素晴らしい贈り物をくださったのかあなたに伝えたいと思います。ここに二三歳の一人の若者がいます。[…]私の師、聖なる光、神の人、ラビ・モシェ・ハイム・ルツァットという人物です。マギード、すなわち聖なる恐るべき天使が啓示を与え、不可思議な秘密を明かして二年半になります。そのお方は弱冠一四歳にして、ルーリアの書物をすべて暗唱しましたが、それを隠して父親には一言も話さず、簡単なことさえ誰にも語りませんでした。[…]天使は主と臨在に同意を得て、私たちが知っている修復のために、天上で読まれている『光輝の書』、『第二のゾハル』(*Zohar Tinyana*)を著わすよう[ルツァットに]命じました。(2) それはこのようにして起こりました。天使が語りかけてきたのに、私たち弟子には何も聞こえませんでした。天使は素晴らしい秘密を伝えました。そのあと、私たちの師(ルツァット)はエリヤに対して、すぐにでも現れてくれるよう命じました。するとエリヤが秘密を語りました。ときには大天使メタトロン、忠実なる羊飼い(モーセ)、[…]そして、ときにはメシア王や原初のアダムも訪れました。[…]彼はすべての霊魂転生と人間の修復、神の身体の知恵を知っています。どんなことでも知らないことはないのです。[…]霊魂が私の身体に転生してきて、ともに学んでいることの大いなる秘密を教えてくれました。理由のないことなどはないのだ、と。そして私の霊魂とその修復について教えてくれました。［…］すべての事柄について、このお方をラビ・シムオン・バル・ヨハイに例えることができます。(3)

神秘の道を極めようとする者にとって、こうした体験は珍しいものではない。一方で、カバラーの古典、『光輝の書』を新たに書き直すという大胆な試みは、彼らが終末の到来を予期していた紛れもない証拠であり、「聖なる集会」がただの秘教サークルでなかったことを物語っている。マギードだけでなく、様々な人格の霊魂から啓示を受け、そのなかには救済者の原型であるモーセやメシアまでもが含まれていたことから、ある種のメシアニズムが潜在していたことがうかがえる。言い換えるならば、ルツァットが主宰する秘教サークルは、神秘的な終末論に支配されていたのである。

ゴルドンの記述によると、マギード啓示は「聖なる集会」を立ち上げた一七二七年頃に始まった。実際に別の文書では、ルツァット自身が一七二七年五月二一日に行った「統合」（yiḥud）と呼ばれるルーリア派の瞑想を通して体験した啓示を次のように振り返っている。

私は統合に没入していると眠気に襲われてしまった。そして目覚めるや、「私は聖なる王の隠された秘密（razin temirin de-malka' qadisha'）を明かすために降りていく」という声を聞いた。しばし震えながら立っていたが、そのあと力を取り戻した。その声は止むことがなく、私に秘密を明かしてくれた。次の日、同じ時間、その部屋で私は独りになろうとした。するとその声が別の秘密を伝えてきた。その後、ある日、自分が天から遣わされたマギードだと言った。マギードは毎日行えば啓示を受けることができる、私だけの統合を教えてくれた。［…］三か月すると、マギードは私にエリヤの顕現を得るための毎日唱える専用の修復を授けてくれた。(4)

ルツァットによれば、この体験のあとにエリヤだけでなく、メタトロンや無名の霊魂が神秘を伝えに現れるようになったといい、ゴルドンの書簡の内容と一致する。ルツァットは「統合」の技法を通してマギードによる啓示を受け、神秘家として覚醒したのである。

ルーリア派の実践を行っているだけなら、「統合」の技法は決して珍しくない。ところが注意しなければならないのは、ルツァットの啓示がガザのナタンによって書かれた「統合」に基づいていた点である。ナタンがルーリア派のカバリストだったことを考えれば、既存の「統合」を下敷きにして彼が新しい式文を定めたことは理解できる。だがシャブタイ・ツヴィの異端的なイメージが浸透していたこの時代、ルツァットがあえてナタンによる「統合」を選んだ事実には説明が必要だろう。

あるとき、彼は師であるイェシャヤフ・バサンに次のように伝えている。

もし私に器としての備えがなければ、神は私をお選びになることもなかったでしょう。ラビ・ナタンの統合と言葉は、書き留められず、面と向かって伝えるものです。[…]それは主が私を慈しんで明かしてくれた真実の言葉を伝えているのです。(5)

膨大な量のルツァットの書簡のなかで、ナタンの「統合」が触れられているのはここだけである。しかもこのあとルツァットを待ち受ける論争のなかで、誰一人としてこのことに論及する者はいない。おそらくルツァットとナタンの関わりを知っていたのは、ごく限られた周囲の人々だけだったのだろう。だが実際には、「統合」の技法だけでなく、ナタンの思想の重要な部分がルツァットのカバラーの基礎になっていた。この問題については、あとで詳しく論じることにする。

ゴルドンの書簡は、ウィーンに持ち込まれたあと、モルデハイ・ヤフェなるラビのもとに誤って届けられた。しかも運悪く、この人物はシャブタイ・ツヴィの異端に敏感だった。それが今度は、アルトナ、ハンブルク、ヴァンスベック連合共同体の首席ラビを務めるイェヘズケル・カッツェネルンボーゲンの手に渡ると、彼らはルツァットが受けた啓示の記録に強い警戒感を示し始めた。そして、カッツェネルンボーゲンはハヨーン論争で並々ならぬ執念を燃やして異端を追及した、あのモシェ・ハギーズにこの書簡を転送したのである(6)。アムステルダムからヨーロッパ各地に広がった論争が終結を見て、まだ数年しか経っていなかったころだった。

一七二九年、ルツァットはちょうどカバリストとしての絶頂期にあった。マギード啓示を受け、終末に備えて神の世界に調和をもたらそうと『第二のゾハル』や『新しい修復』を著した。とはいえ、そこにはハラハーに背く反規範の思想も三位一体を疑わせる神学的な問題も見当たらない。それでも、ハギーズから見れば見過ごすことのできない点があった。マギード啓示の怪しさを察知したハギーズは、一七二九年一一月一日にゴルドンの書簡の写しをヴェネツィアのラビに送って、以下のようなあとがきまで付け加えた。

この文書については、衣を裂いて検証し、この悪の集団が大衆の間で悪を広める前に根元から引き抜かねばなりません。そして、この集団に属する者たちをイスラエルの迫害者として裁かなければならないのです(7)。

ここにはシャブタイ・ツヴィの名前や異端という言葉は出てこないし、ナタンとの接点も触れられない。だが、このあとの展開から振り返って考えれば、すでにハギーズはルツァットがシャブタイ・ツヴィの異端を継承していることを疑っていたはずである。ハギーズの訴えがきっかけとなって、この直後からヴェネツィアのラビの間でルツァットの問題が取り沙汰されるようになった。とはいえ、彼らは非ユダヤ人の関与を危惧して、ひとまず慎重に様子を見守る方針を取った。

その一方で、カッツェネルンボーゲンやアンコナのラビ、シムション・モルプルゴといったハギーズの友人らが批判に加わり、ルツァットに向けられた異端の嫌疑は巷間に知れ渡っていった。ハヨーン論争で共闘したヨセフ・エルガスも、独自にルツァットを尋問しようとした(8)。彼らが問題視したのは、他でもないマギード啓示の信憑性である。最初の啓示が降ったころ、ルツァットはまだ二〇歳で、結婚もしていなかった。神秘に携わる者は既婚者でなければならないという暗黙の了解があったため、彼らは独り身の青年がカバラーにのめりこんでいると聞いて危うさを感じたのだろう。それに加えて、ルツァットが古来の伝統をないがしろにしていた事実も懸念されたはずである。例えば、彼はユダヤ人男性が伸ばすべき髭を剃っていたし、非ユダヤ人の教養にも通じていた。そのような人物に神秘体験の骨頂であるマギード啓示が降るはずがあろうか。ハギーズらはそう疑念を抱いたのである(9)。こうしてルツァットを厳しく指弾する異端論争は、彼のマギード啓示をめぐって展開することになる。

ハギーズはイタリアの各地にルツァットの不遜な神秘体験を告発したが、パドヴァのユダヤ人は名家の息子の問題に立ち入って立場を危うくすることを躊躇ったのか、彼の呼びかけに応えようとしなかった。そこで同年一一月一八日、彼は再度ヴェネツィアのラビたちに手紙を書き、総意に基づいて決起するように訴えた。そのなかでハギーズは、ルツァットに加えて、彼にカバラーを教えた高名なラビ、イェシャヤフ・バサンまでも厳しく断罪した(10)。しかも今度はルツァットの預言を問題視するだけにとどまらず、シャブタイ・ツヴィとのつながりを暗示し、ルツァット追放をハヨーン論争の延長線上に位置づけたのである。

[モシェ・ハイム・ルツァットは]取るに足らない者でしかありません。空疎な愚か者で判断のできない者たちを使って王のように振る舞い、しまいには下劣な霊をも入れてしまう始末なのです。彼らはルツァットに対抗できないように、イスラエルの賢者たちを恫喝し切り離しています。[…][イェシャヤフ・バサンは]一体何をどうして彼が天から力を授かっているのか尋ねても意味はないと言っています。[…]万物の主はどのようなことでもお望みのことをなさるのだから、と。[…]実にこの擁護者の返答は、改宗者、汚物のシャブタイ(Shabtai tsfi'a）を信じる教団の主張と同じなのです。［…］ヴェネツィアの共同体の学塾には、近くでも遠くでも、マントヴァ、アンコナ、ローマなど、イタリアの町々の他の有力者や代表者を束ねることができるはずです。かつて彼らは蛇（ハヨーン）との戦いで戦い方を学んだ賢者にして名高い人々なのですから。(11)

ハギーズはゴルドンの書簡からルツァットの啓示を知っただけで、彼がどのような思想を持っていたかを明らかにすることもなく、シャブタイ・ツヴィやハヨーンの異端と結びつけている。

かつてハヨーンはキリスト教の三位一体を思わせるカバラー神学をあらゆるユダヤ人に流布することを目指したために糾弾された。それに対して、ルツァットは小さなグループのなかでカバラーを学んでいたに過ぎず、異教的な神学を書物として出版しようとしていたわけではない。ハヨーン論争では一切マギード啓示が争点にならなかったのに、なぜハギーズはここに至ってその点にこだわり始めたのだろうか。その理由は、シャブタイ・ツヴィのメシアニズムが孕むイメージと啓示や預言の関係にあるかもしれない。そもそもナタンによってシャブタイ・ツヴィのメシア性が明かされたきっかけは神秘体験であり、このことは当時から広く知られていた。また、メシアニズムが拡大した一六六五年から一六六六年にかけては、特にユダヤ人の集団預言に関する多くの証言が残されている。アブラハム・カルドーゾや彼の弟子たちがマギードから天啓を得ていたという情報も共有されていたはずである。(12)これらのことを踏まえれば、ハギーズは啓示や預言というもう一つの尺度を持ち出して異端の判断を下した可能性が考えられるだろう。

ルツァットが自らに嫌疑がかけられていることに気づくまで長くはかからなかった。彼はシャブタイ・ツヴィのメシアニズムへの関与を指摘されたと知るや、すぐにハギーズに慇懃な文面の書簡を送って、自らの潔白を訴えた。だがそれは決して自らの過ちを認めるものではなく、飽くまでも啓示の正しさを主張するためのものだった。

私は罪人と関係を持たないし、鹿の角（qeren ha-tsvi）に字を書くような悪者と謀ることもないと、今日イスラエルの間でここに宣言します。〔…〕決して罪を犯すようなことはしていません。〔…〕私は預言者でもなければ、預言者の子でもありません。徴や奇跡を起こすこともありません。〔…〕もし私の名前についてこのようなことが言われるならば、それは偽りであり、まったく意味のないことです。〔…〕私が不思議に思うのは、なぜ神の使いのごとき賢者（ハギーズ）が、かくも慌ただしく争いを起こそうとするのかということです。ものごとを十分に検証せず、知りもしない人物に対して裁きを行えるものでしょうか。[13]

ここで「鹿の角に字を書く」とは、シャブタイ・ツヴィへの無為な信仰を暗示している。[14] ルツァットの訴えはもっともである。ハギーズはたまたま手にした第三者の書簡だけで、カバラーやメシアニズムに関する細かな検証もなく、ルツァットに疑惑の眼を向けたのである。彼を怪しむラビたちにしても、まったく疑いの根拠を示していなかった。
この礼を尽くした弁明とは裏腹に、マギード啓示を標的にしてシャブタイ・ツヴィの異端を疑うハギーズに対し、ルツァットは苛立ちを募らせていた。ハギーズの友人、シムション・モルプルゴが協力を要請されていることを知って、彼は本心を吐露しながら次のような手紙をしたためている。

私は徴や奇跡を与えたこともなければ、未来の出来事を明かしたことも［神名の］文字を口にしたこともありません。〔…〕賢者モシェ・ハギーズは今や怒りを露わにしてサタンのように立ち上がりました。何が彼を怒らせたのか、私には見当もつきません。〔…〕彼の文書がヴェネツィアのラビたちのところに届いてからというもの、多くの人々が騒ぎ立ててそこからここへとやって来ました。〔…〕しかしラビ・ハギーズが悪しき思いを抱いても、今のところは多くの民に命を与えようと、神は良き思いを抱いてくださいます。[15]

モルプルゴはルツァットの真摯な訴えを受け止め、中立的な立場を取りながら仲裁を試みようとした。彼はハギーズに対して複数の人物にルツァットの問題を諮るように勧め、ルツァットにはカバラーの著作をすべて自分の手元に保管するか、これ以上の混乱を避けるためにパレスチナに行くことを提案した。そうでなければ、制裁によって罰するとあえて厳しく言い添えることも忘れなかった。

事態の沈静化を図ったのはモルプルゴだけではない。ルツァットにカバラーを教えたバサンは弟子を弁護するために、シャブタイ・ツヴィやハヨーンとの関係を否定し、彼が優れたカバリストであることを示してみせた。一方、ルツァットに対しては『光輝の書』やルーリア派文献の解釈を讃えながらも、マギード啓示の公言を慎むように指導しており、必ずしも手放しで賛同していたわけではない。天啓という現象が起こることは認めても、ルツァットのそれが確かなものと判断することはできないと考えていたからである。そして、むしろハギーズに事情を説明し、疑惑を払拭する必要性を説いた。この時期に交わされた膨大な数の書簡から見て取れるのは、神秘家としての力を誇るルツァットに対して、十分な根拠もなくシャブタイ・ツヴィの異端を疑い、各地のラビに共闘を呼びかけるハギーズ、それにイタリアの共同体の威厳を守ろうと事態の収束に動くバサンやモルプルゴの拮抗である。ハギーズはルツァットが啓示を受けるにふさわしくないと繰り返すばかりだった。それに対してルツァットは周囲の尽力をよそに、反省の色を示す気配など毛頭なかった。そのため、ハヨーン論争のときのように神学的な議論に発展することのないまま、双方の主張は平行線をたどった。

そうしたなか、一七三〇年四月、ルツァットがある婚約済みの女に言い寄ったという醜聞が流れた。これに対して、バサンはもはや擁護を続けることはできないと警告したが、ルツァットは師に向かって挑発的な言葉で応酬するに及んだ。こうして、二人の仲は崩壊寸前にまで冷え込んだ[16]。最終的に仲間が仲裁に入ったことで、事の重大さに気づいたルツァットは、これを機に一転してバサンの助言に応えることにした。だが一連の出来事で目立ったのは、神秘家としての資質よりも、彼の強情さだった。ひとまず師に従ったとはいえ、実践カバラーに没頭する若者の性格は、のちにますます自身の立場を危うくすることになる。このときバサンが愛弟子のルツァットに求めたのは、啓示や『光輝の書』を根拠にしてカバラーに関する文書を書かないことだった。一七三〇年の夏、これを受けて、ルツァットは金輪際マギードについて語らず、カバラーの言葉を書き残さないことを約束し、誓約の文書に署名した。[17] この誓約によって論争は一応の終結を見た。モルプルゴはルツァットの反省を高く評価し、ハギーズはヴェネツィアのラビたちに喜びの書簡を送った。ルツァットはその後、シャブタイ・ツヴィに対する態度を明確にするために、『万軍の主の妬み』（*Qin'at ha-Shem Tseva'ot*）という文書まで書いた。[18] そこではシャブタイ・ツヴィがメシアとして認められることはなく、むしろ救済の失敗が糾弾されている。この文書は決してメシア信仰をカモフラージュするためのものではない。次節で詳しく扱うように、ルツァットがナタンの著作を学んでいたことは間違いないが、彼は実際にシャブタイ・ツヴィのメシア性をはっきりと否定したのである。

ルツァットは誓約に署名することで従順さを示してみせたが、その後もカバラーの実践を封印するつもりはなかった。一七三一年に書かれた「主を求める会」の会則（taqanot）には、「この実践は自分たちの報いを期待して行われるのではなく、［…］聖なる臨在と全イスラエルを修復するために行われる」とある。[19] すなわち、メンバーはユダヤ人全体の救済のために儀礼を継続しなければならないという使命感を持っていたことがわかる。加えて、ルツァットはハギーズから受けた迫害をメシアの時代の前兆と捉えていた。出エジプト以前のモーセがファラオに命を狙われてミディアンの地に逃れ、シムオン・バル・ヨハイがローマ人の迫害を逃れて洞窟に隠棲しながら『光輝の書』を書いたように、今は雌伏して時が満ちるのを待つのだと記している。その筆致には終末と救済への希求がうかがえるものの、決してシャブタイ・ツヴィの再臨を期待しているわけではない。彼らは神の「臨在」をハギーズら悪の勢力から守り、それをモーセに象徴される神の男性性と結びつけるために律法を学んだ。それはメシアの時代の到来を促すための象徴儀礼でもあったはずである。ルツァットは自らを死をも恐れぬ殉教者に例えながら、ひとまずメシアニズムを後退させつつ、ユダヤ教の内部にはびこる悪に対して反撃の機会をうかがっていたのである。[20]

ここまでの展開を見る限り、ルツァットとハギーズの言い分は噛み合っていない。ルツァットは自らの実践にメシア論的な意味を見出していた。ただし、ナタンの著作を学んでいることを公言することはなく、シャブタイ・ツヴィについてはそもそもメシア性を信じる根拠などないと考えていた。ハヨーンとの関係に至っては、まったく身に覚えのないことだったろう。それゆえ、ナタンからの影響やメシアニズムにも触れないハギーズの批判は、ただの言いがかりに過ぎないと感じていたはずである。実際に過去の預言から連想したと思われるハギーズの議論は、他のラビたちを納得させることさえできないほど、あやふやなものだった。いたずらな消耗戦の様相を呈していた論争がこの段階で終結したのは、バサンやモルプルゴの仲介によるところが大きかったと言えるだろう。

さらなる論争と異端の系譜

だがその三年後、何を思ったかルツァット自身が平穏を破りかねない行動に出た。一七三三年一二月、彼は誓いを覆してカバラーに関する論考を発表しようとしたのである。『議論の書』（*Sefer Ma'amar ha-Vikkuah*）と題されたその著作は、カバラーの哲学的な正統性を擁護するもので、かつて『光輝の書』の古代性に疑義を呈したモデナのレオンこと、ユダ・アルイェの著作、『咆哮する獅子』（*'Ari Nohem*）に対する駁論だった。ルツァットは誓約を忘れたかのように、仲裁の労を執ったバサンに原稿を送り、冒頭に掲載する認可の執筆を依頼した。確かに誓約では啓示や『光輝の書』に基づかないことを条件としていたため、もっぱらカバラーと哲学の相関性を論じるだけならば問題がないとも解し得る。バサンが弟子の厚顔をたしなめながらも、認可の代わりに許可（reshut）を出して一定の理解を示すに留めたのは、そのためかもしれない。実際に出版されるとなれば、かつての論争が再燃することは火を見るよりも明らかだったため、全面的な承認は躊躇したのだろうが、いずれにしてもバサンにはルツァットを思いとどまらせることができなかった[21]。イタリアでは誓約を知る多くのラビが目を光らせていたため、ルツァットはアムステルダムで『議論の書』を出版しようと計画していた。そこは出版の中心地で、彼の兄弟も住んでいた。その準備のためにヴェネツィアを訪れたとき、話を聞きつけた当地のラビたちは怪しい書物の企てを疑って、彼に検閲を受けるよう要請した。しかし、ルツァットはバサンに出版の許可を得ていると説明して、それを拒んだ。一七三四年一一月、この不遜な態度に業を煮やしたヴェネツィアのラビたちは、ルツァットの疑惑に関する証言を集め、この若者が性懲りもなくカバラーの文書を書いていることを暴露した。なかには彼がダビデの詩篇に倣ってメシア到来の日に読むための新たな詩篇を創作し、さらには魔術に手を染めているという証言まで出てきたという[22]。

ユダヤ史家のエリシェヴァ・カルレバッハは、この局面になってヴェネツィアのラビたちが厳しい対応に出た二つの理由を提示している。一つはハヨーン論争のときの過ちを繰り返さないためだったという。ハヨーンはトルコからアムステルダムに向かう途中でヴェネツィアに立ち寄った際、『一体性の秘密の書』という『神の力の書』を縮約した冊子を出版している。このとき、ヴェネツィアの数名のラビがハヨーンの著作であることを認める文章が、認可として流用されてしまった。結果として、のちに『神の力の書』が論争の的になったとき、彼らが神の三層構造を認めたような印象を与えたことが苦い記憶として残っていたのである。ヴェネツィアのラビたちは何としても同じ轍を踏んではならないと考えていた。カルレバッハが挙げるもう一つの理由は、キリスト教徒の介入を避ける目的である。一八世紀初頭のローマ教皇領ではゲットーが注意深く監視され、ユダヤ人はキリスト教徒による迫害を恐れていた。ルツァットの問題に目をつけられれば、為政者の介入によってヴェネツィアのユダヤ人共同体がさらなる混乱に陥る懸念があった[23]。ラビ法廷を有する共同体において、非ユダヤ人が関与してくることは避けるべき事態である。そのために、ルツァットの啓示が問題になり始めたときは慎重な態度を取っていたが、今度ばかりは厳しく追及する方針を定めたのである。

その後、自宅を捜索された際にはカバラーの著作をいくつも執筆していることが露見しただけでなく、マギードの啓示を得るために悪魔サマエルを召喚していると指摘された[24]。この捜索がきっかけとなって、彼はそれ以上パドヴァに残ることはできなくなり、やむなくイタリアを出て、当初の目的地アムステルダムを目指した。しかし、ヴェネツィアでの一件はすでにヨーロッパの他の共同体にも伝わっていた。四年前のハギーズの呼びかけが、このときになって前もって仕掛けられた罠のようにルツァットを捕らえたのである。一七三五年一月、フランクフルトに滞在したとき、ルツァットは地元のラビ、ヤコブ・コーヘン・ポペルスの尋問を受けた。ポペルスの異端排除への執念は深く、この件を審理するために特別にラビ法廷を開いたほどだった。そして最終的にラビ法廷は「この人物の書物や文書を一つでも保持している者がいれば、炎で焼いてこの世から消してしまわなければならない」と破門を言い渡したのである。[25]

ルツァットは一七三〇年に署名した誓約を破ったことを認め、再びカバラーに近づかないと誓わされた。

> いかなる著作も発表してはならないという師イェシャヤフ・バサンの言葉を、私は裏切りました。「言葉を隠すことが主の威厳なのに。」（箴言25:2）五四九〇年メナヘム月三日（一七三〇年七月一七日）に実際に私が引き受けた文書に書かれているように、言葉にすべきではないことがあるのです。［…］マギードや霊によって本を書いたことについて、ただ「我が身に痛みを感じるばかりです。」（ヨブ記14:22）［…］私は今日からこの先、決して誰とも、一人のときも二人以上のときも、いかなる本からも口頭でも、カバラーの知恵を学ぶことはしません。真実の賢者の名前で書かれていても、ルーリアの文書や『光輝の書』も、いかなるカバラーの書物も学びません。［…］今日から私が教えるすべてのことを、どんなことであろうとも、自分自身によって書かれたものも他人によって書かれたものも［…］金輪際、他人に与えることはしません。［…］自分自身でも他人の手を借りても、近くでも遠くでも、どこであろうと本を出版することはありません。[26]

ルツァットの言葉からは、彼がラビ法廷の禁止をすべて承諾し、一切異を唱えていないことがうかがえる。これまでのルツァットの面従腹背を考えれば、ここには彼自身の意図よりも、もっぱら敵対するラビたちの要求が反映されていると考えたほうがよいだろう。

注目すべきは、カバラーの書物を出版しないことを誓わされている点である。ルツァットは小さなサークルのなかで教えを説いていただけだったので、このような批判はそれまで見当たらなかったものの、ここではラビたちがカバラーの普及を危惧し始めていたことがわかる。(27) このあとフランクフルトで出された文書には、さらにカバラーの文書を印刷することを禁じる文言が盛り込まれている。(28) おそらくフランクフルトのラビ法廷は『神の力の書』をめぐるハヨーンの一件を念頭に置いていたために、いまだ異端が跋扈するアムステルダムで同じことが起こらないように先手を打ったと考えられる。現存しないため確認はできないものの、『議論の書』でマギード啓示が言及されていたとは考えにくい。それでも、ルツァットがアムステルダムで再び神秘体験に基づく教えを説くことは十分にあり得た。それを考えると、ラビたちの危惧は単なる猜疑心にかられたものとは言えないだろう。

こうして本来の目的である『議論の書』の出版は絶望的となったが、それでもルツァットはアムステルダムへと向かった。一方、フランクフルトでの処分に注目が集まるなか、ハギーズとカッツェネルンボーゲンはルツァットに対する判決文を書いた。その冒頭では、再度ルツァットのマギード啓示を批判、さらには彼のカバラー論考の出版に手を貸す者に対しても呪いの言葉を綴っている。

イスラエルの共同体で過去一〇〇年に書かれながらまだ印刷されていない、いかなる新たな書物も人々の目に入らず残らないように、私たちは律法のあらゆる呪詛をもって言い渡す。(29) 多少にかかわらず聖なる『光輝の書』の言葉（アラム語）で書かれ、あるいは賢者であろうと天才であろうと、人間の名で書かれ、あるいはマギード、忠実なる羊飼い（モーセ）、［預言者］エリヤなどの名で書かれていれば、出版されてはならない。［…］学生に教えてはならない。(30) なぜなら世界の頂点にある秘密の言葉を付け加えるという者は、誰もが天の威厳、律法とそれを学ぶ人々の威厳を毀損しているからである。［…］このように新たなものを生み出すこと（hithadshut）からは、いかにしてもよい結果など生まれはしない。[…]現代にあっては、ラビ・シムオン[・バル・ヨハイ]やその仲間、イツハク・ルーリアやその仲間に例えられる人が存在しないということはわかりきっている。そうした方々[の尊い言葉]には何も付け加えてはならないし、減らしてもならないのである。(31)

この保守的なラビたちは、依然としてルツァットの啓示、および『第二のゾハル』や独自の「修復」といった著作を問題視している。しかもそれだけに留まらず、既存の伝統や権威に対して新たな価値を主張する者をことごとく否定していることがわかる。言い換えるならば、彼らは個人的な神秘体験によって既存の秘教伝統が上書きされることを恐れていたのである。もちろん、いかなる新しい主張も淘汰を経て確固たる権威を得るものであり、その過程における批判は避けて通ることができない。ハギーズもカッツェネルンボーゲンも、やがてルツァットが自分たちよりもはるかに多くの敬意を集め、思想と文学において傑出した人物として記憶されることになるとは思ってもみなかっただろう。

この判決文でシャブタイ・ツヴィの異端は言及されていないが、依然としてルツァットにはそのレッテルが貼られ続けたことに注意しなければならない。例えばハギーズは一七三六年にモルプルゴへ宛てた書簡のなかで、ルツァットが人々にカバラーの著作を広めようとしていたことを指摘しながら、次のように書いている。

私は全霊を賭して、私の手、力ないこの手が届くところまで異端の痕跡を追及しなければならなかったのです。[…]シャブタイ・ツヴィの時代には人々は怠慢だったので、この汚れた虫は何匹にもなって我々の世代にまで巣食っています。そこから蛇(ハヨーン)と蠍どもが出たのです。そしてとうとうその蛇の根源から毒蝮(ルツァット)が出てきました。[…]それは確かにこの蔑むべき男、フミエルニツキ゠ルツァット(イスラエルにとってメシアの苦しみ)なのです。(32)[…][ユダヤ暦]五四〇八年、イスラエルの何千人もの人々が水のように血を流しました。ギリシアのフミエルニツキの時代のように、この呪われた男が悪しき裁き（gzerah raʿah）を起こすことを、誰が許すでしょうか[33]。律法の美しさに無慈悲で、［カバラーの］文書を著しては大衆に広めたのですから[34]。

ハギーズはルツァットを毒蝮と呼ぶだけでは飽き足らず、ユダヤ人虐殺を引き起こしたコサックの指導者、ボグダン・フミエルニツキに例えている。また実際には、ハヨーンとルツァットの間にはいかなる関係も存在しないのに、シャブタイ・ツヴィからハヨーンに至る流れをルツァットに結びつけている。こうすることで、あたかも異端の鎖が伸び続けているかのように見せる狙いがあったに違いない。

ここで再び注意しなくてはならないのは、ラビたちが綴る系譜のなかにガザのナタンが一切言及されない点である。仮にルツァットをシャブタイ派の範疇に括ることができるとすれば、それは彼がナタンの著作を読み、その「統合」によって啓示を得たからである[35]。もちろん本書では、そうした単純な理由でシャブタイ派という枠組みを設定し、彼をそのなかに押し込むことはない。しかしルツァットがナタンの文書を読んでいた事実を、たとえハギーズら異端を追及したラビが知らなかったとしても、ナタンに触れなかったのはなぜだろうか。ナタンが啓示を通してシャブタイ・ツヴィのメシア性を悟ったことは、当時でさえ広く知られていたはずである。啓示の是非が争点になったルツァット論争の異端の系譜にナタンが欠けている理由は、今後の研究に委ねられねばならない[36]。

一七三五年、ルツァットがイタリアを去ったあと、パドヴァの秘教サークルは徐々に活動を縮小していった。カバラーを学ぶことは禁じられていたはずだが、実際にはルツァットが助言を行い、サークルのメンバーは彼が残した文書を学んだ。それでも次第に参加者が減少し、『光輝の書』を読み続けることはできなくなっていったという。アムステルダムに移ったルツァットは、誓約の通り、少なくとも表向きにはカバラーに関わることはなかったと見られる。皮肉なことに、彼がユダヤ倫理文学の古典として後世に伝わる『正しき人々の道』を書いたのはこの衰退の時期だった。一七四三年、ルツァットは家族や若干の弟子たちとともにパレスチナに向かった。そして、北部の港町アッコで学塾を開いたが、それから四年後、故郷を追われた不遇の神秘家は、家族ともども疫病の犠牲になった[37]。奇しくもカバラーを学ぶことができるとされた年齢を目前に控えた、三九歳のときだった。

二、ガザのナタンの思想を継承したルツァット

秘教サークルの儀礼的メシアニズム

ここまでたどってきた論争の経緯からは、モシェ・ハイム・ルツァットが本当はどのような神秘思想や終末論に傾倒していたのか、必ずしも判然としない。モシェ・ハギーズをはじめとするラビたちはルツァットの啓示と預言を問題視したが、ガザのナタンの著作からいかなる影響を受けたか、またシャブタイ・ツヴィをどう捉えていたかという肝心な点を議論の俎上に載せることがなかった。それはいわば、噛み合うことのない反論の応酬だった。したがって、ここでは改めてルツァットの思想の本質を深く探索してみよう。

ルツァットがフランクフルトで二度目の誓約書に署名し、アムステルダムに向かったあとも、彼に対して警戒感を露わにするラビたちがいた。その一人がハハム・ツヴィの息子、ヤコブ・エムデンである。のちにヨナタン・アイベシッツと再び異端告発の応酬を繰り広げることになるエムデンは、ルツァットに対する批判を皮切りに父と同じ異端狩りの道を歩み始める。しかも、その論点は他ならぬルツァットのメシアニズムだった。一七三五年夏、エムデンはルツァットがシャブタイ・ツヴィをヨセフの子のメシアと見なし、自らをダビデの子のメシアと称していたと警鐘を鳴らした。

悪しきモシェ・ハイム・ルツァットの件について、［…］厚顔、不遜、邪悪、異端だけでなく、捏造された偽のカバラーの言葉を考え出した。この男の異端はここまでのところ明らかでなく、はっきりと事実を告げる文書で

知らされてはいなかった。［…］シャブタイ・ツヴィの教団、その契約と信仰を守る者に属していることは疑いようもない。モシェ・ハイム・ルツァットはまたその地位（メシア）に就こうとした。［…］［弟子のイェクティエル・ゴルドンによると］シャブタイ・ツヴィのことについて、その人は過ちを犯したとは言ったが、取るに足らない欺瞞の者で、そのメシア性や信仰がまったくの空疎なことだとは言わなかった。［…］過ちがその男との関係において、何を意味していたかなど誰にわかろうか。［ルツァットは］シャブタイ・ツヴィをヨセフの子のメシアだと思い、自らにはダビデの子のメシアの王国を確保していたのだ(38)。

この当時、ルツァットをメシア自称者として告発する例はまだなかった。既存の論点は、ルツァットの預言、およびシャブタイ・ツヴィとネヘミヤ・ハヨーンへ遡るつながりだった。それを考えれば、エムデンの切り口は大胆かつ斬新だったと言える。

では果たして、エムデンが述べるように、本当にルツァットはシャブタイ・ツヴィがヨセフの子のメシアで、かつ自らがそれに代わるダビデの子のメシアとして終末の王国を築こうと考えていたのだろうか。確かに秘教サークル「聖なる集会」は、一七二九年の時点ですでに濃厚なメシアニズムに支配されており、マギード啓示をとおして救済やメシアの時代について学んでいた。師のイェシャヤフ・バサンさえもそれを知って、「メシアのことは反対領域が混入しているのではないかと疑惑を生む事柄の一つであり、［…］私には容認できない」と諫めている。ところが、ルツァットがシャブタイ・ツヴィをメシアと見なし、さらにそのメシアの使命を自らに引き受けようとしたかどうかとなると、答えはそれほど単純ではない。ここでは二〇世紀後半にイェシャヤ・ティシュビーによって発表された「聖なる集会」の記録に基づき、ルツァットを筆頭とするメンバーがどのようなメシアニズムを共有していたかを明らかにしていこう。

そもそもこの秘教サークルのメシアニズムは、特定の人物が救済者として立ち上がり、武力で為政者を打倒して、ユダヤ人同胞にまったく新しい世界を示すという伝統的な終末思想ではなかった。その点では、ガザのナタンが最初に示した黙示文学的なメシアニズムとは種類が異なる。より的確に表現するならば、「聖なる集会」に浸透していたのは儀礼的なメシアニズムの実践だった。ルツァットらの間では、霊魂転生論に基づいて、複数のメンバーが聖書の登場人物やメシアの霊魂を継承していると信じられていた。聖書の秘密の意味に通じた霊魂のエリートが集まり、セフィロート体系のそれぞれの要素を演じながら、全体として神の世界の調和を目指していた。そうしてもたらされた調和こそが、すなわち救済だと理解されたのである。

同時に「聖なる集会」は、モーセがシナイ山で神から授かった律法をイスラエルの民に伝える場面を模して組織されていたこともわかっている。カバラーでは、それを単なる成文律法の授与ではなく、神秘家モーセに律法の秘密が口伝えで授けられたと理解する。論争の発端となったゴルドンの書簡で、ルツァットを「ラビ・シムオン・バル・ヨハイに例えることができる」と書いていることから、『光輝の書』のイドラ文学でシムオン・バル・ヨハイと弟子たちが秘教を学ぶ様子を再現していたこともわかる。確かにイドラ文学のモチーフもシナイ山の律法授与である。カバリストがシナイ啓示や『光輝の書』を模して秘教を学ぶスタイルは、まったく新しいことではない。一五世紀のツファットでは、イツハク・ルーリアのもとに集ったカバリストが、シムオン・バル・ヨハイの集会を再現していたことはよく知られている。ルツァットの「聖なる集会」も、こうした伝統を踏まえて組織されていたと想定できる(39)。

ここで問題となるのは、モーセ、シムオン・バル・ヨハイ、ルーリアの三人が、卓越した神秘家としてだけではなく、メシアの原型として語られるという共通点である。確かに、古来モーセはファラオの隷属からイスラエルの民を導き出した救済者の原型だった。シムオン・バル・ヨハイも、特にイドラ文学においては世界を支える義人、あるいはメシアと見なされている。ここでいうメシアとは、血なまぐさい終末の殺戮に終止符を打つ存在ではなく、飽くまでも律法の本当の意味を教え、ユダヤ人を離散から救い出す力を持つ人物である。そのような意味で、ルーリアもまた死後にメシア性を指摘されたカバリストだった。弟子のハイム・ヴィタルは、もし人々が救済に値するほど正しい行いに励んでいれば、ルーリアは夭逝することなくユダヤ人に神秘を伝え続け、救済へと導いたはずだと考えていた。エムデンがルツァットをメシア自称者として攻撃したのは、ゴルドンの書簡からそのことを察知したからだろう。

ところが実際には、ルツァットが自らをダビデの子のメシア、つまり最終的な救済者だと明言することはなかった。ティシュビーが明らかにしたのは、ルツァットが自らを重ね合わせたのはモーセだったという事実である(40)。まずそれは彼の有名な結婚契約書（ketuvah）から読み取れるという。一七三一年、ルツァットはマントヴァのラビ、ダヴィド・フィンツィの娘、ツィッポラと結婚するが、それはただの縁組みではなく、聖書のモーセとツィッポラの結婚を再現するための象徴儀礼だった(41)。ここにはカバラーの象徴論に基づく解釈も加えられた。結婚契約書には、この婚姻が「根幹」のセフィラーを表す義人モーセと神の女性的属性である「臨在」の結合であり、神の世界の分断を修復する目的で行われたことが明らかにされている(42)。

ティシュビーによれば、最終的な救済をもたらすとされるダビデの子のメシアはルツァットではなく、モシェ・ダヴィド・ヴァレなる別の人物だったという(43)。医師にしてカバリストだったヴァレは、「主を求める人々の集会」のベイト・ミドラシュで中核的な役割を担い、ルツァットに啓示がもたらされるようになったあとも引き続き「聖なる集会」に参加するほど昵懇な間柄だった。一七三一年一月頃の名簿には、ルツァット以外のメンバーの三番目に現れる(44)。それ以降は名前が出てこないため、ティシュビーが一連の論文でその存在に光を当てるまで、ヴァレの重要性はほとんど顧みられなかった。

だがティシュビーによると、ヴァレの名前が現れないのは、周辺的な役割に留まったからではなく、ダビデの子のメシアの霊魂を宿す神秘家として特別な地位で儀礼に参加し、ルツァットと比肩する地位を占めていたからである(45)。それを裏づけるように、依然カバラーへ執心していることが露見した結果、パドヴァを去ったルツァットは、「聖なる集会」の仲間に宛てた複数の書簡でまずヴァレに言及する(46)。しかしながら、ルツァットのあとを任されたヴァレに「聖なる集会」を再興することはできなかった。一七三八年に「聖なる集会」のメンバーがルツァットに宛てた書簡には、かろうじて余喘を保つ状況が次のように綴られている。

［ルツァットとの］別れを思うと我々の悲嘆がいかに大きいことか。［…］とりわけ真実の知恵（カバラー）は隅に置かれてしまい、『光輝の書』を学習するのも難しい状況です。夜間の学習はせいぜい四～五時間を習慣とすることで精一杯です。［…］我々の主人にして医師（ヴァレ）もどうすればよいかわからないのです。[47]

「聖なる集会」が直面したのは、ダビデの子のメシアを象徴するヴァレだけでは救済が成し遂げられない現実だった。ルツァットはダビデの子のメシアの役割を担わなかったが、モーセが救済者の原型であり、実際に彼を中心にこの秘教サークルが営まれた事実に鑑みれば、モーセの化身、ルツァットの不在は救済に向けた儀礼を維持するにはあまりに決定的だったのである。

挫折したメシアとしてのシャブタイ・ツヴィ

モシェ・ハイム・ルツァットのメシア論には、異端に敏感なラビたちでさえ察知できなかった際どい事実が潜んでいる。それは『創造の書』や『君主への歌声は消えゆく』といった、ガザのナタンの著作の影響である。[48]仮に彼らが異端の匂いを嗅ぎ分けたならば、まずその点を攻撃したとしても不思議ではない。だが、実際にはマギード啓示が非難されるばかりで、ナタンの影響が指摘されることはなかった。ルツァットがナタンの著作を読み、「統合」と呼ばれる神秘的実践を行っていたことは、イェシャヤフ・バサンらごく近しい人々だけが知っていたと考えられる。

ナタンが世を去って半世紀が経ったこの時代、彼のカバラー論考は、写本として一部のカバリストの間に流通していた。イタリアではアブラハム・ロヴィーゴの学塾で学ばれていたことがわかっている。ロヴィーゴとともにヴェネツィアのモシェ・ザクートのもとで学んだビニヤミン・コーヘンは、イェシャヤフ・バサンの師にして義父である。[49]

こうした事実を繫ぎ合わせれば、イタリアでナタンのカバラー論考を学んだ人々のネットワークが存在したことは十分にあり得る。ここに列挙したイタリアのカバリストたちは、それを根拠としてシャブタイ派の歴史記述において特記すべき一端を担ったとされた。

だが、たとえルツァットがナタンの著作を読んでいたとしても、それだけでいわゆるシャブタイ派という枠組みを当てはめようとすれば、彼のメシア論を的確に説明することはできない。ナタンのカバラーからメシアの霊魂について学びながらも、ルツァットはシャブタイ・ツヴィを飽くまでも挫折したメシアと捉えていたからである。自らの潔白を証明するために書き始めた『万軍の主の妬み』では、霊魂と救済に関する議論を展開する一方で、シャブタイ・ツヴィのメシア性を否定している。はっきりと名指しするわけではないが、いたるところでシャブタイ・ツヴィの失敗がほのめかされており、読者はこの書物がシャブタイ・ツヴィの過ちからユダヤ教の正統性を守るために書かれたという印象を受けたことだろう。

例えば、天体の性質と地上の民族の関係を扱うなかで、ルツァットは何度も土星の負の側面について語る。古来、占星学では土星は人間の陰鬱な気質をつかさどるとされ、ユダヤ教のなかでもそうした理解が一般的だった。土星はヘブライ語で「シャブタイ」である。ルツァットが土星をメシアとともに論じるとき、たとえ直接シャブタイ・ツヴィに言及していなくても、暗い運命をもたらす天体がかつて救済に挫折した男を暗示していることは誰の目にも明らかである。[50] ルツァットによると、土星＝シャブタイは悪魔を生み出す反対領域（sitraʾ ʾaḥraʾ）から力を得ている。

> 月には満ち欠けがあるという大いなる秘密を理解すべきである。満ちているときは聖性を強くし、それは善を暗示する。欠けているのは反対領域の支配下にあるときで、悪を暗示する。ここから欠乏の秘密においてリリート（Lilit）が創造された。[51] それは月が欠けている時間である。[…] 土星は欠けた月から秘密を受け取る。それは土星を意味するイシュマエルの子ら（ムスリム）のことである。[…] イシュマエルの子らは月、すなわち臨在に結

びつくことはないが、イスラエルは臨在に引きつけられるのでそこに結びつく。ムスリムはイシュマエルの子孫とされ、ここではイスラームに改宗したシャブタイ・ツヴィをほのめかしている。ユダヤ教を捨てたシャブタイ・ツヴィ（土星）は、「臨在」のセフィラー（満月）に結びつくことはできず、神の世界に調和がもたらされることもない。それに対してユダヤ人は潜在的に「臨在」と結ばれる力があるため、シャブタイ・ツヴィへのメシア信仰によって救済を希求する必要はないというのである。

ただし、ルツァットはメシアの霊魂が外殻に降りていき、そこで悪を制圧する使命を担っていることを否定しない。その過程で悪に取り囲まれるのは止むを得ないのである。

メシアは神の臨在を暗示し、土星の秘密において外殻をまとわなければならない。それはイシュマエルの外殻であり、月が欠けていく秘密である。［…］しかし、すでに述べたように、その構造はもはや崩壊してしまった。これらのことはメシアの霊魂について言われているのであり、メシアにふさわしい人間の身体について言われているのではない[52]。

メシアは悪の世界に降りることになっているが、それは霊魂に限られていて、たとえメシアの霊魂を備えていても現実において文字通りムスリムになることが認められるわけではない。ルツァットは、それゆえにシャブタイ・ツヴィが真性のメシアではなかったと主張しているのである[53]。このような考え方はナタンの『大蛇論』から着想を得ていると思われるが、ナタンと大きく異なるのは、シャブタイ・ツヴィのメシア性を否定している点である。

シャブタイ・ツヴィは結果的に現実の世界で棄教してしまった。それに対して、この世界に初めて生まれてくる義人の霊魂があるという。神の「臨在」も原初の調和を失って地上の悪と隣り合わせだが、同時に人間の霊魂も同じ状況に置かれている。ルツァットは義人の霊魂がそのなかで特別な力を発揮すると述べる。それは「反対領域」に降りて行きながらも、決して悪と交わらない力である。

臨在が外殻のなかに包まれなければならないように、それに続いて霊魂もまた外殻に包まれなければならない。［…］義人の霊魂はしばしば外殻のなかに降りてそれに包まれると、反対領域がその霊魂を取り囲む。これは「悪人どもが周りを歩く」（詩篇12:9）という聖句に秘められた意味である。反対領域はこの霊魂に密着することはなく、本来なら霊魂に注がれるはずの光を遮る。［…］イスラエルの偉大な義人たちの霊魂も、臨在とともに外殻のなかに立っており、そこで光の遮断とあらゆる苦しみに耐えている。彼らはイスラエルの罪に苦しむ病人と呼ばれる。彼らの先頭にはメシア王がいる。最高位の霊魂（yehidah）は遥か昔に創造され、救済者の王冠となる。救済者はそれによってイスラエルを救うことができる。卓越した霊魂もまた［外殻に］包まれており、光を遮られているのである。(54)

シャブタイ・ツヴィは土星に由来する名前が示すように、容易に悪と結びついてしまった。しかし、義人の霊魂は悪のなかにあって神聖な光を遮られ、また人々の罪のために苦しみに苛まれながらも、悪を拒絶する性質がある。それだけでなく、義人の霊魂のなかには潜在的なメシアの霊魂があり、最高位の霊魂と呼ばれる卓越した人々の助けがあれば、ユダヤ人に救済をもたらすことができる。

だがルツァットによると、メシアは神の世界の修復に貢献することができても、悪によって力を奪い取られているために完全な修復をもたらすことはできない。このことは、メシアも蛇もゲマトリアの計算では同じ数価であり、同じ性質を持っているというナタンが用いた説によって明らかにされる。ただし、ルツァットがナタンのようにメシアの霊魂に善悪を兼備する超越性を認めることはない。それどころか、メシアが悪と交わり戒律を破る特権を持っていると考えることが誤りだと断言する。その際、ルツァットが用いるのは、モーセの杖が蛇に変化するエピソードである。イスラエルの民を連れてエジプトを出る前、神はファラオの面前でモーセの力を示すため、杖を蛇に変えるよう徴を与えた。モーセが杖を地面に投げると、杖は蛇になり、再び掴むと蛇は杖に戻ったという(55)。蛇への変化を悪の領域に入ることと解釈しつつ、ルツァットは次のように述べる。

あらゆるものごとの根源は杖が蛇に変わり、蛇が杖に変わることにある。「悪人とともに葬られる」(イザヤ書53:9)と聖句にある通り、メシアは外殻に包まれる。これを偉大な裁きを行う人に当てはまると考え、[…]戒律のために(lishmah mitsvah)大きな違背を犯すと考えている者たちがいる。[…]これは馬鹿げた意味のないことで、主に対する侮辱である。

シャブタイ・ツヴィに従うならば戒律をないがしろにしてもよいと信じる人々を、ルツァットは厳しく批判している(56)。それだけでなく、ムスリムになったシャブタイ・ツヴィは本質的に蛇と同じであり、もはや救済者としての力は残されていない。それではシャブタイ・ツヴィに代わって、誰がユダヤ人を救済に導くのだろうか。ルツァットはその人こそがモーセだと述べる。

杖が[蛇に]変わるとメシアは蛇と同じ数価になる。すると、修復は別の方法でもたらされる。メシアは外殻に包まれ、牢獄のなかに閉じ込められ、[天からの神聖な]光や流出は届かなくなってしまう。彼は病に苦しむ者となる。つまり、メシアは[貧しい皮膚病患者とともに]ローマの門のそばに座っているということであり、まぎれもなく「悪人とともに葬られる」という聖句の意味なのである(57)。モーセはイスラエルに修復をもたらし、彼らは民のなかの悪人(ʿerev rav)から清められなければならない。[…]モーセの時代、すでに蛇は杖に戻っていた。

［…］モーセの霊魂ははじめから女王（「臨在」のセフィラー）を娶ることになっていた。彼には［イスラエルの民の］父祖に修復をもたらすことで、臨在を降ろす能力が備わっているのである。すべての修復は彼にこそふさわしい。そして最終的には、モーセの修復によって蛇は杖に戻った。父祖の修復はモーセの手に握られていたのである。[58]

ルツァットがモーセの霊魂を継承していると主張したことを考えれば、この文脈からは彼自身がメシアに代わって父祖の霊魂を修復し、悪しき蛇を善なる杖に戻すことができることがわかる。そのメシアはモシェ・ダヴィド・ヴァレではなく、シャブタイ・ツヴィを暗示していると考えるほうが『万軍の主の妬み』の趣旨に合致する。神の男性性を表すモーセが結びつく「女王」は、セフィロート体系における神の「臨在」であり、聖書のなかではエトロの娘ツィッポラである。これは実際の出来事において、ルツァットが同名の女と結婚したことに対応している。この聖なる婚姻によってモーセの化身であるルツァットは、救済をもたらすことができると暗示するのである。

ここから読み取れるのはルツァットのメシアニズムの一端に過ぎない。それでも、彼がシャブタイ・ツヴィへの信仰を否定しているのは明らかである。ナタンの教義を部分的に用いているのは、善悪を超越するメシアが正しくなかったことを証明するためだった。[59] つまり、ルツァットはナタンの理論的な枠組みを用いてシャブタイ・ツヴィのメシア性の偽りを指摘した。それはナタンのカバラー論考に真理が含まれていると考えていたからだが、ハギーズらはそうした意図までは考慮に入れることなく、シャブタイ派とのつながりを疑ったのだろう。ルツァットは師であるバサンにナタンのカバラーを学ぶ意義を次のように伝えている。

ラビ・ナタンの文書に関して、ある人物は「その内容が欺瞞であり、まったく根拠がないのではないか」と言っています。「そのようなものは隠してしまったほうがいいのではないか。隠すというのは、つまり埋めてしまうことだ。そうすれば、人々の前から消え失せ、盲の前から障害を取り払うことになるだろう」と。しかし、真実を含まない欺瞞というものはないので、そこには良い言葉もあるのです。いかにしてこの問題について、欺瞞のなかに真実の言葉があるか、あなたには会ったときに伝えましょう。賢い人ならそれら（ナタンの言葉）の中身を食べて、外殻は捨てるのです。[60]

すなわち、異端を疑われる思想にも取り入れるべき正しい側面が存在するということである。ルツァットにあって、それはシャブタイ・ツヴィがメシアではないことを証明するために用いられた。そして、「聖なる集会」の儀礼的メシアニズムを想起すれば、自分たちこそが新たに救済をもたらし得るという確信と併置される。その営みが失敗に終わったのは、ハギーズやエムデンら異端の告発者だけが原因ではないだろう。挫折したメシアの上に新たなメシアを擁立しようとする、この時代に特有の理路からルツァットらが抜け出せなかったことにも起因するのではないだろうか。

注

（1）ラビのなかには彼らが非ユダヤ人の知に触れることを懸念する声もあった。Garb, "Iyyun Mehudash be-Dimmuyo ha-'Atsmi," 269.

（2）ルツァットは『光輝の書』の主人公、シムオン・バル・ヨハイの生まれ変わりだと自覚していた。『光輝の書』のアラム語を模して『第二のゾハル』を書いたことに、その確信がうかがえる。同じころ、『新たな修復』（*Tiqqunim Ḥadashim*）も著している。こちらは、申命記の最後の一節に関する七〇のカバラー的解釈であり、創世記の最初の一節に関する七〇の解釈を提示した『光輝の修復』を書き直そうとしたものである。メシア論的な聖典であるゾハル文学を書き直したのは、終末の到来が近づいていると信じていたためだろう。

(3) *R. Moshe Ḥayyim Lutsato*, 18-19. ルツァット自身もこれを裏づける内容を書き残している。レッジオのビニヤミン・コーヘンへの書簡を参照。Ibid., 36-40. ほぼ同じ内容の書簡が、ヴィルナのラビ法定長官、ヨシュア・ヘシェルにも届けられた。Emden, *Torat ha-Qena'ot*, 45r-v. ルツァットのマギードについては以下を参照。Benayahu, "Ha-'Maggid' shel Ramḥal," 297-336. こうした啓示を通して一〇〇〇葉に及ぶコヘレト書の註解や「修復」をアラム語で著したという。

(4) *R. Moshe Ḥayyim Lutsato*, 39. ルーリア派の「統合」の技法については以下を参照。Fine, "The Contemplative Practice of Yiḥudim," 70-98. ナタンも霊魂の修復を指導したことで知られているが、ルツァットが霊魂転生を見抜き、その修復を指導していたという証言も彼がルーリア派の実践に通じていたことを示す。実際にルツァットが「統合」の実践を始めたのは、一七二四年頃に遡ると見られる。

(5) Benayahu, "Ha-'Maggid' shel Ramḥal," 302. *R. Moshe Ḥayyim Lutsato*, 42. ルツァットはナタンの問題については慎重に語る必要があると考えており、全面的にその思想に傾倒したわけではない。Ibid., 114.

(6) カルレバッハはルツァット論争におけるハギーズの役割を中心に論じている。本章ではカルレバッハおよびガルブの記述を参考にしながら論争の展開をまとめた。Carlebach, *The Pursuit of Heresy*, 195-255. Garb, *Mequbal be-Lev ha-Se'arah*, 52-89.

(7) *R. Moshe Ḥayyim Lutsato*, 20. こうした文脈において衣を裂く行為は、感情を露わにした悲嘆を意味する。

(8) 「この人物は顕教においても秘教においても賢く鋭い」とルツァットを評していることから、このときのエルガスの態度はいくぶん中立的だったと思われる。Garb, op. cit., 245.

(9) *R. Moshe Ḥayyim Lutsato*, 100-103.

(10) バサンはイタリア各地で首席ラビを務めた、一八世紀を代表する人物の一人。一七一五～二二年をパドヴァで暮らしたが、論争が起こったときはすでに町を離れていた。バサンはルツァットへの疑惑を払拭するために尽力した。Carlebach, op. cit., 210, 216-224.

(11) *R. Moshe Ḥayyim Lutsato*, 158-162. 「汚物のシャブタイ」はシャブタイ・ツヴィを揶揄する表現。ハギーズが文中で「蛇」という語を強調して記述するとき、それはハヨーンを意味する。

(12) それぞれ、本書二五―二六頁と一三三頁を参照。

(13) *R. Moshe Ḥayyim Lutsato*, 24-26.

(14) もとは他人のために使った金銭が戻ってこないという意味で用いられる表現、「鹿の角に硬貨を置く」。*Talmud Bavli*, Ke-

tubot 107b.

(15) *R. Moshe Ḥayyim Lutsato*, 133–134. ルツァットはハギーズをサタンだけでなく「ベリアルのアダム」とも呼び、ユダヤ人の敵と見なした。

(16) Carlebach, op. cit., 220–222.

(17) Emden, *Torat ha-Qena'ot*, 50r-v. 自筆のオリジナルは以下を参照。*R. Moshe Ḥayyim Lutsato*, 176–177.

(18) Ibid., 84; 112. ルツァットは多くの人に読まれることを期待して書いたが、何らかの理由で出版にこぎつけることができなかった。一八六二年の初版から何度か印刷されている。Eenayahu, *Kitvei ha-Qabbalah shel Ramḥal*, 140–148.

(19) *R. Moshe Ḥayyim Lutsato*, 10.

(20) Carlebach, op. cit., 227–230. この時期のメシアニズムの後退については、特に以下を参照。Garb, op. cit., 146–153.

(21) Carlebach, op. cit., 231–232. バサンの温情はのちにハギーズの猛烈な怒りを買うことになる。*R. Moshe Ḥayyim Lutsato*, 360–361.

(22) Ibid., 261–265.

(23) Carlebach, op. cit., 232–237.

(24) *R. Moshe Ḥayyim Lutsato*, 261–265. ルツァットは魔術や実践カバラーに対する嫌疑を否定している。

(25) Ibid., 286–287. 実際には焚書の対象になったのはわずかで、関係者によって施錠した箱に入れて保管されたり、埋められたりしたとみられる。Ibid., 336; 395; 397.

(26) Ibid., 283–285. この誓約は一七三五年一月一一日に署名された。このあと、「私が四〇歳になれば、優秀な学生とともにルーリアの有名な書物を学ぶことができるでしょう」とあるが、皮肉なことにルツァットは三九歳で夭逝する。

(27) ルツァットが大衆にカバラーを広めようとした確実な証拠は見当たらない。むしろ、一七三〇年以降はそれ以上の騒動を避けるようにサークル内の活動を秘匿すると述べている。Tishby, "Demuto shel Rabbi Mosheh David Valle," 267–268.

(28) *R. Moshe Ḥayyim Lutsato*, 286–287. 以下も参照。Garb, op. cit., 75.

(29) 「目に入らず残らないように」（bal yera'eh vu-val yimmatseh）とは過越祭を迎えるにあたって酵母（ḥamets）を処分することを指す表現。ここではルツァットの著作を処分すべき酵母に見立てている。

(30) ギンツブルグは一〇〇年と七〇年をシャブタイ・ツヴィの時代から起算した期間であると注釈している。*R. Moshe Ḥayyim*

Lutsato, 437.

（31）Ibid., 290. ハギーズの同様の表現は以下も参照。Ibid., 126. Carlebach, op. cit., 245. 彼らは決してカバラーそのものを排除しようとしているわけではない。むしろ『光輝の書』やルーリア派のカバラーを神の言葉に並ぶ正統的なものと見ている。申命記4:2および12:32と比較せよ。

（32）ここでフミエルニツキ＝ルツァットと訳した語は、実際には頭字語でḥml と書かれ、そのあとに「イスラエルにとってメシアの苦しみ」（ḥavlei mashiaḥ le-Yisra'el）とその意味が補われている。一般的にフミエルニツキ（Ḥmielnitsqi）はメシア到来前の破滅に見立てた語呂合わせとして用いられていたが、ここでは同時にハイム・モシェ・ルツァット（Ḥayyim Moshe Luzzatto）をも暗示している。

（33）フミエルニツキの叛乱によって起こったユダヤ人虐殺については、本書二〇頁を参照。ここでギリシアとあるのは正教会のこと。*R. Moshe Ḥayyim Lutsato*, 445. gzerah は一般的に裁きや命令を意味し、複数形 gzerot はユダヤ史において虐殺を指す。

（34）Ibid., 368. ルツァットをハヨーンと並べて蛇に例える同様の表現は、一七三五年一〇月二一日にヴェネツィアのラビたちが出した破門状にも見られる。Ibid., 325-328.

（35）バサンがルツァットの啓示からナタンを想起したのは間違いない。Ibid., 143.

（36）ハヨーン論争でもナタンの存在感は希薄だが、こちらは異端の告発者たちがハヨーンをカルドーゾの弟子と認識していたためと説明することができるだろう。

（37）一般的には一七四六〜四七年に没したとされるが、ベナヤフはルツァットの没年を一七四四年としている。Benayahu, "Aliyato shel ha-Ramḥal le-'Erets Yisra'el," 471-473.

（38）Emden, *Torat ha-Qena'ot*, 55r-v.

（39）その証拠に、ルツァットを指す「聖なる灯火」という尊称は、モーセの化身たるシムオン・バル・ヨハイにもルーリアにも用いられた。また、ガザのナタンも「聖なる灯火」と呼ばれた。本書八一頁参照。

（40）モシェ・ハイム・ルツァットの「モシェ」（Moshe）は、「モーセ」のヘブライ語であり、名前が聖書の人物の本質を継承しているという自覚につながったことは容易に想像できる。

（41）出エジプト記2:21を参照。

（42）Tishby, "Ha-Tsisah ha-Meshiḥit," 374-377. ガルブによると、この結婚の時期においてルツァットは自らをヨセフの子のメシアと捉えていた。Garb, op. cit., 141.

(43) 聖書註解など、ヴァレの著作は手稿で残されていたが、ティシュビーが発表したものはわずかである。著作に関する概要といくつかの抜粋は以下を参照。Tishby, "Demuto shel Rabbi Mosheh David Valle," 288–302. その後、一九八八〜二〇一一年にかけて、エルサレムのラビ、ヨセフ・モシェ・スピネルが二五巻に及ぶ校定版を出版した。Gershom Scholem Collection, National Library of Israel, 1110. 11.

(44) *R. Moshe Ḥayyim Lutsato*, 10.

(45) Tishby, "Ha-Tsisah ha-Meshiḥit," 385–388. Idem, "Demuto shel Rabbi Mosheh David Valle," 278–287. 一方ダビデの子のメシアが救済をもたらす前に訪れるとされるヨセフの子のメシアには、イェシャヤフ・ロマーニンというメンバーがその役割を当てられた。また異端論争の発端となる書簡を書いたイェクティエル・ゴルドンはダン族のセラヤとして救済の儀礼に関わった。『光輝の書』ではダビデ王の書記官セラヤをダン族の末裔と想定し、エフライムの子のメシアの戦いにおけるセラヤの役割が強調されている。創世記 49:16–17. サムエル記下 8:17. *Sefer ha-Zohar* 3, 194b.「聖なる集会」ではヴァレ、ロマーニン、ゴルドンの三名が一組として救済の役割を付与された。

(46) Tishby, "Demuto shel Rabbi Mosheh David Valle," 284–286.

(47) *R. Moshe Ḥayyim Lutsato*, 399.

(48) Ibid., 105. これらはバサンの蔵書であり、彼の義父ビニヤミン・コーヘンから伝わったと考えられている。Carlebach, op. cit. 219. ビニヤミン・コーヘンについては、本書一七三—一七四頁参照。

(49) ルツァットとビニヤミン・コーヘンの間に書簡のやり取りがあったことがわかっている。*R. Moshe Ḥayyim Lutsato*, 39. ハギーズはアブラハム・ロヴィーゴとビニヤミン・コーヘンがナタンの著作を読んでいたことを知らなかったと思われる。

(50) シャブタイ・ツヴィと陰鬱気質を意味する黒胆汁質の土星とを結びつける言説は、ヤコブ・サスポルタスの記録にも見られる。Scholem, Sasportas, *Tsitsat Novel Tsvi*, 1: 93; 165–166; 180–181. シャブタイ・ツヴィを示唆する土星への言及は以下を参照。Scholem, "Iggeret Magen ʾAvraham," 152. Elqayam, "Ha-Zohar ha-Qadosh," 362–363. Idel, "Shabtaʾi ha-Kokhav ve-Shabtai Tsvi," *Madaʿei ha-Yahadut* 37, 178. Scholem, *Shabtai Tsvi*, 404–405. Yerushalmi, *From Spanish Court to Italian Ghetto*, 345. 中世の占星術では、ユダヤ人が土星の影響を受けているとされた。この連想はすでにタキトゥスやアブー・マーシャルに見られる。Sela, *ʾAstrologiyah ve-Parshanut ha-Miqraʾ*, 123–126. 新プラトン主義では、土星の至上性と善悪を包摂する双極的な性質が強調された。この

考え方はユダヤ占星術の土星の解釈と密接に関係する。Klibansky et al. *Saturn and Melancholy*, 151-159. 土星はしばしば跛行の老人の姿で描かれ、陰鬱気質に加えて魔術や悪魔といった異界の力を表象するとされた。

（51）リリートは悪魔サマエルの妻。『創世記ラッバー』には、エヴァが創造される前に実はリリートという名の「最初のエヴァ」が創造されていたという伝承がある。*Bereshit Rabba*ʾ 22:7.

（52）Tishby, op. cit., 352-353. Luzzatto, *Qinʾat ha-Shem Tzevaʾot*, 228r.

（53）Benayahu, "Ha-'Maggid' shel Ramḥal," 335.

（54）Luzzatto, op. cit., 21. メシアが悪の領域で苦しんでいるというモチーフは、ナタンの『大蛇論』に由来する可能性がある。

（55）出エジプト記 4:1-5 を参照。

（56）ドンメ教団の改宗者を指していると思われる。ナタンの『義人アブラハムの幻視』には、このエピソードに基づいてメシアの悪の性質を論じた箇所がある。*Be-ʿIqvot Mashiaḥ*, 65.

（57）ラビの伝統において、メシアの特徴の一つとされる。*Talmud Bavli*, Sanhedrin 98a.

（58）Luzzatto, op. cit., 25-27. 杖は第六の文字ヴァヴ（vav）を表す。戒律遵守の状態をも意味するヴァヴがなくなることで、悪に囚われたメシア＝蛇へと変化する。ルツァットはこれをシャブタイ・ツヴィのイスラームへの改宗とも結びつけて説明している。Tishby, "Demuto shel Rabbi Mosheh David Valle," 280-281. 杖と蛇に関する議論は以下も参照。Garb, op. cit., 70.

（59）この結論はティシュビーの研究と立場を異にする。ティシュビーはルツァットがナタンのメシアニズムを受け継いでいるとするが、モーセの役割と結びつけて理解していない。Tishby, op. cit., 356-357.

（60）*R. Moshe Ḥayyim Lutsato*, 152. 神秘の核心である果実を取って皮を捨てるという表現は以下に由来する。*Talmud Bavli*, Ḥagigah 15a.

第6章　宗教的権威に対する異端の告発——ヨナタン・アイベシッツ

一、破門の応酬と異教徒の介入

不穏な文書とその著者に対する最初の異端宣告

ネヘミヤ・ハヨーンがアムステルダムを去り、モシェ・ハギーズら異端告発の陣営に論争の軍配が上がっておよそ一〇年を経たころ、ドイツでさらなる混乱を予感させる事件が起こった[1]。モシェ・メイール・カメンケルという男が、現在のウクライナ西部、ゾルクヴァを出て、ドイツのマンハイムに滞在していたときのことだった[2]。カメンケルの言動に怪しげなところがあったのだろうか、ある人物がフランクフルトからその町を訪れていた別のユダヤ人に、この旅人のことを伝えた。結果、カメンケルはフランクフルトへ向かうように誘導され、一七二五年三月頃に到着したところで地元のラビから所持品の検閲を受けることになった。このとき彼の鞄からはいくつかの手稿が押収されたという。フランクフルトとマンハイムのラビ法廷がこの件についてマンハイムの共同体の人々を尋問したところ、カメンケルはそれらの文書をマンハイムのクロイズに届けるために旅をしていたことがわかった[3]。

ハハム・ツヴィの息子、ヤコブ・エムデンはプレスブルク（現在のブラティスラヴァ）で、モシェ・ハリーフというラビのもとに身を寄せていたときのこととして、次のような記録を残している。

先に述べたラビの家に滞在していたとき、その人はどれほど不浄な出来事が起こったか、こっそり明かしてくれた。私が来る前、そこにプラハのアイベシッツの学塾から客人がたまたま訪れていた。その男はこの種の欺瞞に満ちた文書を所持していた。そのころ、プラハのラビ法廷の長官がウィーンの指導者や有力者たちと協力し、検閲者を立てて、プラハの師（アイベシッツ）のもとから疑わしい文書を持って戻って来た、信頼できない学者を尋問していた。私がプレスブルグに来る少し前にも、件の男（カメンケル）に同じこと（尋問）が行われた。共同体のシナゴーグの職員が、その客人の部屋を抜き打ちで捜索して鞄を開けると、『今日私は泉にたどり着いた』という言葉で始まる世にも悪名高い文書を発見したという(4)。

手稿の内容とこの状況証拠は、カメンケルが異端思想を広めていると判断するのに十分だったようである。一七二五年六月一六日、まずはフランクフルトの共同体がカメンケルと「信者の教団」（kat ha-maʾaminim）に破門を言い渡した。それに続いて七月以降には、アルトナ、ハンブルク、ヴァンスベック連合共同体、アムステルダムのアシュケナズィー系共同体、プラハの共同体も同様の破門状を発表した。いずれもシャブタイ・ツヴィの名を明記し、誤った信仰に冒された人々を断罪している(5)。このとき出された破門状で、カメンケルが所有していた文書の詳細や彼以外の人物については触れられていない。だが、この文書は大いに注目を集めた。冒頭の聖句を取って『今日私は泉にたどり着いた』（*Va-ʾAvo ha-Yom ʾel ha-ʿAyin*）と呼ばれることになるこのカバラー論考が、創造の過程で起こる神の内部構造のダイナミズムを扱いながら、そこに人間の性的な行為を想起させる暗喩を含んでいたためである。作者の名は記されていなかったものの、アルトナ、ハンブルク、ヴァンスベック連合共同体のラビ、イェヘズケル・カッツェネルンボーゲンは、当時プラハで名声を博したラビ、ヨナタン・アイベシッツが著者であると結論づけ、出回っている写本の回収を呼びかけた(6)。そして、このあと数名のラビがアイベシッツの異端的な思想を糾弾することになるのである(7)。

ゾルクヴァから来た使者が性的な表象に満ちたカバラー論考を所有していたという事実は、容易にシャブタイ派の異端を連想させたのだろうか(8)。アイベシッツの地位や名声を考えると、彼をその著者とする推論には相当の飛躍がある。実際に『今日私は泉にたどり着いた』の著者がアイベシッツだと囁かれ始めたとき、まだシャブタイ・ツヴィと結びつけられることはなかった。一八世紀に異端を疑われた文書がほとんどそうであったように、この手稿にもかつてのメシア自称者を想起させる言葉は一言も現れなかった。それを読んだラビは、従来のカバラーの用語や概念を踏襲しながらも、内容はむしろ異教徒でさえも考えつかないような代物だと異口同音に評している(9)。そして、アイベシッツ自身もそれが自分の著作だと認めることはなかった(10)。それでも、そこで描き出されるメシアのイメージがシャブタイ・ツヴィのエピソードを想起させ、あるいはベルヒヤ・ルッソの周辺で噂された男色や近親相姦を想起させることから、やがて一部のラビたちはシャブタイ・ツヴィの教団との結びつきを確信するようになった(11)。

カッツェネルンボーゲンとともにアイベシッツへの疑いを強めたモシェ・ハギーズは、多方面に協力を呼びかけるなかで、ポーランドの自治組織、四地域評議会（Vaʿad ʾArbaʿ ʾArtsot）に宛てて「［シャブタイ・ツヴィの教えを広める］これらすべての者たちは、ラビ法廷の裁きによって処刑されなければならない」と厳しい対応を求めた(12)。破門に同調したのは、アムステルダム、フランクフルト、アルトナ、ハンブルク、ヴァンスベック、プラハのラビたちだった。

だが、アイベシッツをめぐっては当初から意見が一致しなかった。疑惑が渦巻くなか、プラハの首席ラビ、ダヴィド・オッペンハイムらは、無辜のアイベシッツを疑う者を破門するという立場を表明した。オッペンハイムはそのような者がいればキリスト教の権力者に通告すると戒めたという。

> 我々の優れたラビ・ダヴィド・オッペンハイムと共同体の有力者は、ラビ・ヨナタン・アイベシッツの名を誇るすべての者に対して、厳然たる破門を出し、懲罰と莫大な罰金を支払わせる。［キリスト教の］司祭とラビ・ヨナ

タンの権力に従うつもりがなければ、そうせざるを得ない。[…] フランクフルトでも、ラビ・ヨナタンはいかなる悪しき障害もなく、額に現れる皮膚病もなく、潔白だということに同意した。(13)

オッペンハイムが強権を発動した事実は確認されていないものの、破門を出したフランクフルトでさえ、アイベシッツの潔白を認める者がいたという証言は興味深い。少なからぬラビが疑念を抱いていたが、当局の介入や彼の権威を損ねる事態を避けようとした様子がうかがえる。

いくつもの破門が出されるなか、アイベシッツ自身が「シャブタイ・ツヴィへの信仰」を非難する破門状の署名に名を連ねたことも、人々の混乱を誘った。一七二六年八月二〇日に書かれたこの破門状は、シャブタイ・ツヴィの名前を挙げて、誤った信仰に溺れる人々へ呪詛の言葉を投げかけている。

我々は蛇と害獣が毒をもって民を冒し惑わしているという噂を耳にした。その者たちは闇を歩み、イスラエルの子らをたぶらかして、偽りの信仰を信じさせようとしている。イスラエルと天の父祖たちの間に断絶を招いている。それはシャブタイ・ツヴィへの信仰である。[…] この男はモーセ律法に抗い、イシュマエル人(ムスリム)になった。恥辱へと向かい、戻ってくることはなかった。黄泉と破壊の淵に降りて行ったことは間違いない。[…] シャブタイ・ツヴィを信じる者は残らず呪われ、過去を悔いるまでイスラエルの共同体から選り分けられる。(14)

つまり、巷間に渦巻く疑惑を一蹴するかのように、アイベシッツは何食わぬ顔で大勢に乗じたのである。公然と潔癖を宣言したことが功を奏してか、『今日私は泉にたどり着いた』をめぐる不穏な事態は沈静化した。

アイベシッツの疑惑をめぐるこの一連の出来事のなかには、ある重要な特徴を見て取ることができる。それは無闇に権威あるラビの名を貶めるよりは、見て見ぬ振りを決め込もうという態度である。のちに対立の急先鋒となるエムデンでさえも、当初はこの問題を公にしないほうが賢明だと考えていた。

二、三節読んでみて、非難と冒瀆のために「私は身の毛が逆立った」（ヨブ記 4:15）。多くが呪詛と冒瀆で、生ける神の言葉とカバラーの秘密に反していた。それゆえ、先述のラビにこれは異端の書物であり、もちろん燃やしてしまわなければならないと伝えた。それでも、私は公にしたところで得られるものはなく、誤りだということもあると推測したので、そうしないように忠告した。(15)

当時まだラビとして俸給も得ていなかった若きエムデンが慎重な姿勢を示したことに不思議はない。加えて、ハヨーンをめぐってアムステルダムのユダヤ人共同体が取った対応を思い出せば、異端の指弾が名誉毀損や非ユダヤ人の介入につながることを危惧したのかもしれない。

その後、一七二八年にプラハで出版されたモーセ五書とバビロニア・タルムードの祝禱篇、および一七三一年の祈禱書（siddur）がハギーズの目に止まった。これらは当地のイエズス会士であり、ヘブライ語、アラム語、イディッシュ語を研究したフランシスクス・ハゼルバウアーによる検閲を経ており、内容に著しい加筆や削除が見られたという。(16)ユダヤ人伝道に関与したハゼルバウアーの許可を得たことを問題視するまでもなく、聖典の改変はそもそも由々しき事態である。ハギーズはそうした原稿を作成したユダヤ人こそ責めを負わねばならないと考えていた。そして、そのユダヤ人がハゼルバウアーと親交のあったアイベシッツだと確信していたのである。(17)だが、この疑惑はハギーズの個人的な書簡に見られるだけで論争に発展することはなかった。そして、アイベシッツを追い詰めることができないまま、ハギーズは生まれ故郷であるイスラエルの地に向かい、一七五〇年頃にそこで没したと考えられている。(18)

護符をめぐる論争

一七二五年に起こった一連の騒動は、アイベシッツ自身が出したシャブタイ・ツヴィの異端に対する破門とオッペンハイムをはじめとするアイベシッツ側のラビによる弁明が功を奏して、それ以上の発展を見ることはなかった。この期間に多くの異端者が破門されたが、アイベシッツは飽くまでも破門を宣告する側に回ることで嫌疑を免れたと見られる。そして、最初の疑惑から四半世紀が経った頃、アルトナ、ハンブルク、ヴァンスベックの連合共同体を統括する地位にまで昇り詰めた。

ちょうどその直後の一七五一年、新たな問題が起こった[19]。アイベシッツがシャブタイ・ツヴィへの信仰を疑われたのである。疑惑の的となったのは、暗号化されたシャブタイ・ツヴィの名前を含む護符だった。それを作成したのがアイベシッツではないかと指摘されたのである。すでにハギーズは世を去っていたが、そのあとを継いで異端狩りの陣頭指揮をとったのがヤコブ・エムデンだった[20]。ここでアイベシッツに対する主要な告発者がハギーズからエムデンへと交代したことになる。一七五一年二月四日、エムデンはアルトナに構えた私設のシナゴーグで、集まった人々に護符の作者はアイベシッツに他ならないという見解を披露した。とはいえ、個人で活動していたエムデンの追及は共同体の総意ではなかった。唯一の武器は自営の印刷所だった。エムデンは次々と著作を出版することで、異端狩りを加速させていった。その論法はこれまでの異端駁論を踏襲しており、シャブタイ・ツヴィからハヨーンを経てアイベシッツに至る異端の系譜を描き出すことが目的だった。特にこれ以降はエムデンが反対派の先頭に立ったことから、一連の出来事は一般的にエムデン・アイベシッツ論争と呼ばれる。

エムデンをはじめ、護符の問題に警鐘を鳴らしたラビたちが、最初からアイベシッツを名指しで批判したわけではなかった。しかし、疑惑を察したアイベシッツは自ら護符に関与していないと弁明した。さらに支持者に呼びかけた結果、一七五一年、ルブリンのラビ、ヤコブ・ハイムが筆頭者となり、不遜な告発を発したエムデンに破門状を出すに至った。この人物はアイベシッツの弟子で、四地域評議会の代表を務めるアブラハム・ベン・ハイムの息子だった。

さらに破門状にはその他に一二名のラビが名を連ねている。このことについて、疑惑の渦中にあったアイベシッツはアルトナで説教を行い、次のように述べている。

もし私に異端の痕跡が少しでもあり、無為に歩む悪人たち、すなわちシャブタイ・ツヴィの教団の偽の信仰に従っているなら、［…］私を滅ぼすために天から火炎と硫黄が降ってくるだろう。しかし、ここに私はその教団のすべての悪人どもに破門を言い渡す。［…］私の尊厳は律法の尊厳であり、それを傷つけ呪いの言葉を口にする者も破門する。［…］破門を前にして注意せよ。それは極めて深刻であるため軽んじてはならない[21]。

ハギーズの訴えが届かなかったことからも、このときまで評議会は関与を避けてきたと思われる[22]。エムデンとアイベシッツはドイツ以西で活動していたが、この破門がきっかけとなり、異端論争はポーランドにまで波及することになった。自治組織の内部で異端を容認する者が力を持っていれば、根絶が難しくなることが容易に予想できたためだろう。エムデンはこの時点からアイベシッツへの攻撃を本格化させていく。

アイベシッツ側の破門状に応じる形で、エムデンはドイツとオランダの有力なラビに支援を求めた。ここに、エムデンと親しかったヤコブ・ヨシュア・ファルクの弟子、バルーフ・ベン・ダヴィドが加わった[23]。このあとの論争の展開において、この人物が決定的な役割を果たすことになる。バルーフは評議会の仲介人（shtadlan）という政府高官や教会裁判所との折衝を行う役職にあった[24]。その役割は身代金や税金の問題を解決し、血の中傷や聖体の冒瀆などの嫌疑を晴らすことで、キリスト教徒との交渉においてとりわけ重要な位置を占めていた。バルーフはルブリンのラビがドイツのラビに破門状を出すのは行き過ぎた行為だと考えた。そしてユダヤ人の間の問題であるにもかかわらず、ポーランド財務省の秘書官、カロル・セドルニツキに働きかけた。その結果、セドルニツキはヤコブ・ハイムの父アブラハム・ベン・ハイムを逮捕し、さらにアイベシッツ側が出したエムデンに対する破門を評議会で非難するように命じた。こうしてバルーフが現地の為政者との近しい関係を利用したために、エムデン側が優位に立つことができた。

次にエムデンは問題の護符がシャブタイ派の異端を含んでいるという告知を出し、アイベシッツにラビ法廷で認否を明らかにするよう求めた。しかしアイベシッツが応じなかったために、エムデンは一七五二年に『真実の言葉』(*Sfat 'Emet*) を出版した。エムデンはそのなかで護符の全文を公開し、カバラーのゲマトリアを解読することで、護符が秘め隠す異端の素性を暴露した。しかし、しばしば護符に悪魔の名前が書き込まれることを考えれば、シャブタイ・ツヴィの名前が隠されているからといって、それが異端的なメシア信仰を継承しているとは言えず、必ずしもエムデンの主張を完全に裏づけることにはならない。それでもこの段階では、アイベシッツが不利な状況に追い込まれたことは確かである。

このあと論争の形勢が逆転する。一七五三年、セドルニツキが財政改革に乗り出し、評議会に滞納した税金を支払うよう命じた。評議会にはポーランド議会 (Sejm) から課せられた税金の総額に基づいて負担配分を決定し、下位の共同体から徴収する役割があった。ポーランド議会にとって重要だったのは総額を納税させることであり、個別の事案には干渉しないのが原則だった。当初セドルニツキもユダヤ人共同体内部の論争に関心はなかった。しかし、徴税がうまく進まないと見るや、その原因が共同体の内部分裂にあると考えて、評議会の代表者アブラハム・バル・ヨスキを解任し、アブラハム・ベン・ハイムを新たな代表者に任命した。つまり、一度は逮捕した人物を今度は代表者として遇したのである。こうしてアイベシッツに親和的なラビが代表者に復帰したことで、アイベシッツ批判を行いにくい状況が生まれた。そして同年一〇月、論争に関わる文書をすべて焼却するように評議会の通達が発表された(25)。これはアイベシッツの主張を封殺すると同時に、事実上エムデンの書物を処分することを意味した。この判断がアイベシッツ側に立つアブラハム・ベン・ハイムの影響力からなされたことは十分に考えうる。

ところが、評議会の方針はアイベシッツとエムデンの双方によって無視されることになる。一七五五年にアイベシッツは『証言の石板』(*Luhot 'Edut*) を著して、自分に対するエムデンの告発が濡れ衣であると主張した。『証言の石板』に集められた同意の書簡は約五〇通、そこにはアイベシッツの支持者らが名を連ね、その数は三〇〇名にも上った。末尾には若き日のヴィルナのガオンによる返信も見られる[26]。それに対して、エムデンは数ヶ月後に『悪人の石板の破壊』(*Shvirat Luhot ha-'Aven*)を出版し、さらにアイベシッツを非難したため、両者の間では反論合戦が白熱していった。

一七五五~五六年、評議会の態度は再びエムデンを支持する方向に傾く。今度はバルーフやザモシチのアブラハム・コーヘンら、エムデンを支持する評議会のメンバーが、アブラハム・ベン・ハイムを含む共同体の有力者を説得したためだった。一七五六年の夏にはそれまで内部で一致を見なかった評議会が、アイベシッツとポドリア地方の異端の根絶に乗り出した。そしてとうとう評議会はアイベシッツに対して破門を宣告し、その文書をポーランドのすべての共同体に頒布した。そのことについて、エムデンが自らに届いた報告を書き残している。

共同体の評議会の代表者(parnas)であるルブリンのラビ・アブラハムとその息子は[…]以前の出来事を後悔した。そして、[ラビ・アブラハムは]悪魔が息子を誘惑し、さまざまな面で生命と金銭の危機に見舞われたと語った。彼を中傷した以前の文書はすべて偽りの言葉だった。今や悪魔の長子であるヨナタン・アイベシッツがイスラエルを惑わしたことは明らかである。この男の書物や護符について、聖なる評議会において至急破門を宣告した[27]。

アイベシッツはポーランドの評議会の影響力が及ぶ範囲では厳しい立場に立たされた。しかし、ハヨーン論争で最終的にはネヘミヤ・ハヨーンが敗北を喫したのとは違って、その後も地元の共同体で権威を失うことはなかった。異端を追及するラビたちにとって再び明らかになったのは、ユダヤ人共同体に「シャブタイ・ツヴィの教団」が巣食い、献身的な活動をもってしても駆除することができないという現実だった。さらに、エムデン・アイベシッツ論争では共同体の仲介人がポーランド人の介入を誘導するという新たな局面が見られた。これはハヨーンやルツァットを糾弾する際には起こらなかったことである。すでに述べたように、ユダヤ人共同体内部の問題に非ユダヤ人を引き込んだのは、四地域評議会の特殊な傾向だったと言えるだろう。一方、一七六四年にアイベシッツが世を去ったあともエムデンの追求は続き、死の間際までアイベシッツの息子や弟子を執拗に攻撃し続けたことがわかっている[28]。

二、性愛的創造論に描かれるメシアの新たな役割

創造のプロセスにおける性愛とダイナミズム

モシェ・メイール・カメンケルが摘発され、彼の鞄から『今日私は泉にたどり着いた』の手稿が見つかったとき、複数のラビたちがヨナタン・アイベシッツが著者であると断定した。このカバラー論考には見慣れない特徴があった。それは一言で述べると、神の内部で繰り広げられる世界創造のプロセスを、様々な種類の性行為および生殖に準えて描く点である。初めて読んだラビたちは、一様にその奇異で猥雑な描写に憤慨したようである[29]。カバラーでは、古くから神の世界を男性と女性の原理で説明してきた。男女の媾合に例えられる神の内的な調和によって、世界は原初の無垢を回復し、地上のユダヤ人に救済が訪れる。こうした性愛的な記号論は珍しいものではなかった。しかしながら、この文書に見られる「聖なる婚姻」は、世界の原理を説明するための単なる比喩とは言えないほど、露骨な性行為を想起させる。それは現代の言葉に置き換えるならば、自慰や肛門性交などの膣外射精、および受精による懐胎、胚、胎児、羊膜と羊水の描写に及ぶ[30]。ラビたちが性の清浄と不浄を規定する戒律に通じ、カバラーの性的な表象に親しんでいたことを考えれば、彼らが憤ったのは性を宗教の言説と結びつけたからではなく、男女の神々が異様に入り乱れ、禁じられた行為をもほのめかしながら伝統を上書きしたからだと考えられる。

アイベシッツがこのカバラー論考を著した目的は「信仰の秘密」（razaʾ de-mehemanutaʾ）を明らかにすることだっ

た。「信仰の秘密」は幾度となく『光輝の書』に現れる言葉で、シャブタイ・ツヴィ、ガザのナタン、アブラハム・カルドーゾらにとっても最も重要な概念だった。ただし、彼らが共通した「信仰の神秘」を語ったわけではなく、信奉者の間でも誰がこの秘密を知っているのかとなると見解が分かれる論点だった。アイベシッツの場合、ナタンやカルドーゾやハヨーンの著作を読んでいた形跡が見出せるとはいえ、単なるパスティーシュではなく、その語り方は極めて独特な性愛的表現を取る。ここではまずアイベシッツが説く創造論をごく簡潔にたどることで、彼の「信仰の秘密」を把握することから始めよう[31]。

『今日私は泉にたどり着いた』の主題は、世界の開闢から終焉までの過程で神の内部に生じる現象を通じて神を知ることである。被造物である人間は創造の過程の末端にいるからこそ、神を知ることができるという。神を知るためには、複数の名を持つその諸相がどのように創造に関与しているかを明らかにする必要がある。冒頭に引用される『光輝の書』の一節は、まさに神の諸相が論じられる箇所である。そこではシムオン・バル・ヨハイが余人に許されざる秘密の開示を宣言し、離散による苦しみを味わいながらも、メシア到来まで自分たちの世代の徳によって世界が維持されることを約束する。シムオン・バル・ヨハイは息子のラビ・エルアザルとラビ・アッバに起立を命じ、感極まって落涙する。もちろんここで彼が思いを馳せる離散はユダヤ人の歴史的不遇ではなく、人類の罪によって引き起こされた神の世界の崩壊のことである。『光輝の書』の引用を通してアイベシッツが強調するのは、調和を失った神の世界において、信仰のなかに至高の秘密が隠されているということである[32]。

続いてアイベシッツは「信仰の秘密」と「秘密の始まり」の重要性を強調するために、『光輝の書』から別の一節を引く。そこではシムオン・バル・ヨハイが『ハムヌーナ翁の書』(*Sifra' de-Rav Hamnuna' Sava'*)に見出した言葉を説く[33]。それは三つの霊魂の存在である。一つは認識を超えた「至高の霊魂」(nishmata' 'illa'ah)と呼ばれ、隠されているために知ることができない。「無限」ないしは「王冠」のセフィラーがこれに該当する。もう一つは女(nuqba')であり、自身の天的な力のなかに姿を隠しているという。神の女性的な属性に当たる「臨在」のセフィラーに該当する。残りは地上の義人の霊魂（nishmathon de-tsaddiqaya' le-tatta'）で、「臨在」と「壮麗」から生まれると想定されている。[34]つまり、三つの霊魂とは「無限」、「臨在」、地上の義人の霊魂である。

アイベシッツによると、世界創造の始点は多くのカバラー神学と同じように「無限」である。この無形の原点にはセフィロートに分化する前の神の「慈愛」と「厳正」がそれぞれ五つずつ、あたかも葡萄酒の色や味が水に紛れると見分けがつかなくなるように溶け込んでいる。この状態においては形をなすものはないが、あるとき神は世界を創造しようと思い立つ。すると、まず裁き（din）とも呼ばれ、女性的な性質を持つ「厳正」の原型が契機となって収縮が起こり、世界を築く場が生まれる。それが可能なのは、「厳正」が潜在的にものごとに形を与える性質を有しているからである。

これが男女を措いて他に世界を築くものはないという原則である。特に昂揚（himmum）の秘密により女と交わって起こる収縮の秘密に関することである。それは裁きの力。「愛は肉を押し潰すものである」[35]ということを理解せよ。［…］［五個ずつの］男女の要素が自ら交わること（zivvug mineh vu-veh）の秘密であった。私たちは男女の交わりにおいて、思惟し思考してはならない。思考によって昂揚が起こるからである。外殻が支配する場所で私たちは戦っている。地上において悉くこれは禁じられているが、外殻の手が支配していない場所、天上においてそのお方は唯一であり、完全な構造である。[36]

アイベシッツが描くのは無限なる神の近親相姦的な自家媾合である。それによって、無限の内部に広がった五個の「慈愛」と五個の「厳正」は、世界を形作る目的で点（nequdah）と呼ばれる場所に収斂する。これは絶対無分節なる「無限」のなかに生じる特異点である。また、女性的な性質を備えた場であり、一〇個のセフィロートを包摂する完全なる神の顔（partsuf shalem）を形成する。人間の視点から見ると、そこでは「慈愛」と「厳正」が交わっているように見えるが、神の側面から見ると一つの要素から生起した現象であるとされる。この点への流入が収縮につながる。収縮は根（shoresh）のような場所で起こり、そこから点に向かって放射が起こる。これは陽根と女陰の関係を暗示している。やがて、発生初期の胚の形態で「発散の人間」（ʾadam de-ʾoraḥ ʾatsilut）とも呼ばれる人のような存在が姿を現すという(37)。

アイベシッツによると、このとき世界を構築しようとする力は「思惟を伴う光」として現れる。だが実のところ、世界を創造しようという意志は「無限」が持つ多様な意志の一つに過ぎない。「無限」の意志にはもともと「思惟なき光」が作用しており、それは多くの意志に関与しながら同時に創造に逆行する力さえ有する。被造物である人間が唯一知り得る「思惟を伴う光」は、そうした背景に現れた建設的な力だということになる。二つの対蹠的な概念は、無論ガザのナタンに由来する。

次の段階では、神の三つの様相が胎内において生成する過程が明かされる。頭部に相当し、最上位にあるのは「聖なる老いたるお方」である。最上位の様相はあまりに悠遠で、被造物には認識することができない。根を介してつねにそこから流入（shefaʿ）を受けながらも、被造物は下位の神の様相を通してそれを知り得るに過ぎないのである。では、下位の神はどのように生じるのだろうか。その秘密の答えは男性神の同性愛的な結びつきにある。創世記において、神がアダムに近づいてエヴァを創るシーンに秘められた意味を繙きながら、アイベシッツは神の世界で男色が繰り広げられていることを暴露する。「聖なる老いたるお方」に近く、かつ男性的な性質を備える根は、心臓あるいは「根幹」（yesod）とも呼ばれ、同じく男性的な「イスラエルの神」と交わるという。このとき「イスラエルの神」は受動的な役割を担い、眠った状態で根からの流入を受け入れる(38)。

諸種の世界のあらゆる構造は、女の秘密によらない限りは修復に至らず、もし女がなければ「男性間で行われる無為の射精（zeraʿ le-vattalah）の秘密による(39)。なんとなれば、女こそがすべての完全な形状を描くからである。

[…]「人（ʾadam）が独りでいるのはよくない」（創世記2:18）云々。根は何をしたのか。まるで人のもとに近づくように、彼と交わったのである。これはすでに述べたように睡眠の秘密（sod tardemah）である。[…]「主である神は人を眠らせた。（tardemah ʿal ha-ʾadam）」（創世記3:21）それは人（男）との完全な媾合だった。[…]そして、女が生じたのである。そこには力が隠され含まれている。人から分かれて女ができるというのは、「肋骨の一つを取った」（創世記2:21）云々、ということである。[…]これが根と交わってイスラエルの神から臨在が分離することの秘密である。(40)

「臨在」は「無為の射精」によって生まれる。この娘的な要素は「上位の臨在」（Shekhinah ʿillaʾah）とも呼ばれる。そして今度は「イスラエルの神」が自分が産んだ娘である「上位の臨在」との関係においては男性に戻る。そして「上位の臨在」と近親相姦を想起させる交わりを果たすと、初期胚の形態だった「イスラエルの神」は胎児へと成長する。その後、「イスラエルの神」は引き続き女性的な様相を示すことがあるという。それは根からの流出が続き、受動的な役割を果たしているためである。だが、こうなると「上位の臨在」と交わっているときに、その男性的機能が不全に陥ってしまう。言い換えるならば、「イスラエルの神」の性転換によって引き起こされる機能不全が、精管（neqev ha-zeraʿ）の遮断を引き起こして創造のプロセスを中断してしまうのである。

この中断を受けて、次なる「収縮」が生じる。ここまでに生じた神の世界の構造、胎児あるいは「イスラエルの神」が、「聖なる老いたるお方」の周りに折りたたまれていき、「臨在」が羊膜のようにそれを包み込むのである。こうして「収縮」により創造を継続するための場ができたかのように見えたが、これは「清浄空間」と呼ばれ、すぐに悪しき「驕りの水」（mayim zedonim）が羊水のように胎児を満たしてしまう。(41)「聖なる老いたるお方」は聖性が高く認識することができず、今や「イスラエルの神」も悪の浸潤によって機能を失っている。そうしたなか、「下位の臨在」（Shekhinah tataʾah）が「イスラエルの神」と交わることになる。だが、「下位の臨在」は「驕りの水」から守られねばならず、また「イスラエルの神」は依然として機能を喪失しているため、交わりは思惟（maḥshavah）によって遂げられる。この思惟から生まれたのが「創造の原初の人間」（ʾadam qadmon de-vriʾah）である。「創造の原初の人間」は「聖なる老いたるお方」に似せて創造され、高い聖性を備えているが、同時に「思惟なき光」を含んでいる。ゆえに律法も知らず、戒律を守ることもない反規範的な性質を継承しているとされる。逆説的に「愚者」（ksil）あるいは「老王」（melekh zaqen）と呼ばれるのはそのためである。[42] 思惟のみによって生まれた存在は、胚胎の過程を経ることがないために、胎児となって「臨在」の庇護を受けることができない。その証拠に「創造の原初の人間」は不完全さの象徴であるカインと同一視される。アイベシッツが描く神の世界において、カインはアベルよりも上位に位置するが、この位置関係は創造の過程で反転する。一見すればカインが優っているように見えるが、神の女性的な性質と結びつく際はアベルのほうが優位に立っていたからである。「主はアベルとその捧げ物を認めた」（創世記 4:4）という聖句には、神の流出がカインではなくアベルに注がれていることが暗示されているという。カインはこれに憤った。そして、強引にアベルが位置する清浄空間へ降りようとしたという。

> ［カインは］清浄空間のなかに降りたいと願った。これは降下（nefilah）の秘密である。[43]［…］「［カインは］顔を伏せた」（創世記 4:5）という聖句のことである。［…］驕りの水が勢いを増して破壊が起こるので、イスラエルの神は降るなとおっしゃった。［…］しかしカインは渇望し、何をしただろうか。抱擁と愛着の秘密によって、アベルが届くほどに清浄空間を身にまとったのである。そして、女を奪って女の水（mayim nuqbin）の流入を受けようと願った。［…］今や自分の場所から降りたところで、カインには多くの光が流れ込んでいる。すでに述べた通り、清浄空間は「マクペラの野」（同 23:19）と呼ばれているため、「彼らは野にいた」（同 4:8）と書かれている。そのとき［カインはアベルに］襲いかかって殺した。それによって［神の世界に］破壊が起こったのである。[44]

こうしてアベルは「臨在」との間に子を残さずに息絶えてしまう。アイベシッツによれば、これこそが創世記で語られる最初の殺人に隠された本当の意味であり、まさにルーリア派のカバラーで説かれる「容器の破裂」である。

アベルが死んだことで、カインこと「創造の原初の人間」は未亡人である「臨在」を娶らなければならなくなった。これは、子どもがいないまま夫が死んだとき、夫の兄弟が未亡人を新たに妻として迎えるという戒律の秘密である[45]。この行為は「臨在」を立ち上がらせて交わり、世界を構築するために行われるとされる。ところがカインは、あれほど執着を示したにもかかわらず、いざとなるとアベルの妻を娶ることで自らも弟と同じ運命をたどるのではないかと危惧して拒んだ。戒律に従うならば、未亡人との結婚を拒む場合、彼女に靴を脱がされる儀式が必要である[46]。だが、恐怖を感じたカインは戒律を守るように諭す「イスラエルの神」の言葉にも従わない。これは破戒であるだけでなく、創造の中断を意味している。

この停滞を打破するのが「イスラエルの神」である。「聖なる老いたるお方」が位置する上方に折り畳まれていた「イスラエルの神」は頭部から本来の心臓の位置へと広がっていく。「直線」(qav yosher)を描く下方への動きは、「イスラエルの神」が「主」であることを示している。聖書で「主」と呼ばれる神は、古来ユダヤ人が仕えた存在に他ならない。とはいえ、「イスラエルの神」は「聖なる老いたるお方」とも根ともつながり一つの神の顔を形成しているため、複数の様相に分断はないとされる。また「イスラエルの神」は「思惟なき光」を排除することができるため、増進する「思惟を伴う光」によって創造が進行する。この状態の「イスラエルの神」は「臨在」と交わることができる。ユダヤ人が「イスラエルの神」に祈り、離散において「臨在」との媾合を願う所以である。

ここにカルドーゾの神学との共通点を見出すのは難しくない。「聖なる老いたるお方」「イスラエルの神」「臨在」という神の三層構造は、「第一原因」「創造主」「臨在」の同一性と一体性を説いたカルドーゾの神学に酷似する。アイベシッツの特徴は、そうした構造を所与の静的なものと捉えないところにある。そこで用いられたのが「思惟を伴う光」と「思惟なき光」というナタンに由来する概念である。神の世界に伏在する創造と破壊のエネルギーによって、

ーゾの思想的アマルガムはシャブタイ派を疑うに十分な根拠だっただろう[47]。

創造のプロセスはあたかも神の呼吸のように表現された。第一世代の思想に通じた告発者であれば、ナタンとカルドーゾの思想的アマルガムはシャブタイ派を疑うに十分な根拠だっただろう[47]。

汚穢と反規範と偶像崇拝のメシア

創造のプロセスを描くなかで、アイベシッツは「真のメシア」（mashiaḥ ʾamiti）についても論及する。もちろんシャブタイ・ツヴィの名前を持ち出すことはないが、彼にまつわる諸々のエピソードに加え、ナタンやカルドーゾの思想に触れた者であれば、信奉者であれ告発者であれ、「真のメシア」が他ならぬシャブタイ・ツヴィを暗示していると気づくほどあからさまな筆致である。ここに至って『今日私は泉にたどり着いた』が、ナタンやカルドーゾの用いた概念だけでなく、シャブタイ・ツヴィを念頭に置いて書かれたことに疑問の余地はないと結論づけられる。ただし、「真のメシア」は穢れである。

メシアによる救済の端緒となるのは、「イスラエルの神」の男根に内在する尿道（neqev ha-sheten）の機能である。アイベシッツによれば、本来生殖に関わる精管の代わりに、この第二の通路から現れるのがメシアであり、これによって創造のプロセスが進んで、救済が実現するという。このメシアは「イスラエルの神」の尿であり、その息子とも呼ばれる。

イスラエルの神は真のメシアの霊魂を尿道から取り出した。ミドラシュではいくつもの箇所で他の種（zeraʿ ʾaḥer）について教えられている。［…］他の場所（maqom ʾaḥer）から生まれたメシアの霊魂は、精管ではなく尿道において［生まれた］。「神の霊が水面を漂っている。」「深淵の表面に闇があった。」（創世記 2:1）それはメシアの霊について言われていることである。なんとなれば、そこに落ちて裂け目に屹立し、すべて［の閃光］を集めて［悪を］破壊するからである。それらは驕りの水であり、すでに述べたように清浄空間としての深淵の闇である。メシアの霊はそこを漂う[48]。

聖なる救済の使命を担うはずのメシアは、創造的な生殖の要素ではなく排泄された汚穢と同一視されながら、悪の領域に立ち入る運命にある。この種の逆説的なロジックはナタンも同様の表現を用いていることから、アイベシッツが『創造の書』の内容に触発された可能性がある[49]。

加えてアイベシッツは、そのメシアが「聖なる老いたるお方」と同じように律法や戒律を免れることを明らかにする。

「人が穴を掘って［…］そこに雄牛や驢馬が落ちる」（出エジプト記 21:33）という聖句について、『光輝の書』では「そこには二人のメシアが落ちた」と説明されている[50]。ゆえに『光輝の書』に書かれているように、その人は貧しく裸であり、律法も戒律もない。［…］「盲人は戒律を免れる」という格言の秘密である[51]。［…］［ナフマニデスの聖書註解を読み解くルーリアの深甚なる教えによると］律法の本質は外地に属することはなく、イスラエルの地を除いては律法の本質が課されることはない。［…］外地とは清浄空間であり、驕りの水であり、そこに律法が属することはない。しかしながら、イスラエルの地では［…］律法も戒律も課されるのである[52]。

確かにメシアは悪に落ちた状態では規範の軛から自由である。ただし、この一節において注意すべきは、イスラエルの地では律法も戒律も課されるという記述である。もちろん地理的な制限が論点になっているわけではない。真意を知るにはこの言葉に秘められたもう一つの意味に迫る必要がある。実は「イスラエルの地」は頭字語で短縮されて書かれており、「イスラエルの神」と読むことができる。しばしばアイベシッツは双方を互換可能な概念として用いていることから、この言葉も「イスラエルの神」を含意すると捉えなくてはならない。では、「イスラエルの神」はメシアと違ってどのように戒律を守るのだろうか。アイベシッツは「主」（YHVH）がテフィリーンを装着するというタルムードの格言に言及することで、その意味を明らかにする。[53] この文脈ではテフィリーンは戒律の象徴である。また、幼児に例えられた「イスラエルの神」はテフィリーンによって「聖なる老いたるお方」から力を受け取るという。

> そのとき［イスラエルの神は］幼児のごとく、その脳は柔らかい。［…］これは頭部のテフィリーンの秘密である。［…］それゆえ、幼児の脳が柔らかい場所に装着される必要がある。[54]［…］幼児を包む羊膜は、今のところ聖なる老いたるお方とイスラエルの神の間を隔てる分断の秘密である。それはしばしば緞帳の秘密と呼ばれ、頭と身体のかなりの部分を覆うタリートの秘密でもある。［…］イスラエルの神は平日に緞帳とテフィリーンを通して［上方からの光の］流入を受け入れる。［…］それに対して、安息日や祭日には媾合の秘密による。それはすでに述べたように睡眠の秘密のことである。［イスラエルの神の］光は緞帳から天に昇ってテフィリーンがなくても流入を受け入れる。それは「頭には布（peʾerkha）を巻け」（エゼキエル書 24:17）、「頭に壮麗の王冠（ʿateret tifʾeret）を戴く」（同 16:12; 23:42）という聖句の秘密である。［…］それゆえ、壮麗の秘密においてテフィリーンは巻き布と呼ばれている。これは心臓から天上へ折り畳まれる秘密である。あたかも腸のように装着される。「私の身体から神を見つめる。」（ヨブ記 19:26）髪の代わりに頭を覆い、悪の諸要素が増大しないように中和する。それは大祭司が頭に巻く布（mitsnefet）の秘密である。[55] 神殿の道具についてマイモニデスが述べたことに対してアブラハム・ベン・ダヴィドが見解を示しているように、それはイシュマエル人（ムスリム）が頭に巻く布（krikhat ha-Yishmaʿelim）のようなものである。[56]

「イスラエルの神」はテフィリーンをまとうという最も基本的な戒律を守るが、それは実のところ聖性が不十分な平日に限られたことで、安息日や祭日にはテフィリーンがなくても、つまり戒律を守らなくても最上位の「聖なる老いたるお方」から力を得ることができるという。詳しく論じられることはないが、「頭に巻く布」と呼ばれる被り物がシャブタイ・ツヴィのターバンを暗示すると読めるし、アイベシッツがあえてムスリムのターバンを想起させるような表現をとった可能性さえあるだろう[57]。

さらにアイベシッツは「イスラエルの神」に対して上位の「聖なる老いたるお方」が、メシアと同様に規範の軛を免れることを確認する。論点は規範を表象するヘブライ文字、「ヴァヴ」（vav）の有無である。

根は神の顔の様相に対してすべての戒律を守るように命じた。［…］しかし、すべての戒律の遵守は悉皆、主（Qadosh Barukh Hu'）とも呼ばれるイスラエルの神に課せられたものである。なんとなれば、天上にあってはあらゆるものが、ヴァヴのない聖性（qodesh）の秘密に従うからである。ヴァヴの秘密に従うイスラエルの神は、ヴァヴのある聖なるお方（Qadosh）と呼ばれる。これが「主はテフィリーンをまとう」という格言の秘密である。［…］老いたるお方は戒律や律法を守る必要はない。イスラエルの神は根に対しては女のようになる。律法と戒律は媾合を促すための彼女の飾りである[58]。

「イスラエルの神」の息子であるメシアの役割は「聖なる老いたるお方」からの流入を受け止め、下位の「臨在」と交わることである。地上の人間には「聖なる老いたるお方」が認識できず、祈りを捧げることも禁じられている。それに対して、メシアには「聖なる老いたるお方」にひれ伏して祈る特権がある。このときメシアはもはや「イスラエルの神」と等しく、肛門性交によって「聖なる老いたるお方」の流入を受け入れることで、これによって得た神聖な流れを「臨在」へと注ぎ入れることに成功する。

ときにそのお方（メシア＝イスラエルの神）は臀部の秘密（sod 'aḥorayim）において媾合せねばならないことがあ

る。「[神が] 幼いイスラエルを愛した」(ホセア書一一:一) という聖句の秘密である。いつか驕りの水がこの地から果て、清浄空間が清められると、下方では臀部の秘密において臨在との媾合が遂げられる。これはグマラの「[来世において] 女は毎日子を産むようになる」「[ある弟子がラバン・ガマリエルを嘲笑うと] 彼は [毎日] 尻から卵を産む雌鶏を見せた」という一節の秘密である。[59] これが律法の書を便所に持ち込むことに込められた秘密である。[60]

禁じられた「無為の射精」の一つ、肛門性交に救済論的な意味を見出しながら、排泄の場である便所に律法を持ち込むことをも正当化するこのテクストは、仮に後者がシャブタイ・ツヴィによる「大いなる修復」のエピソードに基づいていたとしても論理の飛躍は否めない。とはいえ、アイベシッツがメシアによる破戒と冒瀆を創造の過程に不可欠なものと見なしていることは確かであろう。

将来、驕りの水がなくなり、清浄空間が清められ、「イスラエルの神」と「臨在」が一体となって神の世界に調和が訪れる。そのためにユダヤ人はどのように祈るべきなのか。律法と戒律をつかさどる「イスラエルの神」が祈りの対象となることは言うまでもない。アイベシッツは、セフィロート体系の中央にある「壮麗」がその住処であるという。

以上のことから、壮麗に留まるイスラエルの神に祈らなければならないのは、そのお方が世界を統べるためであるとわかるだろう。すべての均衡はそのお方によって決まる。[61] 臨在はそのお方と交わる。そのお方に祈るとき、すでに述べたように流入は均衡において女のなかへと降ってくる。[…] 均衡において男女が交わり、すべての世界が現れるだろう。しかしながら、老いたるお方や根に祈ると、完全なる慈悲が降ってくる。するとそこでは臨在がまったく交わることがない。すべては [老いたるお方が行う] 無為の射精の秘密の結果である。世界を破壊し、容器の破裂が起こる。［…］根はそのお方に戒律を与え、［実践するように］命じた。［…］イスラエルに律法を与え、あらゆる戒律を命じたが、これは他でもないモーセに与えたことの秘密である。[62]［…］イスラエルの神こそが私たちの神であり、そのお方に私たちは仕えるのである。[63]

注意すべきは被造物が認識できない至高神、「聖なる老いたるお方」に祈ることが禁じられている点である。[64]

一方で、アイベシッツは離散の時代には祈りの対象が変わるとも述べている。これはアダムとエヴァがエデンの園を追放されて以来、またエルサレム神殿が破壊されて以来続く不遇の時代であり、それに伴って神の世界に断絶が生じている状態を指している。つまり、実際に彼らが生きる時代の現状について述べていると考えられる。そのとき「イスラエルの神」と「臨在」を結びつけようと祈ることはできない。「驕りの水」が増幅し、祈りを届けることが難しいからである

では、離散の時代に人々はどこに向かって祈ればよいのだろうか。それは「聖なる老いたるお方」でも「イスラエルの神」でもない。

臨在の媾合がない場合は無為の射精であり、世界を破壊するので、老いたるお方にもイスラエルの神にも祈ってはならない。短い顔（Zeʿir ʾAnpin）にいる臨在の友（ḥaver）に、そこから父と母（「理知」と「知恵」のセフィロート）に、そしてそこから長い顔（ʾArikh ʾAnpin）に祈らなければならない。［…］多くの離散と隠匿のため、真実の神であるイスラエルの神に祈ることはない。真のメシアは老いたるお方と交わる。［…］そこに無為の射精はなく、その人（メシア）はそこで祈る。「貧しき人の祈り、その人は弱る。」（詩篇 102:1）そのお方は「貧しく驢馬に乗る人」（ゼカリヤ書 9:9）と呼ばれる。[65]

「短い顔」は「壮麗」のセフィラーを意味する。そこから段階を経て最上位の「長い顔」、おそらくは「聖なる老いたるお方」ないしは「王冠」のセフィラーに祈りを向ける。ここに現れる「臨在の友」がメシアを意味することに間違いはないだろう。つまり「壮麗」にはメシアが宿り、今日においてまずはその人に祈りを捧げることから始めなければならないのである[66]。暗示に満ちた晦渋なテクストであるとはいえ、規範の軛を免れたメシアが最上位の神とつながりながら、同時に人々の祈りの対象でもあるという不敵な教えは、異端の告発者にとっては「シャブタイ・ツヴィの教団」で共有される神学そのものに見えただろう。

『今日私は泉にたどり着いた』の末尾には、さらに大胆な考えが示されている。それはメシアの神、「聖なる老いたるお方」が示す宗教を超えた博愛である。アイベシッツは『光輝の書』の「大イドラ」（ʾIdraʾ Rabbaʾ）を典拠としながら、次のように論じる。

> メシアの秘密であるハムヌーナ翁が「鼻を持つ者に」（le-baʿal ḥotem）と述べたお方は、鼻孔が一つ（ʾaf ʾeḥad）の老いたるお方の秘密である。［そのお方にハムヌーナ翁は］「私は祈る」［と言ったのだ］[67]。老いたるお方には完全なる慈悲が備わり、鼻孔が一つであるという秘密において、律法を破る者たちにさえもまったく裁きがない。聖なる老いたるお方には鼻孔が一つなのである。イスラエルの神には鼻孔が二つあり、「忍耐強いお方」（ʾerekh ʾappayim）（出エジプト記 34:6）と呼ばれるが、［鼻孔が一つの聖なる老いたるお方は］「諸々の民をも愛するお方」（申命記 33:3）であると言われている。裁きが皆無であるがゆえ、異民族さえも［愛する］ということである[68]。

メシアが祈る「聖なる老いたるお方」は民族の境界を超えて人々を愛する。もちろん聖書の字義に基づく限りは古代の民族集団だが、一八世紀にあってそれは宗教を超えた博愛を暗示していると捉えられるだろう。

アイベシッツは「やがて」（le-ʿattid）という言葉を繰り返しながら、真の意味で「イスラエルの神」と「臨在」が結合した創造の完成を描く。もはや膣外射精による生成ではなく、律法を護持するモーセ＝「イスラエルの神」が「臨在」の膣口を貫いた結果の受精であるという。そのとき驚くべきことに、神の世界の絶顚を目指すダビデ＝メシアは、ユダヤ教の唯一神ではなく、複数の異教の神々に奉仕することが暗示される。

「イスラエルの処女は倒れ、再び起き上がることはない」（アモス書5:2）とあるように、やがて［イスラエルの処女である］臨在は［倒れて］妻女（beʿulah）の秘密になるだろう。処女（betulah）のときのように再び上昇することがないということである。やがてすべてが修復されるので、［「臨在」が］驕りの水を恐れることはないからである。［…］今の媾合は穴で行われるものではないが、やがて穴［で行われること］になるだろう。[69]「モーセが遅れている」（出エジプト記32:1）とあるが、やがてその人はつねに立つであろう。［…］ゆえに頭部（［「聖なる老いたるお方」］）に至るダビデは「そこで神々（ʾElohim）にひれ伏すだろう。」（サムエル記下15:32）それは老いたるお方の秘密である。［…］「（鼻孔が一つの聖なる老いたるお方は）諸々の民をも愛するお方」という一節の秘密において、［メシアであるダビデは］偶像崇拝を行うのである。[70]

タルムードのサンヘドリン篇では「頭部」は偶像であると解釈される。つまり、ダビデがひれ伏す対象が複数の神々であると読めることを考えても、ラビたちの議論に通じていればメシアが祈る「聖なる老いたるお方」は宗教の違いを超えた神であることが推論できる。

やがて訪れる未来においては、神の世界が調和を回復することで創造が完結し、メシアが宗教の境界を超えて神に仕え、人々がそのメシアに祈りを捧げる。確かに『今日私は泉にたどり着いた』で説かれる神学は表象的で、シャブタイ・ツヴィの信奉者の実践に即座に適用できるものではない。また、異端を疑われた既存のいかなる教説とも完全な合致を示していない。それでも、ナタンやカルドーゾの概念が縦横に用いられていることに加え、結論において終末の救済がメシアの偶像崇拝と交叉するとき、いかなる読者であれ、そこにシャブタイ・ツヴィの姿を想起しないわけにはいかなかっただろう。

注

（1） 論争の経緯は以下を参照。Maciejko, "Coitus Interruptus," *Va-ʾAvo ha-Yom ʾel ha-ʿAyin*, i-xvii. 詳しい典拠はマチェイコの研究に譲り、本書の脚注では重要な一次資料のみに触れることにする。

（2） モシェ・メイール・カメンケルについては以下を参照。Carlebach, *The Pursuit of Heresy*, 176, 320. Scholem, *Maftehot le-Kitvei ha-Pulmus*, 253-255.

（3） そのクロイズには、ポーランドからエルサレムへ移住したユダ・ハシードの義理の息子、イェシャヤ・ハシードが所属していた。エムデンが伝えるところによると、この人物は一度はメシア信仰を捨てたものの、今度はアイベシッツにシャブタイ・ツヴィの霊魂が宿っていると主張するようになった。Scholem, *Maftehot le-Kitvei ha-Pulmus*, 183-185.

（4） Emden, *Megillat Sefer*, 88.

（5） カメンケルに対する破門は以下を参照。Emden, *Torat ha-Qenaʾot*, 37r-38v. Scholem and Wilhelm, "Keruzei Ḥiyyaʾ de-Rabbannan," 99-104. 別の所持品検査の記録では、ヨナタン・アイベシッツや彼の師であるユダ・レイブ・プロスニッツが書いたものがあったとされている。

（6） *Sefer Gahalei ʾEsh* 1, 54v. イェヘズケル・カッツェネルンボーゲンについては以下を参照。*Jewish Encyclopedia*, s.v. Katzenellenbogen.

（7） 『今日私は泉にたどり着いた』という表題は、創世記24:42に由来する。校訂版は以下を参照。Maciejko, *Va-ʾAvo ha-Yom ʾel ha-ʿAyin*.

（8） ゾルクヴァはシュムエル・プリモが説いたシャブタイ・ツヴィの神格化がハイム・マルアハによって伝えられた土地である。本書一六二、三一七—三一八頁参照。

（9） Maciejko, "Coitus Interruptus," *Va-ʾAvo ha-Yom ʾel ha-ʿAyin*," xviii-xix.

（10）アイベシッツは認めなかったが、ペルルムテルとリーベスの研究では、現在ではカッツェネルンボーゲンをはじめとする告発者たちの主張が正しかったとされている。
（11）アイベシッツがベルヒヤのカバラーを学んでいたという証言がある。Emden, *Shuirat Luohot ha-'Even*, 55r. Idem, *Sefer Beit Yehonatan ha-Sofer*, 3r. その他にもエムデンはベルヒヤとの関係に複数箇所で言及している。Scholem, *Maftehot le-Kituei ha-Pulmus*, 66-71. ただし、ベルヒヤが書き残したものは現存せず、エムデンは関係を指摘するだけで、比較や分析を行っているわけではない。
（12）*Sefer Gahalei 'Esh* 1, 79v-80r.
（13）*Sefer Gahalei 'Esh* 1, 129v. オッペンハイムの立場は、七月二二日にプラハのラビ、レイブがハギーズに宛てた書簡に付されている。Ibid., 126r-129v.
（14）*Sefer Gahalei 'Esh* 1, 121v-122r. 日付は一七二五年八月二〇日だが、九月一六日とする資料もある。Maciejko, op. cit., x. この破門状はアイベシッツを追及するラビたちに向けられているとするマチェイコの解釈は重要である。アイベシッツがシャブタイ・ツヴィへの信仰を批難していると考えられてきた文書は、注意深く読むと告発者に向けた批難であることがわかるという。Ibid., xi-xv.
（15）Emden, *Megillat Sefer*, 89.
（16）ハゼルバウアーについては以下を参照。Frakes, *The Cultural Study of Yiddish in Early Modern Europe*, 64-65.
（17）Maciejko, "The Rabbi and the Jesuit," 147-184.
（18）Carlebach, *The Pursuit of Heresy*, 275-277.
（19）一七三六年頃、アイベシッツはルツァットに会っている。ルツァットの死後、彼の蔵書からアイベシッツとの会話の記録が見つかったとされるが、エムデンの証言以上の証拠はない。Emden, *Shuirat Luhot ha-'Even*, 40v.
（20）エムデンは一七二五年に起こった最初の問題には、慎重な姿勢を取り、積極的に反論を行うことはなかった。Schacter, *Rabbi Jacob Emden*, 416-420.
（21）Eibeschütz, *Luhot 'Edut*, 77v.
（22）自治組織内部に被疑者がいながらも、その威厳を守ることが優先されるという状況は、アムステルダムで始まったハヨーン論争の状況を想起させる。

(23) Maciejko, "Baruch Yavan and the Frankist Movement," 336–337. *The YIVO Encyclopedia*, s.v. Barukh ben David Yavan.
(24) *The YIVO Encyclopedia*, s.v. Stadlan.
(25) *Pinqas Va'ad 'Arba' 'Aratzot*, 391–397. Emden, *'Edut be-Ya'aqov*, 55v. 同じ年、ブロディのラビたちはレイブ・プロスニッツの文書とアイベシッツの『今日私は泉にたどり着いた』などに対して破門を言い渡した。Idem, *'Aqitsat 'Aqrav*, 6r; 13r; 20v. Idem, *'Aspaqlariah ha-Me'irah*, 95r.
(26) まだ無名のヴィルナのガオンがアイベシッツに宛てた書簡は、以下を参照。Eibeschütz, *Luḥot 'Edut*, 71v. 引用された書簡の信憑性とヴィルナのガオンの意図については、レイマンの考察を参照。Leiman, "When a Rabbi is Accused of Heresy," 251–263.
(27) Emden, *Sefer Shimush*, 2v. *Pinqas Va'ad 'Arba' 'Aratzot*, 416–417.
(28) Schacter, *Rabbi Jacob Emden*, 433–435.
(29) Maciejko, op.cit., xviii–xix.
(30) Ibid., xxv–xxvi.
(31) ここではペルルムテルとマチェイコの要約に沿って、適宜原文を参照しながらアイベシッツの創造論を素描する。Perlmuter, *R. Yehonatan Eibeschütz*, 84–98. ペルルムテルはアイベシッツがハヨーンよりも忠実にカルドーゾの『信仰の秘密』を解釈していると述べる。Ibid., 110–111. Maciejko, op.cit., xxvi–xxxv. なお『今日私は泉にたどり着いた』の原文はマチェイコの校訂版に従う。校訂の基本となるイスラエル国立図書館所蔵の写本は以下。The National Library of Israel, Ms. Heb. 8° 2491. ところでマチェイコは、アイベシッツの創造論ではキリスト教の神学が暗示され、しかもそれがユダヤ教よりも優位な存在として描かれているという。アイベシッツがキリスト教への改宗を勧めたわけではないが、キリスト教徒がユダヤ人を支配する現実を彼のカバラー神学に反映させた。本書の目的から逸れるため、ここではキリスト教への暗示を割愛しながら解説するが、マチェイコの読解は極めて重要である。Maciejko, op.cit., xxxv–lii.
(32) Maciejko, op.cit., 11. *Sefer ha-Zohar* 2, 9a.
(33) ハムヌーナ翁は『光輝の書』にのみ現れる架空のタンナ。メシアの性質を備えていることが暗示される。Maciejko, *Va-'Avo ha-Yom 'el ha-'Ayin*, 11; 159.
(34) *Sefer ha-Zohar* 1, 245a–b.

（35）この一節から、ラビ・イシュマエルとラビ・エルアザルが異教の女の愚問に応じて性的な表現を用いる一幕が想起されることは言うまでもない。*Talmud Bavli*, Bava Metsiʻah 84a.

（36）Maciejko, *Vaʼ Avo ha-Yom ʼel ha-ʻAyin*, 20. マチェイコは神の内部で生じるこのような媾合を自慰と解釈している。Ibid., xxvi.

（37）Ibid., 27-28.

（38）「聖なる老いたるお方」は認識不可能な隠れた神（deus abscoditus）として機能し、「イスラエルの神」は人間に認識できる神である。このあと明らかにするように、アイベシッツは「聖なる老いたるお方」に祈ってはならず、創造神こそが真実の神だと主張している。この反転的グノーシス神学には、まぎれもなくカルドーゾの影響がうかがえる。本書一四八―一四九頁参照。ところでイドラ文学においては、「修復」が性的な性質を帯びる。父である「聖なる老いたるお方」と息子である「短い顔」の同性愛的な交わりが描かれる。Wolfson, *Language, Eros, Being*, 368-371.

（39）一連の展開をまとめるにあたって参照したマチェイコ論文のタイトル Coitus Interruptus は、一般にこうした膣外射精を指す言葉である。「無為の射精」（hotsaʼat shikhvat zeraʻ le-vattalah）がハラハーで禁じられる際の聖書の根拠は、創世記 38:6-10 やレビ記 15:16-18 を参照。

（40）Maciejko, *Vaʼ Avo ha-Yom ʼel ha-ʻAyin*, 30-31. 根から流入が途絶えているときは、イスラエルの神がそこに昇ることもある。

（41）「驕りの水」については詩篇 124:5 を参照。その悪しき性質は、例えば『光輝の書』に記されている。*Sefer ha-Zohar* 1, 63b.

（42）Maciejko, op. cit., 51. ところで、イスラエル・ハザンの証言によると、シャブタイ・ツヴィが自身の発言を「まったくの愚者（ha-shoteh ha-muḥlat）がこう述べた」と書いたという。アイベシッツがそのことを知っていたかどうかはわからないが、メシアの逆説的な表象の一例として興味深い。Scholem, "Perush Mizmorei Tehilim," 168. また同様の表現はアブラハム・ロヴィーゴも用いた。Idem, *Shabtai Tsvi*, 110 [138].

（43）シャブタイ・ツヴィの抑鬱的な消沈や地獄降りを暗示している可能性は否定できない。本書二三頁参照。

（44）Maciejko, op. cit., 62. 以下も参照。Ibid., 111. アベルは「聖なる老いたるお方」からの流入を得ていたが、それは子をなし得ないため「無為の射精」の秘密であるとされる。この流入に耐えきれずに、アベルは絶命した。この段階における神の世界の破壊には、こうした背景もあったとされる。

（45）申命記 25:5-6 を参照。ヘブライ語で「イブーム」（yibbum）、人類学の用語でレヴィラート婚と呼ばれる風習。

（46）申命記 25:8-10 を参照。これは「ハリーツァー」（ḥalitsah）と呼ばれる儀式。申命記では未亡人が靴を脱がせるばかりか、顔に唾を吐きかけて辱めることまで許容されている。

（47） エムデンは『今日私は泉にたどり着いた』に見られるベルヒヤ・ルッソの影響を指摘した。Scholem, “Berukhiya Rosh ha-Shabta'im,” 136. リーベスはヘシェル・ツォレフの著作に影響を受けた可能性に言及している。Liebes, “Nevu'ato shel ha-Shabta'i,” 137–138.

（48） Maciejko, *Va-'Avo ha-Yom 'el ha-'Ayin*, 128.「臨在」もメシアと同様に浄化の役割を担う。Perlmuter, *R. Yehonatan Eibeschütz*, 95–96.

（49） シャブタイ・ツヴィを汚物に喩える表現がナタンの『創造の書』に見られる。糞便（tso'ah）の数価がツヴィ（Tsvi）に等しいことは告発者によっても指摘されていたが、ナタンやアイベシッツは汚れのなかに聖なる意味を見出す。Yamamoto, “Torat ha-Shmitot ve-ha-Meshiḥiyut,” 309–310. *Sefer ha-Bri'ah*, MS Berlin Oct. 3075, 28r–29r. 気高き救済者が汚穢と同一視される逆説については、ルネ・ジラールの議論を参照。Girard, *La Violence et le Sacré*, 130–169. 本書第Ⅱ部のエピグラフは、西アフリカのモシ族が王の即位式で歌う歌であり、ジラールの前掲書からの引用である。

（50） *Sefer ha-Zohar* 3, 279a. 原文は以下の通り。「管が開いているときにそこに落ちた者たちは誰も上がって来られない。ダビデの子のメシアは、ヨセフの子のメシアとともにそこに落ちてしまった。前者は貧しく驢馬に乗り、後者は「［ヨセフの］雄牛の初子」（申命記 33:17）である。それはヨセフの子のメシアのことである。「人が穴を掘って埋めなければ、そこに雄牛や驢馬が落ちる。」（出エジプト記 21:33）それゆえ、メシアは落ちた者（bar naflei）と呼ばれるのである。」抑鬱状態にあるシャブタイ・ツヴィを指して「落ちた者」という表現を用いる例は、ナタンら第一世代の文書にも見られる。Scholem, *Shabtai Tsvi*, 107 [134]. ナタンはイスラームへの改宗と関連づけた。Idem, “'Iggeret Natan ha-'Azzati,” 431–432. ただし、この表現はもともとタルムードに現れるものである。*Talmud Bavli*, Sanhedrin 96b. よって必ずしも異端の系譜を裏づけるものではないが、この時代にあって誰が言及しようとも、それがシャブタイ・ツヴィを暗示し得ることは論を俟たない。

（51） *Talmud Bavli*, Qidushin 31a.

（52） Maciejko, *Va-'Avo ha-Yom 'el ha-'Ayin*, 129.

（53） *Talmud Bavli*, Berakhot 6a. それに基づくナタンとアイベシッツによる記述を参照。*Sefer ha-Bri'ah*, MS Berlin Oct. 3075, 12r. Maciejko, op. cit., 74–75.

（54） *Talmud Bavli*, 'Eruvin 95b; Menaḥot 37a.

（55）出エジプト記 39:28 を参照。

（56）Maciejko, *Va-ʾAvo ha-Yom ʿel ha-ʿAyin*, 74-75. アイベシッツの典拠は『光輝の修復』の以下の箇所である。*Tiqqunei Zohar* 9a. 以下も参照。*Talmud Yerushalmi*, Moʿed Qatan 15a. マイモニデスは『ミシュネ・トーラー』を著すにあたって、あえて出典を明記しなかった。アブラハム・ベン・ダヴィドは学習者の便に資するために補論をまとめた。該当箇所は以下を参照。*Hasagot ha-Rabad ʿal Mishne Torah*, Hilkhot Keli ha-Miqdash ve-ha-ʿOvdin boʾ, 8:2.

（57）決して明快に論じられることはないものの、「イスラエルの神」がイスラームに改宗することで、離散の状態にあっても「聖なる老いたるお方」の流入を得ることがほのめかされているようである。一方でテフィリーンの装着によって流入を受けるのであれば、戒律遵守という「イスラエルの神」の属性に合致し、シャブタイ・ツヴィの改宗が暗示されていると理解することはできない。

（58）Maciejko, *Va-ʾAvo ha-Yom ʿel ha-ʿAyin*, 76-77.「ヴァヴ」は歴史における終末の前段階、またこの世界における戒律遵守を特徴づける第六のヘブライ文字である。「聖なる老いたるお方」という神名の綴りには「ヴァヴ」がなく、戒律を守る必要がないことを暗示する。ナタンの『創造の書』における同様の議論は以下を参照。*Sefer ha-Briʾah*, MS Berlin Oct. 3075, 11r-v.

（59）*Talmud Bavli*, Shabbat 30b. ラバン・ガマリエルによる来世に関する説教で、この世界の法則が更新され、あらゆるものが早く結実する未来が語られる。

（60）Maciejko, *Va-ʾAvo ha-Yom ʿel ha-ʿAyin*, 115-116. 律法を便所に持ち込む逸話は、シャブタイ・ツヴィが行った冒瀆的行為を想起させる。ここで「便所」（beit ha-kiseh）と訳出した言葉は、実際には頭字語で書かれており、「シナゴーグ」（beit ha-knesset）と解することも可能である。実際にオックスフォード写本では誤解を避けるためか、「シナゴーグ」としか読めない頭字語で書かれている。そのように読むのであれば、もちろん律法の書をシナゴーグに持ち込むことに何の禁忌もない。Ms. Oxford 955, 137v. しかし、ここではリーベスの論証の妥当性を採用し、あえて「便所」と訳出した。Liebes, "Ktavim Ḥadashim be-Qabbalah Shabtaʾit," 213-215.

（61）「均衡」と訳したアラム語の matqelaʾ については、「秘匿の書」（*Sifra di-Tsniʿuta*）での意味を参照。*Sefer ha-Zohar* 2, 176b. Scholem, "Die mystische Gestalt," 174. セフィロート体系におけるより一般的な止揚と均衡の概念については以下を参照。Wolfson, *Language, Eros, Being*, 174-177.

（62）律法付与の役割から「イスラエルの神」はしばしばモーセにも喩えられる。

(63) Maciejko, *Va-ʾAvo ha-Yom ʾel ha-ʿAyin*, 152-153.
(64) カルドーゾの反転的グノーシス神学を継承していることは明白である。本書一八六―一八七頁参照。
(65) Maciejko, *Va-ʾAvo ha-Yom ʾel ha-ʿAyin*, 158.
(66) ペルルムテルによると、小ゲマトリアで「友」という言葉の数価は一二で「ツヴィ」と同じである。Perlmuter, op. cit., 68: 95. したがって、シャブタイ・ツヴィへの祈り、加えてシャブタイ・ツヴィによる最上位の神への祈りが語られている。
(67) *Sefer ha-Zohar* 3, 130b. ハムヌーナ翁はメシアの化現であり、聖なる老いたるお方を祈りの対象とする。
(68) Maciejko, *Va-ʾAvo ha-Yom ʾel ha-ʿAyin*, 159.
(69) モーセは「イスラエルの神」と同一視されるが、特にこの文脈では「モーセが遅れている」(ki boshesh Moshe) を「モーセは六である」(ki be-shesh Moshe) と読んで、「壮麗」を中心とした六つのセフィロート、つまり「イスラエルの神」を暗示していると考えられる。
(70) Maciejko, *Va-ʾAvo ha-Yom ʾel ha-ʿAyin*, 159-160.「頭部」と「偶像崇拝」の講釈については以下を参照。*Talmud Bavli*, Sanhedrin 107a.

第Ⅲ部
ユダヤからの解放を目指す新しい救済論

善にたどり着くためには、再び最も高いところに昇らなければならない。そしてそれを凝視して、下降する際には身に纏った衣を脱ぎ捨てるのだ。種々の神秘において、聖所の内奥に入り込むことを許された者たちは、己の身を清めたあとにあらゆる衣を脱ぎ捨てて、一糸纏わぬ裸身のままに進むのだ。

——プロティノス『エンネアデス』

第7章　イシュマエルの谷に降りたトルコの改宗者

一、近代トルコにおける改宗者集団の役割と陰謀論

集団改宗と正当性をめぐる内部分裂

シャブタイ・ツヴィをめぐるメシアニズムに関わったのは、第Ⅱ部で論じたようなヨーロッパのカバリストだけではない。ほとんど同等の重要性を持つのが、エーゲ海を望む港湾都市、サロニカの改宗者たちである。イスラームに転じたユダヤ人の共同体はドンメ教団と総称され、一八世紀を通じてメシア信仰を密かに伝え続けた。その由緒をたどれば第一世代に遡る。シャブタイ・ツヴィは一六五〇年代前半に故郷スミルナを出たあと、サロニカに立ち寄ったことがわかっている。冒瀆的な言動によって顰蹙を買ったとはいえ、彼はこの地で賢者として迎えられた。加えてこの地が信奉者を引き付けたのは、ガザのナタンによるところが大きい。ナタンは一六七〇年頃からサロニカやカストリアでカバラーを教え始め、そのなかにはメシアの時代をめぐる思想も含まれていた。一六七五年、シャブタイ・ツヴィがサロニカのラビ、ヨセフ・フィロソフの娘、エステルに結婚を申し込んだ背景には、こうした事実が見出されるのである。

サロニカの改宗者集団の起源を明らかにするためには、シャブタイ・ツヴィの最後の妻エステルに光を当てねばならない。一六七六年九月一七日、シャブタイ・ツヴィがウルツィニに客死したとき、メシアの未亡人はすでに夫に倣

ってイスラームに改宗し、アイシェというムスリム名を名乗っていた(1)。彼女はウルツィニを出て、一時アドリアノープルに居住していたとも伝えられる(2)。一六八一年一二月、真のメシアを名乗ったアブラハム・カルドーゾに結婚を持ちかけるも断られ、一六八二年四月頃、アイシェことエステルは、メシアの未亡人として故郷サロニカの家族のもとに身を寄せた。一部の信奉者の間で救済の年とされたユダヤ暦五四四二年（一六八二〜八三年）を機に帰郷したと思われる。亡き夫からどのような遺志を継いだのか定かではないが、メシア自称者カルドーゾと婚姻を結ぼうとしたことを考えると、自らが救済の媒介になろうとしたと推測することは妥当であろう。そして、エステルが示したメシアへの執着がその後の展開の舞台を用意したことは確かである。

ヤコブ・エムデンは、モシェ・イブン・ハビーヴという名のサロニカのラビがエルサレムのラビ法廷で行った証言を次のように記録している。そこには、エステルによって弟ヤコブがメシアに祭り上げられ、父のヨセフ・フィロソフとともにイスラームに改宗した顚末が綴られている。

シャブタイ・ツヴィへの信仰のためにサロニカで大変な躓きが出来した。シャブタイ・ツヴィが死んだあと、シャブタイ・ツヴィの妻（エステル）が現れて言うには、ある夜、夫が夢のなかに現れて、義人ヨセフの霊魂が宿ると告げた。六か月後、一五歳になる弟を連れて三日三晩一緒に籠った。彼が出てくると、彼女は「少年は死んでしまって跡形も残らなかった。シャブタイ・ツヴィが現れて自分と交わったので、男児を産んで乳を与えていた」と言った。[…]「その少年がヨセフの子のメシアだ」と言った。つまり、父親がダビデから出た者であり、シャブタイ・ツヴィなのである。[…] 彼（ヤコブ）と父親（ヨセフ・フィロソフ）は王（スルタン）の面前で棄教した。そしてサロニカにやって来ると、ヤコブを信じる者たちはみな棄教するように伝えた。これこそが大いなる修復であり、その年にメシアが来臨するであろうと言ったのである。こうして、彼らとともに妻も子供も棄教した(3)。

ダビデの子のメシアと目された夫に先立たれ、エステルは弟ヤコブを我が子と偽るだけでは事足りず、その少年こそがヨセフの子のメシアだと主張したというのである。ここに記された荒唐無稽とも思われる逸話が実際に起こった出来事なのかどうかはわからないが、ヤコブにシャブタイ・ツヴィの霊魂が転生し、真のメシアだと信じられていたことは他の資料からも傍証できる。記録によるとヤコブは「親愛なる人」を意味するケリード（Querido）という名でも呼ばれ、義兄シャブタイ・ツヴィの霊魂が自らに転生したことから、ヤコブ・ツヴィと名乗るようになった(4)。前述の記録によると、彼は父親のヨセフ・フィロソフとともにイスラームに改宗した。つまり、集団改宗の引き金はメシアの近親による小規模な転向だった可能性がある。それまでの改宗は、シャブタイ・ツヴィが救済に導き入れる際の一種の象徴儀礼だったはずである。イスラームへの改宗に同意するならば真実の神を知ることができるとされたが、そもそもその真実の神を知る唯一の仲介者として、シャブタイ・ツヴィが君臨することが前提だった。しかし、メシアの霊魂転生とフィロソフ父子の棄教を機にシャブタイ・ツヴィの介在なしに自発的に真実の神を知ることが可能になったのかもしれない。

こうした出来事が背景となり、一六八三年に新しいメシア自称者、ヤコブ・ツヴィに倣って集団改宗が起こった。二〇〇から三〇〇の家族が新たな共同体に入ることを選んだという。ただし、同時期の記録が存在しないことから、醜聞として広まることなく遂行されたと考えられる(5)。この際、ヤコブはアブドゥッラー・ヤコブと再度改名した。サロニカの集団改宗を詳らかにする内部資料や当局の記録は一切残されていないが、およそ二〇年後にカルドーゾがある書簡のなかでヤコブの素性に触れている。カルドーゾの主張によると、この忌まわしい出来事を彼が予言して事前に伝えていたにもかかわらず、サロニカのラビたちは忠告に耳を傾けなかった。そもそも彼らは正しい啓示を得ることができたはずだが、カルドーゾの言葉を軽んじた結果として偽メシアを生み出してしまったという。

確かに「この律法の書に記されていないあらゆる病と災いを主はお前たちに起こして、お前たちを破滅に至らしめる」(申命記28:61)と書かれている。[…]「お前たちを破滅に至らしめる」('ad hishamdakh)のゲマトリアは五四四三である。(6) その年(五四四三年)にサロニカの破滅(shamad)が起こったからである。この裁きが彼らを襲うことは見過ごされたが、[カルドーゾが著した]『安息の契約の書』(*Sefer Brit Menuhah*)に「いつか主に逆らって大いなる天使たちが立ち上がることになるだろう。エジプト、センナケリブ、ネブカドネザルの領袖のごとく、彼らは神を裏切り否定することになる」と記した。[…]サロニカの賢者たちはこれら(カルドーゾの予言)をすべて無視したのだった。[…]私たちの手元には、憎むべき男、ケリードが彼らに明かした秘密を収めた冊子がある。彼らはその男をエフライムの子のメシアだと信じている。(7)

カルドーゾはそこに記された秘密を詳述することはなく、かつて彼自身がラテン語で読んだ帝政ローマ期の詩人オウィディウスやウェルギリウスの書物に書かれているような神の秘密だったと簡潔に記しているが、その内実は異教徒の神学というよりはむしろ破戒の勧奨だったはずである。ケリードを新たなメシアと信じる人々は「欺瞞の霊の教団」へと発展し、「ターバンをかぶるだけでは飽き足らず、成文律法も口伝律法も犯し、なかには救済をもたらすために安息日を穢し、過越祭に酵母[入りの食物]を食べる者もいた」。(8) カルドーゾの証言に従うならば、改宗者は律法を蔑ろにし、ユダヤ教の戒律を破ることが救済に近づく方法だと認識していたことになる。

たとえ破戒がシャブタイ・ツヴィの振る舞いを想起させ、この救済の象徴的存在に自らを重ね合わせることができたとしても、規範の侵犯を勧める教えが抵抗なく人々に受け入れられたとは考えにくい。(9) ヤコブがムスリムとして生きることに重きを置いたために、ユダヤ人のアイデンティティやシャブタイ・ツヴィの後裔としての矜持が失われることに危機感を抱いた改宗者もいただろう。結果、いまだユダヤ教の伝統を守る改宗者のなかには、サロニカを離れざるを得ない者もいたと見られる。(10) こうした葛藤のせいか、やがて内部で見解の違いが顕在化し始めた。表立った対立の発端となったのは、ヤコブがある信奉者夫婦の離婚を容認したことだった。一部の人々は純粋なメシア信仰を持つ者に離婚が許されるはずはないと考え、ヤコブの決定に違和感を覚えたという。この際、ヤコブに異議を唱えたのが古くからの信奉者、バルーフ・コニオなる人物だった。彼はムスタファ・チェレビというムスリム名でも知られ、一六九〇年頃大半の信者を率いて新たな改宗者集団をなした。(11)

分裂を経たのち、ヤコブの陣営にはわずか四三家族しか残らなかった。その後、敬虔な姿勢を誇示するかのように、ヤコブは当時トルコのムスリムにとってさえまだ容易ではなかったメッカ巡礼に向かった。しかし、サロニカに戻る途中、アレクサンドリアで客死したという。わずか一か月後、彼に同行したムスタファ・エフェンディがサロニカに戻ると、自分はヤコブに全権を委任されたと主張した。残された人々はやむを得ずムスタファ・エフェンディを指導者に据えることになった。やがて彼はメッカ巡礼を終えた者に与えられるハジュ（hacı）の称号を得て崇敬を集め、引き続きイスラーム的な性質の強い共同体運営を行ったと見られる。多くの離脱者を出しながらも、こうしてヤコブ派（Yakubiler）の基礎ができた。彼らは宗祖ヤコブの方針を踏襲してイスラームの慣習にのっとった生活を送り、あらゆる事柄について共同体の指導者の指示を仰ぎ、外部との交流を断ったために、非常に閉鎖的な共同体を形成するようになった。

ヤコブ派の形成と並行して、ムスタファ・チェレビことバルーフ・コニオが率いて離脱したグループは顕著な発展を遂げた。ヤコブはシャブタイ・ツヴィと親戚関係にあり、その霊魂を身に宿したと主張したが、ムスタファ・チェレビには特段のカリスマもなく、共同体を統率するには心許ない指導者だった。それを自覚していた彼は、構成員の一人、アブドゥルラフマン・エフェンディの息子でオスマンという名の青年にシャブタイ・ツヴィの霊魂が宿っていると主張するようになった。(12)根拠の一つはオスマンがシャブタイ・ツヴィが死んだ年に生まれたことにある。またこの一派の伝説によると、オスマンの母親はかつて夢のなかでメシアが現れて、トルコ人が挨拶の際にそうするように、彼女の乳呑み児オスマンの両頬に接吻したという。当時ムスタファ・チェレビは夢の話を聞くと、すぐさまメシアの霊魂がこのオスマンに入ったと確信したらしい。オスマンは癲癇を患いながらも特異な知性を備えており、奇跡によって病人の治癒を行うようになったと伝えられる[13]。メシアの霊魂を宿したとされるオスマンは、ベクタシュ教団(Bektaşlık)のスーフィー行者の尊称を冠しオスマン・ババと呼ばれるようになった[14]。ムスタファ・チェレビは、この新たな指導者が一七一六年に四〇歳を迎えると再臨のメシアとして立ち上がることを確信していたという。オスマン・ババはのちにベルヒヤ・ルッソと名前を変え、多くの信奉者を集めた。やがて彼は「聖なる主」(Signor Santo)と呼ばれるようになり、文字通りの神格化が進んだと考えられる[15]。新しいメシアが現れたという知らせは、ほどなくポーランド、ドイツ、オーストリアに住む信奉者に向けて発信された。ベルヒヤ・ルッソのカバラー論考や共同体の規則が『アカデミヤ』(*Akademya*)と題した文書にまとめられ、彼の存在が広く知られるようになったという[16]。同時にベルヒヤのカバラー論考は、その怪しげな性質のためにエムデンによって厳しく指弾された[17]。ただし、エムデンのような告発者の記録や伝聞を除いては一次資料が現存せず、この教派の思想を正しく描写することは難しい。

彼が率いるグループは、ヤコブ派だけでなく周辺のムスリムとも一定の距離を置き、シャブタイ・ツヴィの教えに忠実に生きることを重視したという。そのためか、すでに世を去って久しいシャブタイ・ツヴィに終末の秘密を見出そうとする雑多な人々の注目を集めた。メシアによる真の救済を求めて放浪するカバリスト、ハイム・マルアハがベルヒヤのもとを訪れたのは、そうした秘密の教義に触れるためだったと思われる。ヨナタン・アイベシッツがそうした文書に触れた直接的な証拠はないが、ベルヒヤからの影響が疑われたことは事実である。また、のちにポーランドでカトリックへの集団改宗を決行することになるヤコブ・フランクは、ポドリア地方からサロニカに来て、一時ベルヒヤのグループに所属していたと見られる。フランクはここでイスラームに改宗したのち、ポーランドでシャブタイ・ツヴィの生まれ変わりと称してベルヒヤの後継者を自任することになる[18]。ベルヒヤ・ルッソの共同体は、トルコ語で「黒い眉」を意味するカラカシュ派(Karakaşlar)と呼ばれた。加えて「一〇本の道」を意味するオンヨル派(on yollular)という蔑称もあり、その教義が習合的であったことを示している。のちに詳しく論じるように、彼らは破戒を救済の方法と捉えていた。配偶者交換の儀礼、羊の夜やベルヒヤが授けた三六の戒律はその最たる例である。また霊魂転生論における霊魂の共同性を継承している点でも興味深い。彼らが外部の人々と結婚しないのは、モーセがシナイ山で集めた七〇体の霊魂をシャブタイ・ツヴィがカラカシュ派の信者の身体に入れたためであるという。これらの霊魂が失われないように、彼らもヤコブ派と同様に外婚を許さなかった。

ベルヒヤ・ルッソが重んじた破戒は、とりわけ性に関するものが目立っており、いかがわしい噂のもとになることが多かった。当然そこに反感を覚える者もいた。加えて、ベルヒヤ・ルッソがシャブタイ・ツヴィの霊魂を宿していると主張しながらも、何ら救済の兆候を示さないことにも不満が向けられた。あるときパプ・イブラヒム・エフェンディという名の改宗者は同志を率いて、シャブタイ・ツヴィは余人をもって変え難い無二のメシアであり、その霊魂が別の身体に転生することなどなかったと主張し始めた。一七二〇年頃、ベルヒヤ・ルッソが世を去っても、カラカシュ派はそれをメシアの幽隠（ghaybah）と捉えようとした。(19) しかし、敵対するパプ・イブラヒム・エフェンディはベルヒヤ・ルッソの墓を検分して、腐敗した死骸が残されていたことから、かつてのメシア自称者がただの人間に過ぎなかったことを証明してみせた。サロニカで起こった二度目の分裂は、新たに「イブラヒム師の一派」（İbrahim Ağalılar）を形成した。この集団はもともとスミルナ（現在のイズミル）の信奉者で、一六七〇〜八〇年代に迫害を逃れてサロニカに来たためにイズミル派（İzmirliler）という呼称もあったが、のちにカパンジュ派（Kapancılar）と呼ばれるようになる。(20) 彼らは、ユダヤ教の戒律は失効したが律法は不変であるという立場を取り、またシャブタイ・ツヴィの神格化を避けた。(21) おそらくは三つのグループのなかでも最も保守的な傾向をもっていたと思われる。

いずれの教派についても改宗者たちは宗教生活の詳細を明らかにすることはなく、表向きはムスリムとして振る舞った。だが特異なアイデンティティがしばしば外来者の関心の対象となり、いくつかの報告はその規模の増大を伝えている。『千夜一夜物語』を出版したことで有名なアントワーヌ・ガランの語るところによると、彼がフランス大使に随行してオスマン帝国に滞在した一六七二年の時点で、サロニカでは二〇〇家族のユダヤ人がイスラームへの改宗者だったという。[22] デンマークの探検家、カルステン・ニーブールが一七八四年に報告した内容によれば、その数はすでに六〇〇家族に達していた。[23] その後、サロニカ出身の教育者にして銀行家のヨセフ・ネハマは、一九〇二年頃一万人を数えるほどに拡大していたと記録している。[24]

三つの改宗者集団のメンバーはユダヤ人に同胞と見なされることはなく、トルコ人には純粋なムスリムと認知されていなかった。彼らは自らをヘブライ語で「信者」(maʾaminim)などと称し、シャブタイ・ツヴィによる贖いを信じる者としてのアイデンティティを保ち続けた。その一方で、周囲のユダヤ人からは「元ユダヤ人」(eski yahudiler)や「異端者」(minim)、ムスリムから「棄教者」(dönmeler)、「改宗者」(avdetiler)、「鯉」(sazanikos)という蔑称で呼ばれた事実から、彼らの周縁的なアイデンティティの一端を垣間見ることができる。[25] 一部はサロニカのユダヤ教徒からラビ・ユダヤ教の教育を受けていたとも言われるが、それぞれの教派が学校、モスク、墓地を持ち、さらに婚姻関係を教派内部に限定していたという事実からは、彼らの独立したアイデンティティが共同体としての生活を規定していたことが分かる。

サロニカの近代化と青年トルコ革命への関与

サロニカの改宗者をめぐる一八〜一九世紀の資料は、当事者たちが残した思想や慣習に関するものと、外部から敵対的な意図ないしは報告的な観点で書かれたものとに大別される。前者は手稿として伝わっていたため、当時はそもそも部外者の目に触れることがなかった。それゆえ人々の関心を引き付け、ときには陰謀論の格好の餌食になることさえあった。外部の観察者が書いた資料を用いることでベルヒヤの死までをたどることはできるものの、そののちの内部事情は謎に包まれている。その理由はドンメ教団が外部と交わらないことを美徳としていたからである。結果、彼らがどのように秘教を維持したのか、そして特異な慣習をどのように近代化に適応させたのか、人々には知る術がなくなってしまった。

一方で、一九世紀末から改宗者の末裔がサロニカで際立った役割を果たすなかで、トルコ近代史に名を刻む人々が現れる。その活動はあきらかに非宗教的な性質のものであるにもかかわらず、あるいはむしろそのためにこそ、異端の鎖の新しい展開として現れてくる。その新しい展開の背景には、トルコの近代化という社会変革があった。シャブタイ・ツヴィが生きた一七世紀には繁栄を謳歌したオスマン帝国も、カルロヴィッツ条約（一六九九年）以降に領土削減を重ね、ムハンマド・アリーによるエジプトの全権掌握（一八四〇年）と露土戦争での敗北（一八七八年）を経て弱体化の一途をたどっていた。他方で西欧列強の圧力のもとギュルハネ勅令の発布（一八三九年）に始まるタンジマートは、ミドハト憲法の公布（一八七六年）を見て、西欧型社会へ向けた改革として一定の成果を上げた。帝国権力が主導する一連の試みはもはや古色蒼然とした社会システムの真の病巣を抉剔することはできなかったが、この改革がそれ以降に本格化する近代化の前駆的な機運を育んだことは間違いない。

サロニカは早くから近代化の揺籃だった。オスマン帝国によって自治権を認められた行政刷新計画都市のひとつとして、産業や文化の分野でも進歩的な風潮に満たされ、中産階級に属する人々の活躍が目覚ましかった。中央権力との地理的な隔絶、むしろヨーロッパへの近接、もはや再起を見込めない帝国の弱体化が、そうした新興勢力に繁栄と革新の余白を用意したと言える。そして、そのなかにかなりの数の改宗者の末裔がいた。彼らは外国との商いに長け、トルコ語に加えてフランス語を話すことができた。また、社会的にはムスリムとしてトルコ文化を受容していたために、ユダヤ人が人口の多数を占めるサロニカで法的に有利な立場にあった。一八八〇年代中頃、西欧化と近代化のなかで新しい行政上の役割を担うようになったのは必然の展開だった[26]。サロニカの商業と地方行政で成功した改宗者の末裔の代表的な人物が、ヤコブ派出身のアフメト・ハムディ・ベイである。もとはヨーロッパ由来の技術によって農地改良を進めていたが、一八九〇年にサロニカ市議会の議長に就任すると、同年の大火によって荒廃したこの町を復興へと導いた。彼は大通り、街灯、舗装、馬車鉄道などを導入しただけでなく、ガスや水道の会社の設立にも関与してサロニカのインフラを劇的に改善した。また、イタリア人の建築家ヴィタリアーノ・ポセリを招聘して公私にわたる様々な建造物を設計させた。そうした建造物の一つ、ヤコブ派が利用した「新しいモスク」(Yeni Cami)は現存するドンメ教団の宗教施設として貴重である。生活の利便性だけでなく、都市の美観をも実現させた点にハムディ・ベイの手腕の特徴が見られる。この時期のサロニカの商業的な発展は目を見張るものがあった。ハムディ・ベイの息子も数年後にサロニカ市長を継いだ。彼らの出自は市民にも知られており、ヤコブ派はハムディ・ベイ派(Hamdi Bey-ler)と呼ばれるようになったという[27]。

活躍したのはヤコブ派の人々だけではない。カパンジュ派からは繊維や煙草の取引きや銀行業で財を成したメフメト・カパンジュとアフメト・カパンジュら多くの商人が出た。のちの初代大統領ムスタファ・ケマル・アタテュルクが学んだのは、カパンジュ派のシェムスィ・エフェンディが創設した学校である。表面的にはイスラームの道徳観を理念としながら、会計や経済、オスマン語とトルコ語に加えてフランス語、さらには身体の健康を目的とした運動や衛生などが教えられた。ムスリムのみならず保守的な改宗者から度重なる反対を受けて幾度となく閉校を余儀なくされたが、シェムスィ・エフェンディは同胞間の排他的な関係性を解消したいと望んで近代的な教育の浸透に尽力したという[28]。他方で、カラカシュ派の人々も多様なビジネスを手がけ、行政に携わる者が多かった[29]。ヨーロッパやアメリカの教育方式が一般化する時流に乗って、彼らもまたいくつもの学校を作ったことがわかっている[30]。

ドンメ教団の人々が関わった範囲はサロニカの行政や文化の西欧化と近代化に留まらなかった。瀕死のオスマン帝国にとどめを刺した政治的革命のなかでも、彼らは不可欠な役割を担っていた。アブデュルハミト二世が露土戦争後の非常事態を口実にミドハト憲法を停止すると、反故にされた憲政の復活を訴える一群の活動家が現れた。しかし、専制化するアブデュルハミト体制のもとでは、ことは容易になしえない。スルタンの密偵による摘発を避けて、パリやカイロに拠点を移す活動家もいた。そうしたなか、一八八九年にコンスタンティノープルの軍医学校の学生数名が「オスマン統一委員会」(Ittihadı Osmani Cemiyeti)を結成した。のちに革命を実現することになる、いわゆる青年トルコ人はこれを機に徐々に勢力を拡大していった。その後、青年トルコ人は帝国の主要都市へと広がり、一八九六年にはサロニカにも組織ができる[31]。サロニカの人口の四割を占め、近代ヨーロッパに最も近い改宗者の末裔がこの組織に名を連ねていたことに不思議はない。一九〇八年の青年トルコ革命に関与した人物の一覧には、ドンメ教団に出自を持つ人々の名前が散見される。ここでは列挙して彼らの事績を詳述するよりも、代表的な人物の一人、メフメト・ナーズム・ベイに光を当てながら青年トルコ人が革命を成し遂げた過程をたどってみよう。

各地で生まれた組織はスルタンのスパイ網を掻い潜るために、あたかも地下組織か秘密結社のような様相を呈していた。その状況は帝国内のどの都市でも同様だったが、サロニカが活気づくのはようやく一九〇六年頃からである。陸軍大学に学びながら当時ダマスカスで軍役に就いていたムスタファ・ケマルは反体制の秘密組織を率いており、まさにこの時期に故郷のサロニカに戻って活動の拡大を目論んで反体制組織「オスマン自由協会」(Osmanlı Hürriyet Cemiyeti)の基盤を作った。ドンメ出身の市長が現れ始めたのもこの時期である。同じ頃、サロニカでは「統一と進歩委員会」(Ittihat ve Terakki Cemiyeti)がバルカン半島の各地に帝国転覆のプロパガンダを展開しつつ、「オスマン自由協会」と合流を模索した。その試みを主導したのがパリで活動していたメフメト・ナーズム・ベイだった。サロニカ出身のナーズム・ベイはカパンジュ派に出自を持ち、医学を修めた人物である。学生時代から青年トルコ人の活動に入り、パリではのちに革命後の議長を努めるアフメト・ルザとともに「統一と進歩委員会」を組織していた[32]。サロニカの「委員会」はその国内組織である。ナーズム・ベイはサロニカのメンバーと連絡を取り合っており、一九〇七年、フランスから故郷に戻って革命へ向けて行動し始めた。この出来事がきっかけとなって、サロニカの「委員会」は経済的な発展に力を得ながら、時代の転轍手として人々を革命へと方向づけることになる。「統一派」(Ittihatçılar)とも呼ばれた「委員会」の構成員は、革命を完遂するために部隊を編成しようと、印刷物を通して軍人をターゲットにしたプロパガンダを展開した。アブデュルハミトがシャリーアに照らしても非合法であり、外国の圧力からトルコを解放するためには軍事的な手段が必要だと呼びかけるものだった。しかしながら、呼びかけに応じる若い軍人だけでは戦力としては心許なかったため、「委員会」はマケドニアのムスリム部隊に目をつけた。それは

「内部マケドニア革命組織」と呼ばれる反トルコの民族部隊から同胞を守るために、オフリドで結成されたムスリムの軍事組織だった。のちにクーデターを起こして陸軍大臣として軍事政権を打ち立てることになるエンヴェル・パシャは、「革命組織」から彼らを保護する名目でマケドニアに入ってこのムスリム部隊を「委員会」の軍事部隊に組み入れた。一九〇八年七月三日、エンヴェルの盟友アフメト・ニヤズィ・ベイが部隊を率いてミドハト憲法の復活を求めると、エンヴェルもそれに続いた。コンスタンティノープルに連行され投獄された「委員会」メンバーの即時解放を求めて、七月一一日にスルタン側に最後通牒を出したのである。これに対してスルタン側は鎮圧のための部隊を差し向けたが、その部隊がエンヴェルに寝返ったことがわかると、七月二四日、ついにアブデュルハミトは憲法の復活を認めたのであった。

新たな立憲政治の時代に入ったものの、「委員会」は既存の官僚勢力との関係が薄く、コンスタンティノープルでの勢力構築に苦心した。翌年、一部の軍人が起こしたクーデター（三月三一日事件）に関係した廉で、アブデュルハミトはサロニカに送致され、皮肉なことにハムディ・ベイの招いた建築家ポセリが設計した建物に幽閉された。[33]ほどなく議会は革命の総仕上げとしてアブデュルハミトに退位を促した。退位勧告に関与した人物にも改宗者の末裔がいる。法律家のエマヌエル・カラッソである。また、メフメト・ジャヴィド・ベイはもともとカラカシュ派の学校の校長だったが、「委員会」から選出されて財務大臣を務めた。[34]ムスタファ・ケマルがアンカラ政府を樹立し一九二三年に共和制を宣言すると、彼らの影響力は徐々に低下した。最終的にカラッソはイタリアに逃れ、ジャヴィド・ベイとナーズム・ベイはアタテュルク暗殺計画に関わった罪でアンカラで処刑された。

「委員会」が主導した青年トルコ革命の結果、サロニカのドンメ教団は悲運の結末を迎える。一九二三年一月三〇日にスイスのローザンヌで住民交換に関する協定が締結されると、トルコ政府はギリシア領土に居住するトルコ人ムスリムを積極的に国内に移住させ、アナトリアのギリシア正教徒をギリシア側に放逐した。ギリシア当局もこれに呼応して人口交換を推進した。ここで問題となったのがドンメ教団の改宗者である。ギリシア人やアルメニア人の正教徒、およびユダヤ人は自らの信仰を公にしていた。だが、サロニカの改宗者たちは、ギリシア当局からムスリムとして識別されており、ギリシア領土内に居留を要請したにもかかわらず、国外移住の対象となったのである。その数は一五万人とも推測される。トルコ政府の計画は、イベリア半島追放の際に当時のオスマン帝国が試みたように、第一次世界大戦期間中に衰退したエーゲ海や黒海沿岸地域にギリシアからの移民を入植させるというものであった。こうすることで経済再建の刺激になるばかりでなく、彼らをトルコ人に同化させて民族文化の統一を図る狙いもあったと考えられる。しかし実際には、サロニカの改宗者の多くはイスタンブル（コンスタンティノープル）やイズミル（スミルナ）に留まることを選んだ。[35] 彼らが経験しなければならなかったのは、トルコ人であることとムスリムであることを同一視する民族主義者からの強い反感だった。当初から「委員会」は無神論者の集団であるという批判が存在したが、革命の実現によって高まる民族主義のなかで、各地に移住した改宗者の子孫はユダヤ人であるとも、ムスリムであるとも見なされない社会的な疎外に直面したのである。

そうした環境にあって、政治的な活動と無縁の大多数の人々は西洋化と近代化にも応答しなければならなかった。二〇世紀初頭はまだ独自の伝統を維持しようとする勢力が大きかったようだが、その割合は漸減し、やがて同化主義が主流になっていく。若い世代の同化主義者はトルコ共和国の世俗的な気風の恩恵を受け、新しい世代のトルコ人として生きることを選んだ。カラカシュ派を除いては、伝統の継承を意図的に止めたとも言われている。シシュマンの推計では、今日ドンメに出自を持つ人口は六万人から七万人に上ると見られ、さらに一万人ほどが主として欧米に居住している。そして、なおメシア信仰の伝統を保っている人々はほとんどがカラカシュ派で、三〇〇〇人から四〇〇〇人に過ぎないという。[36]

二、改宗者に開かれた救済

ナタンの穏健なメシア論を継承する一八箇条の戒律

改宗ユダヤ人をめぐる歴史記述を通覧すると、トルコの近代化革命や国際政治への関与といった世俗的な活動が主題となることはあっても、メシア信仰や宗教生活が扱われることは皆無である。その点でユダヤ教内部の異端告発とは大きく異なる。ヤコブ派、カラカシュ派、カパンジュ派、これら三つの改宗者集団における宗教的な生活規範やメシア思想は、おそらく徹底して門外不出であり、人々の好奇の目すら探り得ないほどにその内実を韜晦していたためであろう。そうしたなか一九世紀も半ばを過ぎると、学術調査の発展に伴い、わずかではあるが、この共同体に伝わる風変わりな内部文書がヨーロッパで報告され始めた。最も早かったのがユダヤ史家ハインリヒ・グレーツによるものである。シャブタイ・ツヴィの異端に関心を寄せていたグレーツが、当時トルコを旅行した政治家、カール・ブラウンから得た文書には、ドンメ教団に伝存する「一六箇条の命令」が次のように記録されていた。(37)

1. 神は唯一、シャブタイはそのお方の預言者。アダム、アブラハム、ヤコブ、モーセ、エステルたちはシャブタイの霊魂の一部に過ぎない。こうして信者は、シャブタイがアダムやアブラハムといった名前で一八回この世界を訪れたと明言する。
2. 世界は「シャブタイ・ツヴィの」信者のために創造される。ムスリムにはこれを守護する目的しかない。信者にはこのような言葉がある。「殻のない卵はない。(38)」
3. イスラエルの民でない者たちは外殻と呼ばれる。
4. 信者はイスラエルの民がシャブタイこそメシアだと認めるまで、外殻やユダヤ人と結婚してはならない。

5. 楽園は信者とイスラエルの民のために創造される。
6. 外殻の霊魂は身体とともに下方世界に降りていく。
7. イスラエルの民は信者ではないが、いつの日か真実にたどり着き、ヤコブやモーセらがシャブタイの霊魂の一部に過ぎないと告白するようになるだろう。
8. お前の権利、義務、商売に関することでは、モーセの律法に従え。
9. イスラエルの民を嫌ってはならない。近いうちにお前たちの兄弟となるのだから。
10. お前の信仰のことを外殻やイスラエルの民に話せば罰せられる。イスラエルの民は創造主に命を吹き込まれる（正しい道に導かれる）だろう。彼らに楽園への道を示してはならない。
11. お前たちの第一の義務はムスリムとしての特質を真似、内面では完全にユダヤ人のままでいなければならない。
12. 信仰の秘密を漏らした信者を殺すことは、神の目に罪とは映らない。信者にとって危険であれば、殺してしまってもかまわない。
13. 信者はイスラームの支配に従わなければならない。ムスリムはお前たちを守り、戦ってくれるだろう。つねに自分がイスラームの出身だと明言せよ。イスラームを守ってクルアーンと祈りの真似をせよ。しかし、決してイスラーム法廷に訴え出てはならない。むしろ、モーセの法があらゆる諍いのための決まりごととなる。つねに自分たちの法廷を持て。ムスリムに従い、彼らの代役になろうとしてはならない。
14. 神は信者に酒類を禁じている。
15. 二つの名前を持つべきである。一つはこの世界のためのものであり、もう一つは楽園のためのものである。(39)
16. 創造主の御名を一日に二度思い出さなければならない。

内容から判断して、この文書が彼らの宗教生活において従うべき規範であることは間違いない。作成した改宗者にとって、ユダヤ人でありながらムスリムとして生きることが前提となっている。対外的にはムスリムであるにもかかわらずユダヤ法に従い、一方で外婚やメシア信仰の共有が禁じられているところに強い排他性がうかがえる。ただし、これはドンメ教団に共通する思想的な特徴であり、いつどのグループによって書かれたのかを特定する要素は見出せない。強いて推測するならば、破戒やベルヒヤ・ルッソの霊魂転生が言及されないことから、カラカシュ派に伝わる文書である可能性は除外できるかもしれない。英国の探検家のジェイムズ・テオドール・ベントは、グレーツと同内容の「一六箇条の命令」を伝えており、シャブタイ・ツヴィの「正統的な信奉者」、つまりカパンジュ派によるものとしてこの文書に言及している。(40)

グレーツとベントが発表した「一六箇条の命令」と並び、ドンメ教団の宗教生活を規定する文書として知られているのが「一八箇条の戒律」である。最初に紹介したのはエディルネのラビを務めたアブラハム・ダノンである。その後、今日に至るまでいくつかの異なる「一八箇条の戒律」が研究者によって公開されてきたが、内容において「一六箇条の命令」とはかなりの差がある。(41)「一八箇条の戒律」のなかで現存する最も古い一次資料は、匿名の信奉者がナタンの名を騙って著した「ダビデの子の芽生え」(*Tsmihat Qeren Ben-David*)と題された短い文書に現れるヘブライ語のテクストである。(42)序文によれば、ガザのナタンはシャブタイ・ツヴィが生まれる前に、預言者エリヤによってメシア来臨を告げられた。実際のところ、シャブタイ・ツヴィはナタンより遥かに年長である。この手稿が書写されたのが一七六〇年頃と推定されることから、まだ一世紀も経たないうちに基本的な事実さえ歪められていることがわかる。しかし興味深いことに、著者はナタンの口を借りて救済が遅延している理由や強制的に改宗させる必要がない理由を説明している。つまり、この文書は偽書でありながら、晩年のナタンの穏健なメシア論と見事に整合するのである。それを踏まえると、おそらくはメシア棄教後のナタンに学んだ人物が著したものだと考えられる。(43)加えて、この匿名の著者がシャブタイ・ツヴィの義弟、ヤコブ・フィロソフを批判している点にも注意したい。一六八三年に起こった最初の集団改宗のきっかけを作ったのはメシアの未亡人エステルとフィロソフ父子である。ナタンの穏健なメシア論を踏襲しつつ彼らを非難するという態度を考えると、著者はヤコブ派以外の人物だったはずである。

重要なのはこの文書の末尾に「我らが主、我らが王、ヤコブの神のメシア、シャブタイ・ツヴィ」が定めたとされる「一八箇条の戒律」が見られることである。その箇所はメシアの脆弱性をほのめかす聖句で始まり、改宗に対して慎重な姿勢を見てとることができる。

「今日もまだ私は油注がれた弱き王である。」（サムエル記下 3:39）お前も仲間たちもまだ囚われの身。ゆえに多くの人々のために共同体を組織し、その者たちのためにこの言葉をありのままに説きなさい。私は戦いに反対する。彼らが玉座の御業を行わないように注意しなさい(44)。そして、これらの一八箇条の言葉によって自ら身を飾り、それらを守らせなさい。

1. そのお方は唯一にして無類であり、そのお方を除いて神はおらず、そのお方の他にいかなる天使にも裁き手にも見守る力はない。
2. そのお方のメシアを信じなければならない。真の贖い主であり、彼を措いて他に贖い主はいない。彼こそが我らが主、我らが王、シャブタイ・ツヴィであり、ダビデの子の末裔である。その栄光が高められますように。
3. 神やメシアの名において偽りの誓いを立ててはならない。なぜならある人の師の名はその人の名に似ているものであり、それを汚してはならないからである。
4. 神の御名を敬わなければならない。そして、メシアの名も心に留めて敬わなければならない。知恵において自らの友よりも偉大な者には、誰にでもそうしなければならない。

5. おのれを奮い立たせて、メシアの秘密を語り、論じなければならない。キスレヴ月一八日には皆がひとつの家に集まらなくてはならない。そこで人はメシア信仰の秘密（razaʾ de-mehemanuta de-mashiahaʾ）について友に自分が聞いて理解したことを語らなければならない。

6. 他民族であっても、彼らが嫌悪されているからといって殺してはならない。

7. 盗んではならない。

8. それが創造の戒律（mitsvah briʾah）であっても、近親相姦を犯してはならない。盗っ人には気をつけねばならないからである。

9. 偽証してはならない。友に嘘をついてはならない。たとえ信者ではなくても中傷してはならない。

10. 信者であったとしても、誰一人として強制してターバン（イスラームへの改宗）に導いてはならない。彼が戦士であれば、強制されたなどとは考えず、まったき心で自発的に入ってくるものである。

11. 自分のものでないものを欲しがってはならない。

12. キスレヴ月［一六日］の祝祭を歓喜して行わなければならない。

13. 自ら進んで互いを慈しまなければならない。

14. 日ごとの務めとして詩篇を恭しく学ばねばならない。

15. 毎月、新月のときにはそれを眺め、月が再び太陽と対面するように祈らなければならない(45)。

16. イシュマエル人の目をくらませて根絶やしにするために、彼らの習慣の一部を守らなければならない。断食も躊躇うことなく行うこと。山羊の犠牲も躊躇うことなく行うこと。異教のものと思われることでも行わなければならない。

17. 何があろうと彼らと結婚してはならない。彼らは穢れた生き物であり、その女たちは地を這うものである。彼らについては、いかなる獣と寝る者も呪われると言われている(46)。

18. 息子たちには割礼を施して、聖なる民の上から恥辱を取り去らなければならない。一部が創造の律法であるとはいえ、私がこれらの一八箇条を定めたのは、イスラエルの民がサマエルとその軍勢に対して復讐を成し遂げるまでは玉座が完成することはないからである。そのとき、小さき者から長ける者まで誰もが私を知り、すべては等しくなって、禁じられることも許されることもなくなり、穢れたものも清いものもなくなるであろう。信者にも、［悪との］戦いのターバンに入っていない者にも、創造の律法と至高の律法を守って、啓示のときまでひとつも欠かすことがないように告げなければならない。それからあとは生命の樹を身にまとい、すべてが等しくなるであろう。速やかに啓示がもたらされるように。アメン。(47)

この文書によれば、確かにシャブタイ・ツヴィはメシアであるが、「我らが主、我らが王」は「弱き王である」という。加えて重要なのは、悪を象徴する外殻との「戦い」も、贖いの最終段階を意味する「玉座の御業」も、強制改宗も忌避せねばならない、つまりは現状の変更を急いではならないと釘を刺している点である。エムデンら異端の告発者が頻繁に言及する近親相姦についても、あたかもその醜聞を意識するかのように禁じている。したがって「一八箇条の戒律」は急進的な傾向からは一定の距離を置きながら、ナタンの穏健なメシア論を維持していた人物によって作られたと考えた方がよいだろう。

そうした人物の書いた文書が、複数の言語に翻訳されてドンメ教団の内部で二世紀も流通していたという事実は一見すると奇妙でさえある。おそらくカパンジュ派のようなユダヤ教の実践において伝統を重んじるグループのなかで、ナタンの思想が保存されていたのかもしれない。あるいは今日では同定されていない伝統がドンメ教団に存在した可能性もある。いずれにしても異端の告発者たちが十把一絡げにサロニカの改宗者と捉えた人々の間に、実際には守旧的な傾向が存在したと考えることができるだろう。

ユダ・レヴィ・トゥーバーの聖書解釈における破戒と新しい律法

ドンメ教団の内部文書から見えてくるのは、「一六箇条の命令」や「一八箇条の戒律」で定められるような宗教生活の規範だけではない。今日に伝わる資料はそれほど多くないが、彼らの精神世界を覗くうえでは聖書解釈を通した思弁的な営為もまた不可欠である。その種の現存する最も重要なテクストは、一八世紀にユダ・レヴィ・トゥーバーという名の改宗者の名で著されたラディーノ語の創世記註解である。[48] イスラームの文献はもとよりクルアーンすら一節たりとも引用されず、もっぱらカバラーの手法によってメシアの運命に内在する神秘が探索される。この人物が活動したのがシャブタイ・ツヴィの死後であり、その言葉がイスラームに改宗した同胞に向けられている点は特筆すべきである。彼が生きた時代、もはや実像の薄れつつあるシャブタイ・ツヴィは記号化され、メシア信仰は別種の崇拝へと変性していた。[49] トゥーバーの言葉は必然的に終末の緊迫感に欠け、技巧に偏った文学的領域で表現されているようにさえ見える。彼はガザのナタンにも増してメシアに救済の役割を付与しているが、そこにはナタンが解決しようとした終末の挫折をめぐる葛藤はもはや見当たらない。

一六六六年のメシア棄教後、ナタンはメシアの時代が遅延していることをほのめかしながら、人々が戒律を守ってシャブタイ・ツヴィによる救済に備えることの重要性を強調した。結局、彼はシャブタイ・ツヴィというひとりの人間にすべてを付託し、メシアと信奉者の役割に明確な区分線を引いたのである。区分線の此岸では信奉者が従来の生活を送り、他方の彼岸では贖いの使命を担うメシアのみが慈愛の律法、すなわちイスラームのクルアーンを受け入れることができると説いたのであった。[50]

しかしながら、サロニカの改宗者集団はシャブタイ・ツヴィの存命中にその区分線を踏み越え、もはやメシアと同じ彼岸に立っていた。トゥーバーも例外ではない。創世記註解では、一六七一年に改宗した人々が特権的な使命を共有しているという前提のもと、もはや改宗の是非を扱うことすらしない。律法更新、すなわち真実の律法から慈愛の律法への変更は、今やシャブタイ・ツヴィに限定されることなく、改宗によって信仰の秘密を受け入れたすべての人々に遍く適用されている。トゥーバーの創世記註解では、戒律破棄への言及が多いのも特徴である。ナタンが論じている限りにおいては、律法は世界循環期論に基づく時代のパラダイムと同義であり、即時にそれが更新されるわけではなかった。そして、破戒はシャブタイ・ツヴィにのみ特権的に許された行為であった。ところが、トゥーバーは真実の律法を六一三箇条の戒律と捉え、パラダイム転換はすでに起こったものと見て、破戒の状態を正当化した。つまり、律法更新と戒律破棄は同時に実現しているのである。

加えてユダ・レヴィ・トゥーバーの創世記註解は、シャブタイ・ツヴィをめぐる予型論に特徴がある。聖書の登場人物はしばしば神に背いて悪しき道を歩むことがある。彼らが偶像崇拝に耽溺したり、性的禁忌を犯したりする逸話に語り尽くされない秘密があると考えるのはカバラーの常套的な解釈である。トゥーバーによれば、そうした逸話にはシャブタイ・ツヴィの両価性と超越性が暗示されているという。確かに善悪の境界線を跨ぐその姿は、かつてガザのナタンが『大蛇論』で描いたメシアを想起させる。しかし、ナタンが描いたような苦悩に苛まれるシャブタイ・ツヴィの人格や威厳に満ちたカリスマに関する鮮明な記憶の痕跡を見出すことはできない。むしろシャブタイ・ツヴィは聖書の登場人物と同じ平面に布置され、歴史的な実在としての存在感はもはや褪色してしまっている。

例えば、紀元前七世紀のユダ王国のメナセ王は、エルサレムの神殿からあらゆる異教の神々を打ち払った父王ヒゼキヤの功績を打ち消すかのように、偶像崇拝に耽り、人々を悪へ導いた人物として描かれる。タルムードで、彼は次の世界（ʿolam ha-baʾ）に与ることができないユダの王の三人に数えられるほどである。[51] その異教的行為に注目して、トゥーバーは聖書の記述とラビ文学の伝承をもとにしながら、意外にもメナセ王がダビデの子のメシアの霊魂を備えていたことを明らかにしてみせる。

あなたたちは知っておかなければならない。［ソロモン王が神殿に聖所を建立した際に植えた］これらの黄金の樹木は、ヒゼキヤの息子であり、ユダの王であるメナセ王の治世にはもはや実を結ぶことはなかった[52]。それ以降、これらの樹木に実がなることはなかった。なぜかと問うならば、見よ、これがその理由である。列王記の二一章に書かれているように、メナセが偶像崇拝を行っていたことはよく知られている。「彼は主の神殿に祭壇を築いた」(列王記下21:4)と言われている。「彼は主の神殿の二つの庭に天の軍勢のために祭壇を築いた。」(同21:5)それに加えて、男女双面の神像を崇拝した。[…]賢者たちが述べるには、メナセは一年の三六五日に応じて三六五の偶像崇拝を行った。つまり、一日に一体の偶像崇拝を行ったのである。さらに自らの祖父であるイザヤまで殺めてしまった[53]。

タルムードの伝承では預言者イザヤはメナセ王の祖父であり、この偶像崇拝者の暴君によって殺されたことになっている[54]。ところが、トゥーバーはメナセ王を単なる悪人と決めつけず、祖父殺しに隠された意味を見出そうとする。その解釈では預言者としてのイザヤの代わりに、ユダヤ人を束縛してきた創造の律法、すなわち打破されるべき旧来の規範を代弁する者としてのイザヤの素性が明らかにされる。

イザヤは「私は唇の穢れた民の間にいる」(イザヤ書6:5)と言った。イスラエルを「唇の穢れた民」と呼んでいることが分かる。[…]イザヤが言ったことを理解しなければならない。唇の穢れた者は、禁じられた食物を口にする者たちよりも深刻である。イザヤは創造の律法[の時代]に由来する者である。創造の律法において、禁じられた食物を口にすることがあってはならない。[…]メナセはダビデの子のメシアの閃光であったため、イザヤを殺害し、禁じられた食物[を口にしてはならないという戒律]の廃止を示した。彼(メナセ)はそれを食べなければならなかったのである[55]。

イザヤによって表象される創造の律法は、トゥーバーの註解において、ナタンが述べた真実の律法と同じ意味で用いられている。メナセ王がイザヤを殺したという伝承は、ここではもはや彼の忘恩や残虐性を物語る逸話ではない。「私は唇の穢れた民の間にいる」というイザヤの慨嘆は、人々が戒律による束縛に甘んじている状態を暗示している。メナセ王が殺害を決行したのは、穢れた食物に対する禁忌を力づくで撤廃するためだった。そのようなことができたのは、トゥーバーによれば、メナセ王がダビデから続くメシアの霊魂の系譜に連なっているからにほかならない。

加えて、メナセ王がのちに神に対する不遜を悔いて許しを乞うたという聖書の記述から、偶像崇拝に耽る王の実像が必ずしも悪しき経歴に染められていたわけではないこともわかる。

賢者たちが述べるように、彼が苦難に襲われているとき、自らが祀っていたあらゆる異教の神々に呼びかけた。それらが応えてくれないと分かるや、父祖の神にむかって懇願したのである。すべての異教徒の前で「メナセ王は」次のように言った。「私はすでにあらゆる神々を見たが、それらに真実はなかった。もし今あなたが私を助けてくださるのであれば、あなたこそが神であると認めるでしょう。」彼は「あなたもそれら［神々］のうちのひとつです」などとは言わなかったのである。そして、ここですべてを破壊した。神がこの苦悶から彼を救ったので、すべての人々は主が神であることを知った。［…］歴代誌には「メナセは主が神であると知った」（歴代誌下33:13）と言われている。［…］彼は以前に作ったすべての外殻の構造物を破壊し、全世界で主こそ神であると宣言したのである。これが我々の神聖な信仰であり、我らが贖い主（シャブタイ・ツヴィ）が明らかにしてくれたことなのである。(56)

トゥーバーの意図は明快である。モーセ律法の廃止を経て真実の神を見出したメナセ王は、実はメシアの霊魂の閃光を継承した人物だった。そうした超越的な性質を備えていたからこそ、あえて偶像崇拝という悪の世界に身を沈めた。そして、最終的には偶像崇拝から脱して「外殻の構造物」をことごとく破壊して見せたのである。ここに至って、彼の振る舞いが見事にシャブタイ・ツヴィに重なっていることが明らかになるというのである。

シャブタイ・ツヴィの予兆はメナセ王だけに見出されるものではない。トゥーバーは父祖アブラハムの甥、ロトの家系がやがてダビデ王につながるという事実に目をつける。ロトはエジプトからネゲヴまで忠実にアブラハムに従い、その後もソドムで二人の天使を暴徒の手から守るために娘たちまで差し出そうとした義人である。ところがソドムとゴモラの破壊の際に妻が神の命令に背いて塩の柱に変えられたあと、ロトは実の娘たちの奸計によって図らずも彼女たちと同衾してしまった。先に臥所を共にした長女との間にもうけたモアブは、のちにユダの末裔であるボアズに嫁ぐルツの家系につながることになる。トゥーバーによると、ロトを旅に随伴させたときから、すでにアブラハムの慧眼は近親相姦から生まれた長子モアブが将来再びイスラエルの民の直系に合流し、やがてダビデの誕生につながることを見抜いていたというのである。

「彼は甥のロトを連れて行った」（創世記 12:5）。ラビ・トゥーバーは［この聖句を］次のように解釈した。申命記二章には「主は私におっしゃった。モアブ人を苦しめて、彼らと戦で争ってはならない。私はその土地を嗣業としてお前に与えることはないからだ。私はロトの子孫にアルを嗣業の土地として与えた」（申命記 2:9）と書かれている。［…］見よ、アブラハムはロトから二つの氏族が出たのを知っている。それらはアンモン人とモアブ人である。モアブ人からは棗椰子が出ることになる。それについては「義人は棗椰子のように花開くであろう」（詩篇 92:13）と書かれている。「義人」とは棗椰子から栄える二人のメシアを暗示している。［…］アブラハムはロトに何が備わっているのを見たのだろうか。彼から将来ダビデ王が出る、その聖なる霊を見たのである。それゆえ、「アブラハムはロトを連れて行った」のである。［…］ロトからダビデの子のメシアが出るのである。［…］[57]

見よ、ロト（Lot）を並べ替えれば、雫（tal）になる。[58]［…］［シャブタイ・ツヴィは］日の老いたるお方の雫を滴らせ、神性の智恵によって死者を蘇らせるのである。彼は我々に戒律からの解放をもたらしてくれる。［…］ロトは雫であり、解放を暗示する。彼は至高の律法の秘密なのである。[59]

棗椰子には雌雄の別があることから、トゥーバーはそれを「二人のメシア」と解釈する。[60] そして「二人のメシア」はシャブタイ・ツヴィとアブラハム・カルドーゾを暗示し、両者の結合によって救済がもたらされるという。前掲のテクストではその系譜をロトにまで遡り、彼の名前に最上位の神から流出する「雫」が隠されていることを見抜いた。それはシャブタイ・ツヴィが「日の老いたるお方の雫を滴らせ」、メシアとして終末に死者を復活させる予兆なのであり、昔日の性的逸脱こそが結果として至高の律法をもたらすという逆説的な解釈を展開しているのである。

シャブタイ・ツヴィが持つ破戒的性質の根拠を解明しようとするこのような試みは、トゥーバーの創世記註解のなかでいたるところに見出すことができる。ナタンが『大蛇論』でメシアの霊魂と悪との親和性を聖書の記述に求めたように、彼もまた聖書に根拠を求めた。メシアが根本的に善悪の両価性によって特徴づけられる存在であることを明らかにするという目的は共通している。

ところが、律法更新と戒律破棄に関する解釈において、トゥーバーはナタンよりも一層過激になる。トゥーバーによれば、一六七一年にシャブタイ・ツヴィがもたらした至高の律法は、本来エデンの園でアダムとエヴァに与えられた原初の法則であり、そこに立ち返ろうとする信者にとってはイスラームに改宗することであった。この「ターバンの年」に「近親相姦［の禁忌］が破棄され、ものごとはアダムが罪を犯す以前の状態に戻る」とされる。[61] ガザのナタンははるか未来の新しいパラダイムを説明する際に「慈愛の時代」や「慈愛の律法」という言葉を用いたが、そこにエデンの園の理想や信奉者の改宗まで含意させることはなかった。むしろ、ナタンは原初の調和への回帰を生命の樹によって表現し、メシア以外の信者が救われるのはまだ見ぬ遠い将来のことであると考え、イスラームに改宗する人々を危険視していた。生きるべき現実は、楽園ではなく飽くまでもこちら側にある。それに対して、トゥーバーはメシアに倣った改宗を至高の律法への回帰と解釈した。その回帰がすでに彼らの現実となって久しかったことは言うまでもない。

トゥーバーはエデンの園でアダムとエヴァが犯した罪の結果として、人間に戒律が与えられたと述べる。それは罪悪と羞恥の象徴であった。

「二人とも目が開いて、裸であることに気付いた。そこで無花果の葉を縫い合わせて前掛けを作ったのである」（創世記3:7）という一節を、ラビ・トゥーバーは次のように解釈した。ヨブ記一章には「私は母の胎から裸で出てきたのだから、裸でそこに帰ることになる。主は与え、主は奪い取るものである。主の御名は祝福されよ」（ヨブ記1:21）とある。始めにこの一節の秘密について少し説明を加えて、そのあとで戻って解説しよう。すでにラビ・ナタンはヨブがメシア王であると述べている(62)。そして、これについては次のように言った。傍点を振っておいたように、この八つの単語の末尾の文字［の数価］は不思議なことに三四七になる(63)。これらの八つの単語のなかには三〇の文字がある。三四七と足して三七七になる。八つの単語と足し、そして［一つと見做した］全体と足して三八六となる。これは「エッサイの子ダビデ」と同じ数である(64)。彼はこの年に生まれた(65)。［…］二人のメシアが世に現れることは周知のとおりである。ヨブが「私は母の胎から裸で出てきたのだから、裸でそこに帰ることになる」と言ったように、二人とも裸だった。裸であるとは戒律もツィッィートもないということである(66)。

トゥーバーはナタンがヨブにシャブタイ・ツヴィの原像を見出したことを知っていた。また、メシアが二人であるとされているのは、アブラハム・カルドーゾがダビデの子のメシアであるシャブタイ・ツヴィを凌駕して、自らをエフライムの子のメシアであると悟ったことを知っていたために書けたことであろう。ナタンとカルドーゾが教義上の不和により互いを認めていなかったことを考えれば、トゥーバーはかなり大胆に両者を接合してみせたことになる。[67]ヨブの言葉を二人のメシアが何も身にまとっていなかったと解釈して、メシアが戒律から免れていたことの根拠としている。六一三箇条の戒律に定められたツィツィートやテフィリーンの着用は、一般的に戒律遵守の代表的な象徴であるが、トゥーバーはそれを戒律による束縛と解釈しているのである。

メシア以外の人間が戒律をまとうように定められたのは、エデンの園でアダムとエヴァが「裸であることに気付いた」ときであった。

さらに「二人とも目が開いて、裸であることに気付いた」という一節について、次のように言われている。「彼らは今まで知らなかった世界の悪を知ろうと［目を］開けた。彼らは悪の知識に開かれていることに気づいたので、自分たちが裸であることを知ったのである。自分たちを包んでいた至高の光輝を失うことになった。それが離れてしまって、裸のままになったのである。[68]」［…］［シャブタイ・ツヴィが］人間の罪を修復すると、そのときものごとは本来の場所に戻り、そのお方（メシア）の時代がやってくる。これが至高の光輝の秘密である。［…］「そこで無花果の葉を縫い合わせて前掛けを作ったのである」。ラビ・トゥーバーは［この聖句を］次のように解釈した。雅歌二章には「無花果の実が熟し、葡萄の花が芳しい。私の愛しき人、私の美しき人よ、立ってこちらにいらっしゃい」（雅歌 2:13）とある。「無花果の葉を縫い合わせて」という一節については、［…］次のように言われている。「彼らは裸だったので悪の外殻をいくつか縫い合わせて、性器が露わにならないように隠した。ツィツィートの紐とテフィリーンの帯で自分たちの性器を隠したのである。[69]」それゆえに、見よ、「前掛け」は律法と同じ数価であり、六一三箇条の戒律はその樹の葉である。[70]ここから分かるのは、時が来るまで恥を隠すために戒律を遵守する必要があるということである。［…］すでに知られているように、この恥とは最後の神殿崩壊までに徐々に広まっていた近親相姦のことである。[71]

原初の状態で「至高の光輝」に包まれていたアダムとエヴァは、善悪の知識の樹の実を食べたことで初めて羞恥心を覚え、無花果の葉で腰を覆った。[72] この無花果の葉が悪の外殻であり、戒律であることは、すでに『光輝の書』にも明かされている。トゥーバーはゲマトリアによって改めてこの「前掛け」が律法、すなわち六一三箇条の戒律であることを確証しているのである。「時が来るまで恥を隠すために戒律を遵守する必要がある」と言われているが、「ターバンの年」に改宗を受け入れた人々は、恥に囚われない無辜を回復し、すでにそうした戒律遵守の束縛を免れていると考えられる。

以上のように律法更新と戒律破棄を同じ次元で肯定する理路を第一世代に見出すことはできない。ナタンは破戒をシャブタイ・ツヴィに限って許された行為とし、律法はいまだ新しくなることはないと述べた。あらゆるユダヤ教の規範を蔑ろにし、一部の信奉者に改宗を勧めたシャブタイ・ツヴィでさえも、律法を時代のパラダイムと捉えて、すでに至高の律法の時代が到来しているとは説かなかった。律法更新と戒律破棄の併存は特異な環境下で発展を遂げた集団においてこそ、概念と実践を結びつけて受け入れられた。[73] そして、彼らは自らの特殊な状態を正当化するために、その言説を外部に共有することなく、シャブタイ・ツヴィを救済論的な記号として内側に抱え込むことになったのである。

ベルヒヤ・ルッソの破戒と「蠟燭消し」をめぐる噂

「慈愛の律法」が改宗者の実存を規定する新しいパラダイムとなり、彼らがあえて戒律を守っていない状態が真の救済の条件となる。破戒を称揚するこうした考え方が、ドンメ教団の一部に共通していたことは間違いない。それに加えて、エムデンら異端の告発者は一層過激な教義を説く者が存在したことを随所で指摘している。カラカシュ派の基礎を築いたベルヒヤ・ルッソである[74]。彼らによると、姦淫によって生まれたベルヒヤは、禁忌に関する戒律を転じて従うべき当為と読み替えた。また配偶者交換の儀式、姦淫（'eshet 'ish）、男性間の性交（mishkav zakhur）が、破綻した神の世界に調和をもたらす「大いなる修復」であるという禍々しい教義を説いた。カバラーに接続された陋猥な言動は、シャブタイ・ツヴィから連綿と続いているという[75]。しかしながら、すでに述べたように、同時代の一次資料にはベルヒヤを筆頭とするカラカシュ派の改宗者にそうした教えがあったという直接的な言及がなされることはない。確かに性的逸脱の教義が存在しなかったことを確証することは不可能である。だが同時に告発者の恣意性を考えれば、その主張を字義通りに受け取ることもできない。これまでほとんどすべての研究がベルヒヤとカラカシュ派の性的逸脱を前提としていたが、同時代の内部資料を慮外に置いたまま、敵対的な駁論に依拠したか、あるいはヤコブ・フランクの言動から遡って論証したものだった。したがって、ベルヒヤが実際に戒律に反する性交を許したと断定することはできないし、その後もカラカシュ派の内部でその種の儀礼が行われていたと確証することはできない。このような慎重論の重要性は、告発者の批判の歴史的背景を分析することでより明らかになるだろう[76]。

実は一六八三年に起こった集団改宗に対して即座に反応を示した事例は見当たらない。最初期の記録は、一七〇〇年頃にアブラハム・カルドーゾがメシア信仰の誤謬を糺すために書き残したものである。カルドーゾの標的はシュムエル・プリモやユダ・ハシードだった。つまり、プリモのごとき三位一体神学やユダ・ハシードが導いた聖地移住と並列して集団改宗が捉えられているのである。ちなみに、カルドーゾはベルヒヤの名に言及することはなく、また改宗者たちを性的な放埒や逸脱に結びつけることもない。飽くまでも論点は、サロニカの「霊の顕現を見る者たち」が戒律を遵守しなかったために、天啓が正しく与えられなかったというところにある。それゆえに改宗という愚行に走り、メシアに関して誤った考え方を持ってしまったのだという[77]。

最も早くサロニカの性的逸脱に言及する資料が現れるのは、意外にも遅く、一七一〇年代になってからである。アムステルダムのレイブ・ベン・オゼルは一七一八年の時点で次のような記述を残している。手稿では空白になっている箇所を［　］と表現したが、編者のザルマン・シャザールはベルヒヤを暗示していると推測する。

五四七八年、今日に至るまで、私はサロニカにまだ大きな教団があると聞いた。その悪人たちのなかの領袖は、その名を［　］という。依然としてカバラーにしたがってすべてを学び、主を汚すようなことを行う。月経中の女と交わる者、姦淫する者、男と交わる者、公然と安息日を汚す者である。救済が訪れるように外殻や汚穢を満足させようと、このようなことをするのだという。こうした深刻な破戒を喜ぶ反対領域を満たそうとしているのだ。［…］天のためでない戒律遵守よりも天のための破戒のほうが偉大であるため、天の御名のためにそれを行うらしい(78)。自分たちが終末を早めるためにカバラーにしたがってすべてを行っているため、ラビたちはこう述べたのだと言うのである(79)。

実際にベン・オゼルがベルヒヤの名を記すことを避けたかどうかはわからないものの、この時期はまだサロニカで存命だった。少なくともベン・オゼルが改宗者たちをカバラーに耽溺し性的な禁忌を破る人々として非難していることは明らかである。

同じくモシェ・ハギーズによる記録もベルヒヤを名指しすることはないが、一七一四年に出版した『罪人の破滅』では次のように述べている。

神に関わる言葉は、これら厚顔無恥の背教者たち、イスラエルの信仰から逸脱する者が解釈するような単純なものではないが、彼らはその力で自ら異端者となった［…］彼らは破戒について語り、イスラエルを惑乱させた。さらに偶像崇拝の重圧を緩め、近親相姦を許して成文律法も口伝律法も犯したのである。［…］偉大なる都市サロニカは、何年もの間目に見えて頽廃した。この姦悪なる教団に対する裁きが言い渡されて署名された(80)。

ハギーズは改宗者たちの教団が犯す様々な違背のなかに、近親相姦を数えている。だがここで思い出さなければならないのは、この時期のハギーズが置かれていた状況である。『罪人の破滅』が出版されたのは、『神の力の書』によってカバラーの知恵を衆人に広めようとしたネヘミヤ・ハヨーンに対して、ハハム・ツヴィとともに異端論争を巻き起こし、アムステルダムを追放されてロンドンに逃れたばかりのころだった。(81) ハギーズもハハム・ツヴィも、ハヨーンの異端的な素性を暴露する目的で、シャブタイ・ツヴィから「サロニカの改宗者」を経てハヨーンへと異端の鎖をつなごうとしたのだった。

エムデンについても同じことが言える。彼は一連の著作のなかで、折に触れてシャブタイ・ツヴィやサロニカの「シャブタイ・ツヴィの教団」が性的逸脱を救済の方途と捉えていたと指摘する。例えば、シャブタイ・ツヴィが最初の妻サラのふしだらな振る舞いに惜しみない協力を与えながら、あろうことかその姦淫が罪の修復に他ならないと宣言した逸話を伝えている。

ドクトル・カロンと呼ばれているイズミルの著名な医師が、かつて息子とともにシャブタイ・ツヴィの家へ出かけたときのことを私［エムデン］に教えてくれた。彼の息子は美しい青年であった。シャブタイ・ツヴィは彼に「部屋に行きなさい。そして、サラがあなたに言うことにすべて従いなさい」と言った。(82) サラとはシャブタイ・ツヴィの妻のことである。その青年が行くと、彼女に扉を閉めるように言われたので閉めた。そして、靴を脱がせるように言われたので脱がせた。ズボンを脱がせるように言われたので、彼は大声で叫んだ。父親はそれを聞きつけると、扉を壊してどうしたのかと尋ねた。彼は起こったことをすべて話した。父親はシャブタイ・ツヴィと妻を罵り始めた。するとシャブタイ・ツヴィは言った。「何を言うのだ。もし彼女がしようとしたことが遂げられれば、それは大いなる修復となるはずだったのに。(83)」

こうした禁忌の侵犯を「大いなる修復」と読み替える反動的な考え方は、シャブタイ・ツヴィだけに留まらず、彼に倣ってイスラームに改宗した人々にも継承されたという。エムデンはシャブタイ・ツヴィの義弟、ヤコブ・ツヴィについて次のように述べている。

この男は自分が彼らの妻と寝なければならず、それは大いなる修復であると言った。夫は外に出て妻とこの青年がいる扉を閉めて外に出た。その青年は出てくると、自分たちが禁忌を犯したと言った。夫は妻に「お前は祝福を得て、私も祝福を得た」と言った。[…]そして、首飾りと耳飾りを与えた。(84) この二人のラビ(ヨセフ・フィロソフとシュロモ・フローレンティーン)は何度も姦淫を許したのである。(85)

この種の指摘はもちろんベルヒヤについてもしばしばなされる。

ベルヒヤと呼ばれるある賢者は、自ら姦淫を犯して何人もの息子をもうけた。彼の年長の息子は素行が悪く、イシュマエル人(ムスリム)の男との性交に自らの身を売り渡したほどである。その他の子供たちはさらに質が悪く棄教してしまった。彼らは文字すら学んでいなかった。先述の素行不良の輩(ベルヒヤ)はヨセフの子のメシアを自称し、他の兄弟たちは自分の預言者であるとうそぶいた。今日、これらの預言者たちはサロニカにいる。(86)

ベルヒヤの没年が一七二〇年であり、エムデンが盛んに出版活動を行っていたのが一七五二年以降なので、当然彼が直接的に矛先を向けたのはベルヒヤや皮肉を込めて「預言者」と呼ぶ同時代の改宗者ではない。すでに論じたように、この時代のエムデンはヨナタン・アイベシッツという権威を向こうに回して論争を仕掛けていた。(87) 自分が手に入れたアイベシッツの護符はもともとベルヒヤのもとにあったと主張するし、ベルヒヤの使者が息子ヴォルフ・アイベシッツのもとを訪れたという情報にも言及する。こうした記述を繰り返すことで、エムデンの著作を読んだ人々には、思想的な異端というよりも、人倫に反する集団のネットワークが張り巡らされているという印象が刷り込まれたのである。

さらには同時代の告発者の間でも同様の言説が反復された。ヤコブ・フランクに関する記録を残したドヴ・ベル・ビルケンタルなる人物は、ベルヒヤおよびカラカシュ派について次のように記録している。(88)

彼らは妻を交換することも許された。もし男が友人の家を訪ねて、主人がいないとわかれば、その人妻に自分が例の集団の構成員であると告げる。すると、妻は火を灯すための油から獣脂を少し取って与える。もしその男がそれを口にし、獣脂を食べることで共同体から絶縁されること(karet)を恐れないならば、女も男の願いをすべて聞いてふしだらなことを行う。そして、ベルヒヤが三六の大罪はすべての人にとって戒律と見なされると言うと、自分たちには律法に書かれた三六の大罪がすべて許されていると嘯くのである。(89)

ビルケンタルの記録が一七四〇〜五〇年代の見聞であり、回想としてまとめられたのが一八世紀末であることを考えると、やはりカラカシュ派の性的な不品行に言及する目的は、自らが関わったフランク派との論争において、その異端の起源を明らかにすることだった。次節で詳しく論じるように、確かにヤコブ・フランクに限っては淫逸な性交の儀式を公然と行い、内部資料でもその存在が暗示されるため、ベルヒヤおよびカラカシュ派の性的逸脱は異端の系譜をより強く連想させる。一八世紀後半、フランクの記憶がまだ鮮やかだったころ、ユダヤ人の間ではこうした関連づけは説得力を持っていたことだろう。

一九世紀になってフランク派に対する論陣が解消されると、ラビたちにこの問題を持ち出す者はいなくなった。この時代の数少ない資料として、シシュマンはアフメト・サフィという役人の記録に言及している。サフィが一八七九年にサロニカに滞在したときにある青年から耳にした話では、一五人ほどのドンメが家に集まって酒を飲みながら乱交に及んでいたという[90]。こうした伝聞に信憑性がないことは言うまでもないが、少なくともトルコ人の間でこの種の噂が囁かれていたことは間違いない。

依然として、この時代にドンメ教団の内部から姦淫や同性愛を許容したという証言が出てくることはなかった。だが二〇世紀に入ると、驚くべきことに、改宗者の末裔が秘密の伝統の「暴露」を行うようになったのである。これまで外部に示されることのなかった資料や情報が明らかになるなか、研究者は多かれ少なかれそれらを一八世紀のラビの告発を傍証するものとして扱った。

なかでもシャブタイ派に関心を持つ歴史家に衝撃を与えたのは、トルコ語のレスィムリ・デュンヤ誌（*Resimli Dünya*）に紹介されたカパンジュ派の青年の言葉である。この人物はアダル月二二日にカラカシュ派の間で行われる「羊の夜」に関して次のように語ったとされる。

まだカラカシュ派はいわゆる「蠟燭消し」の儀式を行っていると思います。僕の教派（カパンジュ派）でもかつては行われていたと思いますが、誓ってそのようなものは一度も目にしたことがないと言えます。最近までドンメの人々は、羊肉を必ず特別な儀礼、つまり羊の儀式を終えてから食べていました。その春の日に当たる夜、特別な儀式のあとで屠殺した子羊を用意して、祈りを唱えながらそれを煮るのです。各々のドンメの家庭が肉の塊をもらってきて、［そのあと初めて］肉屋から［羊］肉を買うことを許されるようになります。羊の夜と呼ばれるこの夜の間、独身者が参加できない儀式では、他にも祈りが唱えられます。そこには既婚男性が自分の妻を連れて参加します。僕は若くて独身だったので、加わることはできませんでした。でも、思うに、独身者に知られないようにしているのは、この儀式の間に女性の交換が行われているからです。この秘密についていろいろと調べ

てみましたが、何も分かりません。みんなの答えは「結婚してからだったら参加できる」というものでした。(91)

この儀式はヒジュラ歴一二月一〇日から三日間にわたって行われる犠牲祭（kurban bayramı）を想起させるものの、必ずしもユダヤ暦のアダル月（三～四月）と重なるものではない。そのため、イスラームの犠牲祭とは性格を異にすることは明らかである。上記の引用を著作に掲載したのは、ドンメ教団に関する重要な資料をまとめたアブラハム・ガランテだった。歴史家として激変期のトルコをつぶさに観察したガランテは、当然この証言が出てきた背景を知悉していたはずだが、なぜかそれを明らかにしなかった。そのため、のちにこのテクストは歴史的な文脈から切り離されて理解されてしまった。実はこの青年の証言は、一九二三年の終わり頃、メフメト・カラカシュザデ・リュシュテュなるドンメ教団出身の商人が議会で語った内容が背景となっている。(92) その名が示す通りカラカシュ派に出自を持つこの人物は、何らかの理由があってドンメ教団と決別し、当時はトルコの民族主義に傾倒していた。個人的な事情でアイデンティティを喪失した人間が国家や民族といった近代的な概念に依存する事例は珍しくない。住民交換が進むトルコにおいて、流入してくるサロニカの人々にムスリムを装うユダヤ人が紛れ込んでいるというリュシュテュの警告は、人目に触れにくい内部事情の「暴露」とともに多くの人々の注目を浴び、世論に警戒感を生んだ。彼が一九二四年にヴァキット誌（*Vakit*）のインタビューで明かした「子羊祭り」（kuzu bayramı）は、カパンジュ派の青年の語る内容に極めて近い。(93) つまり、根拠に乏しい彼の証言は、リュシュテュの怨嗟に満ちた告発によってドンメ教団が公共の問題となるなかで、人々の好奇心に応えて取り上げられたのである。

これらの事実を考慮に入れると、実際にアダル月二二日には特別な羊肉が供され、配偶者交換の儀礼が行われていたかどうか断定するのは難しい。しかし前者の鍵は、ラディーノ語で書かれた、あるドンメ教団の祝日の一覧に見出すことができる。そこには「アダル月二二日、羊（qodrero）」という短い記述が見られる。(94) 原文では詳しく説明されてはいないものの、ユダ・レヴィ・トゥーバーの聖歌の一つに目を転じると、アダル月二二日の祝日に羊肉を食べる儀式が行われていたことを確信させる。(95) この聖歌では羊がメシアと同一視され、待望の呼びかけのあとに二二という数字の解釈が続く。

羊を、我々は羊を食べた
これは羊の秘密の神聖な肉
全イスラエルが「あなたを讃えます」(創世記 48:20)
我々のもとを訪れたまえ、羊よ
「あなたを讃えます」
「光よ、あれ」(創世記 1:3) それは「あなたを讃えます」の秘密
四つの御名は二二文字 それは「あなたを讃えます」の秘密
シャブタイ・ツヴィの御名は二二文字 それは「あなたを讃えます」の秘密
アダル月二二日は肉の秘密 「あなたを讃えます」
祭司の祝禱は善き数 「あなたを讃えます」(96)

羊肉を食べる儀式の隠された意義を明かすために、トゥーバーは二二という数字に着目してそのメシア論的な必然性を解釈している。ここではいわゆる「蠟燭消し」と配偶者交換が行われたかどうかを知ることはできないが、それでも一八世紀に書かれた内部資料であるこの聖歌に、アダル月二二日に羊肉に喩えられたメシアの身体を共食するというカニバリズム的な儀礼が明言されていることは、少なくともトゥーバーが属した教派の儀礼を伝える極めて重要な証拠となる。

「神聖な肉」という同じ言葉から、おそらくは前述の聖歌に類すると思われるのが次の聖歌である。そこに現れる

「ティラー」という意味が明瞭ではないラディーノの言葉も興味深い。

我らが主（アミーラー）の秘密
［…］
ティラーは我が主に善きこと
確かにそれは聖なるもの
シャブタイ王は聖なるものを開いてくださった
神聖な肉を（qarne dela santidad）
我々がそれを食べるのは善きこと
真実の信仰
［…］(97)

「神聖な肉」が讃えられるこの文脈で、ティラー（tilah）という意味不明の単語が羔羊（taleh）を想起させることは言うまでもない(98)。「子羊の祭り」の詳細が語られているわけではないとしても、この儀式では羊肉を食べることが「真実の信仰」の表明だとされている。これら羊肉を食べることへの神秘的な解釈を考慮に入れれば、カパンジュ派の青年やリュシュテュが伝える食卓の儀礼が存在したことは否定できない。その一方で、やはりここでも配偶者交換の存在を内部資料から確証することはできない。

それでも、二〇世紀に入って現れた聖なる姦淫に関する証言に一定の説明を与え得る事実が存在する。それはトルコのマイノリティ、アレヴィー派にまつわる秘密の儀式である。今日アレヴィー派と呼ばれる共同体は、一六世紀初頭にアゼルバイジャン地方を中心に起こったサファヴィー朝に起源を持つとされる。サファヴィー朝を建国したイスマーイール一世はもともとスーフィーの指導者であり、建国を機に十二イマーム派を奉じた。アレヴィー派に明確な創唱者はいないが、十二イマーム派が支配的な環境下で、土着の習俗に基づく特異な世界観や生活様式を育む人々の間で形成されたと思われる。トルコの伝説的な聖人であるハジュ・ベクタシュ・ヴェリを崇める点において、ベクタシュ教団の神秘主義からの影響も大きい。サファヴィー朝はしばしばオスマン帝国との間で軍事衝突を繰り返してきた。スンナ派のトルコ人は自らの伝統の正統性を強化するために、一六世紀以降、アレヴィー派を体制を脅かす扇動者として異端視してきたという経緯がある。(99)

トルコ人による中傷の典型は、アレヴィー派が耽った性的放埒の指摘である。一五八一年に出された帝国の政令には次のような言葉が見られる。

> 彼ら（アレヴィー派）は四人の嘉された方たち（正統カリフ）を罵り、公然とムスリムに向かって「ヤズィディー教徒が来たぞ」という言葉を投げる。［…］夜中に集まり、妻や娘を仲間に差し出す。そして、仲間の妻や娘を自由にする。［…］祈りも断食も知らない。［…］男児にはアブー・バクル、ウマル、オスマンという名はつけない。これらの名前を持たないことから、彼らが異端（mülhid）であることは明らかだ。(100)

ここで書かれているような妻や娘の交換といった慣習や近親相姦は、アレヴィー派を侮辱するときの定型句である。それは外部の観察者にまで伝わった。オーストリアの医師であり、人類学者であったフェリクス・フォン・ルシャンは、タフタジュ（tahtacı）と呼ばれるリュキア地方のアレヴィー派に関する研究を残している。フォン・ルシャンが一九世紀末に耳にした噂には、夜間の飲酒、消灯、乱交といった異端のイメージが次々と現れる。

タフタジュは公式にカトリックとして扱われ、事実ムスリムは彼らを非ムスリム（Kafir）と見なし、そうする権利があると考えている。彼らにはあらゆる深刻な悪徳が転嫁され、特に盛大な乱交（grossartigen Orgien）については絶えず話題になっている。ある村では一年に一度からあるいは数度、他の説明では毎週、すべての住人が夜中に集まっては葡萄酒を飲んで過激な長広舌を振るう。そしてすべての灯りが消されるのである。[101]

ここで灯りが消されると表現される儀式は、この種の言説で一般的に「蠟燭消し」（mum söndürmek）と呼ばれ、トルコではアレヴィー派を想起させる最も典型的な侮辱の表現である。現代の研究では、フォン・ルシャンが報告するような乱交を伴う儀式は存在しなかったことが確認されている。[102] 加えて、アレヴィー派だけに限らず、中近東においてはスーフィーの伝統を共有しながら秘教的な性質を備えたマイノリティに対して、しばしば「蠟燭消し」を伴う儀式の疑いがかけられることも明らかになっている。[103] つまり、ユダヤ人に対して向けられた血の中傷と同じように、トルコにおいてこの種の言説は宗教的な他者を排除する際の常套句だったのである。

アムステルダムのベン・オゼルに始まり、ハギーズやエムデンといったヨーロッパで活動するラビ、さらにはポーランドのビルケンタルに連なる異端の告発者たちが、トルコでイスラームの異端を描く際に用いられた表現を知っていたかどうかはわからない。彼らがシャブタイ・ツヴィやベルヒヤの不品行を取り上げる真の目的は、それぞれが直面する目下の宿敵を攻撃するためだった。例えばハギーズはシュロモ・アイロンやネヘミヤ・ハヨーンを、エムデンはヨナタン・アイベシッツやヤコブ・フランクを標的にしていた。ユダヤ人共同体を蝕み続ける宿痾を断ち切るために異端の鎖を浮き彫りにし、もはや半世紀以上前に世を去ったシャブタイ・ツヴィと、自分たちがかつて訪れたこともないトルコのサロニカに住むベルヒヤの醜聞を利用したのである。学術的な観点からは、ドンメ教団の資料に近親相姦などを許容した証拠がない限り、実際にそうした行為が行われていたと断定することはできない。だがリュシテュが「暴露」したようなカラカシュ派の性的放埒は、明らかにイスラームのマイノリティに対する悪意に満ちた憶測を背景としている。前出のカパンジュ派の青年がアレヴィー派への誹謗を知らずに「蠟燭消し」に言及したとは考えにくい。ドンメ教団の内部資料から、アダル月二二日に羊を救済の象徴とする儀式が行われていたことは間違いないが、ここで論証してきたことを踏まえるならば、それは性的放埒とは無縁のものだったと考える方が自然だろう。

それを傍証するかのように、あるカラカシュ派のカバラー論考において「子羊祭り」に言及していると思われる箇所に、性的な破戒を示す痕跡は見られない。「羊の秘密」（seqreto del qodrero）はメシアである「我が主」（Senior Adonai）の光にひれ伏すことであり、主の犠牲であるその鍋が煮えるのを見ることであるという。[104] 当然こうした一定の思弁性を伴う論考において、性的な儀式が言及されることは考えにくいかもしれない。それでも、正統を自認するラビや偽ムスリムの侵入に警戒するトルコ人の執念深い想像力に飲み込まれることなく透徹した議論を構築するには、慎重な資料読解が求められるはずである。[105]

注

（1） エステルがシャブタイ・ツヴィの没後に何をしていたかはわからない。また、サロニカに戻ってからのことも詳らかではない。のちに改宗者の文書ではヨヘベドの名で呼ばれ崇敬の対象になった。Molkho, "Homer le-Toldot Shabtai Tsvi," 539-540. ヨヘベドはモーセとアーロンの母の名にちなんでいる。出エジプト記 6:20 を参照。

（2） シャブタイ・ツヴィの死後、アドリアノープルの「聖なる集団」が存続したかどうかはわかっていない。「メシアの偉大な書記官」と呼ばれたシュムエル・プリモはこの土地に留まり、一六九〇年頃共同体のラビになった。プリモの果たした中心的な役割を考えると、当地のユダヤ人が過去の素性を知らなかったはずはなく、メシアの側近がいまだ尊敬を集めていたことがうかがえる。

（3） Emden, *Torat ha-Qena'ot*, 25v. Benayahu, *Ha-Tenu'ah ha-Shabta'it be-Yavan*, 85. イブン・ハビーヴの証言は一七〇二年のものであり、シャブタイ・ツヴィによる一連の破戒的行為の結末として記述されている。また、エムデンはヨナタン・アイベシッツとの論争を目的としてこの証言を引用している。つまり、ドンメ教団の内部文書ではなく、異端の鎖を紡ぐラビたちの意図が前提となっていることに注意する必要がある。

（4）Emden, *Torat ha-Qena'ot*, 22r. Sambari, *Sefer Divrei Yosef*, 427. エステルに随伴してシャブタイ・ツヴィのもとに赴いた兄弟との関係については、本書七三頁を参照。ヤコブはのちにサロニカの「蛇の大理石」（Yılan Mermeri）と呼ばれる地区に住み、その邸宅は「幸福の家」（saadethane）と呼ばれた。二〇世紀初頭の写真は以下を参照。Sisman, *The Burden of Silence*, 198.

（5）Scholem, "Die krypto-jüdische Sekte," 101. シシュマンが聞き取った伝承はやや異なる経緯があったことを示唆している。また、一六八〇年代の集団改宗はかなり小規模のものだったかもしれない。Sisman, *The Burden of Silence*, 133-136.

（6）実際は五四三だが、カルドーゾはユダヤ暦として読むために五〇〇〇を付け加えている。五四四三年は西暦一六八三～八四年に該当する。

（7）Molkho and Amarillio, "Iggeret 'Otobiografiyot shel Qardozo," 211. 同じく一六八三年の集団改宗に言及するカルドーゾの言葉は、本書一三七頁を参照。エフライムの子のメシアはヨセフの子のメシアと同義。エムデンも同様の記録を残している。Emden, *Torat ha-Qena'ot*, 54. この書簡はユダ・ハシードの死を知ってすぐに書かれているため、一七〇〇～〇一年の文書だと考えられる。カルドーゾはユダ・ハシードが目指したエルサレムでの救済も失敗すると予言していたと主張している。その理由は、ユダ・ハシードが率いる者たちが創造主を正しく理解していなかったからだという。Molkho and Amarillio, op. cit., 192.

（8）本書一三八頁を参照。

（9）ここからの記述は、主として以下の文献に基づいてまとめた。Galanté, *Nouveaux Documents sur Sabbetaï Sevi*, 57-65. Sisman, op. cit., 132-144. シシュマンは一九二〇～三〇年代になってドンメ教団側から出てきたトルコ語の情報に基づいて詳細な記述を試みている点で特徴的である。ただし、この時代の証言には、信憑性の観点で慎重に扱わなければならない要素が含まれている。

（10）Benayahu,op. cit., 96-99.

（11）シシュマンは改宗者の家系として知られるコユンジュ（Koyuncu）姓とのつながりを指摘している。Sisman, *The Burden of Silence*, 137. この指摘が正しいとすると、緬羊に関わる生業を指す koyuncu という呼称は、シャブタイ・ツヴィを羊に例えるドンメ教団の伝統を連想させる。*Sefer Shirot ve-Tishbahot*,46 -47; 142-143. また、サロニカ出身の文筆家、イツハク・ラファエル・モルホによる証言を参照。Scholem, "Berukhiya Rosh ha-Shabta'im," 201.

（12）アブドゥルラフマン・エフェンディはもともとイェフダ・ベルヒヤという名だったと思われる。彼はナタンのもとで学んだ人物だったことがわかっている。Benayahu, op. cit., 99-100. オスマンについて語る同時代の内部資料が存在しないため、その生涯や思想について詳しく知ることはできない。のちに彼が説いたとされる破戒と逸脱の教義は、ほとんどがハギーズやエムデンら告発者がオスマンの死後に書いたものである。

（13） Sisman, op. cit., 138.

（14） Scholem, “Berukhiya Rosh ha-Shabta’im,” 142-143; 201. ショーレムがここで指摘するように、ベクタシュ教団の影響は大きい。三人の人間に神的な性質が備わるというベクタシュ教団の教義がベルヒヤの神格化や「信仰の三つの結びつき」に継承された可能性がある。ショーレム自身による論文の抜刷りへの書き込みも参照。Scholem, *Mehqarei Shabta’ut*, 354. ドンメの聖歌にベクタシュ教団の歌が見られることからも明らかである。*Sefer Shirot ve-Tishbahot*, 61. ベクタシュ教団、あるいはそれに極めて近い位置にいたムハンマド・アッニヤーズィーとシャブタイ・ツヴィとの関係は、シュムエル・プリモに宛てられた匿名の書簡から推測することができるが、ショーレムは両者の関係にやや慎重な姿勢を示す。Scholem, *Shabtai Tsvi*, 720 [836-837]. 一方、特にベクタシュ教団においては誹謗を避けるために信仰を隠すタキーヤ（taqiyah）が広く実践されており、ドンメ教団に影響を与えた可能性はあるという。Scholem, “Die krypto-jüdische Sekte,” 102-103. ポール・フェントンは同時代の状況証拠や教義上の共通点から影響関係を論証しようとした。Fenton, “Shabbatay Ṣebi and His Muslim Contemporary Muhammad Al-Niyazi,” 81-88. エルカヤムは地中海地域に広がる神秘主義の伝統という観点から、より広くスーフィズムの影響を考察している。Elqayam, “The Horizon of Reason,” 48-61. シシュマンが改宗者の末裔から個人的に得た情報も興味深い。Sisman, op. cit., 238.

（15） Scholem, “Berukhiya Rosh ha-Shabta’im,” 129; 181-191. ヤコブ・フランクの元信奉者の証言に「ベルヒヤ神」（Gott Barachiah）という表現が見られる。Žaček, “Zwei Beiträge zur Geschichte des Frankismus,” 401. ここで詳しく論じる紙幅はないが、ドンメ教団に伝わったシャブタイ・ツヴィの神格化の教義は重要である。本書一三九―一四一頁を参照。カパンジュ派ではあえてメシアの神格化は説かれない。カラカシュ派ではベルヒヤを神格化したことがわかっている。Ben-Zvi, “Quntresim be-Qabbalah Shabbta’it,” 353-354.

（16） Sisman, op. cit., 142.

（17） Scholem, op. cit., 136. エムデンはヨナタン・アイベシッツが『今日私は泉にたどり着いた』を執筆する際にベルヒヤの論考を参照したと主張しているが、論拠は不明瞭である。

（18） 本書三一九―三二〇頁を参照。

（19） スンナ派にも幽隠の伝承が存在するが、イマームが一度この世界に現れたあとに姿を隠し、マフディーとして終末に再臨

（raj'a）するという考え方はシーア派に特有である。*Encyclopaedia of Islam*, s.v. Al-Mahdi. カバラーの霊魂転生論やシャブタイ・ツヴィの再臨説が知られていた可能性もあるだろう。

（20）「カパンジュ」はトルコ語で「罠を掛ける者」という意味だが、サロニカのカパン（Kapan）地区にちなんだ可能性もある。*Sefer Shirot ve-Tishbahot*, 10.

（21）Scholem, “Seder Tefilot,” 305-306; 315.

（22）*Journal d'Antoine Galland pendant son séjour à Constantinople*（*1672-1673*）, publié et annoté par Charles Schefer, tome premier, 194.

（23）Niebuhr, *Von den verschiedenen Nazionen und Religionspartheien*, Zweiter Band, 17.

（24）Nehama,“Sabbatai Cevi et Les Sabbatéens de Salonique,” 311. 一九〇二年の時点でそれぞれの内訳は、イズミル派（カパンジュ派）が二五〇〇人、コニオゾス（カラカシュ派）が三五〇〇人、ヤコブ派が四〇〇〇人だったという。ネハマはサロニカの世界イスラエル同盟（Alliance Israélite Universelle）の校長を務めた人物。上記の数字は彼が学生から得た情報に基づいている。

（25）サロニカの改宗者への呼称については以下を参照。Sisman, op. cit., 148-150. ガランテによれば、ユダヤ教とイスラームの両方の世界で暮らす彼らを淡水と海水に生息すると鯉に喩えたため、あるいは鯉が水中で旋回するときに体の色が変わるためであるとされる。Galanté, *Nouveaux Documents sur Sabbetaï Sevi*, 72.

（26）Baer, *The Dönme*, 86-87.

（27）Sisman, *The Burden of Silence*, 230-234. Baer, op.cit., 88-89. Kaya, “Formation of a “Salonican Lineage,” 41-46. Bent, “A Peculiar People,” 32.

（28）Sisman, op. cit., 217-218.

（29）Ibid., 234-235.

（30）Ibid., 221-222.

（31）アブラハム・ガランテの記録によると、アブデュルハミトは帝国転覆を狙う勢力について懸念していたとき、サロニカのドンメが関与しているという情報を得た。アブデュルハミトは昵懇にしていたモシェ・ハレヴィ・エフェンディに相談した。オスマン帝国の首席ラビを務めたこの人物は、シャブタイ・ツヴィが偽メシアであり、イスラームに改宗した信奉者はユダヤ人ではないと伝えた。真偽は不明であるものの、詳細を知ったアブデュルハミトは、逆にシャブタイ・ツヴィを聖者（veli）と評したという。Galanté, *Nouveaux Documents sur Sabbetaï Sevi*, 75-77.

（32）「統一と進歩委員会」とドンメ教団とフリーメイソンが、秘密裏にオスマン帝国を近代化と西欧化の堕落に導いたという陰謀論がある。青年トルコ人革命によりアブデュルハミト二世が退位したのも、パレスチナにイスラエルが建国されたのも、この陰謀の結果だという。一九世紀末葉、ムラト五世やナムク・ケマルといった政治的中枢に近い人物にフリーメイソンになる者がいたが、反革命派や保守的なイスラーム主義者の間では、サロニカの改宗ユダヤ人がフリーメイソンの力を借り、傀儡師のごとく革命を操っていると囁かれていた。Baer, *The Dönme*, 101-108. Idem, “An Enemy Old and New,” 531. Gürpınar, *Conspiracy Theories in Turkey*, 34. Zarcone, “French Pre-Masonic Fraternities, Freemasonry and Dervish Orders,” 15-52. 実際に「委員会」の構成員は、改宗者の末裔も含めて、ほとんどがフリーメイソンだった。当時サロニカにはイタリア系のマケドニア・リゾルタ（Macedonia Risorta）やフランス系のヴェリタス（Véritas）など複数のロッジが存在し、彼らは例外なくいずれかに所属していた。「委員会」の入会儀礼はフリーメイソンのロッジで行われるそれと酷似している。Hanioglu, *Preparation for a Revolution*, 218. Snoek, “Masonic Rituals of Initiation,” *Handbook of Freemasonry*, 321-324. ドンメ教団出身の青年トルコ人＝フリーメイソンが、連綿と続くトルコの「歴史的連続性」（tarihi devamlılık）を断ち切り、トルコ民族と社会を堕落させたという陰謀は、今日に至るまで間歇的に出現してきた。Bali, *A Scapegoat for All Seasons*, 17-88. 二〇一四年から大統領を務めるレジェップ・タイイップ・エルドーアンが「隠れユダヤ人」であるという暴露が大衆の関心を引いたことは記憶に新しい。Baer, “An Enemy Old and New,” 523-530.

（33）Villa Allatini と呼ばれるこの三階建の建造物は、もともと銀行業で知られるスファラディー系のアラティニ家が所有する別荘だった。現在は中央マケドニアの行政機関が利用している。

（34）*Encyclopedia Judaica*, s.v. Javid (Cavid) Bey, MEHMED. ショーレムはベルヒヤの子孫と明記している。Ibid., s.v. DOENMEH.

（35）Baer, op. cit., 147-154.

（36）Sisman, op. cit., 12, 285-289.

（37）Graetz, “Ueberbleibsel der Sabbatianischen Sekte in Salonichi,” 51-53. ブラウン自身のサロニカのユダヤ人に関する記録は以下を参照。Braun, *Eine Türkische Reise Zweiter Band*, 212-238.

（38）「殻」は悪の象徴である「外殻」を暗示し、シャブタイ・ツヴィへの信仰が必然的にイスラームの外観を示すという意味であろう。

(39) 前者の名はトルコ人としてのものであり、後者はユダヤ名だと考えられる。

(40) Bent, "A Peculiar People," 30-31. ベントの見聞録には曖昧な記述が目立つため信憑性に欠ける。

(41) 「一八箇条の戒律」のダノンとガランテによるラディーノ語からのフランス語訳は以下。Danon, "Une Secte Judéo-Musulmane en Turquie," 63-65. Galanté, *Nouveaux Documents sur Sabbetaï Sevi*, 44. 第一次世界大戦前にイツハク・モルホがサロニカで聞き取った「一八箇条の戒律」はまったく異なるものだったと思われる。Molkho, "Ḥomer le-Toldot Shabtai Tsvi," 541. シシュマンの単著にも詳しい。Sisman, *The Burden of Silence*, 171-177. 条項の数である一八は「生きている」(ḥay)という単語の数価で、ユダヤ文化において縁起の良い数字とされる。一方で、ジャラール・ウッディーン・ルーミーに起源を持つメヴレヴィー教団でも神聖な数字とされている。Scholem, "Die krypto-jüdische Sekte," 99.

(42) Scholem, "'Tsmiḥat Qeren Ben-David'," 77-78.「ダビデの子の芽生え」はメシアを意味する。イザヤ書 11:1 を参照。この文書には暗に集団改宗(一六八三年)が言及されているが、それはナタンの没年(一六八〇年)以降の出来事であることを考えると偽書と見なし得る。Ibid., 68.

(43) ショーレムはイスラエル・ハザンとの共通点を指摘している。Idem, "'Tsmiḥat Qeren Ben-David'," 69-70. シシュマンはシャブタイ・ツヴィ自身が信奉者に与えた方針に由来することを示唆しているが、改宗を禁じる言葉はむしろその可能性を排除する。Sisman, *The Burden of Silence*, 171.

(44) 「戦い」という表現はイスラームへの改宗が外殻との戦いと捉えられたことに由来し、「ターバン」と同じ意味の隠喩として用いられている。つまり、シャブタイ・ツヴィに慎重論を語らせることで、信奉者の改宗に釘を刺していると理解できる。もちろん事実とは異なり、この文書を書いた人物が改宗に反対するために行った作為であろう。「玉座の御業」は「創造の御業」のあとに起こるプロセスである。Wirszubski, "Ha-Te'ologiya ha-Shabta'it," 218-219.「創造の御業」が完成していないために「玉座の御業」の段階に移行できないというナタンの終末論に一致している。Yamamoto, "Torat ha-Shmitot ve-ha-Meshiḥiyut," 310-315. 以上のことからも、ナタンの思想を知悉し安易な改宗を許さない立場の者によって書かれたと推測できる。

(45) ここでは太陽と月はそれぞれ「壮麗」と「臨在」のセフィラーに対応している。カバラーではこの合一が神の世界の調和の回復と見なされる。自分自身を「壮麗」と見なし、「臨在」を象徴する律法の巻物と結婚式を挙げたシャブタイ・ツヴィの象徴儀礼に通じる。

（46）申命記27:21を参照。
（47）Scholem, "Tsmiḥat Qeren Ben-David'," 76–79. なお、比較研究は以下を参照。Sisman, *The Burden of Silence*, 171–177.
（48）ここではイツハク・モルホによるヘブライ語訳を用いる。Molkho and Schatz, "Perush Lekh Lekhah," 433–521. ラディーノ語の原文を示す際は、アマリーロ写本（Ms. Ben Zvi 2280）を参照する。トゥーバーが属していた教派については様々な見解がある。彼がシャブタイ・ツヴィを神格化していないことから、シャッツはカラカシュ派の可能性を排除した。Schatz, "Le-Demutah ha-Ruḥanit shel ʾAḥat ha-Kitot ha-Shabtaʾiyot," 397. テレンベルグは彼がカラカシュ派の教義の特徴である「信仰の三つの結びつきの秘密」に言及していることから、シャッツの見解をただしているが、やはりカラカシュ派がトゥーバーについて触れないという理由でカラカシュ派の可能性を否定している。テレンベルグの結論によれば、トゥーバーはヤコブ派に属し、一七二〇〜二五年の間に創世記註解を著した。Telenberg, "Ha-Teʾologiyah ha-Shabtaʾit," 151–153. それに対して、シシュマンは新たな見解を提示している。トゥーバーはデルヴィシュ・エフェンディというトルコ名で呼ばれ、カラカシュ派の指導者だった可能性があるという。Sisman, *The Burden of Silence*, 154–155.
（49）記号化と崇拝はシャブタイ・ツヴィの神格化と同時に起こっていると言える。確かにこの種の捉え方はナタン、モシェ・ピンヘイロ、イスラエル・ハザンの言葉にも見られた。Scholem, *Shabtai Tsvi*, 719–720; 745–746 [835–836; 870–872]. しかしトゥーバーにおいては、しばしばシャブタイ・ツヴィが神の女性的属性である「臨在」を暗示し、男性的属性の神との性愛的な媾合を果たすとされる。Telenberg, op. cit., 171. シャブタイ・ツヴィが「生命の樹」や「信仰の三つの結びつき」と同一視されている事実も見逃せない。*Sefer Shirot ve-Tishbaḥot*, 128.
（50）トゥーバーの創世記註解では、しばしばナタンの名前が言及され、善を弁別する使命を担ったメシアの地獄降りのモチーフさえ現れる。Schatz, op. cit., 406–407. ただし、逐語的な引用はなく、いかにしてナタンの思想に触れたのか判然としない。細部に目を向ければ、多くの場合ナタンが用いた概念はほとんど元来の意味を失っている。
（51）*Talmud Yerushalmi*, Pereq 10, Mishnah 2. 「次の世界」とはメシアによって贖いがもたらされたあとの新たな時代を指す。
（52）*Talmud Bavli*, Yoma 21b.
（53）Molkho and Schatz, "Perush Lekh Lekhah le-Yehudah Levi Tuvah," 442–443.
（54）*Talmud Yerushalmi*, Sanhedrin Pereq 10. *Talmud Bavli*, Sanhedrin 103b.
（55）Molkho and Schatz, op. cit., 443.

(56) Ibid., op. cit., 443-444.
(57) 創世記19:36-38を参照。
(58) 「ロト」という語は二つのヘブライ文字で書かれ、前後を入れ替えると「雫」という別の語になる。トゥーバーは後者を神の流出と捉えて、前者に救済論的な暗示が隠されていることを明らかにしている。『光輝の書』では「天の雫」（創世記27:28）が「日の老いたるお方」からの至高の流出であることが明かされており、そこから着想を得たのかもしれない。*Sefer ha-Zohar* 1, 143b.
(59) Molkho and Schatz, op. cit., 448-449.「日の老いたるお方」については、本書一六五頁を参照。
(60) 以下も参照。Ibid. 478. トゥーバーは『光輝の書』から借用した一節をメシア論的に解釈している。*Sefer ha-Zohar* 1, 82a. シャブタイ・ツヴィとカルドーゾを二人のメシアと捉える考え方については、カルドーゾに由来し、メシアの未亡人エステルの主張を反映していると思われる。
(61) Telenberg, op. cit., 339.
(62) 例えば、以下を参照。*Be-ʿIqvot Mashiah.* 20-21.
(63) Va-yyomer ʿarom yatsati mi-beten ʾimmi ve-ʿarom ʾashuv shammah の末尾の文字（rmynymbh）は数価の総和が三五七であり、トゥーバーが計算を誤った可能性がある。
(64) 「エッサイの子ダビデ」（David ben Yishai）の数価は三八六である。
(65) 三八六はユダヤ暦五三八六年を意味し、シャブタイ・ツヴィの生年と一致する。
(66) Telenberg, op. cit., 345.
(67) ドンメの内部では、メシアの未亡人エステルに遡るカルドーゾへの期待が伝承されていたのかもしれない。本書一六一頁を参照。
(68) *Sefer ha-Zohar* 1, 36b.
(69) *Sefer ha-Zohar* 1, 28b.
(70) 「前掛け」（ḥagorot）の数価は六一一で「律法」（torah）に等しい。
(71) Telenberg, op. cit., 345-346.
(72) テレンベルグが指摘するように、ここでは無花果の樹が善悪の知識の樹を意味している。Ibid., 346.

（73）厳密にはトゥーバーがナタンのように時代の遷移を説くことはない。おそらくはサロニカの改宗者がメシアの時代に生きていると確信していたからだろう。ドンメ教団のなかでは、すでに人々が新しい世界に生きていることが前提とされていた。
（74）ベルヒヤについては以下を参照。Scholem, *Maftehot le-Kitvei ha-Pulmus*, 68-71.
（75）シャブタイ・ツヴィをはじめ、その異端を継承したとされた人々の一部が、カバラーの性的な表象を儀礼に取り入れたことは事実である。Idel, *Kabbalah and Eros*, 232-233.
（76）同性愛は法的に禁じられているが、イベリア半島追放前のスペインだけでなく、オスマン帝国でも広く見られる現象だったことがわかっている。Ben-Na'eh, "Mishkav Zakhar," 180-200. ヨーロッパの人々がトルコの性的逸脱を記録した資料は多く残されているが、その情報源は明らかでない。Ibid., 179-180. ここにはトルコに対する当時の偏見を垣間見ることができる。ヨーロッパのユダヤ人がトルコの同胞を見る眼差しに同じ傾向があったとしても不思議ではないだろう。
（77）本書一三八―一三九頁参照。
（78）アモライームの一人、ナフマン・バル・イツハクの言葉として伝わる格言を引いて破戒を正当化していたことがうかがえる。*Talmud Bavli*, Nazir 23b; Horayot 10b.
（79）Ben-'Ozer, *Sipur Ma'aseh Shabtai Tsvi*, 190.
（80）Ḥagiz, *Shever Posh'im*, 18r-v.
（81）本書一八一頁参照。ハヨーン論争においても、性的逸脱に対する批判は告発者たちの常套手段だった。ドンメ教団との関連づけは見られないものの、例えばヨセフ・エルガスは「シャブタイ・ツヴィの時代以来、幾人ものイスラエルの人々が道に迷った。虚偽にしがみつき、棄教し、妻を交換し、重大な罪を犯すように［…］この男は人々の心をたぶらかした」としてハヨーンを非難する。ハギーズも別の箇所で次のように述べている。「重大な罪を犯し、掟を忌み嫌い、互いに妻を交換した。また、婚約中の乙女に近づき、自分の姉妹や母親に向かう者もいた。すべてが彼らの魂にとっては大いなる修復なのである。」Scholem, "Berukhiya Rosh ha-Shabta'im," 137.
（82）創世記21:12を参照。
（83）Emden, *Torat ha-Qena'ot*, 25v. アムステルダムの売春婦であったとも伝えられるサラがメシアを自称する男に嫁いだことで、預言者ホセアの不吉な結婚を思い起こす者もいた。ホセア書1:2-3を参照。Van der Haven, *From Lowly Metaphor to Divine Flesh*, 31-40.

（84）タルムードでは結婚契約に伴う行為として言及される。*Talmud Bavli*, Qidushin 48a.

（85）Emden, op. cit., 26r.

（86）Emden, op. cit., 25v. サラの逸話以降のこれらの引用は、一七世紀にエルサレムのスファラディー系首席ラビを務めたモシェ・イブン・ハビーブによる証言とされる。ハギーズの記述によると、一部のグループでは外殻が神の内部構造の ʾahorei ha-zeʿir にしか残されておらず、聖なる側面ではなく、道ならぬ方法でしか修復できないと信じられていた。ʾahorei ha-zeʿir の性的な意味については以下を参照。Scholem, "Berukhiya Rosh ha-Shabtaʾim," 136; 138. 確かにこの言葉は神の男性的側面の臀部とも解釈できる。ショーレムが指摘する通り、カバラー論考『今日私は泉にたどり着いた』における神の内部の同性愛的な交わりを想起させる。Ibid., 141. 本書二四八―二四九頁参照。

（87）本書二三四―二三八頁参照。次節で詳しく論じるように、一七五六年以降はヤコブ・フランクも標的になる。

（88）*The YIVO Encyclopedia*, s. v. Ber of Bolechów.

（89）Birkenthal, *Divrei Binah*, 188. 36の大罪が戒律に変えられたことについては、以下を参照。Emden, *Sefer Hitʾabbqut*, 114r. 破門に値する罪としてミシュナに列挙された三六の禁止事項は以下を参照。Talmud Bavli, Kritot, 2b. あるいは Midrash Rabba, Be-midvar 4:5; Dvarim 9:8.

（90）Sisman, *The Burden of Silence*, 186.

（91）Galanté, *Nouveaux Documents sur Sabbetaï Sevi*, 50–51. サロニカで生まれ青年時代を過ごしたイツハク・ラファエル・モルホは、カラカシュ派について改宗者の末裔からベルヒヤが近親相姦を許したこと、および一年に一度ある夜に豚肉を食べる習慣があったことを聞き取っている。Molkho, "Le-Demuto və-Zehuto shel Berukhiyah Russo," 97. イツハク・ベン・ツヴィも、あるカラカシュ派の老人から聞き取った教義を記している。ベン・ツヴィは「間違いなく女性に対するコミュニズムを意味している」と主張するが、彼の残したテクストからそう断定することはできない。*Sefer Shirot ve-Tishbahot*, 9. アヴィ・エルカヤムはカパンジュ派の家系の女性に聞き取りを行った。エスィン・エデンという名のこの女性は、シャブタイ・ツヴィを信仰しているわけではないが、自らの出自に誇りを持ち、家族に伝わる料理のレシピを出版している。料理そのもののなかにドンメ教団特有の要素はないが、羊肉と乳製品の料理について述べている箇所はどうやらアダル月二一日を指しているように見える。Esin Eden and Nicholas Stavroulakis, *Salonica: A Family Cookbook*, 1997. および Esin Eden, *Annemin Yemek Defteri: Slanik, Münih, Brüksel, İstanbul*. 2003. Elqayam, "Sabbatean Cookery," 42. シャブタイ・ツヴィ存命の時代に遡ると、信奉者たちが過越祭の夜に羊肉を乳と一緒に食べていたという記録がある。Sasportas, *Tsitsat Novel Tsvi*, 79; 97.

(92) Baer, *The Dönme*, 157-163.

(93) Gövsa, *Sabatay Sevi*, 69. ギョヴサによれば、「子羊祭り」は「四つの心の祭り」(Dört Gönül Bayramı) とも呼ばれた。配偶者交換の儀式は言及されるが、「蠟燭消し」があったことには触れられていない。イブラヒム・アラエティン・ギョヴサについては以下を参照。Baer, *The Dönme*, 176-180.

(94) Benayahu, *Ha-Tenu'ah ha-Shabta'it be-Yavan*, 291. ベナヤフは qodrero という言葉を王冠（ʿateret）と訳しているが、正しくは羊の謂である。*Sefer Shirot ve-Tishbahot*, 46-47; 142-143. Ben-Zvi, "Quntresim be-Qabbalah Shabbta'it," 381.

(95) アヴィ・エルカヤムは羊がドンメ教団のトーテム動物であり、フロイト的な解釈に従えば、その屠殺はオイディプスの父殺しが許される一年に一度の饗宴であると主張する。シャブタイ・ツヴィは神の羔羊（Agnus Dei）としてのイエス・キリストと記号論的な共通点を持っていることを指摘している。Elqayam, "Sabbatean Cookery," 31; 43; 46. ヨハネ福音書1:29の「神の羊」(ho amnos tou theou) やヨハネ黙示録に現れるイエス・キリストの現身である「羊」(to arnion) は、創世記22:7-8に現れる「生贄の羊」(ha-seh le-ʿolah) に遡る。本書二二頁参照。それがどのようにドンメ教団に伝承されていたかはわからないが、興味深いことに、二〇世紀に至るまでヘナ染めの魚という独自の慣習として残っていた。サロニカの改宗者の末裔が一九二五年に証言したところによると、彼らには婚礼の祝いに際してヘナで染めた魚を用意する習慣があった。新婦は子孫繁栄を象徴するこの魚の上をまたいで、子宝に恵まれることを願ったという。アブラハム・ガランテの分析によると、揺り籠を指すラディーノ語の「クーナ」(kuna) という言葉がトルコ語のヘナ (kına) と解され、さらに接尾辞の「ル」を伴って、「クナル・バルック」(kınalı balık)、すなわち「ヘナ染めの魚」となった。これは「揺り籠の魚」とほとんど同じ音である。Galanté, *Nouveaux Documents sur Sabbetaï Sevi*, 52. 結婚式で女性がヘナを使って皮膚に施す装飾は、現代でも特にイスラーム文化圏では民族を問わず広く行われている。改宗者の末裔の習慣は、トルコのムスリムが婚礼の前日に女性たちだけで祝う「ヘナの夜」(kına gecesi) を想起させる。ドンメ教団の資料のなかでは、ユダ・レヴィ・トゥーバーが魚の救済論的な解釈を残している。*Sefer Shirot ve-Tishbahot*, 105.「海のただなかでそれは一匹の魚（daggah）／安息日が訪れると休息する／この光のなかで」という一節で、魚は「没薬」「真珠」「パルシモン」「安息日」とともに、シャブタイ・ツヴィの暗喩として用いられる。しかもあえて用法としては稀な女性形で書かれており、多産を暗示している可能性もある。例えば、「私をすべての悪から救う天使よ、[…]「イスラエルの民が」この地に栄え増えますように（ve-yidggu la-rob）」（創世記 48:16）という聖句を参照。改宗者の結婚式の風習には、他にもベルヒヤ・ルッソにまつわるものがある。Naor, *Post-Sabbatian Sabbatianism*, 120.

(96) 以下の計算はショーレムによる脚注を参照した。「光よ、あれ」（yehi ʼor）と「あなたを讃えます」（yevarekh）はヘブライ語の数価が二三二で等しい。「四つの御名」（MH SG BN ʼB）は同じく二三二に等しい。シャブタイ・ツヴィの名は小ゲマトリア（gematriya qatan）で二二になる。祭司の祝禱はカバラーの伝統で二二文字の神の名を暗示する。*Sefer Shirot ve-Tishbaḥot*, 46-47.「善き」と訳した tuvah は作者の名を暗示した表現だと思われる。

(97) Ibid., 142-143.

(98) 「ティラー」という言葉が現れる他の聖歌と比較して、ショーレムは「ティラー」が一六七一年（ユダヤ暦五四三一年）、すなわちシャブタイ・ツヴィが「イシュマエルの谷」（gey Yishmaʼel）に入ったとされる年、あるいは「我らが主に善きこと」の頭字語法（notariqon）による読み方であり、「子羊祭り」と結びつけることに慎重である。Ibid., 78; 118; 142. Schatz, "Le-Demutah ha-Ruḥanit shel ʼAḥat ha-Kitot ha-Shabtaʼiyot," 402-403.

(99) 歴史的にはサファヴィー朝の軍事集団の呼称にちなんで「赤い頭」を意味するクズルバシュ（kızılbaş）と呼ばれていたが、今日のトルコでは極めて差別的な意味の強い禁忌語になっている。

(100) Karolewski, "What is Heterodox about Alevism?," 442. ヤズィディー教はクルド人の民族宗教。ヤニナ・カロルレウスキーの論文にはいくつかの貴重な引用が見られるため、ここではそれらに依拠して議論を展開する。

(101) Karolewski, op. cit., 447.

(102) 例えば以下を参照。Melikoff, *Sur les traces du soufisme turc*, 95-96.

(103) イランのアーレ・ハック（Ahl-e Ḥaqq）やヤズィディー教についても「蠟燭消し」と乱交の疑いがかけられてきた。Arakelova, "On Some Derogatory Descriptions," 37-39. ショーレムは小アジアの辺境に異教的な「蠟燭消し」の儀礼が残存しており、それがスミルナからサロニカに伝わったと推測している。Scholem, "Mitsvah ha-Baʼah," 372.

(104) Ben-Zvi, "Quntresim be-Qabbalah Shabbtaʼit," 481. この文脈で「我が主」はベルヒヤを指す。ベン・ツヴィの解説によると、この論考の著者は戒律を破ることをよしとしない。未来においてハラハーに変更が加えられるか、あるいはプリム祭において世界の秩序が変わってすべてが許されるとされるが、それによって結論づけられるのは、主＝メシアが禁止戒律を撤廃して守るべき当為に変え、またその逆も可能にするということである。そこには天から与えられた相当の権威や力が必要であるという。

Ibid., 353.

(105) 最新の研究でも、羊をめぐる祭日に性的な儀礼が行われていた可能性が高いと結論づけられている。Sisman, *The Burden of Silence*, 183-191. こうした批判的姿勢に乏しい研究が過去の異端狩りと共犯関係を築き得ることに注意しなくてはならない。

第8章　エドムの野に向かったヤコブ・フランク

一、ヤコブ・フランクの来歴とポーランドの改宗者集団

ポドリア地方にはびこる「シャブタイ・ツヴィの教団」の素性

一八世紀後半、ヤコブ・フランクが多くのユダヤ人を糾合し得たのは、ポーランド・リトアニア共和国南東部のポドリア地方がシャブタイ派の温床だったためだと考えられてきた。確かにこの想定にはまったく根拠がないわけではない。ヤコブ・サスポルタスは最初期の改宗者がイスラームからユダヤ教に立ち返ってワラキア地方（今日のルーマニア南部）に逃げたと記している。[1] その後、ポーランドではヘシェル・ツォレフやユダ・ハシードらが活動し、シャブタイ・ツヴィの異端を密かに継承していると非難された。また、ハイム・マルアハはバルカン半島を経由して、シユムエル・プリモやドンメ教団の教えをポドリアにもたらした。ヨナタン・アイベシッツを支持するユダヤ人が多かったのも、まさにこの土地だった。こうした事実から、ポーランドとトルコを結ぶポドリアが、「シャブタイ・ツヴィの教団」（kat Shabtai Tsvi）の中継地と見なされたとしても不思議はない。

異端狩りの急先鋒、ヤコブ・エムデンはフランクがドンメ教団に身を寄せていたという事実とともに、異端の要衝としてのポドリアについて次のように語っている。

一七五七年、ポーランドから良からぬ噂が届いた。サロニカから呪われた住人がポドリアにやって来たというのだ。［…］その男はヤコブ・フランクという名だった。［…］サロニカでベルヒヤの教団の呪われた恐るべき者たちと交わり、彼らに惑わされて魔術や役に立たぬことを教わった。［…］そこ（ポドリア）にはシャブタイ・ツヴィを信じる人々が多かったからである。(2)

つまり、すでにポドリアにシャブタイ・ツヴィを信じる輩が蟠据し、フランクは異端の温床があることを知ってサロニカから移り住んだというのである。こうした見方は研究者の間でも一般的に受け入れられてきた。(3)ところが、この想定には慎重に扱わねばならない疑問が残されている。それはポドリアとサロニカの異端が、果たして同質の存在として扱えるかという問いである。フランクの活動を叙述する前に、まずは一七世紀後半以降の状況を振り返りながら、この問いに暫定的な答えを示すことにする。(4)

ポーランド・リトアニア共和国とバルカン半島のユダヤ人は、一七世紀後半から一八世紀半ばにかけて、たびたび不安定な状況に置かれていた。度重なる侵略のなかでも、特にフミエルニツキの虐殺（一六四八〜四九年）、ポーランド・オスマン戦争（一六七二〜七六年）、大トルコ戦争（一六八三〜九九年）、および大北方戦争（一七〇〇〜二一年）は甚大な被害をもたらした。そうした混乱のなかで、経済と自治の弱体化、人口移動といった社会的な流動性は、タルムード研鑽に不可欠な学塾の衰退を招いた。ポーランドの一部のユダヤ人は法の庇護を受けることができず、居住する地域の支配者の顔色をうかがいながら生活することを強いられた。迫害と追放が間歇的に彼らを襲ったことは言うまでもない。またラビの職を金銭で買い取るシモニア的処世術に走る者やカトリックに改宗する者が現れ、宗教に関わる規律までもが危ぶまれていた。(5)ポドリア地方はオスマン帝国との関係に煽られてとりわけ政情の変化を受けやすく、不安定な状況がそこに住む人々の気質をも左右したのだろう。(6)

一六七二年、シャブタイ・ツヴィをイスラームに改宗させたメフメト四世と大宰相キョプリュリュ・アフメト・パシャは、ポドリアのカミエニエツ・ポドルスキーを攻略すると、さらにリヴィウにまで勢力を伸ばした。ブチャチュ条約によってオスマン帝国の統治下に入ったポドリアには、コンスタンティノープルやサロニカから兵站や交易に携わるユダヤ人が移り住んだ[7]。その後、大トルコ戦争で敗れたオスマン帝国は、一度は支配下に収めたポドリアを一六九九年のカルロヴィッツ条約に従ってポーランドに割譲したが、そのまま居住し続けるユダヤ人が少なくなかった。歴史家メイール・バラバンは、このなかにシャブタイ・ツヴィを崇める人々がいたと述べている[8]。

当時、葡萄酒を商っていたユダヤ人、ドヴ・ベル・ビルケンタルなる人物は、ポーランド語とイディッシュ語の通訳として裁判に陪席し、彼らの素性を裏づける証言を残している[9]。一七四二年の出来事を回顧して、ビルケンタルはポドリアのナドヴォルナに「シャブタイ・ツヴィの教団」が存在したと述べている。

ナドヴォルナにはシャブタイ・ツヴィの信者の教団があった。アヴ月九日の断食日に一部の仲間が山野に出かけて、群れから羊や仔羊を盗んで屠殺の方法を教わらずに屠っていた。そして、アヴ月九日に彼らはそれを火にかけた乳で煮て食べた。彼らはメシア、シャブタイ・ツヴィが訪れると自らに言い聞かせていたのだ[10]。

アヴ月九日の断食廃止はシャブタイ・ツヴィの命令に起源を持つ。それだけでなく本来はハラハーに基づいて屠殺(shehitah)を行わねばならないのに、それを無視して羊を屠り、さらにはあえて乳で調理して食べたとされている。断食を撤廃するだけでは飽き足らず、屠殺の方法や肉と乳製品の食餌規定まで犯した例は、ドンメ教団の慣習においてさえも知られていない[11]。だがビルケンタルの記述が正しいとすれば、フランクが活動を始める前からポドリアにはサロニカのドンメ教団を出自に持つユダヤ人が住み、反規範的な傾向を強めていたかもしれない。

一方で、ポドリアは一八世紀前半に三位一体を説く特異なカバラー神学の伝統が広まった土地でもある。放浪のカバリスト、ハイム・マルアハはブチャチュやナドヴォルナでカバラーを学ぶグループを作った。また、ゾルクヴァの学塾はマルアハによって過激なシャブタイ派の中心地に変えられた。[12] マルアハはラビ法廷の決定により追放されたが、シャブタイ・ツヴィへの信仰はポドリアのラビたちの間にまで広がっていたと言われる。これが一七世紀後半の第一世代と同じメシアニズムだったとは考えにくい。だが、ヨナタン・アイベシッツのカバラー論考、『今日私は泉にたどり着いた』をドイツにもたらしたモシェ・メイール・カメンケルがゾルクヴァから旅をしてきたことを思い出せば、ポドリアでカルドーゾに由来する三位一体のカバラー神学が受け入れられていた可能性は十分に考えられる。

ポドリアの異端には地理的な性質も関わってくる。ヨーロッパ最大のユダヤ自治組織、四地域評議会は、ポーランド・リトアニア共和国の辺境に位置するこの地域を十分に掌握できていなかった。トルコ出身のユダヤ人も多いこの地域は、宗教的権力の空隙になっていたのである。その証拠に、ポドリアのユダヤ人は評議会を通して納めるはずの人頭税の支払いを拒み、ラビ法廷の決定に異を唱える人々が移り住むこともあった。一七一三年にはアウグストゥス二世によって、ポドリアの共同体が四地域評議会から独立することが認められた。一七一七年、共和国の国会に当たるセイム（Sejm）がユダヤ人に巨額の人頭税を課したとき、ポドリアのユダヤ人だけは四地域評議会を通さず、独自に税金を支払う許可を受けた。[13] ポーランド・リトアニア共和国のユダヤ自治という観点から考えれば、ポドリアはラビの権威からの分離を試みる人々の拠点だったと言えるだろう。本書ではこうした傾向を持つユダヤ人を便宜的に分離派と呼ぶことにする。このあと詳しく論じるように、フランクは分離派の願望を宗教的な救済論の言葉で語り直すことによって、多くの信奉者を獲得したのである。

以上のことを総合的に考えれば、ポドリアはドンメ教団のアウトポストとして機能するだけでなく、三位一体を説く特異なカバラー神学を学ぶ流れがあり、同時に四地域評議会からの独立を企てる分離派のユダヤ人が住んでいたということになる。以上の三つの傾向のそれぞれがどのように重なり合うかは今のところ判然とせず、既存の史料の再考と新たな史料の発見が待たれる。それでも、これまで研究者がシャブタイ派と呼んで一括してきた人々が、第一世代の信奉者とはまったく異なり、しかも決して単一の目的をもって活動したわけではないことは明らかである。

フランクはドンメ教団、カバリスト、分離派が交錯するポドリア地方で、父ユダ・レイブと母ラヘル・ヒルシュルの間に生まれた。ユダ・レイブはこの地域に特有のカバラー神学を広める活動に従事したと考えられている。カバラーの流布に携わったのはユダ・レイブだけではない。その兄弟、つまりフランクの叔父に当たる人物は、一七二五年にヨナタン・アイベシッツの『今日私は泉にたどり着いた』を所持したとして摘発されたカメンケルだった。エムデン・アイベシッツ論争の発端はドイツで起こったが、遠くポドリアで活動するユダ・レイブまでもがその煽りを受けたと思われる。フランクが生まれるとすぐ、一家は当時オスマン帝国の領内にあったポドリアのチェルノヴィツへと南下し、さらにスミルナ、コンスタンティノープル、ブカレストを転々とした。この間、フランクがユダヤ教の学塾で十分な教育を受けることはなかった[14]。その一方で、後半生の記録からは、トルコ語、ラディーノ語、ヘブライ語、イディッシュ語、ポーランド語、ドイツ語を解し、ユダヤ人、非ユダヤ人の枠を超えて、それらを巧みに使い分けていたことがわかる。この時期に地域や文化を跨いで生活した経験が、特異な越境的人格を作り出したのである。

フランクに転機が訪れたのは、一七五二年、ドナウ川沿いの町、ニコポリスで執り行われた自らの結婚式の最中だった。妻の名はハンナといった[15]。フランクの言行録、『主の言葉の書』によると、まさに二人が婚姻の儀式を行うために天蓋の下に立っているとき、プラハからやって来たモルデハイというラビがサロニカにメシアがいると告げたという[16]。実際にその翌年、フランクはサロニカに赴き、ドンメ教団に加入した。そのグループは、かつてベルヒヤ・ルッソを中心に発展したカラカシュ派だった。

当時、ベルヒヤが世を去ってすでに三〇年以上が経ち、グループを組織していたのは彼の後継者たちだった。サロニカを訪れたフランクは、メシアを見出すことができなかったため、このグループでベルヒヤに代わる地位を手中に収めようと試みた。生前のベルヒヤはカバラーの霊魂転生論をもとに、自らの身体はシャブタイ・ツヴィの霊魂が宿った神の化身であると主張した。彼はこの主張を踏み台にして、その霊魂が神秘体験のなかで自らの身体に宿ったと述べた[17]。このときを含め、フランクは明確なメシア宣言を行うことはなかったものの、周囲にそう思わせるようほのめかすことはしばしばあったのかもしれない。そして、その暗示が奏功したのか、一時的にカラカシュ派の人々から信認を得ることに成功した[18]。ところが暴力的な言動によりたびたび問題を起こした結果、命さえも狙われるようになり、サロニカを離れることを余儀なくされた[19]。

組織に残ることはできなくても、フランクはベルヒヤとの霊的な紐帯を感じ、それを利用することを躊躇わなかった。一七五五年、ポドリア地方に戻ったフランクは、サロニカのカバリスト、ハハム・ヤコブ（賢者ヤコブ）を名乗って放浪した。この時期、彼が何を教えたかはわかっていないが、同じく「ハハム」の尊称を冠して呼ばれたベルヒヤを意識して、宗教の枠組みを超越するシンクレティズムの教義を練っていたと思われる。フランクの目的は、ポドリアでラビの権威に不満を抱く分離派のユダヤ人を統一することだった。彼らは貧しく、都市から離れたシュテットルで暮らしていた。フランクはそうした人々を味方につけ、より恵まれた社会的な立場を約束することで新しいユダヤ人共同体の指導者になろうとしたのである。ベルヒヤの再来を思わせるカバリストとして姿を現したのも、その目的のためだったと考えられる。

このころフランクの活動はまだほとんど人々の目に留まっていなかった。ところが、ほどなくポーランドの片隅で起こったある事件が、彼の存在を広く知らしめることになる。一七五六年一月二七日、フランクは、ウクライナ西部を流れるズブルチ川沿いの村、ランツコロナにいた。エムデンが伝えるところでは、ポドリア地方のこの村には「シャブタイ・ツヴィの教団」の者たちが素性を隠して住んでおり、フランクはそれを知ってサロニカから訪れたという。フランクに従った者たちは、第2章で登場したような学識ある人々とは異なる。カメンケルやフランクがそうだったように、ユダヤ教の宗教的権威を代表するラビとはまったく異なる背景を持つ市井のユダヤ人だった。サロニカで認められなかったフランクは、このとき新たに地位を確立する場所を求めてポドリアを放浪するなかで、ランツロナにたどり着いたのだろう。

その夜、彼らは地元のラビの家で奇妙な儀式を執り行った。内部資料では人々が集まってただ歌い踊っただけであるかのように書かれているが、エムデンは伝え聞いた詳細を次のように書き残している。

当地のラビ（この男も追放された者の一人だった）に美しくもいかがわしげな妻がおり、彼らはその女を連れて来た。そして女を裸にして、律法の巻物の王冠を頭にかぶらせると、花嫁のように天蓋の下に立たせた。さらに女の周りで踊って、罰に値するパンと葡萄酒に興じ、ダビデのように楽器を鳴らして享楽に耽った。［…］彼らは女の周りを踊りながら、しなだれかかっては接吻した。そして、女をメズーザーと呼び、メズーザーにするように接吻したのだった。(20)

このとき外から部屋のなかを覗いた者が、ふしだらな狂宴について吹聴したため、すぐに人々の注目を集めた。さらに大勢の話し声を聞きつけてやって来た地元のユダヤ人が、一部始終を知って驚愕し、キリスト教徒の近隣住人を呼びに行った。参加した者たちは一時的な拘束ののちに解放されたという。フランクも逮捕されたが、トルコ人だという理由で翌日には釈放された。これがランツコロナ事件である。その詳細を伝える複数の異なる証言が残されており、実際に起こったことを正確に記述することはできないが、共通しているのは裸の女が崇められていたことと、キリスト教徒が事後的に介入したことである。(21)

二月一日、事件はさらなる展開を見せた。カミエニエツ・ポドルスキー司教区の裁判所が、ランツコロナの現場で押収された文書を提出するよう求めてきたのである。さらに三日後、裁判所は尋問のために逮捕された者たちをカミエニエツまで連れてくることまで要求した。ポーランドのユダヤ人は、古くは一三世紀に定められたカリシュの法令以来、法的な自治を与えられており、キリスト教徒が関与する事案でない限り、教会の裁判所が介入するという事態は極めて異例だった。(22)当時のカミエニエツの司教はミコワイ・デンボウスキーという人物で、ユダヤ人に厳しい聖職者として知られていた。教区裁判所の記録によると、この訴えはもともとサタヌフとランツコロナのユダヤ人によって、「モーセの律法と古き伝統から逸脱している」として持ち込まれたという。つまり、廉恥心を欠く同胞を罰してもらうために、ユダヤ人のほうから教会側に接近したのである。

一方、エムデンによれば、狂宴に参加した人々は無実を主張するためにポドリア地方のいくつかのラビ法廷に訴えたが、最終的にはシャブタイ・ツヴィの異端に冒されているとして破門を宣告された。そこで彼らはデンボウスキーのもとに訴え出て、自分たちの考え方がユダヤ教よりもキリスト教に近いと告白したという(23)。いずれにしても、ランツコロナ事件にキリスト教徒が目撃者として居合わせただけでなく、ユダヤ人のほうからその後の解決に教会の司法権力を介入させたことは間違いない。だがこのとき、教区裁判所が事件の関係者を罪に問うことはなかった。

ランツコロナ事件を機に、ポドリアの各地でラビが挑発される事件が相次いだ。そのような場合、ラビはならず者たちをキリスト教徒の裁きに委ねた。こうして非ユダヤ人の介入が徐々に一般的になっていったと見られる。

二月半ば、プリム祭の直前に当たる「エステルの断食」(Taʿanit ʾEster) の日、フランクはホロストクフのシュテットルに現れた。彼はそこで信奉者たちを集めて、真実の神を信じるならば断食を破らなければならないと呼びかけ、彼らに食べ物を分け与えた。フランクの念頭には、アヴ月九日の断食を祝宴に変えたシャブタイ・ツヴィの命令があったはずである。従ったのはわずか一三名に過ぎなかったが、公然と断食を祝宴に変えたことで地元のユダヤ人は激怒した。この一件は予想通りの反応を引き起こし、フランクと信奉者はデンボウスキーのもとに連行された。こうして、再びフランクが起こした事件がキリスト教徒に知られることになったのである。このときは投獄されただけで一週間後に釈放されると、フランクは信奉者と別れてその地を去った。

フランクはなぜあえてタブーを破ってまで周囲のユダヤ人に挑戦しなければならなかったのだろうか。のちにランツコロナとホロストクフでの振る舞いの意味を信奉者に語りながら、彼は次のように回顧している。

私がポーランドにやって来た最初の日、私が行うことは何でも公然となされているのをその目で見ただろう。お前たちはこっそりと歩みを進めるように命じられたというが、私は全世界が知り、そして見るべきだと言おう。もし悪いことであれば、速やかにそれは破壊されねばならない。信仰が優れたものであれば、誰がそれを損なうことができるだろうか。私がランツコロナに着いてお前たちが歌を歌ったとき、私は外に聞こえるように窓を開けた。ワラキア地方から戻って来たとき、［…］三月の断食（「エステルの断食」）を公然と破るために特別にこれを行ったのだ。通りに出て砂糖漬けの果物を食べ、正午に昼食を用意するように命じて、つねに家を開けておくように言ったのだ。(24)

つまりいずれの出来事においても、フランクは始めからこうした狂躁や冒瀆が人々の耳目を集めることを期待していたというのである。(25)

当時のポドリアでは、シャブタイ・ツヴィの挫折を新しい段階へと推し進める人物が待望されていた可能性がある。「聖なる同胞団」の失敗が明らかだったため、もはや声高にエルサレム移住を唱えることができる状況ではなかっただろう。また、一部の者たちが保守的なラビの弾圧を避けながら、特異なカバラー神学を秘密裏に学んでいたこともわかっている。それに加えて、ポーランドの四地域評議会の支配が及ばない地政学的な条件が重なって、中央のラビの求心力が薄れる権力の空隙が生じていた。フランクの挑戦は、こうした既存のユダヤ教の伝統に不満を持つ人々に対する呼びかけだった。

ドンメ教団で学んだフランクは、あえてシャブタイ・ツヴィを想起させるような行動に出た。確かにこの時代、もはや誰もが同じようにシャブタイ・ツヴィを信じていたわけではないし、そのメシアニズムの余波もまったく異なる形に展開していた。フランクにはシャブタイ・ツヴィの伝承を思い起こさせることで、様々な層の人々に自らを新たな救済の指導者として印象づける狙いがあったと考えられる。フランクがユダヤ教への冒瀆を公開したのには別の理由もあった。ランツコロナでもホロストクフでも、彼が起こした問題にキリスト教徒が関わり、重大な結果には至らなかったとはいえ、最終的に司教のデンボウスキーが判断を下している。フランクが確信犯だったかどうかは知る由もないが、早くもこの段階で教会権力の介入を引き起こすことで、ユダヤ人共同体を超えて問題を拡大させようと企てていた可能性がある。その目的はキリスト教へ接近することにより、ラビ・ユダヤ教との決別を進めることにあった。この策略はフランクの信奉者たちにも共有され、ほどなくより明確な形で実行に移されることになる。

二つの事件を受けて、サタヌフでは異端が疑われる者やその家族までもがラビに尋問を受けた。彼らは禁書を読んでいること、三位一体の神を信仰していること、安息日に豚肉とチーズを調理して食べていること、姦淫や近親相姦を犯していることなどを自白させられたという。(26) この種の証言は主にエムデンの異端駁論のなかに記録されたもので、告発者の常套句の通りにタブーが犯されたことになっており、信憑性に疑問がないとは言い切れない。一方、自白のなかにキリスト教を想起させる三位一体への親和性が指摘されており、フランクの信奉者がキリスト教に接近していることがラビたちに知られていた可能性がある。

フランクの醜聞が知れ渡ると、この名もない放浪のユダヤ人に対して、ポーランドのラビたちは警告を出し始めた。この時期、いくつもの破門状が書かれているが、なかでも有名なのが、五月二六日にブロディのラビたちが出した『諸刃の剣』(*Herev Pifiyot*) と名付けられた破門状である。(27) 多くの破門と同様、直接フランクが言及されることはなく、シャブタイ・ツヴィ、ガザのナタン、ベルヒヤの名前が現れるにとどまるが、出された時期を考えると、ランツコロナ事件以降の騒動を受けた文書だとわかる。

イスラエルの聖なる共同体の首長によって、[…] すべての罪人、シャブタイ・ツヴィとその宗教を信じる者を排除し、偉大な共同体のなかから彼らを選り分けて追放するよう宣言する。それによってイスラエルに平安が訪れる。[…] 見よ、イスラエルの子らのなかに、我々に向かって立ち上がる者たちがいた。それは蛇であるシャブタイ・ツヴィの根源に由来する者たちである。この男は誤った信仰と偽りの教義を伝え、[…] 棄教して汚れをもたらした。そして蛇の根源からガザのナタンというわばみが現れた。それから次に無割礼の汚れた裏切り者、ベルヒヤが続いた。彼らはこの男に従い、申し合わせてイスラエルの残りの者を破滅に追いやった。[28]

『諸刃の剣』の狙いは、必ずしもフランクに対する危機感の表明ではなく、ポーランドにシャブタイ・ツヴィの系譜に連なる者たちが潜んでいると暴露することだった。具体的にはナタンの著作を禁書に指定していることから、実際に彼のカバラーに関心を示す者が少なくなかった状況が読み取れる。[29] ブロディのラビたちはドンメ教団のベルヒヤに言及したうえで、フランクがシャブタイ・ツヴィの異端を受け継いでいることを暗示する。ネヘミヤ・ハヨーン、モシェ・ハイム・ルツァット、ヨナタン・アイベシッツの論争のときに告発者たちがとった作戦、すなわち異端の鎖の暴露がここでもまた繰り返されているのは明白である。

この破門状は、一七五六年九月にコンスタンティヌフで開かれた四地域評議会で確認されると、ポドリア地方の他の共同体でもシャブタイ・ツヴィの異端に手を染めている者には重い刑罰を課すことが決定された。一七五六年と言えば、四地域評議会がアイベシッツ打倒で一致した年である。このとき同時にポドリア地方に蔓延する異端思想も排除の標的になった背景には、ランツコロナ事件によって表面化したフランク一派の問題が存在したのである。

「エステルの断食」の一件で釈放されてサロニカへ向かったあと、一七五六年四月、フランクはワラキア公国とオスマン帝国の国境に位置する小さな町ジュルジュに滞在していたという記録がある。ポーランドで勢いを増す異端狩りを避けるためだったと思われる。確かにキリスト教徒の関心を集めることには成功したが、神経を尖らせるラビたちの追及に対抗できず、フランクは新たな集団を統率するという当初の企てを遂行することが困難な状況にあった。このあと二年以上にわたってフランクはポーランドに戻れず、ポドリア地方で得た信奉者に影響を与えることができなかったと見られる。またユダヤ教の支配から人々を解放するという約束も放棄したのか、このころイスラームに改宗しアフメトというトルコ名を得たと伝えられる。[30]

カミエニエツの討論会におけるラビ・ユダヤ教との対決

一方、ポーランドではランツコロナ事件が次の問題を引き起こしつつあった。関与したのは、アイベシッツとの論争で重要な役割を果たしたヤコブ・エムデンとバルーフ・ベン・ダヴィドである。ユダヤ人共同体と為政者当局の間を取り持つ仲介者として活躍したバルーフは、フランクが関与した狂宴のことを知ると、いかにも衆目を集めそうなこの事件への対応についてエムデンに相談を持ちかけた。エムデンの助言は、フランクらがキリスト教徒をも欺いていることを考えれば、評議会が司祭たちを説得してユダヤ教とキリスト教双方で異端の根絶に乗り出さなければならないというものだった。[31] これはポドリア地方のラビの方針と一致しており、フランク派の異端問題には異教徒の介入が合意されていたことがうかがえる。

エムデンが評議会に宛てた書簡には、次のように書かれている。

> すでにポーランドのポドリアでは、シャブタイ・ツヴィの醜態に従う忌むべき教団の信仰に関わる者たちが広がっている。［…］律法のなかの戒律と義務に対するすべての違背が、彼らのところでは許されているだけではない。［…］彼らは一緒になってカミエニエツの司教や司祭のところに赴いた。そして、自分たちもナザレの人（イエス）を信じ、信仰や意見において彼らに近いと言って欺いた。［…］シャブタイ・ツヴィの教団の忌むべき悪人たちが彼ら（ポーランドの司祭や司教、大臣や貴族たち）を欺いたのは明らかである。[32]

バルーフはエムデンの助言に従い、デンボウスキーに異端問題の沈静化に介入するよう要請した。[33]

さらにちょうどこのころ、ポーランドで血の中傷が起こったため、評議会はこれに対するローマ教皇の非難を引き出そうと政治的な企てを起こし使節を派遣することを決定した。バルーフは機に乗じてこの使節に異端狩りに対する教皇の賛同をも得るよう働きかけた。バルーフの活動はこれに留まらず、ワルシャワの教皇大使、ニコライ・セラに宛てて、フランクのグループをユダヤ教の合法的な分派と認めず、ユダヤ教にとってもキリスト教にとっても害を及ぼす異端として扱うように求めた。実際に教皇にまでこの問題が伝わったかどうかはわからないが、ここでもユダヤ人側から非ユダヤ人を介入させようという動きがあったことは間違いない(34)。

また、エムデン・アイベシッツ論争の最終局面で四地域評議会を説得した反対派、ザモシチのアブラハム・コーヘンもランツコロナ事件のことでエムデンに意見を求めた。エムデンはそれを評議会の公式質問と解釈し、次のような回答を送った。

四地域評議会の有力者にして代表者であるあなたがたは、あの者たちを王国（ポーランド・リトアニア共和国）に引き渡して火刑に処させてもいいかとお尋ねになった。［…］あなたがたが災厄を防ぎ、内部に潜む悪を焼き尽くすなら、それは喜ばしいことである。なぜならこの悪の教団の者たちがもはや頼みとはならず、罪を思い起こさせるもの、躓きの石、イスラエルの家の障碍となるからである。［…］残念ではあるが、彼ら（ポーランド人）の正しき王や大臣の習慣にしたがって、森の獣と変わらぬ凶悪さを持つシャブタイ・ツヴィの異端者たちに介入してもらうべきである。［…］あの者たちは非ユダヤ人に対しては自分たちがキリスト教のメシアを信じていると言い、ユダヤ人に対しては君たちと友人だと言っているが、二度とそのように二つの虚偽を使い分けることができなくなるだろう(35)。

このエムデンの応答からも、ポーランドの司法を異端問題に介入させ、公式に異端者を罰してもらおうとする意図が明らかである。

思惑は違っていても、非ユダヤ人の介入を求めたのは残された信奉者も同じだった。このとき、フランクの代わりに指導的な立場で活動していたのは、ユダ・レイブ・クリサとシュロモ・ショールなる人物だった。[36] 彼らの指導のもと、一七五六年八月二日、二一人の人物の署名とともに声明文がカミエニエツの教区裁判所に提出された。この声明文には、タルムードを否定する文言、三位一体やメシアが人間と神の双方の性質を兼ね備えているというキリスト教的な考え方が示されていた。[37] このメシアがイエスであると明言されていないため、改宗の決意までは読み取れない。それでも、その後ランツコロナ事件が自分たちに対する中傷であると訴え出ていることから、いまだラビの権威を否定し、キリスト教に接近するというフランクの方針が維持されていたことは確かである。

翌年、彼らはユダヤ人の代表と称する二三名の名を連ねて声明文の改訂版を提出し、再び同じ主張を繰り返した。この声明文には次のように記されている。

1. 我々は旧約聖書の神によって教えられ命じられたことをすべて信じる。[…]
2. モーセの書、預言者の書、その他の旧約文書も、美しい衣をまとった乙女に例えられる。乙女は顔を覆い、その美しさを見ることはできない。これらの文書は神の隠された知恵に満ちており、不思議なこと、未来のことを語っている。それゆえ神の慈愛（łaska Boża）がなければ、人間の理性で理解することはできない。[…]
3. 古代のラビは旧約聖書を解釈しようとした。これらの説明はタルムードとして知られ、多くの作り話、虚偽、神とその教えに対する多くの馬鹿げた言葉と敵意が含まれている。[…]
4. 旧約聖書の聖なる文書に基づいて、我々は始まりも終わりもない唯一の神、天地、知られていることと知られていないことを創造したお方が存在すると信じる。[…]
5. 同じ聖書を共有していることから、我々は三つの位格を備えた無限なる一つの神（BOG ieden iest bez początku y kónca, we trzech Osobach）が存在すると信じる。それらは等しく、不可分で一致している。[…]

6. 我々は神が命ある人間の身体で現れ得ると信じる。そのお方は、生まれ、成長し、飲食し、眠り、そして罪を除いては人間のあらゆる感情に影響を受ける。[…]
7. ダニエルの預言に従って、我々はエルサレムの町は終末のときが訪れて初めて再建されると信じる。[…]
8. 我々は、メシアが到来し、幸福をもたらし、異教徒より優れた力を与えてくれるのをユダヤ人が待っているのは無駄であると信じる。[…]
9. 我々は神ご自身が最初の両親の罪のために人類を呪ったと信じる。まさにこの神が、地上に降りてその呪いから世界を救う。そのお方はユダヤ人のためだけでなく、すべての世界のための真実のメシア（prawdziwy Messyasz, nie dla iednych Zydow, ale dla wszystkiego Swiata）である。そのお方を信じて善行を積む者は永遠の慈愛を与えられるが、そうでない者は地獄に投げ入れられる。[…][38]

この声明文のなかでも、彼らはタルムードの権威、つまりラビ・ユダヤ教の伝統を否定し、三位一体の神、神とメシアの同一性を受け入れている。単に聖書と書かず、旧約聖書というキリスト教の言葉を用いているところから、キリスト教に追従していることは明らかである。マチェイコによれば、キリスト教側がこの声明文の作成に関わった可能性が大きい[39]。また、「真実のメシア」がユダヤ人だけでなく、普遍的な救世主であるとされている。「そのお方」はフランクではなく、むしろイエスを指していると理解するのが妥当とさえ思われる。このとき、彼らは自らの信仰を表明するために、ラビに反論するための公開討論会を開くよう要求した。

クリサとショールに率いられた人々は、なぜあえて既存のラビ・ユダヤ教を否定し、キリスト教に近い信仰を告白してまで、教区裁判所に訴え出たのだろうか。この疑問に対して、再びマチェイコが非常に興味深い説明を加えている[40]。当時、ポーランド・リトアニア共和国には、タルムードを受け入れない、つまりラビ・ユダヤ教の伝統と袂を分かった人々がいた。カライ派のユダヤ人（Qaraʾim）である[41]。彼らは古代のラビによる討究をまとめたタルムードを否定し、聖書を教義の根本に存続する少数派のユダヤ人だった。ヨーロッパの他の地域では、法律上カライ派も含めてユダヤ教が包括的に単一の宗教と規定されていた。だが、ポーランドではカライ派が独立した宗教として認められ、圧倒的多数派のラビ・ユダヤ教と同等の権利を保証されていた。マチェイコによると、ポーランドのシャブタイ派は、カライ派という先例にならって独立した権利を持つ共同体になることを目指していた[42]。

ただし、カライ派が三位一体や神とメシアの同一性を認めることはない。それを考えれば、クリサとショールはよりキリスト教に近い信仰を提示しながら、法的にカライ派に準じる権利を求めたことになる。こうした信仰がキリスト教徒から庇護を得るだけのために示された見せかけのものだったのか、あるいはシャブタイ・ツヴィの神格化や「信仰の三つの結びつき」といった既知の教えに着想を得たものかは判然としない。彼らは公開討論でシャブタイ・ツヴィやフランクに言及することはなく、また洗礼を受けると明言することもなかった[43]。明らかなのは、声明文を提出したユダヤ人にとっては社会的な地位が重要だったということである。記録によると、自分たちが他のユダヤ人と同じように商取引に携わり、ラビ法廷の支配から免れるために、自治共同体を作る権利を得るにはどうしたらよいかと彼らが尋ねたところ、デンボウスキーはタルムードの記述が誤りであると証明すれば、多数派のユダヤ人から独立できると回答したという[44]。

ユダヤ人への厳しい態度で知られたデンボウスキーにしてみれば、ユダヤ人のなかからキリスト教に近づいてくる者が現れたのは歓迎すべき出来事だった。加えてタルムードの欺瞞がユダヤ人自身によって暴かれれば、手を汚すことなく大きな打撃を与えられる。声明文が作成された背景に、こうした外部からの働きかけがあったとしても不思議ではないだろう。

一方で、ユダヤ人が自発的にタルムードを冒瀆したのではないかという推測もある。すでに前年の二月には、カミエニエツの教区裁判所がランツコロナで逮捕されたユダヤ人を放免したとき、一五九三年に出されたクレメンス八世の教皇勅書「ヘブライ人の邪悪さ」（*Cum Hebraeorum malitia*）が言及されていた。そこではタルムードを読むことが禁じられ、焚書にするよう命じられている。この意を汲んで、彼らがタルムードを否定する姿勢を前面に押し出した可能性も指摘されている[45]。いずれにしても、教区裁判所に訴え出た人々は「ゾハル派」（zoharishten）を自称し、またキリスト教徒の文献のなかでは「反タルムード派」（Contratalmudistas / Kontra Talmudzistowie）と呼ばれ、カバラーを学びながらユダヤ教に挑戦する勢力として認知されるようになったのである。

デンボウスキーは事態を解決するために、ランツコロナ事件に関与した人々とカミエニエツのラビの間で話し合いを持つことを決定した。ラビ側は出廷を頑なに拒み続けたが、一七五七年六月二〇日から二八日にかけて、ようやくカミエニエツの教会で公開討論が行われることになった。討論会に参加した代表者は、分離派側がクリサとショールを含む四名、ラビ側がサタヌフのメンデルら四名だった。討論はヘブライ語で行われ、逐次ポーランド語に翻訳された。ラビ側は声明文の1、2、3の前半、4は受け入れた。しかし、3の後半は否定し、5から9は議論することさえも拒んだ[46]。つまり、ラビ側は聖書に関する部分は問題視していない。2の見方はカバラー的な聖書解釈の表現であり、その点を争点にするつもりはなかったことがわかる[47]。3のタルムードに対する冒瀆的な指摘は、当然否定されており、三位一体、メシア、終末に関わる部分は異教徒の前で議論すべきではないと判断したのだろう。

一〇月一七日、最終的にデンボウスキーはカミエニエツの討論会における分離派の勝利を発表した。結果として「反タルムード派」はカミエニエツ教区における自治の約束をとりつけた。さらにこれをポーランド全土に適用するために、デンボウスキーは彼らを合法的なユダヤ教の一派として承認するようアウグストゥス三世に願い出た[48]。つまり、他のユダヤ人と同等の待遇を受けながら、四地域評議会から独立した法的地位を有するグループとして認めたのである。これはまさにフランクをはじめとして、クリサやショールら分離派が望んでいたことに他ならなかった。さらに踏み込んで述べるならば、フランクのプロパガンダなしに自治の約束を取り付けることができたのは、分離派の要求がフランクだけに依存する主張ではなく、集団としての要求を反映していたことの証左である。彼らはフランク個人の主張とは無関係の政治的な集団を形成しようとしていたと考えることができる。

一方で、教区裁判所はサタヌフにおける告発を名誉毀損として却下し、ラビ側に多額の罰金を課した。また、ランツコロナで混乱を引き起こしたのはラビ側であるとして鞭打ち刑を言い渡し、さらには聖書以外のユダヤ教文献の焚書を命じた。タルムードだけでなく、ヨセフ・カロの『整えられた食卓』やカバラーの聖典、『光輝の書』も焼かれ、リヴィウ、ブロディ、ゾルクヴァなどでも様々なヘブライ語の書物が焼かれた。反対派はキリスト教権力が裁くことで、問題の人々の異端性が確証されるとたかをくくっていたが、逆に大きな代償を払うことになったのである(49)。

勝利の代償とカトリックへの集団改宗

ユダ・レイブ・クリサとシュロモ・ショールに率いられた人々は、公開討論の勝利によって、ユダヤ教からの独立という目標を達成しつつあるように見えた。ところが一七五六年一一月六日、デンボウスキーが急死すると、一転して彼らは後ろ盾を失い、ラビだけでなくキリスト教徒からも迫害を受けるようになった(50)。キリスト教への接近をほのめかす彼らの曖昧な態度は潜在的な疑念の対象となっていたのだろう。迫害の末に殺害される者までいたと言われ、指導者だったクリサも激しい暴行を受けた(51)。クリサはこのあと力を取り戻すことができず、資料のなかに再び名前が現れることはなかった。生前デンボウスキーは独立を目指すユダヤ人をキリスト教に改宗させようとまではしなかった。だがこのときは一部の司祭たちがユダヤ教に留まるか、改宗するか、立場をはっきりさせるように迫った。窮地に立たされた「反タルムード派」は、これを機にフランクに助けを求めたと思われる。トルコに逃れていたフランクにとって、これは起死回生の復帰を遂げる絶好の機会だった。彼らの求めに応えたフランクの言葉が、ビルケンタルの回想に残されている。

悪の共同体は司祭たちの言葉を聞くと恐怖に陥り、死んでしまわんばかりに恐ろしがった。なかには信仰に疑いを抱く者たちも現れた。そこでヤコブ・フランクは立ち上がって共同体にこう告げた。「兄弟よ、愛する者たちよ、恐れてはならない。［…］無割礼者（キリスト教徒）は他のどの異教徒よりも不浄なのに、なぜ彼らに取り入らなければならないのか。それよりは、イシュマエル人（ムスリム）の土地（トルコ）に行ったほうがいいだろう。サロニカの町に住み、我々の師にして、我々のメシア、シャブタイ・ツヴィの弟子の墓にひれ伏そう。そこでユダヤ人のままでいるか、あるいはもし必要が生じ、ユダヤ人が我々をもとのように受け入れてくれないのであれば、同じように割礼を施すイシュマエル人の信仰に改宗するかだ。(52)」

一部の人々はドニエステル川を超えてオスマン帝国領に渡り、フランクのもとに向かった。フランクがこのとき再びサロニカでの定住とイスラームへの集団改宗を示唆したのは、ポーランドでキリスト教徒と反対派のラビの圧力が高まっていたことが原因だと考えられる。実際に一七五八年三月、フランクはジュルジュを出てサロニカに向かい、数名の信奉者をイスラームに改宗させた。それまで「反タルムード派」がキリスト教に近づこうとしていたことを考えれば、大きな矛盾を抱えたままの方向転換だった。しかしすでにイスラームに改宗してメフメトを名乗っていたフランクにとっては、いかなる宗教に改宗しようとも、主導権を取り戻してユダヤ教による支配からの解放を宣言するほうが先決だったのだろう。

ほどなくすると、ムスリムになったフランクたちに再び転機が訪れる。このころポーランドでは、政治家にして司教だったカイェタン・ソウティクが、様々な不正行為の告発を受けて苦境に立たされていた。なかでも一七五三年に血の中傷事件で一三名のユダヤ人が処刑された事件に彼が関与したことが問題となっていた。そこでソウティクは、ユダヤ教の反対勢力として知られたフランクのグループを利用して自らの行為を正当化しようとした。ユダヤ人である彼らの口から儀式殺人が事実だったという証言が得られれば、自身に対する批判を鎮めることができると考えたのである。一七五八年にソウティクは血の中傷が実際に行われたとするフランクたちの「内部告発」を発表し、さらにはアウグストゥス三世にも働きかけた。その結果、一七五八年六月一一日、王の名において彼らがポーランドに戻ってきても身の安全が保障されることが約束された[53]。フランクは元来ポーランドで自治組織を営むことを目指していた。キリスト教徒を「他のどの異教徒よりも不浄」とそしり、イスラームに転向したばかりとはいえ、ポーランドへ戻ることが許されたのはこの上ない奇貨だったはずである。しかも、今やかつての信奉者たちの求心力を取り戻しつつある。おそらくはこのときすでにカトリックへの改宗を予期していたのだろう。ポーランドに戻る道中、フランクは信奉者に洗礼を受ける必要性を語ったという[54]。この時期の宗教に対する無節操からは、彼がユダヤ教だけでなく、イスラームもキリスト教も代替可能な宗教と見ていたことがうかがえる。

一七五九年二月二〇日、ソウティクに促された彼らは、再び公開討論を求めて次の信仰箇条を提出した。

1. メシア到来に関するすべての予言はすでに成就された。
2. メシアは真実の神であり、その名はアドナイ（我が主）である。その人は人間の外見を取り、我々の贖いのために苦しんでいる。
3. 真のメシアが訪れて以来、犠牲と儀式は廃止された。
4. 救済はメシアの教えのなかにしかないので、すべての人々はそれに従わなければならない。
5. 十字架は聖なる三位一体の徴であり、メシアの徴である。
6. メシア王への信仰には、洗礼によってしか到達できない。
7. タルムードの教えによれば、ユダヤ人にはキリスト教徒の血が必要である。タルムードを信じる者はそれを用いなければならない。

公開討論は同年七月一七日から九月一九日にかけて、リヴィウで行われた。フランク自身はそこに参加しなかったものの、滞在していたイヴァニエから主教座の置かれたこの町に赴く間、さらに多くの信奉者を獲得し、新たな教団の指導者として認知された[55]。このときすでにカトリックへの改宗を説いており、討論が終わる前に早くも洗礼を受ける者が現れた。九月一七日には、フランク自身も妻のハンナや信奉者のクリサとともに洗礼を受けて、ヤコブ・ユゼフと改名した。イスラームからカトリックへの改宗である。洗礼の日には、リヴィウの大司教ウワディスワウ・アレクサンデル・ウビエニスキも同席したという。指導者の改宗に触発されて、リヴィウだけでなく、カミエニエツ、ルブリン、ワルシャワでも、多数のユダヤ人がキリスト教徒になった。一説によると、その数は約三〇〇〇名に上ったとされる。このなかにはオスマン帝国領から移住してきたユダヤ人も含まれていたといい、ポドリアに住むドンメ教団出身の人々がいた可能性もある。公開討論に関する報告はラテン語、フランス語、スペイン語、アルメニア語、ポルトガル語、イタリア語、ドイツ語に翻訳され、ヨーロッパ各地に広まり、英国やアメリカ大陸にまで伝わった[56]。このとき表明された七項目の信仰箇条のうち、六項目はメシアについて述べたものであり、キリスト教のメシアニズムとの類似が顕著である。一七五七年の声明文で九項目のうち、メシアについて述べたものがわずか二項目だったことを考えれば、それから二年後に出されたこの信仰箇条が、さらにキリスト教側の歓心を買うため、新たに書き換えられたと見てよいだろう[57]。そのうえ、メシアが人間の罪を負ってこの世界で苦難を味わったこと、十字架、三位一体、洗礼がメシア信仰の鍵になっている点で、イエスの名前が明示的に言及されていなくても、キリスト教への傾倒が表明されたと言える。また、カミエニエツの討論と同じようにシャブタイ・ツヴィやベルヒヤの暗示は、片鱗すら見出すことができない。キリスト教側は彼らをシャブタイ・ツヴィの異端に連なるとは認識していなかったことだろう。最後の項目は、血の中傷事件への関与を正当化したいソウティクの求めに応じて付け加えられたと思われる。それまではタルムードの権威を否定するだけだったが、ここでは対立するラビたちを陥れようとする意図がはっきり見て取れる[58]。こうして自らの出自を捨て去って、新しいアイデンティティを形成しようとしたのである。

およそ二か月にわたってこれらの信仰箇条に関する議論が交わされたが、実のところ、これはフランク率いる「反タルムード派」のユダヤ人がキリスト教へ改宗することを公式に正当化するための場だった。すなわち、公開討論によって大規模な改宗が起こったのではなく、改宗を容易にするために公開討論が準備されたのである。[59] しかもこの集団改宗は、キリスト教側が強く推進して起こったことではない。マチェイコの研究によると、むしろ公開討論を機に、バルーフ・ベン・ダヴィドや四地域評議会のアブラハム・コーヘンが「計略によってキリスト教に改宗させる以外に方法はない」として容認したことも大きく影響している。伝統的にキリスト教への強制改宗は生命を引き換えにしても避けるべきこととされてきた。[60] だがここに至って、ラビたちは安堵の心持ちで彼らの改宗を拱手傍観したことがわかっている。こうしてキリスト教とユダヤ教双方の思惑の間に挟まれるように、フランク派の集団改宗が実現したのである。

このあと、フランクは六名の側近とともにワルシャワに向かった。そして一七五九年一〇月二三日、すでに改宗した信奉者とともに連名でアウグストゥス三世に嘆願書を提出した。そこには、ラビの介入を受けない領土の下賜、ならびに迫害を恐れて身分を偽る同胞の庇護などが求められていた。同じ嘆願書はウビエニスキとソウティクにも送られた。ワルシャワ滞在には、もう一つの重要な目的があった。リヴィウで受けたのは略式の洗礼だったため、フランクはワルシャワでアウグストゥス三世を代父として、同年一一月五日に改めて正式な洗礼を受けたのである。これを機に、ユダヤ人の集団改宗はさらに広く人々の注目を集めるようになった。そして有力者の支援を受けながら、とうとうフランクと一部の側近は改宗の見返りにポーランド王国における貴族の地位を得ることに成功した。フランクの振る舞いにかつての放浪ユダヤ人を思わせる影はなかった。彼は公然と馬車に乗り、貧者に施しを与えることで、自らが手にした地位と権威をこれ見よがしに人々に知らしめた。フランクは改宗者がポーランドの領地で集団生活するという条件にこだわった。離れて活動すれば求心力は薄れ、信奉者も早晩離散してしまうのではないかという懸念があったからである。また、彼はつねに武装した仲間に囲まれ、信奉者には武器による訓練を課した。これによって自治権を得たときの自衛のためだけでなく、オスマン帝国との国境においてポーランドの国防に資するとも主張した。この計画は一見すれば、ポーランド側にとっても都合がよかった。なぜなら、フランクの要求を飲めば、多くのユダヤ人を改宗させることができるだけでなく、人口の少ない東部に新たな入植者を住まわせることができると思われたからである。だがほんの少し前までユダヤ人だった、この浮ついた宗教家に自治領を与えて、辺境を守らせるという試みが現実のものになることはなかった。それに加えて、教会はフランクでは新たに改宗したユダヤ人を正しい信仰の道に領導することはできないとまで考えるようになった[61]。

不信感が募るなか、ほどなくフランクを取り巻く状況が一転する。リヴィウで新しく洗礼を受けた人々が、フランクの改宗が名目だけのものだと証言したことがきっかけとなり、一七六〇年に逮捕されたのである。このとき尋問された六人の信奉者には、イエスがフランクの身体に宿っていると告白する者までいたという。教会は改宗者がキリスト教の根幹を誤解する恐れがあるとして、フランクをワルシャワで尋問したあと、チェンストホヴァの修道院、ヤスナ・グラに幽閉した。この修道院は奇跡を起こす「黒い聖母」のイコンで知られ、今日でも多くの巡礼者を集めるカトリックの聖地である。最初の数年は家族との面会が制限されたものの、幽閉は必ずしも厳しいものではなかった。ソウティクが引き続き経済的な支援を与えたため、フランクは特別な待遇のなかで暮らすことができた。彼はわずかな数の信奉者とともにミサに参加し、聖体を拝領し告解を請うこともできた。高くそびえる屋根を持つ修道院は、シヤブタイ・ツヴィが幽閉されていたガリポリの要塞にちなんで、「力の塔」と呼ばれたという。かつて改宗したユダヤ人のほとんどは、一三年に及ぶ幽閉の間に彼のもとを去っていった。この時期、フランクは複数のロシア人と関係を築いた。そのなかにポーランド分割に深く関与したニコライ・レプニンがいた。フランクはこの人物に、自らの解放と引き換えに、二万人のユダヤ人をギリシア正教会に改宗させることまで約束している。一七七三年にチェンストホヴァがロシア軍に攻略されると、それを期待してか、フランクらも解放されることになったが、約束は空手形に終わっている[62]。一三年間にわたる幽閉から解放されて、フランクは一八名の信奉者とともにハプスブルク君主国領のブルノに移り、上流社会で名を馳せるようになった[63]。フランクのなかでポーランドにおけるキリスト教への改宗が意義を失っていったと考えることができる。

フランクはチェンストホヴァで妻のハンナを亡くしており、このころから対外的には娘のエヴァが重要な役割を果たすようになった[64]。一七七六年にはエヴァとともにウィーンを訪れ、マリア・テレジアとその息子で神聖ローマ皇帝ヨーゼフ二世に謁見している。その目的は神聖ローマ帝国における爵位を求めることだった。すでにポーランドで貴族として遇されていたフランクは、さらなる社会的な地位を手に入れようとしたのである。こうした目論見がユダヤ人解放を実現するためのものだったとは考えにくく、むしろ個人的な欲望に突き動かされた行動に見えるが、いずれにしてもこの改宗ユダヤ人に爵位が与えられることはなかった。それでも謁見は一七七七年まで複数回行われ、ヨーゼフ二世がエヴァと関係を持ったと噂されるほど、昵懇な交わりが注目を浴びていたことも事実である[65]。

ブルノを拠点にしていた一七八〇年代、「兄弟姉妹」(Bracia i Siostry) と呼ばれる取り巻きに、彼の言行録を記録し始める者がいた。フランクの言行録には複数の種類があり、第二次世界大戦までにいくつかの写本が失われた。今日では約一五〇〇枚のポーランド語で書かれた手稿が残されている。そのなかでも最も大部で重要なものが、『主の言葉の書』(*Księga Słów Pańskich*) である。この文書は一七八〇年代からフランクの経歴を振り返って書かれているため、初期の思想を忠実に反映しているとは言えないが、集団改宗以後のフランクや信奉者の考えを知るための貴重な資料である[66]。

一七八六年、フランク一行はオッフェンバッハ・アム・マインに移住し、取り巻きとともに古い邸宅に暮らすようになった。そこは「神の家」(Gotteshaus) と名付けられ、フランクの終の住処となる。一七五九年の集団改宗以降、カトリックに改宗した信奉者は数千人に上ったが、この町に暮らしたのはわずか二〇〇~三〇〇人程度だったと見られる。結局オッフェンバッハはドンメ教団のサロニカのように中心地に発展することはなく、フランクがポーランドで夢想した自治共同体の実現には遠く及ばなかった。各地で改宗した信奉者たちも、当然誰もが高い社会的地位を得られたはずはなく、キリスト教徒としてポーランドの社会に受け入れられるにはさらに時間がかかったと思われる。

一七九一年、フランクが世を去ったあと、オッフェンバッハのグループを継いだのは娘のエヴァだった。彼女は幼いころから贖いの瑞兆として扱われ、神の臨在に喩えられた。これはカバラーの象徴論において神の女性的な性質を表し、古来よりユダヤ人の救済の鍵になる概念である。フランクはヤスナ・グラ修道院で崇敬される「黒い聖母」に触発されて、女性的な臨在を自らの教義の中心に据えた。おそらくこうした経緯で、エヴァが神の臨在の化身、救済の象徴と見なされるようになったのだろう。フランクはメシアに女性としての属性が備わっていると考えており、エヴァに救済論的な役割を見出した。あるとき、彼はこう説いたと伝えられる。

メシアが男だとどうして考えることができようか。根本は処女（Panna）なのだから、そのようなことはあり得ない。彼女が真実のメシアとなるだろう。あらゆる武器はその手に渡されているのだから、彼女がすべての世界を導くことになるだろう。これはダビデと最初の人（シャブタイ・ツヴィ）について言われていることである。二人はその女の道を整えるためにやって来たのだが、何も成し遂げることができなかったのだ。[67]

父の期待によって娘の自己認識は誇大妄想へと向かった。エヴァはいつしかメシアを自称し、「神の家」で女王のように振る舞ったという。[68]一八一三年一一月にはロマノフ朝の皇帝アレクサンドル一世の訪問を受けた事実を考えると、実際に地元の有力者と見なされていたのかもしれない。だが現実は救済とはかけ離れたものだった。エヴァはプラハの信奉者から経済的な援助を受けていたが、フランクの死後、もはや彼女のもとを訪れる者は多くなかった。ポーランドに住むかつての信奉者はオッフェンバッハのグループと関わりを断ち、ボヘミア地方やモラヴィア地方の信奉者のほとんどが最後までカトリックに改宗することはなかった。一八一六年、エヴァが多額の負債を抱えて貧窮のうちに没したあと、「神の家」は二度と顧みられることなく、メシアを名乗る家系はここに途絶した。[69]

二、改宗を超えた新たな「宗教」

破戒と改宗によるユダヤ教からの決別

ヤコブ・フランクが最初にユダヤ教の規範を冒瀆した出来事は、一七五六年のランツコロナ事件である。その翌年、今度はホロストクフで、プリム祭の前に行われる「エステルの断食」を公然と破ってみせた。いずれの事件においても、フランクはユダヤ人の顰蹙を買った。だが、ユダヤ教への冒瀆は思慮を欠いた行為ではなく、キリスト教徒の注目を集める策略に他ならなかった。フランクはポドリア地方の分離派にわだかまる権威への反感を利用して、ポーランドで自らが統率する新しい共同体を作ろうとしていた。そして、この共同体はユダヤ人からなるキリスト教の教団でなければならなかった。ユダヤ教の支配を離れてキリスト教に近づくという態度は、フランクがポーランドを逃れ、ユダ・レイブ・クリサやソロモン・ショールが主導権を握っていた時期にも引き継がれていた。彼らはユダヤ教の規範の象徴であるタルムードに対して、「多くの作り話、虚偽、神とその教えに対する多くの馬鹿げた言葉と敵意が含まれている」と誹謗し、自分たちがラビの権威と袂を分かったことを示してみせた。結果的に一七五七年にはカミエニエツ・ポドルスキーの宗教裁判所がランツコロナ事件におけるラビ側の責任を問い、タルムードの焚書を命じることとなった。ポーランド人が彼らを「反タルムード派」と呼んだ背景には、ユダヤ教からの分離を試みる人々の敵対的な意図があったのである。

ここで問うべきことは、フランクをはじめとする「反タルムード派」が示したユダヤ教の規範に対する冒瀆的な姿勢が、どこからもたらされたのかという疑問である。分離派がタルムードを否定したと考え得る証拠はない。「反タルムード派」とは、飽くまでもキリスト教側からの呼称である。加えて、カミエニエツで公開討論が行われるまで、一度たりとも戒律や集団改宗が問題となったことはない。分離派の間でこれらの問題が差し迫って取り上げられるようになったのは、フランクがサロニカのドンメ教団からポーランドへ戻って来てからである。とりわけカラカシュ派では、確かに破戒と改宗が神聖な秘密であり、救済への道であるというシャブタイ・ツヴィの思想が内在化され、彼らの独自のアイデンティティの基盤を担っていた。したがって、破戒と改宗に関するフランクの思想は、カラカシュ派に由来すると考えるのが妥当である。それでは、具体的にフランクはサロニカで学んだことを、どのような言葉で語ったのだろうか。

フランクの言行録である『主の言葉の書』では、律法や戒律をポーランド語で「法」（praw）と呼び、ユダヤ教そのものについては「宗教」（religia）という一般名詞で表現する場合が多い。二二〇〇項目を越える訓戒や寓話のなかで、フランクは幾度となくこの二つの概念を並べ、それらを意図的に破却するよう説いている。彼が一七五五年にトルコから故郷のポドリア地方に移って活動を始めた使命は、まさに宗教的伝統の排除にあったという。

> 私がポーランドに来たのは、すべての法とすべての宗教を一掃するためである。そして、私が望むのは、この世界に生命（żywot）をもたらすことである。(70)

この使命は信奉者が必ず従わなければならないことだった。フランクは「司令官」という戦闘的なニュアンスを持つ言葉を用いて彼らに呼びかけている。

> すべての司令官たちは宗教を持ってはならない（bez religii）。つまり生命の樹（żywego drzewa: Elone dechaie）を摑むために、自分たちの力で自由へと向かわなければならないのだ。(71)

すなわち、フランクに従って解放へと向かう信奉者たちは、ユダヤ教を離れて生命の樹と呼ばれる新たな段階に進まなければならないということである。

これら引用が端的に示すように、フランクは戒律を破りユダヤ教を棄てた状態を生命という言葉で表している。それに対して、既存のユダヤ教の枠組みに留まることを死（śmierć）と呼ぶ。別の箇所では、信奉者に命じて次のように述べている。

お前たちはこれまでに与えられてきたすべての法を踏みにじらなければならない。同じように、私が逆のことを言って受け入れることができなくても、賢い者ならば生命の草は死の草のなかに包まれていると悟るはずである。生命の草にたどり着くに値する者になるまで、お前たちはすべてのことを聞き入れる必要がある。(72)

つまり、フランクが従来の考え方とは反対の教えを説いても、賢明な信奉者ならばユダヤ教という皮相の内部に真実の教えが隠されていることを理解できるはずだというのである。その真実とは、キリスト教に他ならない。キリスト教と同一視される生命の領域にたどり着くためには、死と汚穢を象徴するユダヤ教を超克する必要がある。

ある弟子はフランクの言葉を引きながら、これに類する教えを次のように伝えている。フランクは宗教の違いを土地の違いになぞらえている。

主（フランク）は断食をしていた人々を三日間にわたって叱責した。「ユダヤ人の地所（stan）にいれば、お前たちは死んだ神に従っている。［…］彼らは死の方向に引き寄せられるが、私はお前たちをエサウ（キリスト教）に導くのだ。［…］私はお前たちを生命へと導くのだ。［…］アブラハムは「お前の土地から出て行け」（創世記12:1）と［神に］命じられた。お前たちも同じように命じられているのだ。つまり、ユダヤ人の地所で守っていた儀式から出ていかなければならないということだ。それは断食、服喪、呪詛、改悛、他人に対する暴力のことである。これらすべては死の側面に由来するからだ。お前たちはあたかも生きていないかのように歩いているが、私は力強く生命へと導くよう努力しているのだ。(73)」

フランクは死と穢れの象徴であるユダヤ教から人々を導き出して、光に満ちた生命を与えることを約束している。それは神の使いとしての自覚の表明でもある。ここで思い出されるのは、生命の樹と死の樹という概念をシャブタイ・ツヴィの超越性に適用したガザのナタンの二元論である。ナタンによれば、死の樹とはシナイ山における律法授与のときからイスラエルの民に課された戒律を意味し、それを超脱したシャブタイ・ツヴィのみが生命の樹に属している。しかもこの二分法はただ戒律に関して言われているだけでなく、イスラームという悪の領域に踏み込んだシャブタイ・ツヴィの力をも指している。つまり、メシアは規範の軛の打破を象徴する生命の樹に結びついているために、改宗しても悪に毒されるどころか、悪を善に転換して世界を修復することさえ可能なのである。

従来のユダヤ教を死に例え、それを踏破した果ての彼岸に広がる救済の状態を生命に例える点で、フランクにナタンと共通の連想が見出せることは確かである。ただし、ナタンがメシア棄教後に説いたアポロギアはシャブタイ・ツヴィにのみ当てはまり、信奉者がメシアと同じ超越性を得ることはできないと考えられていた。フランクは生命をメシアにのみ到達可能な特異な状態と見なす制限を設けないため、これは顕著な差異である。

生命の樹を死のモチーフと対比させながら、破戒と改宗の聖性を一般のユダヤ人にまで開放したのはドンメ教団の人々である。彼らは生命の樹であるシャブタイ・ツヴィを讃えることで、自分たちもまた救済に与ることができると信じた。それだけでなく、近しい信奉者に改宗を勧めて信仰の神秘に導いたシャブタイ・ツヴィの言動に着想を得て、教団の中心的な教義を作り上げた。そこでは誰もがシャブタイ・ツヴィと同じように、ユダヤ人でありながらムスリムとして生きることができた。言い換えるならば、ナタンがシャブタイ・ツヴィと信奉者の間に引いた予防線を、彼らはあえて踏み越えてみせたのである。シャブタイ・ツヴィが生命と死のモチーフを使ったという証言は残されていないが、破戒と改宗の救済論を信奉者にまで拡大した張本人はまさに彼自身だった。ナタンのメシア論に通じていたドンメ教団の人々は、生命と死の二分法を採用しつつ、破戒と改宗を神聖な行為と説くシャブタイ・ツヴィの精神を受け継いだと言える。フランクは生命と死の対比をどこから学んだのか明らかにしないが、以上のことを考え合わせれば、難解なルーリア派の用語で綴られたナタンのカバラー論考を読んだのではなく、平易ながらもより大胆なドンメ教団の解釈を学んだと考えるのが妥当である。実際に、カラカシュ派の指導者ベルヒヤは何度も引き合いに出されるものの、ナタンへの言及はごくわずかで、『創造の書』などのカバラー論考が言及されることは皆無である(74)。破戒と改宗を経ることで救済に近づくことができると説くとき、フランクはシャブタイ・ツヴィからドンメ教団に承継された歴史的なコンテクストを超えながら、戒律からの解放という反規範の核心を抽出したと言ってよいだろう。しかし、パヴェル・マチェイコが指摘しているように、破戒の罪に関してフランクはそれを神聖な行為として讃えたことはない。彼は進んで道徳に反する行為に及び、頻繁に律法や戒律を蔑むものの、それはユダヤ教との決別を象徴的に示すため、あるいは既存の価値観を廃却するためであって、神聖な罪と捉えてはいないのである(75)。その意味において、ナタンの思想を継承しているとは言えず、ドンメ教団のカラカシュ派とも完全な一致を示しているわけではない。

カラカシュ派の影響と挫折したメシアの超克

ヤコブ・フランクの活動は、カラカシュ派の指導者だったベルヒヤ・ルッソの霊魂が自分の身体に宿ったと宣言したところから始まった。結局サロニカでは主導権を握ることができず、故郷のポドリア地方に戻ることになるが、その後もベルヒヤはシャブタイ・ツヴィと並んで不可欠な役割を果たした。ポーランドで四地域評議会の仲介人を務めたバルーフ・ベン・ダヴィドは、フランクの一派がサロニカで魔術を学び、ベルヒヤの習合的な教義をポーランドにもたらしたと伝える。一七五五年九月一〇日、彼がコンスタンティノープルからヤコブ・エムデンに宛てた書簡には、次のように書かれている。

この呪われた者たちはベルヒヤを崇めていました。それはまったくの偶像崇拝で、すべては近親相姦を許すためであり、公然とそれを行っているのです。[…] いたるところで「セニオリ・サンクティ」(Seniori Sanqti) について述べていますが、これはスペイン語で「聖なる主」のことです。[…] ベルヒヤの欺瞞の根本は、神の玉座を統一しようと愚か者たちに三つの信仰、つまりユダヤ教とイスラームとキリスト教をないまぜにして説くことでした。(76)

バルーフ・ベン・ダヴィドは、フランクたちがカラカシュ派から穢らわしい習慣とシンクレティズムを受け継いでいたことを暴露している。もちろん告発者の悪意に満ちた証言は慎重に扱わねばならないが、フランクがサロニカで学んだことを自らの教説に取り込んだことは事実である。(77) もっとも明らかな接点はドンメ教団に伝わるラディーノ語の聖歌である。ベルヒヤを指す「我らが主」(Siniyor muestro) という言葉で始まる歌詞の一部が『主の言葉の書』に保存されていることがわかっている。(78) フランクは間違いなくカラカシュ派の習慣を継承していた。

さらには異教的で冒瀆的な象徴儀礼をも実践していた記録もある。思い出される最初の事例は、ランツコロナ事件である。第一節で引用したように、ヤコブ・エムデンによると、当地のラビの妻を裸にし律法に見立てて接吻した。ただし、フランクの言行録には仲間たちが歌い踊ったと書かれているだけであるため、この乱痴気騒ぎが性的な儀礼だったかどうか判然としないところがある。(79) それでは、こうした反対陣営からの疑惑は、シャブタイ・ツヴィやドンメ教団のときと同様に証明できないもので、フランクらも潔白だったのだろうか。答えは否である。驚くべきことに、ここに至ってようやく私たちは信奉者の口から、異教的な性の儀式が行われていた事実を知ることになる。しかも、それは単に享楽のために行われたことではなく、明らかに象徴的な救済儀礼だった。ランツコロナ事件から数年が経過したころ、フランクはイヴァニエで再び同じような性的な狂宴を催したという。これは彼が公開討論のためにトルコからリヴィウに戻る途中、つまり集団改宗の直前に起こった出来事である。

同じ日の夜、次のようなことが起こった(80)。主（フランク）は窓からも覗けないように、私たちの仲間のなかから外に見張りを立てた。兄弟と姉妹とともに中に入ったあと、自ら裸になり、夫人もそうした。そして集まった人々に命令し、金槌を持ってきて釘を打ち付け、二本の蠟燭を立てた。さらにこの釘に十字架をかけると、跪いてまずは十字架を取り、四方にひれ伏して、それに接吻した。夫人も同じようにした。そのあと、他の人々にもそうするように命じた。そして、指示した通りに性交した。そのとき、女のうちの一人が笑い始めたので、主は蠟燭を消すように命じて、こう述べた。「この行為によって、私たちはこの裸のこと（nagiey rzeczy）へと向かう。それゆえ、裸で歩まなければならないのだ(81)。」

この儀式はまぎれもなく本書で存在を疑ってきた「蠟燭消し」に該当するものである。しかも、ここではユダヤ教を汚す行為ではなく、キリスト教の要素を採り入れた奇妙な崇拝として描かれており、フランクたちが信じようとする新たな信仰までも冒瀆していたことがうかがえる。ランツコロナ事件のときと違うのは、今度は彼らが人目を引かない工夫をして行為に及んでいることである。内部資料のなかで性的な儀礼を記録したものは極めて珍しく、この記録以外に「蠟燭消し」について述べた逸話は知られていない(82)。

前章でドンメ教団の「羊の夜」を検証した際、外部資料ではアレヴィー派に対する偏見が影響し、内部資料からは実際に儀式が行われていたとは裏づけられないことがわかった。ドンメ教団の暦や聖歌から、アダル月二二日が羊に象徴される特別な日であることは確かだが、配偶者交換や近親相姦の存在を示す明確な証拠は得られなかった。もしドンメ教団に「蠟燭消し」がなかったとすれば、フランクは噂になっていたが実際に行われた証拠のないことまで実行していたことになる。彼はベルヒヤに向けられた汚名さえも我がものにしようとしたのだろうか。

「蠟燭消し」と同じようにドンメ教団とのつながりを想起させるのが、フランクの説く秘密主義である。鍵となるのはフランクの言行録に頻出する massaʾ dumah という謎めいたヘブライ語である。この言葉は、ときにアシュケナズィー系の発音で音写され、ときにポーランド語で ciężarem milczenia と翻訳される。[83] 聖書では一般的に「ドゥマーの予言」（イザヤ書 21:11）と解釈されるが、massaʾ には「重荷」、dumah には「沈黙」という別の意味があり、イザヤ書のコンテクストを外れて「沈黙の重荷」と翻訳することができる。[84] フランクはこの意味を採用して、何度となく弟子たちに沈黙の重要性を説いた。彼が述べるところによると、キリスト教に改宗した者は言葉ではなく、実践によって信仰を示さなければならない。改宗者をエルサレムの神殿の至聖所に入る大祭司に例え、破戒の重要性を説きながら次のように述べている。

大祭司のように、あらゆる法を脱ぎ捨てなさい。至聖所に入るとき、大祭司はまず沐浴し、出てくるときに再び沐浴する。[85] ここでも同じように、私たちがこの地所（ポーランド）に入るとき、あらゆる法と思考を脱ぎ捨てなければならない。［…］実践することがあっても、語ってはならない。ただ「沈黙の重荷」［という言葉］が意味するように黙っていなさい。[86]

つまり、ポーランドに入ってキリスト教徒になるとき、沈黙を守ることが求められる。この沈黙とは改宗者がユダヤ人としての過去を語らないということである。それはその他のユダヤ人による非難を避けるためである。ドンメ教団においては、内部文書にイザヤ書のこの聖句が引用された箇所は見当たらず、フランクへの直接的な影響を指摘することはできない。それでも、彼らがアイデンティティを隠してムスリムとして生きることを意味してこの表現を用いた可能性は否定できない。

このようにカラカシュ派から受け継いだこともあるが、フランクはより明確にシャブタイ・ツヴィやベルヒヤを乗り越えようとしていた事実にも言及しておかねばならない。彼は確かにドンメ教団のカラカシュ派を経由して、シャブタイ・ツヴィの教えの核となる部分を継承した。それは破戒と改宗をメシアだけの特権ではなく、メシアを信じる人々にまで開かれた救済の道と捉える逆説的な考え方だった。実際にフランクは、シャブタイ・ツヴィとベルヒヤが救済の道を整えてくれたと明言している。このことに注目するならば、敵対するラビや近代ユダヤ史家が想定したように、フランクはシャブタイ・ツヴィやベルヒヤの流れを汲んでいると見ることができる。

ところが、『主の言葉の書』にはこの想定と真っ向から対立するフランク独自の考えも述べられている。その考えとは、シャブタイ・ツヴィとベルヒヤが挫折したメシアで、フランクこそが信奉者を生命の領域へ導くというものである。しかも、敵対者や歴史家の見立てに反して、フランクは自分の主張がまったく新しい次元にあると考えていた。このときフランクは自分がメシアであるとすら明言せず、宗教的な言葉を用いながら実質的にはユダヤ人の解放を模索していた。今日的な表現を許容するなら、政治的な解放と言ってもよいだろう。シャブタイ・ツヴィがメシアとしての役割を果たせなかったと考え、それを踏まえて新たな救済の様態を探求したのは、フランクが初めてではない。第II部で扱った異端を疑われた人々も、シャブタイ・ツヴィの失敗を前提にしながら次の段階を模索した。フランクもその点では同様の態度を示している。だが彼の場合は、シャブタイ・ツヴィの生まれ変わりを名乗ったベルヒヤの存在をも利用し、二人のメシアの挫折を教義の根幹に組み込んだ。彼の思想の本質に迫るには、この点に注目する必要がある。

フランクはシャブタイ・ツヴィを「最初の人」(Pierwszy)、ベルヒヤを「次の人」(Drugi)と呼び、彼らが果たせなかった役割を「三番目の人」(trzeci)である自分が担っていると述べる。[87]

全世界は真実の神の敵である。真実の神へと導く者は誰かと尋ねられたが、誰もそれを引き受けることはなかった。最初の人と次の人がそれを引き受けたが、この場所においてではなかった。だから私がそれを引き受け、私の神の力によって続けることになるだろう(88)。

つまり、本当の解放は、二人のメシアの挫折を経て、彼自身によって初めて実現されると考えたのである。シャブタイ・ツヴィもベルヒヤも自らの先にあるものを見通してはいたが、最終段階にたどり着くことができないと悟っていた。そのことはすでに創世記のアブラハム、イサク、ヤコブの物語のなかにも予見されていたという。フランクは、シャブタイ・ツヴィをアブラハムに、ベルヒヤをイサクに、自らを同名のヤコブに置き換えて、次のように説いている。

「アブラハムは朝早く起きた」（創世記 22:3）とあるように、お前たちは近づきつつある朝を待ち望まなければならない。アブラハムはあるものを追い求めていた。だが、「三日目になって、アブラハムは目を上げて、遠くからその場所を眺めた」（創世記 22:4）とあるように、彼自身はそれにたどり着けるとは考えていなかった。つまり、三日目にその場所を見たというのは、「［ヤコブは］その場所にたどり着いた」（創世記 28:11）とあるように、ヤコブのことである。これらすべては現在のことである。ムスリムの地所を開いた最初の人は、アブラハムの位置にある。キリスト教の地所を明らかにした次の聖なる主（drugi Święty Pan）は、イサクである。しかし、どちらも何一つ導くことはできなかった。［…］いずれにしても、これらの人々はそれぞれの地所にあって、ほとんど暗闇のなかにいたのである。しかし、今お前たちは三日目をすでに目にするにふさわしいところにたどり着いた。そこから大いなる輝きが訪れるだろう。［…］きっかけはムスリムの信仰を開いた最初の人で、それから次の人がやって来て、その人が洗礼を明らかにした。私たちは今そこにいるのだ。この二人がアブラハムとイサクだ。ヤコブは三人目で、三人は彼の前に立ったが、主と呼ばれたのはそのうちの一人だけだった(89)。なぜならアブラハムはものごとの結末だけを示したからだ。エサウとイシュマエルがいて、アブラハムが主と呼んだのはヤコブだった。それゆえ、アブラハムについて「三日目になって、アブラハムは目を上げて、遠くからその場所を眺めた」と言われているのだ[90]。

ドンメ教団の内部資料に、ベルヒヤがキリスト教への改宗について語ったという証言は残されていない[91]。それでも、フランクは自らの改宗に正当性を与えるために、シャブタイ・ツヴィとベルヒヤの真意を代弁し、すべてが聖書に予言されていたと明かす。シャブタイ・ツヴィが拓いたイスラームへの道、そしてそこからベルヒヤが拓いたキリスト教への道は、ユダヤ人の父祖の聖なる血統と重なるという。そして、「トルコ人の宗教へと新しい道を拓いた最初の人にも、エドムの土地、つまり洗礼（chrzest）を明らかにした次の人にも、感謝しなければならない」と述べさえする[92]。

それでもフランクの教義において、シャブタイ・ツヴィとベルヒヤの二人は、旧態依然たるユダヤ教と同じく死の側面に属しているという。リヴィウの公開討論に向かう途中、イヴァニエに滞在したとき、信奉者が自分の箴言を理解しなかったことを厳しく諫めて、フランクはこのように述べている。

イヴァニエでお前たちに「樹を切っても、その根は地中に残っている」と教えたとき、なぜそれを受け入れなかったのか[93]。既存のあらゆる宗教は、かつての最初の人も次の人も、一時的なものに過ぎなかったということを意味している。すべては切られなければならない。彼らは樹の枝に過ぎず、死の樹から生え出たものだからだ。[…]だが実際は、根の大元は地中にあって、それゆえ上を見上げる必要はない。[…]上のものも下のものも恐れることなく、お前たちが私を摑み、私たちが生命の樹を摑めるように、私は根の大元を摑みたかったのだ[94]。

ここで用いられている「樹を切る」という表現は、ダニエル書の一節だけでなく、タルムード文学で語られる楽園に入った四人の賢者の話にも基づいていると思われる。この有名な逸話のなかで「枝を切った」（qitsets be-netiʿot）とされるアヘル（ʿAḥer）は、「別の者」、あるいは「反対側の者」という意味で、婉曲的にラビ・エリシャ・ベン・アヴーヤを指す。「枝を切る」とはユダヤ教を棄てることを指し、エリシャの異端思想と背教を暗示している。(95) フランクはこの表現に依拠して、棄教のあとでも生命の樹を支える根は残っていると述べる。しかし、それは死の樹に由来するシャブタイ・ツヴィとベルヒヤではなく、生命の樹を体現するフランク自身である。それゆえに、フランクは信奉者たちを真の解放に導くことができるのである。

二人のメシア自称者が挫折する運命は不可避であり、人々を救う役割を引き受けたのが自分だというフランクの確信からは、メシアの自覚を読み取ることが可能である。サロニカでベルヒヤの霊魂が自身に宿ったと述べたことからも、また前述の引用からも、当然そのように推論することができるため、彼が真実のメシアだと信じる者たちがいたとしても不思議はない。フランクこそがメシアだとすれば、「三人目」の使命ははっきりと位置付けられただろう。ところが、フランクはシャブタイ・ツヴィやベルヒヤのようにメシアを公言することはなく、人々の期待に曖昧さの余白をもって応じたのであった。その一方で、フランクが目指したものが、ユダヤ教からの離脱とカトリックに改宗した信奉者からなる自治だったことを考えれば、彼にとっての救済はユダヤ教の伝統的な終末とは異なり、極めて現実的な問題解決だったことがわかる。最終的には改宗者を組織することに失敗し、自身の爵位に執着するばかりで、分離派の自治を実現させることはできなかった。それでも、一時的であるにせよ、フランクが人々に約束したのは、改宗によってもたらされる此岸的な解放だったと言えるだろう。いまだユダヤ人解放を促す啓蒙主義の気風が及んでいないポーランドにおいて、フランクの理想はあまりに時期尚早だったのかもしれない。

ポーランドにおける解放と自治

ヤコブ・フランクの教えのなかで、キリスト教はユダヤ人を解放へ導く道標として不可欠な役割を担っているが、その一方で土地としてのポーランドもキリスト教に劣らず重要な位置を占める。そこがキリスト教に改宗したユダヤ人の自治を確立するのに最も適した土地だったからである。(96) ポドリア地方では、分離派に加え、カバリストやドンメ教団のユダヤ人が活動していた。ポーランド全体を見ると、キリスト教徒がユダヤ人の洗礼を好意的に受け入れる風潮があり、ユダヤ教と同等の法的な立場を持つカライ派の前例もあった。もともとポーランドに出自を持つフランクはこの実情を知悉していたことから、それを利用しようと試みたのである。

リヴィウで公開討論が行われた時期、フランクはラビの介入を受けず、またポーランド人のキリスト教徒からも独立した改宗者だけの自治的な共同体を建設しようと動いていた。有力者との交渉は、多くのユダヤ人をキリスト教に導くと約束することで進められた。一方で、信奉者に対してはユダヤ教を棄ててポーランドに暮らす意味を宗教的な救済の言葉を交えて語った。『主の言葉の書』では、土地としてのポーランドの重要性が繰り返し記されている。その信条を一言で表すならば、ポーランドこそが改宗者にとっての「約束の地」であるというものだった。『主の言葉の書』では、フランクが一七五五年にポドリア地方へ戻ってきたとき、すでにポーランドで活動する使命を悟っていたことになっている。これは事後的な意味づけだと思われるが、自らの使命とポーランドという土地を結びつけて救済を説いた事実は注目に値する。

フランクはトルコに滞在していたとき、イスラエルの父祖から啓示を受けたことがきっかけでポーランドに向かったと振り返る。

私が「啓示によって」ポーランドに向かうよう命じられたとき、私は「なぜでしょうか」と尋ね返した。「あなたがたはたくさんの賢者を知っているのに、どうして彼らをお選びにならないのですか。」「イスラエルの父祖はこう答えた。」「いや、お前が行かねばならないのだ。神がご自身でお前をお選びになったのだから。どうしてもいやだと言うのなら、使命を遂げられるように、鎖に繋いでも連れて行くぞ。(97)」

つまり、ポーランドでの活動は啓示に促された行為であり、フランクは使命を帯びてドンメ教団をあとにしたと主張しているのである。この使命を語るとき、無学な者だからこそ選ばれたという逆説的な表現を頻繁に用いる点も特徴的である。

フランクにとって、ポーランドはキリスト教への改宗と同義だった。その理由は創世記に記されているという。父祖イサクには、双子の兄弟エサウとヤコブがいた。イリクが老いて盲いたとき、エサウのほうを祝福し長子権を与えようとしたが、それを知った妻リベカは自らが可愛がっていたヤコブに入れ知恵をし、エサウに変装して祝福を騙し取ったというエピソードがある。（創世記 25:20–34; 27:1–28:9）フランクは同名のヤコブが自分のことで、エサウがキリスト教を暗示しているとして、次のように疑問を呈する。

イサクはヤコブとエサウに与えた祝福をどこから持ってきたのだろうか。もちろん、高貴な場所からだ。イサクはヤコブが完全な人間でいずれの天幕にも住めるとわかっていた。だが、エサウは狩猟しかできない野の人（polowy człowiek）だった。ならば、なぜイサクはヤコブよりもエサウを愛したのだろうか。同じように、食べ物がないとき、イサクはエサウにだけ武器で獲物を取り、猟の成果で料理を作ってくれと頼んだ。そして、エサウを祝福したが、ヤコブにはそれを言わなかった。そのあとヤコブがエサウの服を着てイサクの前に立つと、イサクは「お前は私の息子エサウかね」と尋ねて、服の匂いを嗅ぎ、祝福を与えた（創世記 27:24; 27）。ここからイサクがどれだけエサウを深く愛していたかがわかるだろう。もしイサクが祝福を与えることができるほど偉大な人物だったなら、なぜ息子を取り違えてヤコブに祝福を与えたのだろうか。そしてヤコブが祝福をもらい、「お前は兄弟の主になる」（創世記 27:29）と言われたにもかかわらず、なぜそれは実現しなかったのか。さらにエサウが「長子権などに関心はありません」（創世記 25:32）と言ったにもかかわらず、ヤコブは今、エサウの支

配下に暮らしているのだ。(98)

ユダヤ人の父祖であるイサクがエサウ（キリスト教）を愛しながらも、その本人ではなく、エサウの衣をまとったヤコブに祝福を与えたのは、キリスト教に改宗したフランクのことを予言していたのである。聖書に隠された意味を探求すれば、ユダヤ人（ヤコブ）はキリスト教徒（エサウ）を装ってこそ、祝福を得られることがわかる。また、「野の人」という言葉は「ポーランドの人」（Polski czlowiek）と似ており、キリスト教だけでなくポーランドをも想起させる。フランクはそれに気づいて、ポーランドで人々を洗礼に導いたというのである。

一度使命を自覚すると、フランクはポーランドの地でなすべきことをはっきりと悟ったという。父祖ヤコブがエドムの地に住む兄エサウと邂逅する前夜、天使と戦ってイスラエルという名を与えられたエピソード（創世記 32:24-30）に自らを重ね合わせながらフランクは次のように語っている。

ヤコブが天使と戦っているとき、天使はこう尋ねた。「ヤコブよ、あなたはどこに行こうとしているのだ。」ヤコブ（フランク）は答えた。「エドムの野、つまりポーランドに（W pole Edoma, t. j. do Polski）行こうとしているのです。」「ヤコブよ、ポーランドで何をすべきかわかっているのか。」「ええ、このようなことをそこで行うつもりです。」そのとき、とてつもない恐怖がヤコブを襲ったため、彼は気を失ってしまった。そこで天使はこう言った。「ヤコブはもうお前の名前ではない。イスラエルだ。」もう一人のヤコブ（フランク）がやって来て、ポーランドでこれらのことを行ったのだ。(99)

ヤコブと同じようにフランクもユダヤ人の命運を担い、ユダヤ人を代表するイスラエルという名を授かったという。聖書の物語と異なるのは、フランクの目的地がポーランドだという点である。ヤコブの兄エサウは伝統的にキリスト教徒の先祖とされ、フランクはエドムの地こそがポーランドだと解釈している。信奉者が解放を享受することができるのは、キリスト教の土地、ポーランドなのである。

「このようなこと」と略記されるフランクの使命とは、法に象徴されるユダヤ教の廃絶である。フランクはそれを理解できない弟子を叱責しながら、こう述べている。

秘密の信仰（キリスト教）が私に明かされたとき、なぜお前たちはそれを理解することができなかったのか。［…］ポーランドにやって来ると、私はすべての法を汚れた名前で呼んだ。ここから次のように結論づけるべきだ。私たちが歩む道では、法が教えることほど汚れたものはない。すべての法や祈りは死の側面に由来するに過ぎないのだ。(100)

そして、この抹香臭いユダヤ教を捨てた「真の信仰者」は、すべての生活様式を変え、あえてユダヤ教の規範に反することを行わなければならない。フランクは再び弟子の無理解を咎めて、ポーランドで新たな生活を送る意味を強調する。

新たな場所（ポーランド）に来れば、最初のやり方をすっかり変えてしまわなければならないということがなぜわからないのか。振る舞いや服装だけでなく、言葉も何もかもだ。振り返ってはならないのだ。お前たちはポーランドでは真の信仰者なのだから、断食やモーセの法を破り、行動を変えなければならない。(101)

フランクにとって、ポーランドという土地は天から授かった自らの使命を実現させる場所だった。そして、信奉者がユダヤ教の規範から逸れ、洗礼を通して新たなアイデンティティを獲得することができるのは他でもないポーランドである。

ここで思い出すべきは、シャブタイ・ツヴィをめぐるメシアニズムにおいて、特定の土地と救済を結びつける教義が例外的だったという事実である。ユダヤ人がエルサレムへ集うことが救済の一般的な要件であることは言うまでもない。だが、シャブタイ・ツヴィもナタンもカルドーゾも、誰一人として聖地エルサレムの重要性を語らなかった。エルサレムがメシアニズムと結びついたのは、ユダ・ハシードやハイム・マルアハらが説いた教えであり、アブラハム・ロヴィーゴを中心とするモデナの学塾で共有された教えだった。一八世紀初頭の土地と救済を関連づけるこの考え方は、シャブタイ・ツヴィをめぐるメシアニズムの余波のなかでも極めて特殊である。(102)

ポーランドにおける自治の企てはリヴィウの集団改宗を機に実現へ大きく前進したかのように見えたが、フランクが改宗ユダヤ人の信仰の妨げになっていると疑われ、チェンストホヴァに幽閉されたことで、あえなく挫折してしまう。一三年にわたる幽閉によって信奉者は激減し、フランクは計画を断念せざるを得なくなった。一七七二年に始まったポーランド分割は、フランクの言行録のなかで何度か言及される。(103) いずれ地図上から消えることになる王国の運命に感づいたのか、フランクはポーランドにおける解放を断念したと思われる。彼はわずかな取り巻きとともにブルノに向かい、最終的にオッフェンバッハに居を定めた。また、かつてのように多くのユダヤ人を巻き込む運動を展開することはなく、自らの爵位の獲得に執着した。フランクの教義においてイスラエルの地の救済論がまったく問題にならないことはもちろんだが、もはやポーランドの重要性さえも現実的な意味を失っていったことがわかる。(104)

イスラームとキリスト教を経てたどり着く「秘密の Das」

ヤコブ・フランクはシャブタイ・ツヴィとベルヒヤ・ルッソの挫折から自らの使命を導き出した。それはあえてメシアを公言することなく、また改宗を聖なる罪と捉えず、現実において信奉者をユダヤ教の束縛から解放する役割だった。その背景には、ドンメ教団に出自を持つユダヤ人、三位一体のカバラー神学を学ぶ人々、ポドリア地方の分離派を統率し、ユダヤ教からもキリスト教からも干渉を受けない独立した共同体の設立を目指す目論見があった。この目論見を正当化するために、フランクは二人のメシア自称者の失敗を繰り返し語り、新たなる解放の旗手として名乗りを上げたのである。そのスローガンはポーランドにおけるカトリックへの改宗だった。ただしフランクは、信奉者の洗礼だけでこの理想が実現できるとは考えていなかった。キリスト教への改宗はユダヤ教の冒瀆と並んで、解放のために不可欠な行為とされる。だがフランクによれば、洗礼は次の段階に入るための通過点に過ぎないという。

キリストははじめのものである。取るに足らず、果実の前にあるものだ。[…]お前たちは左側（キリスト教）に落ちた。左側は偉大でとても高貴なものに違いない。だが、左側は二重になっている。一方は果実の前にあるもの（外皮）で、他方は善（果実）である。(105)

キリスト教は高貴な教えだが、実は二重構造になっていて、善なる「果実」はキリスト教の奥にあるという。
それでは「果実」とは一体何なのだろうか。『主の言葉の書』のなかで、フランクは次の段階となる秘密の「宗教」の存在をいたるところでほのめかしている。それはキリスト教を超えた「宗教」だという。「宗教」は大文字で始まるDas、あるいはDassと呼ばれる。これはヘブライ語の「宗教」（dat）という言葉のアシュケナズィー系の発音と一致する。つまり、キリスト教への改宗のあとに得られる本質が「宗教」だということになる。他方で、秘密の「知識」（da῾at）を語るときにも同じDas、もしくはDaasという語が用いられる。両者がアシュケナズィー系の発音でほぼ同じになることから思いついた言葉遊びにも見えるが、実際はそれ以上の深い意味が込められていることに注意しなくてはならない(106)。なぜフランクは「知識」をあえて「宗教」という同じ発音の言葉として併置するのだろうか。その理由はカバラーの神学概念から知ることができる。神の身体を表象するセフィロート体系は、通常一〇個の神の力によって構成される。だがしばしば二番目の知恵のセフィラーと三番目の理知のセフィラーの間に、一一個目の

「知識」のセフィラーが描かれることがある。フランクがDasと言うとき、通常一〇個のなかに数えられない、隠れているとも言える、この「知識」のセフィラーに注目している。

「宗教」と「知識」の意味をDasという一語に託しながら、フランクは信奉者に向かって、ユダヤ教を棄てキリスト教を受け入れたあとのまだ見ぬ段階について次のように語っている。

お前たちはまだDasに達していない。Dasとは秘密のDas（Das skryty）のことであり、Dasという言葉は知識（wiadomość）を意味している。つまり、「誰の前に立っているのかを知らなければならない」（バビロニア・タルムード、父祖篇2:14）ということだ。このDasのなかにいれば、もはや欠乏や疾病や死に襲われることはない。なぜなら、そこに悪は住まわないからである。いかなる教え、法、宗教、悪しき道にも与せず、清く明らかな状態でDasに入らなければならない。そこに入る者は他の者よりも高潔でなくてはならない。だが私はまだお前たちの間にそのような者を見ていない。だから今は［カトリックの］通常の洗礼に導き、私もお前たちとともにやって来たのだ。(107)

つまり、キリスト教よりも優れた「秘密のDas」こそが、まさに真実の「宗教」であり、「知識」である。カトリックの洗礼を受けただけでは、まだこの「宗教」にたどり着いておらず、秘密の「知識」を手にしたとは言えない。フランクの場合、シャブタイ・ツヴィと異なり、破戒も改宗も秘教的な行為ではない。それらは事実上、誰にでも許されていた。リヴィウの公開討論では公然とタルムードの欺瞞を暴き、それに続く集団改宗も大々的に行われた。三〇〇〇名にも及んだという改宗者のひとりひとりが、フランクから口伝で秘密を授けられたわけではない。フランクは新たなキリスト教徒たちを地下に潜らせるつもりなどなく、有力者に働きかけて、自治によって保障された社会的地位を要求した。一連の活動は、むしろ秘教とは対局に位置づけられると言ってもよいだろう。ところが、最終段階として提示されたDasはまさに秘教だった。ただ洗礼を受けただけの信奉者が依然として「秘密のDas」に値しないとされることからもそれがわかる。無論、集団改宗という切り札を切ったあとに見せた苦し紛れのブラフだった可能性はある。それでも、フランクは「秘密のDas」の存在を粘り強くほのめかし続ける。

フランクによれば、シャブタイ・ツヴィはユダヤ人がイスラームとキリスト教に改宗することの意義に気づいていたが、「秘密のDas」にたどり着いていなかったがために、なぜそれらを通過する必要があるのか理解していなかったという。

最初の人（シャブタイ・ツヴィ）はトルコ人（ムスリム）とキリスト教徒によるこれら二つの宗教を上履きと呼んだ。そこから、誰かがそれを履くことになるとわかるだろう。その人はあなた方に大いなることを示したのだ。つまり、二つあるということだ。だが、その人自身はまだそれがどのようなものかわかっていなかった。秘密のDasのなかにいなかったからだ。エサウにたどり着いてはじめて、そのDasに入ることが許されるのだ。[108]

シャブタイ・ツヴィと違って、フランク自身はすでに「秘密のDas」に到達しているため、信奉者たちをそこに導き入れることができるのである。それではこの「宗教」と「知識」を包摂する「秘密のDas」とは、具体的にどのようなものを指していたのだろうか。残念ながら、フランクはその実体については一切説明しておらず、これまでの研究でも有力な説は提示されていない。本書でもこの謎を解くことはできないが、これまで指摘されなかった二つの点から仮説を提示してみよう。[109]

まず秘教としてのDasがキリスト教の次の段階として示されているにもかかわらず、依然としてエサウ、ときにはエドムの表象で語られることに着目する。エサウもエドムも、キリスト教を意味することはすでに述べたとおりである。すなわち、見方によっては「秘密のDas」は新しい別の宗教ではなく、同じキリスト教の秘教的な深部を意味しているとも言えるのである。その隠された教えを領主の邸宅の扉、および小箱に収められた宝石に喩えて、フランクは次のように述べる。注意すべきは、エサウが二人いると言われている点である。

偉大な領主の邸宅では、扉の前にいつも緞帳が掛かっている。扉が開けられる前に、緞帳は脇に引かれなければならない。同じように、宝石は往々にして小箱に隠されている。ここでもそれが当てはまる。エサウは一人しかいないのだろうか。［そうではない。奥に真性の］エサウがいて、その前に二人目のエサウがいるのだ。どこにでも二人いて、一人目は助け、二人目は害をもたらす。生命の草は死の草に隠されている。しかし私たちはエサウに会うことができ、すぐにでも彼のもとに行ければと望む。［一人目の］エサウに会うに値する人は、永遠の生命を受け取るだろう。(110)

受洗してキリスト教徒になっても、それは「果実の前にあるもの」に過ぎず、人にとって有害でさえある。ゆえに次の段階へと進むことが求められるのだが、そこは依然としてエサウで表象される状態である。ただし、今度は領主の邸宅や宝石に例えられる高貴な深層としてのキリスト教である。フランクは生涯をキリスト教徒としてまっとうし、すべての宗教を否定した果てに眺めたものを決して明らかにしなかった。そのことを考えれば、彼はキリスト教の内部に留まりながら、さらにその内奥に「秘密のDas」と「永遠の生命」の存在を指摘したと考えても矛盾はないだろう。

二点目は、前述の引用で言及される生と死のモチーフである。リヴィウで洗礼を受ける前、死はユダヤ教を意味した。だがポーランドを離れてからは、この文脈のように死がキリスト教を意味するようになっていく。すなわち、フランクは新しい段階に進むごとに、自らの宗教的なアイデンティティを無為な死に例えて廃却していくのである。フランクの言葉のなかで対蹠的に提示される生と死は、カバラーにおける生命の樹と死の樹を想起させる。戒律に縛られた人々が属する死の樹から生命の樹（シャブタイ・ツヴィ）を弁別したのは、もとをたどるとガザのナタンだった。ならばフランクはナタンに由来する二項対立的概念を継承したのだろうか。その可能性は十分にあり得る。ナタンは信奉者を古代イスラエルの民に例えて、生命の樹に「たどり着く前に、彼らは死の樹によって死を味わわなければならない」と述べた。フランクの場合も、「秘密の Das」（生命）と過去の宗教（死）は対立概念であり、死の草をかき分けなければ生命の草にはたどり着けないと述べる。双方ともに、死を経てこそ生命に到達できるというプロセスを強調する[111]。それに加えて、一時的に死の段階を経る考え方については、メシア棄教以前にナタンが強調した「大いなる深淵」への下降から着想を得たことも否定できない。死を象徴することはないものの、そこはメシアの霊魂が降りていく悪の領域だとされた。メシアの霊魂が悪魔に苛まれていれば、シャブタイ・ツヴィは陰鬱に沈んでいるが、打ち勝つことができれば、光に満ちた状態へと上昇するのだった。この下降からの上昇というプロセスは、死を経たあとの生命というプロセスと重なり合う。実際に、フランクは同名のヤコブを引き合いに出しながら次のように述べている。

最初にその麓まで降りなければ、山を登攀することはできない。ゆえに私たちは最も低いところまで降りていって、無限へと入っていくのだ。私はヤコブが見た梯子を見たことがある。それはV字の形をしていた[112]。

ヤコブが見た幻視では、確かに「神の天使」が梯子を昇るだけでなく、降りていると書かれている[113]。つまり、深淵に降りなければ、次の高みに昇ることはできないと読み解くこともできる。まさにナタンの影響をうかがわせるところである。

フランクの言説はつねに整合性があるわけではない。彼は「秘密の Das」が最も深いところに位置すると述べることもある。「知識」に至る過程を、彼は次のように説明している。

知識（Daas）はセフィロートの間に隠れ、脇に追いやられている。お前たちが宗教（Dass）に入るときがくれば、降りていって、一〇個のセフィロートすべてから出ていき、知識そのものに至らなければならない。そこからすべての部屋（セフィロート）が満たされるのである。(114)

興味深いことに、フランクによると「知識」は降りて行かなければならないほど深く低い場所に位置するという。この場所は深遠でありながら、同時に穢れている。

ラビ・モルデハイが一〇個のセフィロートについて語り、紙にそれらを描いたとき、私はそれは何かと尋ねた。彼は家だと答えた。私はさらに尋ねた。「ではこのなかで便所はどこにあるのですか。家を建てるとき、まずは便所の場所を決めるものでしょう。ブカレストでは家を建てるとき、まず地面にとても深い穴を掘り、それから穴ができるだけ深くなるように地面に水銀を流し込みます。その上に便所を建てます。家を建てるのはそれからなのです。(115)」

フランクがユダヤ教やカバラーの既存の概念を蔑むのは珍しいことではない。(116)だが、それよりもここで注目すべきは、便所が一一個目の「知識」のセフィラーを暗示している点である。最も深い秘密の教えは至高でありながら、穢れと隣り合わせだと言うのである。この逆説はガザのナタンが唱えたメシア論、つまり聖なるメシアの霊魂が悪の渦巻く「大いなる深淵」に結びつくという考え方に起源を持つ可能性がある。フランクがナタンのカバラー論考を読んだという明らかな証拠はないものの、ドンメ教団の実存的教義をはじめ、至高の善が悪のなかに存在するという発想はすでに広く知られていた。ナタンと同じように逆説を好むフランクが、この発想を「秘密のDas」に当てはめたとしても不思議ではない。

以上のことから、「秘密のDas」はあらゆるセフィロートを超越するところに位置することがわかる。だが「秘密のDas」の本質となると、フランクは決して明確な言葉で説明することはない。『主の言葉の書』でフランクが「秘密のDas」について語るとき、もはやポーランドは前駆的な段階としてのキリスト教への改宗を含意するに過ぎず、秘教とは結びつかない。この言行録が書かれたころ、フランクたちはポーランドを離れて神聖ローマ帝国領で活動していた。ポーランドにおける自治組織の確立を諦めた彼らは、キリスト教の次の段階を目指さねばならなかった。ところがすでに述べたように、フランクは神秘的な宗教の存在をほのめかしながら、シンボリズムにおいても現実の行動においても、生涯にわたってキリスト教に留まり続けた。もはや袋小路に突き当たっていたと考えるのが最も妥当だろう。フランクがたどり着いたと主張した「秘密のDas」は、実のところ、もとよりこの世界に存在し得ない幻影に過ぎなかったのかもしれない。

注

(1) Sasportas, *Tsitsat Novel Tsvi*, 345. ショーレムはこれがモルダヴィア地方の間違いだと指摘している。Scholem, *Sabbatai Ṣevi*, 826.

(2) Emden, *Sefer Sefer Hit'abbqut*, 34r.

(3) Balaban, *Le-Toledot ha-Tenu'ah ha-Frangit* 1, 107–116. Scholem, "Ha-Tenu'ah ha-Shabbeta'it be-Polin," 64–69. Maciejko, *The Mixed Multitude*, 6–12.

(4) 本章第一節は、拙稿「シャブタイ派の異端とユダヤ自治における非ユダヤ人の干渉」『ユダヤ人と自治』(岩波書店、二〇一七年)に基づいて記述する。

(5) Balaban, op. cit., 81–89.

（6） このことは必ずしもユダヤ人にのみ当てはまることではない。ロスマンが指摘するように、ロシア正教会の主流による迫害を逃れた様々なグループが存在した。Rosman, *Founder of Hasidism*, 58-59. こうした事実を踏まえると、ポドリア地方は中央の権力を逃れざるを得なかった多様な少数派のアジールとして機能していた可能性がある。

（7） *Encyclopedia of the Ottoman Empire*, s.v. Köprülü family.

（8） Bałaban, op. cit., 116-117. この人口移動は十分にあり得るが、バラバンは根拠を示していない。ショーレムはフランクの初期の信奉者はカラカシュ派だったとする。Scholem, "Berukhiya Rosh ha-Shabta'im," 145. エムデンの記述を参照。Emden, *Sefer Shimush*, 42r. 一八世紀になるとトルコと東欧の間でラビの交流が激減していったという指摘がある。Barnai, "Ziqqah ve-Nittuq bein Ḥakhamei Turqiyah le-Ḥakhamei Polin," 13-26.

（9） 本書で用いるビルケンタルによる記録は、『理知の言葉』（*Divrei Binah*）と題された手稿本。現存する唯一の写本はタルノポルのヨセフ・ペルルの蔵書に保存されていたもの。The National Library of Israel, Ms. Heb. 8° 7507. Brawer, *Maqor 'Ivri Ḥadash le-Toledot Franq ve-Si'ato*, 33-38. Hundert, "The Introduction to Divrei Binah," 225-229.

（10） Birkenthal, *Divrei Binah*, 185.

（11） ガザのナタンの規範指導を参照。Benayahu, *Ha-Tenu'ah ha-Shabta'it be-Yavan*, 299.

（12） Idem, "Ha-'Ḥevrah Qedoshah'," 137.

（13） Bałaban, op. cit., 84. Maciejko, op. cit., 10.

（14） しばしばフランクは自身が無学であることを逆手にとるような発言をした。彼らの内部資料では、随所でフランクが「愚者」(prostak) だからこそ神に選ばれたと発言している。Maciejko, "The Literary Character and Doctrine," 199. 例えば、フランクは次のように語ったという。「私よりも偉大な愚者はいない。私は知能を奪われたようなものである。知恵は無から現れる。（ヨブ記 28:12）」この逆説的な表現はモーセが燃える柴から啓示を得たシーンを想起させる。出エジプト記 3:1-6。ユダヤ人大衆のなかに信奉者を得た際、「愚者」こそが神秘を享受するという逆説が機能した。その他の例は以下を参照。Maciejko, *Sabbatian Heresy*, 151-156. ヨナタン・アイベシッツに加え、シャブタイ・ツヴィ自身による同様の表現については、本書二四三頁を参照。

（15） ハンナはドンメ教団のカバリスト、ユダ・レヴィ・トゥーバーの娘だった可能性がある。Maciejko, op. cit., 33.

（16） *The Collection of the Words of the Lord*, no. 3; no. 854. フランクによるとされる別の口伝では、Żydowsko-Frenkskiey Religij で結婚式を執り行ったとある。*Ha-Kroniqah*, 30-31. ヒレル・レヴィンは Frenkskiey がアシュケナズィー系のユダヤ人による

スファラディー系の呼び方であり、ここではシャブタイ派の宗教で挙式したことを意味すると解説している。

（17）ビルケンタルはフランクがポーランドで活動を始めたとき、ベルヒヤの生まれ変わりだと主張したと伝えている。Birkenthal, *Divrei Binah*, 195–196.

（18）フランクがメシアを自称したことを裏づける証拠はない。むしろ、メシアであることをはっきりと否定しているという記録のほうが顕著である。Doktór, "Jakub Frank," 54–56. Maciejko, *The Mixed Multitude*, 164–167.

（19）例えば、以下を参照。*The Collection of the Words of the Lord*, nos. 15–25.

（20）Emden, *Sefer Shimush*, 78v–79r. このラビと妻の素性については、以下を参照。Maciejko, op. cit., 24–26. Bałaban, *Le-Toldot ha-Tenuʿah ha-Frankit* 2, 117–118. 別の記録では、参加者がシャブタイ・ツヴィとベルヒヤを讃えていたとも伝えられる。王冠は律法の巻物の装飾。罰に値するパンとワインは異教徒が作ったもの（pat ʿakum, yeyin nesekh）を指すと思われる。メズーザーは家屋の扉の門柱に取り付ける細長い箱。申命記6:4–9、および11:13–21が書かれた羊皮紙の巻物が入れられる。戸口を通るときに触れ、その指に接吻する習慣がある。律法の巻物を花嫁に見立てる象徴儀礼と言えば、シャブタイ・ツヴィが律法の巻物と結婚式を挙げたエピソードが思い出される。マイケルソンは、実際には事件はなかった可能性に言及している。Michaelson, "Conceptualizing Jewish Antinomianism," 338. 内部資料は以下を参照。*Ha-Kroniqah*, 36–37.

（21）Maciejko, op.cit., 21–33. 乱行を伴う儀式はこれ以前にもポーランドで行われていたが、問題になったことはなかった。Ibid., 38.

（22）Goldberg, *Jewish Privileges in the Polish Commonwealth*, 2–6. Maciejko, op.cit., 28.

（23）Emden, op. cit., 79r. Maciejko, op.cit., 28–29.

（24）Kraushar, *Frank i frankisci polscy* 2, 329–330.

（25）Maciejko, *The Mixed Multitude*, 32. マチェイコはフランクが意図的に問題を大きくしようとしたと強調している。ただし、次に同じ儀式を行ったとき、フランクは窓から見えないようにしている。*Ha-Kroniqah*, 54–55. レヴィンはランツコロナのときのように気づかれることを恐れたためだとするが、そうだとすればフランクの態度に変化が生じていることになる。

（26）Maciejko,op. cit., 32–33.

（27）Idem, "Baruch me-Erets Yavan," 334–345. この同じ日に、ブロディのラビたちがヨナタン・アイベシッツを擁護する宣言を出したことがわかっている。Maciejko, op. cit., 34.

（28） Tsedeq, "Ḥerev Pifiyot," ʾ*Otsar Ḥokhmah* 3, 22–24. ここには三〇歳までは『光輝の書』やコルドヴェロの著作などを学んではならず、ルーリア派の文書に至っては信頼できる印刷本でさえ四〇歳まで学んではならないという禁止がある。ブロディのラビたちは、フランクらの誤ったカバラー理解が問題につながったと見ている。ルツァットがフランクフルトで強いられた誓約でも、カバラー学習の年齢制限は四〇歳とされており、ブロディの破門はこれを踏まえたものと考えられている。本書二〇九頁参照。ベルヒヤを非難する無割礼（ʿarel）という言葉は、婉曲的にキリスト教徒を指す場合にも用いる。すでにムスリムであったベルヒヤがキリスト教に改宗した証拠はないが、告発者たちにはこうした印象が共有されていたかもしれない。

（29） Emden, *Sefer Shimush*, 2v, 7v. ポドリアではナタンの著作が読まれており、ラビによって禁書となっていた。Scholem, "Berukhiya Rosh ha-Shabbtaʾim," 135.

（30） Maciejko, op. cit., 88–89. *Ha-Kroniqah*, 42–43.

（31） Maciejko, "Baruch me-Erets Yavan," 335.

（32） Emden, *Sefer Shimush*, 15r.

（33） Maciejko, op.cit., 335.

（34） Emden, op. cit., 2r–v.

（35） Emden, *Seder ʿOlam Rabbaʾ ve-Zutaʾ*, 32v–33r. *Pinqas Vaʿad ʾArbaʿ ʾAratzot*, 421–422.

（36） ショール（Shorr）はポドリア地方の由緒ある家柄の姓。改宗後、一家はヴォウォヴスキ（Wołowscy）と改姓し、フランク没後も重要な信奉者として知られた。Balaban, *Le-Toledot ha-Tenuʿah ha-Frangit* 1, 122. Scholem, *Maftehot le-Kitvei ha-Pulmus*, 35–36.

（37） Maciejko, *The Mixed Multitude*, 64–65. ラテン語で書かれた原文の手稿は以下を参照。Idem, "Christian Elements," 18. ポーランド語の翻訳は以下を参照。Kleyn, *Coram iudicio*, N–N5.

（38） Kleyn, *Coram iudicio*, N6–Q1. Balaban, *Le-Toledot ha-Tenuʿah ha-Frangit* 1, 139–151. Maciejko, op. cit., 71–72. ポーランド語の声明文はリヴィウで二〇〇〇部印刷され、ヘブライ語訳もユダヤ人の間で広く共有された。ヘブライ語訳とエムデンによる解説は以下を参照。Emden, *Sefer Shimush*, 31r–70r.

（39） Maciejko, "Christian Elements," 16–17.

（40） Maciejko, *The Mixed Multitude*, 66–70. マチェイコは「ポーランドのシャブタイ派」という呼称を用いるが、正確を期すならばラビ・ユダヤ教からの独立を望む分離派と呼ぶべきである。彼らが例外なくシャブタイ・ツヴィのメシア性を信じていたことも、フランクの信奉者であったことも証明することはできない。

(41) アナン・ベン・ダヴィドに遡るとされるカライ派の起源ははっきりしないが、一〇～一一世紀にイスラーム世界で繁栄した。東欧におけるカライ派の共同体はクリミア半島を経てたどり着いた人々に由来すると考えられている。一四世紀末、リトアニア大公国のヴィータウタスが居住権を与えて以来、この地域はキリスト教世界では唯一相当数のカライ派人口を抱えることになった。

(42) ポーランド・リトアニア共和国のカライ派については以下を参照。*The YIVO Encyclopedia*, s. v. Karaites. ラビ・ユダヤ教と伝統を異にするカライ派の存在は、一六～一七世紀にカトリックとプロテスタントの間の論争でしばしば言及された。一七～一八世紀にはポーランド・リトアニア共和国出身のカライ派がラビ・ユダヤ教との歴史的な相違を提示することで、キリスト教徒の関心に応答したことが知られている。Astren, *Karaite Judaism and Historical Understanding*, 248-273. カライ派の法的な位置づけに加えて、こうした宗教間交流がフランクらの活動の背景にあった可能性については今後の研究が待たれる。

(43) Maciejko, "Ha-Sakanot," 274.

(44) Maciejko, *The Mixed Multitude*, 66. Birkenthal, *Divrei Binah*, 195-198.

(45) Kleyn, *Coram iudicio*, E2. Maciejko, op. cit., 66.

(46) Maciejko, op.cit., 77.

(47) *Sefer ha-Zohar* 2, 99a.

(48) Maciejko, op. cit., 131.

(49) Ibid., 70-75; 86-91.

(50) *Ha-Kroniqah*, 42-45.

(51) Maciejko, op. cit., 88.

(52) Birkenthal, *Divrei Binah*, 221. Maciejko, op. cit., 89.

(53) Kraushar, *Frank i frankiści polscy* 1, 107-110.

(54) *The Collection of the Words of the Lord*, no. 194.

(55) Ibid., ccliv.

（56） キリスト教徒の関心を集めただけでなく、ユダヤ人の間にも衝撃が走った。バアル・シェム・トーヴはこの出来事を知って、「臨在」の一部だったはずの彼らが、もはやユダヤ人共同体から切り離されてしまったと嘆いたと伝えられる。*Shivḥei ha-Besht*, 91–95.

（57） キリスト教的な要素は公開討論に関わったキリスト教徒によって大部分がまとめられたと考えられてきたが、マチェイコはここにフランク派独自のユダヤ的な概念が織り込まれていると主張する。Maciejko, "Christian Elements," 13–41.

（58） Maciejko, *The Mixed Multitude*, 107–126.

（59） Ibid., 127.

（60） Ibid., 131–139.

（61） Ibid., 157–164.

（62） Emden, *Sefer Hit'abbqut*, 149v.

（63） フランクの母方の従姉妹、ブルノのシェンドル・ドブルシュカは、異端の告発者たちにシャブタイ派の支援者として知られていた。彼女はアイベシッツの息子、ヴォルフとも親交があり、経済的な支援を行ったという。エムデンはシェンドルを評して「ふしだらな売女」とこき下ろしている。Emden, *Sefer Hit'abbqut*, 36v. フランクがヤスナ・グラ修道院の幽閉から解放されたあとブルノに移ったのは、シェンドルの支援を受けるためだった。シェンドルの息子、モシェ・ドブルシュカは、一七七五年に家族とともにカトリックに改宗し、その後プラハのフリーメイソン、アドルフ・フェルディナント・エドラー・フォン・シェンフェルトから貴族の称号を与えられて、フランツ・トマス・フォン・シェンフェルトと改名した。そして一七八一年頃、ウィーンのフリーメイソンのロッジ、「ヨーロッパのアジア同胞団」（Asiatische Brüder in Europa）の創設に携わり、カバラーの概念を儀式のなかに導入した。Katz, *Bonim Ḥofshim ve-Yehudim*, 31–34. このときアイベシッツの『今日私は泉にたどり着いた』の内容を儀式のなかに取り入れたことがわかっている。Scholem, "Ein Frankist," 84. モシェ・ドブルシュカはストラスブールで地元のジャコバン・クラブに加入し、ユニウス・フライと名乗るようになる。一七九二年にはパリの国民議会に名誉称号を与えられた。彼は反ジロンド派の文筆活動でフランス革命に関与したが、東インド会社汚職事件に関与した廉で逮捕されたことがきっかけとなって、ジョルジュ・ダントンとともに断頭台で斬首された。*The YIVO Encyclopedia*, s.v. Dobruschka-Schönfeld Family. フランクの死後、ドブルシュカがオッフェンバッハの教団を引き継ぐ動きがあったことがわかっている。Doktór, "Jakub Frank," 67–69. Maciejko, *The Mixed Multitude*, 196–197; 225–231.

（64）エヴァは一七六〇年五月一日にリヴィウの大聖堂で洗礼を受け、一七六二年七月二日にルブリンで再び洗礼を受けた。Kraushar, *Frank i frankiści polscy*, 11.

（65）Maciejko, op. cit., 210-211.

（66）『主の言葉の書』の文献学的研究は以下を参照。Lenowitz, “Leaving Turkey,” 92-113. Maciejko, “The Literary Character and Doctrine,” 175-210.『主の言葉の書』のポーランド語写本からの校訂版は以下。Doktór, ed. *Księga słów Pańskich, Ezoteryczne wykłady Jakuba Franka.* Warsaw, 1997. ヘブライ語と英語の翻訳は以下。*Divrei ha-ʾAdon [Yaʿaqov Franq]*, translated by Fania Scholem and edited by Rachel Elior. Jerusalem, 1997. *The Collection of the Words of the Lord [Jacob Frank] from the Polish Manuscripts*, edited, translated and annotated with an introduction by Harris Lenowitz. 2004. いずれも未刊行。本書ではレノヴィッツの英訳を用いながら、必要に応じてドクトルの校訂版を参照する。その際、項目番号に従う。また、レヴィンがルブリンで発見した手稿も用いる。Levin, *Ha-Kroniqah.*

（67）*The Collection of the Words of the Lord*, no. 1051. この文脈で Panna はエヴァを意味する。

（68）ユダヤ教の歴史においてメシアを名乗った女性はエヴァが初めてである。フランク派の女性に関する議論は以下を参照。Rapoport-Albert, *Women and the Messianic Heresy*, 157-257. 彼らの間にはシャブタイ・ツヴィが女性だったという言説があった。Maciejko, *The Mixed Multitude*, 178-179. ドンメ教団にはシャブタイ・ツヴィをエステルや「臨在」と重ね合わせる言説があり、エルカヤムは女性のメシアがイメージとして存在したと主張する。Elqayam, “Massaʾ Dumah,” 206-209.

（69）改宗者の子孫はキリスト教社会に同化した。ドンメ教団の場合と同じく、一九世紀には改宗ユダヤ人の出自を暴こうといくつものスキャンダラスな議論が起こった。Maciejko, op. cit., 261-264.

（70）*The Collection of the Words of the Lord*, no. 130. フランクが「生命」という言葉を用いるとき、福音書におけるイエスの用法を念頭に置いていると考えて間違いないだろう。例えば、イエスは救済を説く際に「永遠の生命を（zōēn aiōnion）受け継ぐ」（マルコ福音書 19:29）といった表現を用いた。

（71）Kraushar, *Frank i frankiści polscy* 2, 333. ここでは「生命の樹」というポーランド語のあとにアラム語の音写（正しくは ʾillanaʾ de-ḥayye）が続くことから、フランクがカバラーの概念として用いていることがわかる。

（72）*The Collection of the Words of the Lord*, no. 96.

（73）Ibid., no. 977.

（74） Ibid., nos. 39; 385; 447; 548. ナタンが説いた清浄空間の教義については知っていたと思われる。Ibid., nos. 304; 1267.

（75） Maciejko, "The Literary Character and Doctrine," 201; 210.

（76） Emden, *Sefer Shimush*, 3r. ドンメ教団の資料から、ベルヒヤがキリスト教について語った裏づけは取れない。しかしフランクによると、カラカシュ派ではキリスト教の要素が習合的に取り込まれていた。一七五六年当時、フランクは「彼らが多くの神々を一つの袋のなかで混ぜている（mieszali wielu bogów w jednym worku）と聞いて好ましくないと感じた」という。*The Collection of the Words of the Lord*, no. 1256. のちにベルヒヤが明かしたことを「キリスト教の地所」あるいは「洗礼」という言葉で定式化しているが、彼らはキリスト教へと進み切ることはできなかった。*The Collection of the Words of the Lord*, no. 263. ショーレムの記述も参照。Scholem, "Berukhiya Rosh ha-Shabta'im," 145-146. Idem, *Meḥqarei Shabta'ut*, 356. バルーフは皮肉を込めて、フランクの五回目の改宗がギリシア正教（dat yavanit）だったと述べている。Emden, *Sefer Hit'abbqut*, 151r. シャブタイ派を三つの宗教からなる異形の結合体として描いた『有用の書』の木版画がある。Emden, *Sefer Shimush*, 89v. エムデンによる説明と描き方の典拠については、マチェイコの論文を参照。Maciejko, "Ha-Sakanot," 263-266. キリスト教の異端のイコノグラフィーでは、多頭の魔物が用いられることがある。Henderson, *The Construction of Orthodoxy and Heresy*, 137. 異教を三つの様相を兼ね備える怪物として描く例は、偶然にも林羅山の耶蘇教批判に見られる。『羅山文集』巻七、承応三年（一六五四年）三月付。「儒の天道を説くを痛みて糟粕を吐く。[…] 仏の性空を説くを掠て心理を誣ふ。[…] 亦老聃を盗む也。[…] 亦王陽明を剽む也。儒に非ず老に非ず釈に非ず。これを三脚の猫鬼といふ。」

（77） 本章では詳論しないが、フランクはカルドーゾの神学に遡る「信仰の三つの結びつきが一つである」（Tlass Kiszre, ememchemnisse deinen chad）という三位一体的な概念を用いている *The Collection of the Words of the Lord*, no. 2286. マチェイコは告発者と信奉者の証言を列挙している。Maciejko, "Christian Elements," 17-21. また一七五九年に信奉者が述べたところでは、「洗礼やカトリック信仰に言及することなく、フランクは三つの位格のなかに唯一の神が存在することは間違いないと教えた。」Doktór, "Jakub Frank," 56-57. マチェイコによれば、フランク派の三位一体はカルドーゾからドンメ教団を経て伝わったため、キリスト教の三位一体の変形と言えるという。聖歌集でも頻繁に現れる。*Sefer Shirot ve-Tishbaḥot*, 227. だが、ラビたちが公開討論のなかであえてそれをキリスト教と同一視しなかったのは、彼らをキリスト教とも異なる「シャブタイ派」という異端に仕立てたかったためである。Maciejko, op. cit. 23-24.

（78） *Sefer Shirot ve-Tishbaḥot*, 160-161. *The Collection of the Words of the Lord*, no. 54. *Ha-Kroniqah*, 60-61. Signor mostri とも。

サロニカで自らに聖霊が降ったとき、フランクはラディーノ語で「我らの主が降りてきた」（Mostro Signor abascharo）と述べた。これはベルヒヤの霊だったと考えられる。Maciejko, *The Mixed Multitude*, 15. *Ha-Kroniqah*, 32-35. フランクはベルヒヤのことを「聖なる主」（Signor Santo / Swięta Pan）と呼んだ。

（79）*The Collection of the Words of the Lord*, no. 17. *Ha-Kroniqah*, 36-37.

（80）一七五八年七月三日、あるいは翌年の七月九日。*Ha-Kroniqah*, 52-53.

（81）*Ha-Kroniqah*, 54-57.

（82）他に知られている性交を伴う象徴儀礼は、チェンストホヴァに幽閉されていた一七六三年頃のものである。フランクはこのとき、あえて白昼に人々が見守るなか妻ハンナと性交したという。*Ha-Kroniqah*, 68-69. 男性的な「根幹」（Yesod）の権現であるフランクが「臨在」（Shekhinah）のセフィラーを表象するハンナと交わる行為は、神の世界に調和をもたらす象徴儀礼である。

（83）同じ表現は以下を参照。*The Collection of the Words of the Lord*, nos. 138; 247; 304; 358; 397; 611; 746; 953; 954; 993; 1014; 1109; 1271; cd. Kraushar, *Frank i frankiści polscy* 2. 304; 306; 335; 371. しばしば異なる綴りで表記される。フランクはランツコロナやホロストクフで世間の注目を集めようとしたとき、信仰を隠す人々を非難し、公然とユダヤ教を冒瀆することを勧めた。それに反して、『主の言葉の書』が記録された時期には、信仰について沈黙するよう命じている。

（84）イザヤ書の文脈から「ドゥマー」が何を指しているのかは明瞭でなく、伝統的には他の箇所と関連づける解釈がなされてきた。興味深いことに、「ドゥマー」をイシュマエル人とする説とエドム人とする説が存在する。創世記25:14で、「ドゥマー」はイシュマエルの息子の一人として名前が挙がる。ここからダヴィド・キムヒは「ドゥマー」をイシュマエル人と解釈した。一方、「ドゥマー」のあとに「セイールから私を呼ぶ」という一節があり、創世記36:8でエサウあるいはエドムがセイールに定住したとある。ここからラシは「ドゥマー」をエドム人と解釈した。*Miqra'ot Gdolot*, Sefer Yesha'yah, 170. 一般的にイシュマエル人はムスリムの祖先、エドム人はキリスト教徒の祖先とされる。フランクが中世の聖典解釈に通じていたとは考えにくいが、「ドゥマー」が信奉者の転向を暗示し得たことは興味深い。

（85）レビ記16:4; 24の大祭司に課される規定を参照。

（86）*The Collection of the Words of the Lord*, no. 746.

（87）Maciejko, "The Literary Character and Doctrine," 208-209. キリスト教へ改宗した信奉者も同様の証言を残している。Emden. *Sefer Shimush*, 83v.

(88) *The Collection of the Words of the Lord*, 555.

(89) 創世記18:3。三人の人が通ったのに対して、最初アブラハムは単数形で呼びかけている。

(90) *The Collection of the Words of the Lord*, no. 263.

(91) イツハク・ラファエル・モルホの証言は考慮に入れる必要があるかもしれない。Molkho, "Le-Demuto ve-Zehuto shel Berukhiyah Russo, 97. ここでモルホが言う「異教徒」は、ムスリムではなく、キリスト教徒を指していると考えられる。つまり、ベルヒヤの後継者はキリスト教徒と交わっていた可能性がある。

(92) *The Collection of the Words of the Lord*, no. 202.

(93) ダニエル書4:20の表現を参照。

(94) *The Collection of the Words of the Lord*, no. 708. 以下も参照。Ibid., no. 735.

(95) タルムードでは以下に見られる。*Talmud Bavli*, Hagigah 14b-15a. *Talmud Yerushalmi*, Hagigah 9a.「楽園に足を踏み入れたのは、ベン・アザイ、ベン・ゾマ、アヘル、ラビ・アキヴァの四人だった。ラビ・アキヴァは他の仲間たちに言った。「君たちが無垢なる大理石にたどり着いても、『水だ、水だ』などと口走ってはならないぞ。それはこう言われているからだ。『虚言を語る者は私の目の前に立つことはできない』(詩篇101:7)。ベン・アザイは楽園を見て死んでしまった。[…] ベン・ゾマは楽園を見て気が触れてしまった。[…] アヘルは枝を切り落とした。無事に帰ってくることができたのは、ラビ・アキヴァだけだった。」四人のラビはいずれも一～二世紀のタンナである。

(96) 一八世紀末、啓蒙主義の機運に包まれたフランスで、ユダヤ人に対する市民権付与が論じられ始めたのを皮切りに、徐々にその流れは東欧へと広がっていった。フランクが接近を試みたヨーゼフ二世は、フランスで信仰の自由を目の当たりにし、一七八一～八二年には早くも領内各地で寛容令(Toleranzedikt)を出してユダヤ人に種々の権利を与え始めた。*The YIVO Encyclopedia*, s.v. Josephinian Reforms. 一方、ポーランドでユダヤ人解放の議論が始まるのは第一次分割後のことである。南部のガリシア地方では一七八九年に寛容令が出されたが、西部に位置するプロイセン領のポズナニでさえも、他のプロイセン領のユダヤ人と同等の権利が保証されたのはようやく一八四八年になってからのことである。フランクがポーランドの土地の救済論的な意義を語り始めたのは、一七五八年にアウグストゥス三世から安全の保証を得てトルコから戻ってきた時期である。つまり、フランクがポーランドを解放の要と考えたのは、ユダヤ人が宗教の属性を超えて良き市民として生きることを求められる以前のことであり、啓蒙主義の気風や国民国家成立の結果と見なすことはできない。

(97) *The Collection of the Words of the Lord*, no. 32. 同様の言葉は以下を参照。Ibid., no. 49.

(98) Ibid., no. 188.

(99) Ibid., no. 84. ポーランド語の pole は「野」を意味し、「ポーランド」(Polska, Polin) という言葉を想起させる。またエドムはキリスト教を意味している。つまりポーランドをキリスト教の土地と一義的に関連づけている。

(100) Ibid., no. 513.

(101) Ibid., no. 1315.

(102) フランクに先駆けてポーランドでユダヤ人が救済されると説いた人物は、ヴィルナのヘシェル・ツォレフである。ツォレフはポーランドをエドムの地と結びつけ、邪悪な時代が過ぎるとそこでメシアによる救済がもたらされると説いたという。フランクや信奉者がこの連想を何らかの形で知っていた可能性がある。Maciejko, *The Mixed Multitude*, 162–163.

(103) *The Collection of the Words of the Lord*, nos. 85; 120; 316; 405; 429.

(104) Scholem, "Mitzvah ha-Ba'ah be-'Averah," 48.

(105) *The Collection of the Words of the Lord*, nos. 729; 730; 733. マチェイコによれば、「果実の前にあるもの」という表現は、カバラーで悪を表す「外殻」から着想を得ており、それをイエスと結びつける発想はガザのナタンに遡る可能性がある。Maciejko, "Jacob Frank and Jesus Christ," 123–125. マチェイコはここで一七五九年にイヴァニエで行われた説教と比較している。「シャブタイ・ツヴィ王はイシュマエル人の信仰を通り抜けねばならなかった。ベルヒヤ神もこの信仰を通り抜けねばならなかった。一方、私、ヤコブはすべての究極的な成就であり、ナザレ人の信仰を通り抜けねばならなかった。ナザレのイエスは果実の皮あるいは外殻(die Haut oder die Schale von der Frucht)だったからだ。その男の登場は、真実のメシアのために道を用意するためだけに許されたことだった。」Žaček, "Zwei Beiträge zur Geschichte des Frankismus," 401.

(106) Das については以下を参照。Michaelson, "Conceptualizing Jewish Antinomianism," 339; 352. Maciejko, op. cit., 125–126. *The Collection of the Words of the Lord*, no. 227.

(107) Ibid., no. 110.

(108) Ibid., no. 211. religia は宗教を指す一般的な語彙だが、フランクはユダヤ教をはじめとする劣った宗教に言及する際に用いる傾向がある。

(109) 主要な指摘は以下の通り。Scholem, "Berukhiya Rosh ha-Shabta'im," 145–146. Michaelson, *I do not look to heaven*, 215–226.

（110） Ibid., no. 188. 同様の二重性は、no. 730 にも見られる。

（111） この表象はスラヴ圏の民間伝承に起源を求めることができるかもしれない。東欧とロシアには様々なヴァリエーションで、生命の水（zhivaya voda）と死の水（mertvaya voda）の民話が伝わっている。その特徴を端的に拾い出せば、四肢を切断された死者を蘇らせるためには、まず死の水を注いで、それから生命の水をかけなければならないという点で共通している。死の水は身体を元どおりに接着する作用があり、生命の水は死者を蘇生させるために用いられる。この順序を誤れば蘇生は失敗する。Levchin, *Russian Folktales*, xv.

（112） Scholem, "Mitsvah ha-Ba'ah," 384. Kraushar, *Frank i frankisci polscy* 2, 371-371. 同様の記述は複数ある。例えば、*The Collection of the Words of the Lord*, no. 1.

（113） 創世記 28:12 を参照。

（114） *The Collection of the Words of the Lord*, no. 1303.

（115） Ibid., no. 707. また no. 527 も参照。管見の限り、セフィラーを家に例える表現は先例がなく、フランク独自の用法だと思われる。

（116） フランクはカバラーの概念を多用しながら、「古い本」と呼んで既存の教えとともに捨て去るように説いた。Maciejko, "The Literary Character and Doctrine," 193.

結論　拡張し続ける異端の鎖

本書ではシャブタイ派という枠組みに収められた人物や書物に注目し、相互の同一性や連続性よりも差異や対立を強調しながら検討を加えてきた。目的は影響関係の存在を確認し、その上で異端という概念に潜む恣意性を指摘することだった。結論を端的に述べるならば、シャブタイ派という連続的な異端の鎖は、まるで根拠のない言いがかりではないとしても、同時代の告発者や近代以降の歴史家の活動のなかで作意を持って生み出された産物だったということである。

第I部で見たように、実際にはメシア棄教後ほどなくシャブタイ・ツヴィとガザのナタンは破戒と改宗について異なる見解を示した。一方、アブラハム・カルドーゾはシャブタイ・ツヴィに倣って改宗した人々を非難した。またナタンの預言者としての適格性を疑問視し、さらには間近でメシアの教えを受けたシュムエル・プリモと激しく対決した。第一世代の信奉者に多大な関心を寄せたラビ、ヤコブ・サスポルタスでさえ、こうした思想的な差異に言及することはなく、むしろシャブタイ・ツヴィを中心とする異端の形成を見ていたのである。第II部で扱った異端告発のラビ、モシェ・ハギーズは、ネヘミヤ・ハヨーンが三位一体に類似した神学を流布していると疑って論争を展開した。パドヴァのカバリスト、モシェ・ハイム・ルツァットの啓示体験はその論争の延長線上に置かれ、シャブタイ・ツヴィの異端はハヨーンからルツァットへつながる系譜として描かれた。厳密にはハヨーンはカルドーゾの思想を、ルツァットはナタンの思想を継承し、しかもルツァットはシャブタイ・ツヴィにメシア性を認めなかったにもかかわらず、そうした微妙な詳細は顧みられなかった。ヨナタン・アイベシッツに至っては公然とシャブタイ・ツヴィへの信仰を否定したが、イェヘズケル・カッツェネルンボーゲン、モシェ・ハギーズ、ヤコブ・エムデンら告発者によって著作や護符の異端的性質を指弾された。「シャブタイ・ツヴィの教団」の系譜は、こうしてユダヤ教内部にまで食い込んでいるとされたのである。第Ⅲ部では、イスラームに改宗したサロニカのドンメ教団とポーランドでカトリックの洗礼を受けたヤコブ・フランクの活動を論じた。いずれもエムデンらによって「シャブタイ・ツヴィの教団」に属するとされた改宗者である。ドンメ教団にはナタンの穏健なメシア論に近い人々もいたし、ユダ・レヴィ・トゥーバーやベルヒヤ・ルッソのように破戒と改宗に救済の意義を見出した人々もいたが、ドンメ教団の秘匿的な性質のために、告発者たちは内部の多様性に無知だった。他方でフランクはシャブタイ・ツヴィとベルヒヤ・ルッソを挫折したメシアと捉えることで、キリスト教社会におけるユダヤ教からの解放を目指した。だが、集団受洗や異教的な振る舞いが非難されることはあっても、既存の異端から決別しようとする教義に光が当てられることはなかった。もはやシャブタイ・ツヴィの実像が薄れ、存在意義が上書きされた一八世紀にあっては、想像された異端史の方が新たなリアリティとして前景化したのだった。

序論で述べたように、一九世紀になると歴史家たちはシャブタイ派をユダヤ史の傍流として描いた。彼らはラビたちの異端駁論や偽メシアを揶揄するキリスト教徒の記録を用いたために、目的の違いはあれど、結果的には異端の鎖をより強固なものにするという共通の目論見を持っていたと言える。ゲルショム・ショーレムの研究においても、こうした強固なつながりが批判的に見直されることはなかった。むしろショーレムはシャブタイ派が近代以降のユダヤ(ハシディズム、ハスカラー、改革派ユダヤ教)にまで影響を与えたと指摘した。そうした主張を積極的に継承したのが、ショーレムの指導のもとで博士論文を書いた最後の世代の一人、ユダ・リーベスである[1]。この結論では、異端の鎖がいまだに拡張し続けている現実を明らかにする。

リーベスのアプローチを理解するキーワードは「ユダヤの神話」(mitos yehudi)である。それは民間伝承に現れる神話を意味するわけではない。彼は「ユダヤの神話」における神の顕現が「宗教」そのものだという。それは被造物との関係において現れる神で、古来ユダヤ思想を脈々と通底している。そしてとりわけカバラーにおいて体系的な表現を獲得し、『光輝の書』ではセフィロートのダイナミズムを通して神秘家に示される。リーベスがシャブタイ派について多くの論文を書いてきたのは、そこにもまた「ユダヤの神話」の力が垣間見えるからだという。(2)

シャブタイ派に関するリーベスの研究は大きく二つの領域に分けることができる。その一つは第一世代に関するもので、シャブタイ・ツヴィの役割の再評価が要となる。ショーレムはルーリア派のカバリストだったナタンがメシアニズムの流布に中心的な役割を果たしたと主張したが、リーベスは、シャブタイ・ツヴィが神との密接な関係を意識するなかでメシアとして覚醒し、イスラームへの改宗も神の直接的な命令として実行したことに着目する。彼は改めて書簡などの資料を分析することで、シャブタイ・ツヴィがルーリア派の神学ではなく、『光輝の書』の神話に霊感を得てメシアの自覚に到達したと主張した。「ユダヤの神話」の特徴は、シャブタイ・ツヴィが悟った親密な「信仰の神」との関係において鮮やかに現れているという。(3)また第一世代をシャブタイ・ツヴィに加えて、ナタンとカルドーゾの三つの系統に分類し、彼らの思想が一八世紀に継承されたという図式を提示した。本書も第一世代を論じるに当たってこの分類に従っている。リーベスの定義では、これらがシャブタイ派の基本形であり、その作用が及ぶ人物や著作もまたシャブタイ派と呼び得る。このように整理することによって、リーベスは入り組んだ人物関係をわかりやすく提示するだけにとどまらず、現実における可視的な救済よりも真の神と信仰を探求するシャブタイ派の本質を明らかにした。(4)リーベスの第二の領域は、今日広く敬意を集めているラビたちの間に、そうしたシャブタイ派の痕跡を指摘する研究である。驚くべきことに、高名なラビのなかにはシャブタイ派の概念を採用した人々がいたという。そこにはアイベシッツだけでなく、バアル・シェム・トーヴ、ブレスラフのラビ・ナフマン、ヴィルナのガオンの弟子たちが含まれる。(5)アイベシッツがシャブタイ・ツヴィの異端を継承しているかどうかは一八世紀以来問われ続けてきた古典的な問題で、すでに論じ尽くされた感は否めないが、今日正統派のユダヤ人に広く受け入れられているラビ・ナフマンやヴィルナのガオンの弟子までもがシャブタイ派のカバラーに通じていたという大胆な指摘は反響を呼んだ。正統派の叡智の源泉が、実のところ宗教的頽廃に冒されていたという暴露があまりに衝撃的だったからである。だが理由はそれだけではない。ハシディズムの陣営（バアル・シェム・トーヴやラビ・ナフマン）にも、彼らに反対する勢力（ヴィルナのガオンの弟子たち）にも、シャブタイ派のメシアニズムが浸潤していたとなれば、この時代には文字通り、あらゆる立場のユダヤ人が異端の影響下にあったことになる。

現在のところ、リーベスに対して批判的な検証は公に発表されていないものの、ツァヒ・スレイテルが彼の研究に内在する特殊な民族主義的傾向を指摘している。(6) リーベスは一九八〇年代まで、シャブタイ派のメシア運動が政治的な運動ではなかったとの主張を展開していた。(7) メシア棄教を経て、なおも神と信仰を探求した人々は、歴史における救済などというものを期待していなかったというのがその論拠である。ところがその後、ヴィルナのガオンの弟子であるメナヘム・メンデルのシャブタイ派的な性質を暴き出すにあたり、リーベスはそこにシオニズムの前駆的形態を見出すようになる。(8) 彼の主張によれば、メナヘム・メンデルはポーランドの信奉者、ヘシェル・ツォレフの著作からシャブタイ・ツヴィに関する暗示を学び取り、師であるヴィルナのガオンに救済論的な役割を見出した。メナヘム・メンデルが仲間とともに一八〇八年にエルサレムに移住したのは、聖地で師が担う新しいメシアの役割を完成させる目的があったのだという。(9) スレイテルによると、かつてシャブタイ派にとって聖地は副次的な意味しか持たないと主張したリーベスが、このようにシオニズムとの親和性を示唆するようになったのには理由がある。一九八〇〜九〇年代、ポスト・シオニズムの思潮のなかで、イスラエルの歴史学では民族主義とアカデミズムの関係に関する批判的な見直しが始まった。(10) 保守派の論客として知られるリーベスはこの事態に危険を感じた。(11) シャブタイ派の本質に内在する「ユダヤの神話」の民族的な性質がシオニズムの前駆的形態に継承されていたと主張し始めたのは、まさにこうした時期だった。この変節は彼のシャブタイ派研究の重大な問題点である。スレイテルの分析によれば、学術的な研究を通してシオニズムの精神的な刷新や力を失ったユダヤ教の復興をも可能にするというのがリーベスの主張であり、それが彼のシャブタイ派研究にも反映されているのだという。[12] リーベスはシャブタイ派の思想的本質がシオニズムの萌芽に滋養を与えたことを論証しようと試みた。ショーレムはフランク派の末裔を近代西欧社会に見出し、シオニズムについてはせいぜいシャブタイ派運動からその建設的な力を学びとることができると述べたに過ぎない。それに対して、エルサレム移住を果たしたラビにシャブタイ派の性質を指摘したリーベスは、シオニズムの歴史的な関連をより明確に意識していると言える。こうして見ると、現代に至るまで依然シャブタイ派とシオニズムの連想が学術的な研究のなかに息づいていることがわかる。もちろん、この領域のすべての蓄積がシオニズムを意識しているわけではない。それでも、イスラエルにおけるシャブタイ派研究を民族史の実存的解釈という呪縛から解放することがいかに困難であるかを垣間見ることができる。

一方で、シャブタイ派という現象を異なるコンテクストのなかで論じる新しい研究があることにも言及しておく必要がある。それはパヴェル・マチェイコによるフランク派のモノグラフ、『雑多な群衆』（*The Mixed Multitude*）をはじめとする一連の研究である。[13] 一八世紀後半のポーランドでヤコブ・フランクを中心に起こったカトリックへの集団改宗は、エムデンにより「シャブタイ・ツヴィの教団」との暗い関係が指摘され、近代ユダヤ学の歴史家たちもシャブタイ派の結末として捉えてきた。この点はショーレムやリーベスも例外ではない。実際にフランクはシャブタイ・ツヴィにならってイスラームに改宗したドンメ教団と接点を持ち、第一世代の信奉者の思想を部分的に知っていた。マチェイコはそうした歴史的な経緯を確認したうえで、ポーランドのユダヤ人の社会的な実態、およびカトリックの政治家や反対派のラビとの関係性のなかで、フランク派という現象を改めて論じ直した。宗教（ユダヤ教・イスラーム・キリスト教）と地域（バルカン半島・中東欧）を越境しながら活動したフランクは、マチェイコの議論のなかで新たな位置づけを得たと言える。そこから明らかになったのは、いわゆるシャブタイ派との連続性よりも、一八世紀後半のヨーロッパに特有のコスモポリタニズムやバルカン半島特有のシンクレティズム、そして「放浪の詐欺師」（itinerant charlatans）と呼び得る人々の存在である。そのなかにはアイベシッツの息子、ヴォルフ・アイベシッツやヴェネツィアのジャコモ・カサノヴァも含まれる。[14] マチェイコはフランクを新たな社会的コンテクストに置くことで、シャブタイ派の最終章で敗北する主人公ではなく、複数の社会的カテゴリーに属する人物として描き出した。こうした非ユダヤ人や他宗教との関係という横断的なコンテクストの導入はいくつかの研究で試みられてきたものの、シャブタイ派をユダヤ史やユダヤ思想の内在的事象として捉える研究に比べれば圧倒的に数が少ない。[15] シャブタイ派に特有の跨境的な側面を解明するために、こうした方法論を用いた研究はさらなる進展が期待される。

ポスト・ショーレムの時代の研究を瞥見してわかることは、マチェイコのような非ユダヤ的な影響を考慮しながら分析する観点がある一方で、依然としてシャブタイ派という枠組みが中心的な問題であり続けているということ、そしてそれがシオニズムの歴史的な解釈を表明する場になっていることである。ショーレムとリーベスの議論は途中で異なる方向に進んだが、異端であるはずのシャブタイ派なる実態が、いかに抜き難く「ユダヤ」に食い込んでいるのかを示すという点では酷似している。この言説は異端の範囲を確定しようとする一八世紀の論争を想起させる。動機が異なるとはいえ、彼らの研究において異端審問官の亡霊を見ているような錯覚を覚えるのは著者だけではあるまい。

注

（1）リーベスはシャブタイ派からハスカラーやハシディズムに影響が及んだというショーレムの見解を受け入れており、シオニズムへの影響さえも自明であるかのように語っている。Liebes, "Talmidei ha-Gra'," 123.

（2）リーベスに影響を与えたのは、ユダヤ思想の神話に潜在的な力を見出したショーレムであろう。Scholem, "Kabbalah und Mythus," 287-334. 特にショーレムの初期の研究においては神話の力が重視されている。Idem, *Toldot ha-Tenu'ah ha-Shabta'it*, 67-71.

（3）Liebes, "De Natura Dei," 250. Idem, "'Emunato ha-Datit shel Shabtai Tsvi," 293.

（4）Idem, "Ha-Meshihiyut ha-Shabta'it," 5-6; 11-17.

（5）ハシディズムとヴィルナのガオンをはじめとする反ハシディズムの陣営に関する論文は、それぞれ以下の論集にまとめられている。Liebes, *Sod ha-'Emunah ha-Shabta'it: Qobets Ma'amarim*. Jerusalem, 1995. Idem, *Le-Tsvi u-le-Ga'on: Mi-Shabtai Tsvi 'el ha-Ga'on mi-Vilna': Qobets Meḥqarim*. Tel-Aviv, 2017. シャブタイ派の残響を幅広く認めるリーベスのアプローチは、ティシュビーにも見ることができる。例えば以下を参照。Tishby, "Qudsha' Berikh Hu' 'Oraita' ve-Yisra'el Kula' Ḥad," 480-492.

（6）この批判に関してはツァヒ・スレイテルの論文を参照。リーベスの研究に疑義を唱える内容であるため、まだ公表されていない。言及することを許可してくれた同氏に、この場を借りて感謝する。Slater, Tsachi. "Shabta'ut, Mitos ve-Renaissance Dati: 'Iyyun be-Meḥqarei ha-Shabta'ut shel Yehuda Liebes."

（7）例えば以下を参照。Liebes, "Ha-Meshiḥiyut ha-Shabta'it," 10.

（8）例えば以下を参照。Idem, "Nevu'ato shel ha-Shabta'i," 157-168.

（9）メナヘム・メンデルをはじめとするヴィルナのガオンの弟子のエルサレム移住について、主要な動機がメシアニズムだったとする代表的な論客はモルゲンシュテルンである。ただしシャブタイ派との関連を認めているわけではない。以下の論集を参照。Morgenstern, *Ge'ulah be-Derekh ha-Teva'*. バルタルによる批判的な応答は、以下の論集を参照。Bartal, Israel. *Galut ba-'Arets: Yishuv 'Erets-Yisra'el be-terem Tsiyonut*. Jerusalem, 1994.

（10）歴史分野での議論の背景については以下を参照。Ram, "From Nation-State to Nation — State," 20-41. Silberstein, "Postzionism and Postmodernism Theory," 445-471.

（11）リーベスの宗教的シオニズムについては、例えば以下の新聞記事を参照。"Demuto shel Prof. Yehuda Liebes: Ḥoqer Kabbalah Shanui be-Maḥaloqet ve-Dati Tsiyoni," *Haaretz* 13. 3. 2009.

（12）Slater, op. cit., 34-35.

（13）Maciejko, *The Mixed Multitude*.「雑多な群衆」（'erev rav）という言葉の初出は出エジプト記12:38。この言葉はシャブタイ・ツヴィの信奉者を指す蔑称として用いられた。Ibid., 1-6.

（14）Maciejko, op. cit., 199-231. Idem, "Sabbatian Charlatans," 361-378.

（15）例えば以下の研究は数少ない例である。Garb, "The Circle of Moses Hayyim Luzzatto," 189-200. Barnai, *Shabta'ut*. Rosenstock, "Abraham Miguel Cardozo's Messianism," 72-92. Scholem, "Yedi'ot 'al ha-Shabta'im," 27-38; 84-88.

後記

本書は二〇一一年に東京大学大学院人文社会系研究科から学位を授与された際に提出した博士論文『シャブタイ派思想における反規範主義の起源と展開——ガザのナタンからドンメ教団と『日々の歓びの書』へ』を大幅に書き換え、その後執筆した論文を加えて発展させたものである。博士論文では、アブラハム・カルドーゾ（第I部 第3章）、ネヘミヤ・ハヨーン（第II部 第1章）、モシェ・ハイム・ルツァット（第II部 第2章）、ヨナタン・アイベシッツ（第II部 第3章）、ヤコブ・フランク（第III部 第2章）については扱わなかったが、反規範主義から異端史の恣意性にテーマを替えるにあたって組み入れることにした。また『日々の歓びの書』は反規範主義を論じるうえで不可欠な位置を占めるものの、重要性において上述の人物に劣後すると判断して割愛した。

本書が博士論文の提出から一三年という、いささか長い年月を経て出版された背景には多くの人々の支援があった。著者は博士号取得後、日本学術振興会特別研究員として、またその後はベン・グリオン大学の研究員として、大学で教職を得ることを目指して主にイスラエルで研究を続けていた。しかし常勤ポストには恵まれず、帰国後、やむなく三八歳にして民間企業への就職活動に勤しむことになった。朝から晩までイスラエル国立図書館の写本室で古い写本を読み続けてすっかり浮世離れし、加えてアカデミアでのキャリアを諦めようとしていた著者は、控えめに言っても筆舌に尽くし難い挫折を感じていた。そのような社会人経験もなく劣等感に苛まれる著者を採用した奇特な人物が、中竹竜二氏（元早稲田大学ラグビー蹴球部監督・株式会社チームボックス代表取締役）である。当時まだベンチャーの気風が残る当社は、あらゆる出来事が世界創造の原初にも劣らず混沌を極め、好意的な表現を選ぶならば挑戦に満ちた環境だったため、もはや挫折を嚙み締めるほどの時間は与えられなかった。研究活動の継続は断念したが、今日に至るまで多くの優秀なビジネスリーダーや経営幹部の育成に携わり、その仕事から喜びを享受できているのは、縁を結んだクライアントのみならず、彼らのためにともに全力を尽くしてきた中竹氏や仲間たちのおかげである。

遅々とはしつつも、著者は日々の勤務の傍らに本書の原稿を書き続けてきた。もはや写本を読むことも新しい論文を発表することもなく、孤独のなかで執筆に向き合ってきたが、それを知ってときおり温かい言葉をかけてくださった方々がいた。勝又直也氏（京都大学）と馬場紀寿氏（東京大学）である。また、大学院時代の指導教員だった市川裕氏（東京大学名誉教授）は著者が自らの挫折にいじけてろくに連絡も取らなかったのに、いつも不肖の弟子を気にかけてくださった。もともと東京大学教養学部で理科系の勉強をしていた著者が、由緒ある文学部の一角を成す宗教学宗教史学研究室の門を叩き、それでも研究らしいことが始められるようになったのは、市川先生の指導があったからである。東京理科大学と國學院大學で教鞭を執る機会を用意してくださったことにも感謝の意を伝えたい。

本書には未熟な点が多く含まれているが、一応の体系的な研究としてまとめることができたとすれば、イスラエルで受けた学恩に負うところが大きい。フランク派について多くの業績を持つパヴェル・マチェイコ氏（ジョンズ・ホプキンス大学）、ガザのナタンやドンメ教団の秘教に造詣が深く、ポスドク時代の著者を懇切に指導してくださったアヴィ・エルカヤム氏（バル・イラン大学）、そして近代ユダヤ史研究において卓出した学績で知られるヨナタン・メイール氏（ベン・グリオン大学）には、学問を極めることの意味を教えていただいた。とりわけ、メイール氏とはゲルショム・ショーレムの講義録（*Toldot ha-Tenu'ah ha-Shabta'it*）を出版するにあたって協働し、ともに知の冒険を楽しんだ時間は忘れ難い。ユダヤ思想の領域において最も難解と言われるシャブタイ派研究に、浅学の著者が長く携われたのはメイール氏の支援があったからに他ならない。

秘教の世界をほしいままに享楽できた背景には、もう一人の大切な支援者がいる。東京とエルサレムを行き来しながら怪しげなユダヤ神秘思想を研究し、メシアだ終末だと実益からかけ離れた宗教の世界に心血を注ぐことを許してくれた妻である。彼女の理解がなければ、本書の原稿はラップトップに眠ったまま、ついに浮かばれることはなかっただろう。ここに改めて感謝したい。

そして最後に謝意を伝えたいのは、勁草書房の関戸詳子氏である。二〇一八年にイスラエルから帰国した頃、出版を見込んでまとめた原稿を読んでいただいていたが、就職するので執筆が続けられませんという、思い出すだけで背筋が凍るほどの身勝手な理由で辞退を申し出た。そのような非礼にもかかわらず、時を経て再び機会を与えてくださった関戸氏の寛大さにどれだけ勇気をもらっただろうか。一七～一八世紀のユダヤ教の異端とメシアニズムという、日本では読者を得にくいが、思想史上は極めて重要なテーマの研究書を世に送ることができる出版社は今日稀有である。知を育む伝統と実績を誇る勁草書房だからこそ、本書の上梓を実現できたことは間違いない。人文学を囲む厳しい出版状況にあって力強く立つその姿に最大の敬意を表したい。

山本　伸一

ユダヤ暦五七八四年アヴ月九日
アザーンを聴きながらアルクムにて

人名索引

あ 行

アイゼンシュタット，メイール　Meir Eisenstadt（1670?-1744）　192
アイベシッツ，ヴォルフ　Wolf Eybeschütz（1740-1806）　295, 368, 379
アイベシッツ，ヨナタン　Yonatan Eybeschütz（1690/95-1764）　7, 10, 12, 115, 175, 177, 188, 190, 192, 213, 第 6 章, 268, 294, 295, 301, 302, 304, 315, 318, 319, 325, 326, 364, 365, 368, 376, 377, 379
アイロン，シュロモ　Shlomo ʾAyllon（1655?-1728）　177, 179-182, 189, 192, 193, 301
アウグストゥス三世　August III（1696-1763）　331, 333, 336, 372
アタテュルク，ムスタファ・ケマル　Mustafa Kemal Atatürk（1881-1938）　272
アブデュルハミト二世　Abdülhamid II（1842-1918）　272, 306
アフメト・パシャ，キョプリュリュ　Köprülü Ahmed Paşa（1635-1676）　45, 46, 60, 70, 316
アブーラフィア，アブラハム　ʾAvraham Abulʿafiyah（1240-1291?）　69
イツハキー，アブラハム　ʾAvraham Yitsḥaqi（1661-1729）　142, 143, 163, 172, 173, 178, 179, 191, 193
ヴァレ，モシェ・ダヴィド　Moshe David Valle（1697-1777）　216, 217, 222, 227
ヴィタル，シュムエル　Shmuʾel Vital（1598-1677）　68, 118
ヴィタル，ハイム　Ḥayyim Vital（1543-1620）　5, 24, 65, 68, 88, 103, 112, 115, 118, 215
エスカパ，ヨセフ　Yosef ʾEsqapa（?-1662）　18, 20, 42, 63
エムデン，ヤコブ　Yaʿaqov ʿEmden（1697-1776）　6-10, 110, 177, 192, 193, 213, 214, 216, 223, 229, 233-238, 253, 254, 257, 264, 268, 281, 290, 293-295, 301-304, 315, 319-322, 324, 326, 327, 344, 345, 364, 366, 368, 370, 376, 379
エルガス，ヨセフ　Yosef ʾErgas（1685-1730）　174, 175, 181, 182, 191, 193, 194, 202, 224, 310
エルドーアン，レジェップ・タイイップ　Recep Tayyip Erdoğan（1954-）　306
エンヴェル・パシャ　Enver Paşa（1881-1921）　274
レイブ・ベン・オゼル　Leyb ben ʿOzer　47, 48, 291
オッペンハイム，ダヴィド　David Oppenheim（1664-1736）　175, 192, 231, 232, 234, 254

か 行

ガオン，ヴィルナ　Gaʾon mi-Vilna / ʾEliyahu ben Shlomo Zalman（1720-1797）　237, 255, 377, 378, 381
カッツェネルンボーゲン，イェヘズケル　Yeḥezqel Katzenellenbogen（1670-1749）　201, 210, 211, 230, 231, 253, 254, 376
カメンケル，モシェ・メイール　Moshe Meir Kamenker　229, 230, 238, 253, 318-320
カラッソ，エマヌエル　Emmanuel Carasso（1862-1934）　274
カルドーゾ，アブラハム　Abraham Cardozo（1626-1706）　3, 7, 11, 12, 61, 62, 68, 72, 第 3 章, 169-180, 182, 185-190, 194, 195, 203, 239, 244, 245, 252, 255, 256, 259, 264-266, 287-289, 291, 303, 309, 318, 356, 370, 375, 377
カロ，ヨセフ　Yosef Qaro（1488-1575）　24, 332
ガンドゥール，シュムエル　Shmuʾel Gandur　24, 57, 58, 75, 81, 110
クレメンス八世　Clemens VIII（1536-1605）　330
ケマル，ナムク　Namık Kemal（1840-1888）　306
コーヘン，アブラハム　ʾAvraham ha-Kohen　237, 327, 336
コーヘン，ナフタリ　Naftali Kohen（1649-1718）　175, 192

コーヘン，ビニヤミン　Binyamin ha-Kohen (1651-1730)　173, 174, 191, 192, 217, 224, 227
ゴルドン，イェクティエル　Yequtiel Gordon (?-1742)　198, 199, 201, 203, 214-216, 227

さ 行

ザクート，モシェ　Moshe Zacuto (1625-1697)　117, 198, 217
サスポルタス，ヤコブ　Ya'aqov Sasportas (1610-1698)　79, 127-130, 140, 143, 159, 174, 177, 180, 191, 227, 315, 375
シェムスィ・エフェンディ　Şemsi Efendi (1852-1917)　272
ジャヴィド・ベイ，メフメト　Mehmed Cavid Bey (1875-1926)　274
ソウティク，カイェタン　Kajetan Sołtyk (1715-1788)　333-337

た 行

ツォレフ，ヘシェル　Heschel Tsoref (1633-1700)　190, 257, 315, 373, 378
ドブルシュカ，シェンドル　Schöndl Dobruschka (1735-1791)　368
ドブルシュカ，モシェ　Moshe Dobruschka (1753-1794)　368

な 行

ナーズム・ベイ，メフメト　Mehmed Nâzım Bey (1872-1926)　273, 274
ナタン・アシュケナズィー，アブラハム（ガザのナタン）　'Avraham Natan 'Ashkenazi (1643-1680)　3, 7, 11, 12, 14, 第 1 章, 第 2 章, 117, 118, 120-129, 133, 137, 139, 146, 149, 156-162, 173, 174, 177, 179, 188-196, 200, 201, 203, 206, 207, 212, 213, 215, 217-220, 222-224, 226-228, 239, 214, 244-246, 252, 257, 258, 263, 276, 278, 279, 281-283, 285, 287 290, 303, 307, 308, 310, 324, 325, 343, 344, 356, 361, 362, 364, 366, 370, 373, 375-377
ナフマン，ブレスラフ　Nachman mi-Breslev (1772-1810)　310, 377, 378

は 行

バアル・シェム・トーヴ，イスラエル（ベシュト）　Yisra'el Ba'al Shem Tov (1698-1760)　368, 377, 378
ハギーズ，モシェ　Moshe Ḥagiz (1671-1750?)　177-181, 188, 189, 191, 192, 194, 201-205, 207, 208, 210-213, 222-227, 229, 231, 233-235, 254, 292, 293, 301, 304, 310, 311, 375, 376
ハギーズ，ヤコブ　Ya'aqov Ḥagiz (1620-1674)　24, 177, 192
バサン，イェシャヤフ　Yesha'yahu Bassan (1673-1739)　200, 202, 205, 207-209, 214, 217, 222, 224-227
ハザン，イスラエル　Yisra'el Ḥazzan　54-58, 71, 72, 80, 97, 98, 114, 256, 307, 308
ハハム・ツヴィ（ツヴィ・ヒルシュ・アシュケナズィー）　Tsvi Hirsch 'Ashkenazi (1658-171)　177, 179-181, 189, 193, 213, 229, 293
ハムディ・ベイ，アフメト　Ahmed Hamdi Bey (?-1906)　271, 272, 274
ハヨーン，ネヘミヤ・ヒヤ　Neḥemiyah Ḥiyya Ḥayyon (1655?-1730?)　12, 143, 163, 第 4 章, 203, 205, 207, 208, 210-212, 214, 224, 226, 229, 233, 234, 237-239, 255, 293, 301, 310, 325, 375
バルーフ・ベン・ダヴィド　Barukh ben David (?-1770's)　235, 255, 326, 336, 344, 345
ビルケンタル，ドヴ・ベル　Dov Ber Birkenthal (1723-1805)　295, 301, 317, 332, 364, 365
ピンヘイロ，モシェ　Moshe Pinheiro (?-1688?)　26, 35, 36, 65, 79, 191, 193, 308
フィロソフ，ヨセフ　Yosef Filosof　60, 73, 80, 161, 263-265, 294
フミエルニツキ，ボフダン　Bohdan Khmelnytsky (1595-1657)　20, 211, 212, 226
フランク，エヴァ　Ewa Frank (1754-1816)　338, 339, 369

フランク，ヤコブ　Jakób Frank (1726?-1791)　7, 9-14, 67, 111, 188, 190, 192, 268, 291, 295, 301, 304, 311, 第 8 章, 376, 379
プリモ，シュムエル　Shmu'el Primo (?-1708)　3, 41, 54, 68, 110, 138-141, 144, 146, 149, 156, 160, 162, 170, 186, 188, 253, 291, 302, 304, 315, 375
プロスニッツ，ユダ・レイブ　Yehudah Leib Prossnitz (1670?-1736?)　253, 255
フローレンティーン，ヨセフ　Yosef Florentin　63, 294
ペレツ，アブラハム　'Avraham Perets　78, 80, 109, 110

ま　行
マルアハ，ハイム　Ḥayyim Mal'akh (1650?-1716?)　162, 190, 253, 268, 315, 317, 318, 356
ムラト五世　Murad V (1840-1904)　306
メフメト四世　Mehmed IV (1642-1693)　1, 46, 47, 71, 316
メフメト・エフェンディ，ヴァニ　Vani Mehmed Efendi (?-1685)　46, 48,
メフメト，カドゥザーデ　Kadızade Mehmed (1582-1635)　46
メナヘム・メンデル　Menaḥem Mendel mi-Shklov (?-1827)　378, 381
モシェ・ダヴィド　Moshe David of Podhajce　191, 192
モルプルゴ・シムション　Shimshon Morpurgo (1681-1740)　194, 201, 204-207, 211

ら　行
ラニアード，シュロモ　Shlomo Laniado (?-1714)　62
ラファエル・ヨセフ　Rafa'el Yosef　36, 37, 39, 66, 68, 120, 158
ルザ，アフメト　Ahmet Rıza (1858-1930)　273
ルツァット，モシェ・ハイム　Moshe Ḥayyim Luzzatto (1707-1747)　12, 190, 194, 第 5 章, 238, 254, 325, 366, 375
ルッソ，ベルヒヤ　Berukhiyah Russo (1677-1720)　111, 231, 257, 268, 269, 278, 290, 291, 313, 319, 344, 356, 376
ルーリア，イツハク　Yitsḥaq Luria (1534-1572)　5, 24-26, 32, 64, 68, 103, 104, 111, 198, 209, 211, 215, 216, 225, 226, 246
ロヴィーゴ，アブラハム　'Avraham Rovigo (1650?-1713)　173, 174, 188, 190, 192, 217, 227, 256, 356
ユダ・ハシード　Yehudah Ḥasid (1650?-1700)　138, 162, 191, 253, 291, 303, 315, 356
ヨセフ，ラファエル　Rafa'el Yosef　36, 37, 39, 66, 68, 120, 158
ヨーゼフ二世　Joseph II (1741-1790)　338, 372

地名索引

あ 行

アドリアノープル　Adrianople　1, 46, 50, 54, 56–60, 69, 72, 75, 76, 79, 139–141, 160, 161, 264, 302

アムステルダム　Amsterdam　18, 19, 33, 41, 47, 61, 62, 123, 143, 159, 176–182, 189, 193, 201, 207, 208, 210, 212, 213, 229–231, 233, 254, 291, 293, 301, 310

アルクム　ʾAlqum　⇒ウルツィニも参照　73, 169, 170, 174, 190, 385

アルトナ　Altona　177, 192, 201, 230, 231, 234, 235

アレクサンドリア　Alexandria　142, 169, 267

アレッポ　Aleppo　41, 51, 62, 69

アンコナ　Ancona　64, 109, 173, 189, 194, 201, 203

イヴァニエ　Iwanie　334, 345, 350, 373

イスケンデルン　İskendern　75

イスタンブル　Istanbul　⇒コンスタンティノープルも参照　61, 140, 170, 275

イズミル　İzmir　⇒スミルナも参照　48, 61, 269, 275, 293, 305

イプサラ　İpsala　76, 78, 122

ヴィルナ　Vilna　198, 224, 237, 255, 373, 377, 378, 381

ヴェネツィア　Venezia　24, 41, 45, 70, 78, 79, 117, 118, 122, 123, 125, 126, 129, 150, 151, 158, 173, 174, 176, 181, 197, 201–204, 206–208, 217, 226, 380

ウルツィニ　Ulcinj　60, 61, 81, 139, 160, 169, 190, 263, 264

エルサレム　Yerushalayim　2, 19, 23, 24, 28, 29, 39–45, 55, 68, 138, 142, 160, 162, 163, 169, 172, 173, 177, 178, 189, 190, 192, 227, 250, 253, 264, 283, 303, 311, 323, 329, 347, 356, 378, 379, 381, 384

オッフェンバッハ　Offenbach　338, 339, 356, 368

か 行

カストリア　Kastoria　57, 70, 80, 107, 110, 263

カミエニエツ・ポドルスキー　Kamieniec-Podolski　317, 321, 340

コンスタンティヌフ　Konstantynów　325

コンスタンティノープル　Constantinople　17, 21, 22, 33, 39, 41, 44–46, 60, 61, 69, 75, 76, 137, 143, 162, 170, 173, 272, 274, 275, 305, 317, 319, 344

さ 行

サタヌフ　Satanów　321, 324, 331, 332

ザモシチ　Zamość　237, 327

サロニカ　Salonica　12, 21, 44, 60, 61, 68, 71, 72, 80–82, 107, 108, 111, 112, 137, 138, 140, 157, 161, 162, 169, 173, 177, 180, 190, 263–275, 281, 282, 291–294, 296, 297, 301–303, 305–307, 310–313, 316, 317, 319, 320, 325, 333, 338, 341, 344, 345, 351, 371, 376

ジュルジュ　Giurgiu　325, 333

スコピエ　Skopje　81, 82, 111, 169

スミルナ　Smyrna　17–23, 33, 35, 39, 41–43, 47, 61, 62, 69, 75, 76, 124, 126–128, 130, 132, 134, 137, 142, 159, 172, 173, 178, 263, 269, 275, 313, 319

ゾルクヴァ　Zółkiew　229, 231, 253, 317, 318, 332

ソフィア　Sofia　44, 46, 60, 81, 109

た 行

チェンストホヴァ　Częstochowa　337, 338, 356, 371

チュニス　Tunis　129, 130

トリポリ　Tripoli　118, 122, 124, 129, 130

な 行

ナドヴォルナ　Nadworna　317

ニコポリス　Nicopolis　319

は 行

パドヴァ　Padova　12, 197, 198, 202, 208, 212, 216, 224, 375

ハンブルク　Hamburg　41, 129, 159, 177, 201, 230, 231, 234

ブチャチュ　Buczacz　317

プラハ　Praha　33, 175, 230, 231, 233, 254, 319, 339, 368
フランクフルト　Frankfurt　33, 209, 210, 213, 229-232, 366
ブルノ　Bruno　337, 338, 356, 368
ブロディ　Brody　255, 324, 325, 332, 365, 366
ベルリン　Berlin　113, 143, 164, 173-175, 179, 257, 258
ホロストクフ　Chorostków　322, 323, 340, 371

ま 行

マンハイム　Manheim　229

ら 行

ランツコロナ　Lanckorona　320-328, 330-332, 340, 345, 346, 365, 371
リヴィウ　Lviv　317, 332, 334-337, 346, 350, 352, 356, 358, 360, 366, 369
リヴォルノ　Livorno　79, 118, 130, 174, 191
ルブリン　Lublin　234, 235, 237, 335, 369
ローマ　Roma　41, 43, 68, 78, 79, 140, 189, 203, 206, 208, 221, 266, 326, 338, 363
ロンドン　London　17, 61, 159, 177, 181, 182, 293
ワルシャワ　Warszawa　327, 335-337

事項索引

参考文献

1. 事典や書誌

Encyclopedia Judaica. Second Edition. Detroit, 2007.
Encyclopaedia of Islam. Second Edition. Leiden, 1960-2005.
Encyclopedia of the Ottoman Empire. New York, 2009.
Handbook of Freemasonry. Leiden, Boston, 2014.
Jewish Encyclopedia. New York, 1906.
'Otsar ha-Sefer ha-'Ivri. Jerusalem, 1980.
The Princeton Encyclopedia of Islamic Political Thought. Princeton, Oxford, 2013.
The Seventeenth Century Hebrew Book: An Abridged Thesaurus. Leiden, Boston, 2011.
The Sixteenth Century Hebrew Book: An Abridged Thesaurus. Leiden, Boston, 2004.
The YIVO Encyclopedia of Jews in Eastern Europe. New Haven, 2008.

2. 一次資料

印刷された一次資料

Aboab, Shmu'el. *Dvar Shmu'el*. Venice, 1702.
Ben-'Ozer, Leib. *Sipur Ma'aseh Shabtai Tsvi*. Shazar, Zucker and Plesser, eds. Jerusalem, 1978.
Birkenthal, Dov Ber. *Divrei Binah*. Ms. Heb 8° 7507. The National Library of Israel.
Coenen, Thomas. *Tsipiyot Shav shel ha-Yehudim kfi she-Hitgalu be-Demuto shel Shabtai Tsvi*. Kaplan, ed. Jerusalem, 1998.
De la Croix, Chevalier. *Mémoires du Sieur de la Croix ... contenans diverses rélations très-curieuses de l'Empire Othoman. Seconde Parite*. Paris, 1684.
Eibeschütz,Yonatan. *Luḥot 'Edut*. Altona, 1755.
Emden, Ya'aqov. 'Aqitsat 'Aqrav. Altona, 1753.
—. 'Aspaqlariah ha-Me'irah. Altona, 1753.
—. *'Edut be-Ya'aqov*. Altona, 1756.
—. *Megillat Sefer*. Kahana, ed. Warsaw, 1896.
—. *Seder 'Olam Rabba' ve-Zuta'*. Hamburg, 1757.
—. *Sefer Beit Yehonatan ha-Sofer*. Altona, 1763.
—. *Sefer Hit'abbqut*. Altona, 1762.
—. *Sefer Shimush*, Altona, 1760.
—. *Shvirat Luoḥot ha-'Even*. Altona, 1759.
—. *Torat ha-Qena'ot*. Altona, 1752.
Ergas, Yosef. *Tokhaḥat Megulah ve-ha-Tzad Naḥash*. London, 1715.
Evelyn, John. *The History of the Three Late Famous Impostors, viz Padre Ottomano, Mahomed Bei and Sabatai Sevi [...]*. London, 1669.

Ḥagiz, Moshe. *Shever Posh'im*. London, 1714.
—. *Milḥamah la-Shem*. Amsterdam, 1714.
Ḥayyon, Neḥemiyah Ḥiyya'. *Divrei Neḥemiyah*. Berlin, 1713.
—. *Moda'a Rabba'*. London, 1714.
—. *Sefer 'Oz le-'Elohim*. Berlin, 1713.
Kleyn, Kazimierz Franciszek. *Coram iudicio recolendae memoriae Nicolai [...] Dembowski [...]*. Lwów, 1758.
Luzzato, Moshe Ḥayyim. *Qin'at ha-Shem Tseva'ot*. Königsberg, 1862.
Rycaut, Paul. *The history of the Turkish empire from the year 1623 to the year 1677 [...]*. London, 1680.
Sambari, Yosef. *Sefer Divrei Yosef le-R. Yosef bar Yitsḥaq Sambari*. Shtober ed. Jerusalem, 1994.
Sasportas, Ya'aqov. *Tsitsat Novel Tsvi*. Tishby, ed. Jerusalem, 1954.

編纂された一次資料

Be-'Iqvot Mashiaḥ. Scholem, ed. Jerusalem, 1944.
Ha-Kroniqah: Te'udah le-Toledot Ya'aqov Franq ve-Tenu'ato. Levin, ed. Jerusalem, 1984.
The Collection of the Words of the Lord [Jacob Frank] from the Polish Manuscripts. Lenowitz, ed. 2004.
Midrash Pesiqta'Rabbati. Friedmann, ed. Vienna, 1880.
Pinqas Va'ad 'Arba' 'Artsot 1580–1764. Halperin, ed. Jersalem, 1945
R. Moshe Ḥayyim Lutsato vu-Vnei-Doro: 'Osef 'Iggerot vu-Te'udot. Ginzburg, ed. Tel Aviv, 1937.
Sefer ha-Temunah. Lemberg, 1892.
Sefer Shirot ve-Tishbaḥot shel ha-Shabta'im. Ben-Zvi and Scholem, eds. Jerusalem, 1947.
Shivḥei ha-Besht: Mahadurah Mu'eret ve-Mevu'eret. Rubinstein, ed. Jerusalem, 1991.
The Panarion of Epiphanius of Salamis: Book I (Sects1–46). Leiden, Boston, 2009.
The Zohar: Pritzker Edition. Stanford, 2003–2017.

3. 二次資料および研究文献

Altmann, Alexander. "Eternality of Punishment: A Theological Controversy within the Amsterdam Rabbinite in the Thirties of the Seventeenth Century." *Proceedings for the American Academy for Jewish Research* 40 (1972): 1–40.
Astren, Fred. *Karaite Judaism and Historical Understanding*. Columbia, 2004.
Amarillio, Abraham. "Te'udot Shabta'iyot me-Ginzei Rabbi Sha'ul Amarillio." *Sefunot* 5 (1961): 235–274.

Arakelova, Victoria. "On Some Derogatory Descriptions of Esoteric Religious Groups." Szuppe et al. eds.. *Mediaeval and Modern Iranian Studies*. Paris, 2011: 33–44.

Avivi, Yosef. *Qabbalat ha-'Ari*. 3 vols. Jerusalem, 2008.

Baer, Marc David. "An Enemy Old and New: The Dönme, Anti-Semitism, and Conspiracy Theories in the Ottoman Empire and Turkish Republic." *Jewish Quarterly Review* 103 (2013): 523–555.

—. *Honored by the Glory of Islam: Conversion and Conquest in Ottoman Europe*. Oxford, 2008.

—. *The Dönme: Jewish Converts, Muslim Revolutionaries, and Secular Turks*. Stanford, California. 2010.

Bałaban, Majer. *Le-Toledot ha-Tenu'ah ha-Franqit*. 2 vols. Tel-Aviv, 1934–1935.

Bali, Rifat N. *A Scapegoat for All Seasons: The Dönmes Or Crypto-Jews of Turkey*. Istanbul, 2008.

Barnai, Jacob. "'Anusei Portugal be-'Izmir ba-Me'ah ha-17." Stern, ed. *'Umah ve-Toledoteah: Ha-'Et ha-'Atiqah ve-Yemei ha-Beinayim*. Jerusalem, 1983: 189–198.

—. "Qavim le-Toldot Qehillat Qushta' ba-Me'ah ha-18." *Mi-Qedem vu-mi-Yam: Meḥqarim be-Yahadut 'Artzot ha-'Islam* 1 (1981): 53–66.

—. "R. Yosef 'Esqapa ve-Rabbanut 'Izmir." *Sefunot* 18 (1985): 53–81.

—. *Shabta'ut: Hebetim Ḥevratiim*. Jerusalem, 2000.

—. "Ziqqah ve-Nittuq bein Ḥakhamei Turqiyah le-Ḥakhamei Polin vu-Merkaz 'Eiropah ba-Me'ah ha-17." *Gal'Ed: Me'assef le-Toledot Yahadut Polin* 9 (1986): 13–26.

Bashan, Eliezer. "Contacts between Jews in Smyrna and the Levant Company of London in the Seventeenth and Eighteenth Centuries." *Jewish Historical Studies* 29 (1982–86): 53–73.

Beer, Peter. *Geschichte, Lehren und Meinungen aller bestandenen und noch bestehenden religioesen Sekten der Juden und der Geheimlehre oder Cabbalah*. Zweiter Band. Brünn, 1823.

Benayahu, Meir. "'Aliyato shel ha-Ramḥal le-'Erets Yisra'el." Wahrhaftig and Zevin, ed. *Mazkeret: Qobets Torani le-Zekher Yitsḥaq Aiziq ha-Levi Herzog*. Jerusalem, 1962.

—. "Ha-'Ḥevrah Qedoshah' shel Rabi Yehudah he-Ḥasid ve-'Aliyato le-'Eretz Yisra'el." *Sefunot* 3–4 (1960): 131–182.

—. "Ha-'Maggid' shel Ramḥal." *Sefunot* 5 (1961): 297–336.

—. *Ha-Tenu'ah ha-Shabta'it be-Yavan*. *Sefunot* 14 (1971–77).

—. *Kitvei ha-Qabbalah shel Ramḥal*. Jerusalem 1979.

Ben-Na'eh, Yaron. "Mishkav Zakhar ba-Ḥevrah ha-Yehudit ha-'Otomanit." *Zion* 66 (2001): 171–200.

Ben-Sason, Menahem. "Qeta' mi-Quntres Tiqqunim Shabta'i." *Pe'amim* 44 (1990): 46–52.

Bent, Theodore. "A Peculiar People." *Longman's Magazine* vol. XI (1887–1888): 24–36.

Ben-Zvi, Itzhaq. "Quntresim be-Qabbalah Shabbta'it mi-Ḥugo shel Berukhiyah." *Sefunot* 3–4 (1960): 349–394.

Bernheimer, Carlo. "Some New Contributions to Abraham Cardose's Biography." *Jewish Quarterly Review* 18 (1927–28): 97–129.

Braun, Karl. *Eine Türkische Reise Zweiter Band*. Auerbach 1876.

Brawer, Abraham Jacob. "Maqor 'Ivri Ḥadash le-Toledot Franq ve-Si'ato." *Ha-Shiloḥ* 33–38 (1917–21).

Carlebach, Elisheva. *The Pursuit of Heresy: Rabbi Moses Hagiz and the Sabbatian Controversies*. New York, 1990.

Danon, Abraham. "Une Secte Judéo-Musulmane en Turquie." *Revue des études juives* 37 (1897): 57–67.

Doktór, Jan. "Jakub Frank, A Jewish Heresiarch and His Messianic Doctrine". *Acta Poloniae Historica* 76 (1997): 53–74.

Dubnow, Simon. *Toldot ha-Ḥassidut: 'Al Yesod Meqorot Rishonim, Nidfasim ve-Kitvei Yad*. Tel-Aviv, 1930.

Elior, Rachel. "'Sefer Divrei ha-'Adon' le-Ya'aqov Franq: 'Otomitografiyah Mistit, Nihilizm Dati ve-Ḥazon ha-Ḥerut ha-Meshiḥi ka-Realizatziyah shel Mitos ve-Metaforah." Elior, ed. *Ha-Ḥalom ve-Shivro* 2. Jerusalem, 2001: 471–548.

Elqayam, Avraham. "Ha-Zohar ha-Qadosh shel Shabtai Tsvi." *Kabbalah* 3 (1998): 345–387.

—. "Massa' Dumah: 'Ester ha-Malkah ke-Av Tipus Meshiḥi shel ha-Zehut ha-Nezilah ba-Mitopo'etiqah ha-Shabbta'it". Elqayam and Kaplan, eds.. *Satri Nidaḥim: Yehudim 'im Zehuyot Ḥavuyot*. Jerusalem, 2016: 173–249.

—. "Sabbatean Cookery: Food, Memory and Feminine Identity in Modern Turkey". *Kabbalah* 14 (2006): 7–46.

—. *Sod 'Emunah bi-Kitvei Natan ha-'Azzati*. Ph.D. dissertation. Jerusalem 1995.

—. "The Horizon of Reason: The Divine Madness of Sabbatai Şevi." *Kabbalah* 9 (2003). 7–61.

Emmanuel, Itzhak Shmuel. "Pulmus Neḥemiyah Ḥiyya' Ḥayyon be-'Amsterdam: Te'udot mi-ginzei ha-qehilah ha-Portogezit be-'Amsterdam." Benayahu, ed., *Sefer Zikaron leYitsḥaq ben Tsvi* (1964): 209–246.

—. "Shabbatay Şebi and His Muslim Contemporary Muhanmad Al-Niyazi." *Approaches to Judaism in Medieval Times* 3 (1988): 81–88.

Fine, Lawrence. "The Contemplative Practice of Yiḥudim in Lurianic Kabbalah." *Jewish Spirituality* 2 (1987): 64–98.

Fishheimer, Matanyah. "Ve-Hibit 'el Neḥash ha-Neḥoshet va-Ḥay: 'Iyunim Ḥadashim be-Torato shel Neḥemiyah Ḥayyon." *Kabbalah* 24 (2011): 239–261.

Frakes, Jerold C. *The Cultural Study of Yiddish in Early Modern Europe.* New York, 2007.

Freimann, Aaron. *'Inyanei Shabtai Tsvi.* Berlin, 1912.

Friedman, Menahem. "'Iggeret be-farashat pulmus Neḥemiyah Ḥiyya' Ḥayyon." *Sefunot* 10 (1966): 483-619.

Galanté, Abraham. *Nouveaux Documents sur Sabbetaï Sevi.* Istanbul, 1935.

Garb, Jonathan. "'Iyyun Meḥudash be-Dimmuyo ha-'Atsmi shel R. Moshe David Valle vu-be-Hishtaqfuto be-Parshanuto la-Miqra'." *Tarbiz* 79 (2011): 263-303.

—. *Mequbal be-Lev ha-Se'arah: R. Moshe Ḥayyim Luzzatto.* Tel Aviv 2014.

—. "The Circle of Moses Hayyim Luzzatto in Its Eighteenth-Century Context." *Eighteenth-Century Studies* 44 (2011): 189-200.

Girard, René. *La Violence et le Sacré.* Paris, 1972.

Goldberg, Jacob. *Jewish Privileges in the Polish Commonwealth: Charters of Rights Granted to Jewish Communities in Poland-Lithuania in the Sixteenth to Eighteenth Centuries.* Jerusalem, 1985.

Gövsa, Ibrahim Alaettin. *Sabatay Sevi: Izmirli meshur sahte Mesih hakkinda tarihî ve ictimaî tetkik tecrübesi.* 1940?

Graetz, Heinrich. *Geschichte der Juden: Von den ältesten Zeiten bis auf die Gegenwart. Aus den Quellen neu bearbeitet.* Leipzig: Leiner, 1853-1875.

—. "Ueberbleibsel der Sabbatianischen Sekte in Salonichi." *Monatsschrift für Geschichte und Wissenschaft des Judentums* 33 (1884): 49-61.

Gürpınar, Doğan. *Conspiracy Theories in Turkey.* New York, 2020.

Haberman, Abraham Meir. "Liqutei Mikhtavim be-'Inyan ha-Tenu'ah ha-Shabta'it." *Qobets 'al Yad* 3 (1940): 185-215

Hallamish, Moshe. *Hanhagot Qabbaliyot be-Shbbat.* Jerusalem, 2008.

Halperin, David J., trans. and ed. *Abraham Miguel Cardozo: Selected Writings.* Mahwah: 2001.

—, trans. and ed. *Sabbatai Zevi: Testimonies to a Fallen Messiah.* Oregon, 2007.

Hanioğlu, Şükrü. *Preparation for a Revolution: The Young Turks, 1902-1908.* New York, 2001.

Henderson, John B. *The Construction of Orthodoxy and Heresy: Neo-Confucian, Islamic, Jewish, and Early Christian Patterns.* Albany, 1998.

—. *The Construction of Orthodoxy and Heresy: Neo-Confucian, Islamic, Jewish, and Early Christian Patterns.* Albany, 1998.

Heyd, Uriel. "Jewish Communities of Istanbul in the Seventeenth Century." *Oriens* 6 (1953): 299-314.

—. "Te'udah Turkit 'al Shabtai Tsvi." *Tarbiz* 25 (1956): 337-339.

Hundert, Gershon David. "The Introduction to Divrei Binah by Dov Ber of Bolechów:

An Unexamined Source for the History of Jews in the Lwów Region in the Second Half of the Eighteenth Century." *AJS Review* 33 (2009): 225-269.

Huss, Boaz. "Ha-Shabta'ut ve-Toldot ha-Hitqablut Sefer ha-Zohar." Elior, ed. *Ha-Ḥalom ve-Shivro* 1. Jerusalem, 2001: 53-71.

Idel, Moshe. *Ben: Sonship and Jewish Mysticism*. New York, 2007

—. "Eḥad me-ʻIr vu-Shnayim me-Mishpaḥah: ʻIyyun Meḥudash be-Beʻayat Tefutsah shel Qabbalat ha-ʼAri ve-ha-Shabta'ut." *Peʻamim* 44 (1990): 5-30.

—. *Kabbalah and Eros*. New Haven and London, 2005.

—. *Kabbalah in Italy 1280-1510: A Survey*. New Haven, 2010.

—. *Kabbalah: New Perspectives*. New Haven and London, 1988.

—. *Messianic Mystics*. New Haven and London, 1998.

—. "Perceptions of Kabbalah in the Second Half of the Eighteenth Century." *Journal of Jewish Thought and Philosophy* 1 (1991): 55-114.

—. "Saturn, Schabbat, Zauberei und die Juden." Grafton and Idel, eds. *Der Magus: Seine Ursprünge und seine Geschichte in verschiedenen Kulturen*. Berlin, Boston, 2001: 209-249.

—. *Saturn's Jews: On the Witches's Sabbat and Sabbtianism*. London, 2011.

—. "Shabta'i ha-Kokhav ve-Shabtai Tsvi: Gishah Ḥadashah le-Shabta'ut." *Madaʻei ha-Yahadut* 37 (1987): 161-183.

Jost, Isaak Markus. *Geschichte des Judenthums und Seiner Sekten Dritte Abtheilung*. Leipzig, 1859.

Kahana, David. *Toldot ha-Mequbalim, ha-Sabta'im ve-ha-Ḥasidim*. Tel-Aviv, 1926.

Kaplan, Yosef. *Yitsḥaq Qardozo: Maʻalot ha-ʻIvrim: Praqim*. Jerusalem, 1971.

Karolewski, Janina. "What is Heterodox about Alevism?: The Development of Anti-Alevi Discrimination and Resentment." *Die Welt des Islams* 48 (2008): 434-456.

Katz, Jacob. *Bonim Ḥofshim ve-Yehudim: Qishrehem ha-ʼAmitim ve-ha-Medumin*. Jerusalem, 1968.

—. "Le-Shelat ha-Qesher ben ha-Shabta'ut le-ben-ha-Haskalah ve-ha-Reformah." *ʻAyin ḤaDaH*. Alabama, 1979: 83-100.

Kaufmann, David. "La lutte de R. Naphtali Cohen contre Hayyoun." *Revue des études juives* 36 (1897): 256-286; 37 (1898): 274-283.

Kaya, Dilek Akyalçın. "Formation of a Salonican Lineage: Ahmed Hamdi and His Family in the Nineteenth Century." *Praktika Diepistimonikou Symposiou i Thessaloniki stis Paramones tou 1912*. Thessaloniki, 2015.

Klibansky, Raymond; Panofsky, Erwin; Saxl, Fritz. *Saturn and Melancholy: Studies in the History of Natural Philosophy, Religion, and Art*. London, 1964.

Koutzakiotis, Georges. *Attendre la fin du monde au XVIIe siècle: Le messie juif et le grand drogman*. Athènes 2014.

Kraushar, Alexander. *Frank i frankiści polscy. 1726–1816: monografia historyczna osnuta na źródłach archiwalnych i rękopiśmiennych.* 2 vols. Krakow, 1895.

—. *Frank ve-'Adato 1726–1816: Meḥqar ve-Midrash be-Divrei ha-Yamim.* Translated by Nahum Sokolow. Warsaw, 1895.

Kurzweil, Barukh. *Sifrutenu he-Ḥadashah: Hemshekh 'or Makhpekhah?* Jerusalem and Tel-Aviv, 1959.

Lefler, Noam. *Yisra'el Ḥazzan: Perush Mizmorei Tehillim.* Los Angeles, 2016.

Leiman, Sid Z. "When a Rabbi is Accused of Heresy: The Stance of the Gaon of Vilna in the Emden-Eibeschuetz Controversy." *Me'ah She'arim: 'Iyyunim be-'Olamam ha-Ruḥani shel Yisra'el bi-Yemei ha-Beinayim.* Jerusalem, 2001: 251–263.

Lenowitz, Harris. "Leaving Turkey: The Dönme Comes to Poland." *Kabbalah* 8 (2003): 65–113.

Levchin, Sergey. *Russian Folktales from the Collection of A. Afanasyev: A Dual-Language Book.* New York, 2014.

Levinson, Abraham. *Tobiyah ha-Rofe and His Book Ma'aseh Tobiyah*, Berlin, 1924.

Liebes, Yehuda. "'Al Kat Sodit Yehudit-Notsrit she-Meqorah be-Shabta'ut." *Tarbiz* 57 (1988): 349–384.

—. "De Natura Dei: 'Al ha-Mitos ha-Yehudi ve-Gilgulo." *Mesu'ot: Meḥqarim be-Sifrut ha-Qabbalah u-be-Maḥshevet Yisra'el Muqdashim le-Zikhro shel Prof. Ephraim Gotlieb z"l.* Jerusalem, 1994: 243–297.

—. "'Emunato ha-Datit shel Shabtai Tsvi." Baras, ed. *Meshiḥiyut ve-'Eskhatologiyah: Qobets Ma'amarim.* Jerusalem, 1983: 293–299.

—. "Ha-Mashiaḥ shel ha-Zohar: Le-Demuto ha-Meshiḥi shel R. Shim'on bar Yoḥai." Ram, ed. *Ha-Ra'ayon ha-Meshiḥi be-Yisra'el.* Jerusalem, 1982: 87–236.

—. "Ha-Meshiḥiyut ha-Shabta'it." *Pe'amim* 40 (1989): 4–20.

—. "Hashpa'ah Notsrit 'al Sefer ha-Zohar." *Meḥqarei Yerushalayim be-Maḥshevet Yisra'el* 2 (1983): 43–74.

—. "Ha-Tiqqun ha-Klali shel R. Naḥman mi-Breslav ve-Yeḥaso le-Shabta'ut." *Zion* 45 (1980): 201–245.

—. "Ha-Yesod ha-'Ide'ologi she-be-Pulmus Ḥayyon." *Divrei ha-Qongres ha-'Olami ha-Shmini le-Mada'ei ha-Yahadut.* Jerusalem, 1982: 129–134.

—. "Ktavim Ḥadashim be-Qabbalah Shabta'it mi-Ḥugo shel R. Yehonatan Eibeschütz." *Meḥqarei Yerushalaim be-Maḥshevet Yisra'el* 5 (1986): 191–348.

—. "Mikha'el Qardozo: Meḥavero shel Sefer 'Raza' de-Mehemanuta'' ha-Meyuḥas le-Shabtai Tsvi ve-ha-Ta'ut be-Yiḥusa shel ''Iggret Magen 'Avraham' le-Qardozo." *Qiryat Sefer* 55 (1980): 603–616.

—. "Nevu'ato shel ha-Shabta'i R. Heshel Tsoref mi-Vilna' bi-Kitvei R. Menaḥem Mendel mi-Shklov." *Kabbalah* 17 (2008): 107–168.

—. *Praqim be-Milon Sefer ha-Zohar*. Dissertation for the Hebrew University of Jerusalem. Jerusalem, 1976.

—. "Qavim le-Demuto shel R. Naftali Kats mi-Frankfurt, ve-Yeḥaso la-Shabta'ut." *Meḥqarei Yerushalaim be-Maḥshevet Yisra'el* 12 (1996): 293–305.

—. "Shabta'ut ve-Gvulot ha-Dat." Elior, ed. *Ha-Ḥalom ve-Shivro* 1. Jerusalem, 2001: 1–21.

—. "Talmidei ha-Gra': ha-Shabta'ut ve-ha-Nequdah ha-Yehudit." *Da'at* 50–52 (2003): 123–173.

—. "Yaḥaso shel Shabbtai Tsvi le-Hamarat Dato." *Sefunot* 17 (1983): 267–307.

Löw, Leopold. *Gesammelte Schriften*. Szegedin, 1890.

Maciejko, Paweł. "Baruch Yavan and the Frankist Movement: Intercession in the Age of Upheaval." *Jahrbuch des Simon Dubnow Instituts* 4 (2005): 333–354.

—. "Christian Elements in Early Frankist Doctrine." *Gal-Ed: On the History and Culture of Polish Jewry* 20 (2006): 13–41.

—. "Jacob Frank and Jesus Christ (with an excursus on Nathan of Gaza)." Stahl, ed. *Jesus among the Jews: Representation and Thought*. New York, 2012: 118–139.

—. "Ha-Sakanot ve-ha-Ta'anugot she-be-Sinqretizm Dati." *Meḥqarei Yerushalayim be-Maḥshevet Yisra'el* 23. Jerusalem, 2011: 249–278.

—. "Sabbatian Charlatans: The First Jewish Cosmopolitans." *European Review of History* 17 (2010): 361–378.

—. *Sabbatian Heresy: Writings on Mysticism, Messianism, and the Origins of Jewish Modernity*. Waltham, Massachusetts, 2017.

—. "The Literary Character and Doctrine of Jacob Frank's The Words of the Lord." *Kabbalah* 9 (2003): 175–210.

—. *The Mixed Multitude: Jacob Frank and the Frankist Movement, 1755–1816*. Philadelphia, 2011.

—. "The Rabbi and the Jesuit: On Rabbi Jonathan Eibeschütz and Father Franciscus Haselbauer Editing the Talmud." Jewish Social Studies 20 (2014): 147–184.

—. *Va-'Avo ha-Yom 'el ha-'Ayin: Quntres ba-Qabbalah le-R. Yehonatan Eibeschütz*. Los Angeles, 2014.

Makuljević, Svetlana Smolčić. "Nathan of Gaza, Shabbetai's Prophet and His Lost Skopje Grave." *El Prezente 10* (2016): 191–213.

Meir, Jonatan. *Reḥovot ha-Nahar: Qabbalah ve-'Eqzoteriyut bi-Yirushalayim (1896–1948)*. Jerusalem, 2011.

Mélikoff, Irène. *Sur les traces du soufisme turc: recherches sur l'Islam populaire en Anatolie*. Istanbul, 1992.

Michaelson, Jay. "Conceptualizing Jewish Antinomianism in the Teachings of Jacob Frank." *Modern Judaism* 37 (2017): 338–362.

—. *I do not look to heaven, but at what God does on earth: Materialism, Sexuality, and Law in the Jagellonian Manuscript of Jacob Frank's Zbior Słow Panskich*. Ph.D. dissertation. The Hebrew University of Jerusalem. 2012.

Molkho, Yitzḥaq. "Ḥomer le-Toldot Shabtai Tsvi ve-ha-Donmim 'asher be-Saloniqi." *Reshumot* 6 (1930): 537-543.

—. "Le-Demuto ve-Zehuto shel Berukhiyah Russo." *Maḥberet* (1953): 97-99.

Molkho, Yitzḥaq and Amarillio, Avraham. "'Iggeret 'Otobiografiyot shel Qardozo." *Sefunot* 3-4 (1960): 183-241.

Molkho, Yitzḥaq and Schatz, Rivkah, "Perush Lekh Lekhah le-Yehudah Levi Tuvah." *Sefunot* 3-4 (1960): 433-521.

Morgenstern, Arie. *Ge'ulah be-Derekh ha-Teva': Talmidei ha-Gra' be-'Erets Yisra'el 1800-1840*. Jerusalem, 1997.

—. *Meshiḥiyut ve-Yisshuv 'Erets Yisra'el*. Jerusalem, 1985.

Nadav, Yael. "R. Shlomo 'Ayllion ve-Quntreso be-Qabalah Shabta'it." *Sefunot* 3-4 (1960): 301-347.

Naor, Bezalel. *Post-Sabbatian Sabbatianism: Study of Underground Messianic Movement*. New York, 1999.

Nehama, Joseph. "Sabbatai Cevi et Les Sabbatéens de Salonique." *Revue des Ecoles de L'Alliance Israelite* 5 (1902): 281-323.

Niebuhr, Karsten. "Von den verschiedenen Nazionen und Religionspartheien in dem türkischen Reiche". *Deutsches Museum* Siebendes Stück, Zweiter Band (1784).

Oron, Mikhal. *Ha-'Pli'ah' ve-ha-'Qanah: Yesodot ha-Qabbalah shebahem, 'Emdatam ha-Datit Ḥevratit ve-Derekh 'Itsuvam ha-Sifrutit*. Jerusalem, 1982.

—. "Sefer Gaḥalei 'Esh: Te'udot le-Toldot ha-Ma'avaq ba-Shabta'ut." Elior, ed. *Ha-Ḥalom ve-Shivro* 1. 73-92.

Perlmuter, Moshe Arie. *R. Yehonatan Eibeschütz ve-Yaḥaso shel ha- Shabta'ut: Ḥaqirot Ḥadashot 'al Yesod Ktav ha-Yad Sefer Va-'Avo ha-Yom 'el ha-'Ayin*. Jerusalem, 1947.

Putík, Alexandr. "The Prague Sojourn of Rabbi Jacob Emden as Depicted in his Autobiography Megillat Sefer." *Judaica Bohemiae* 42 (2006): 53-124.

Ram, Uri. "From Nation-State to Nation — State: Nation, History and Identity Struggles in Jewish Israel." Nimni, ed. *The Challenge of Post-Zionism*. London, 2003: 20-41.

Rapoport-Albert, Ada. *Women and the Messianic Heresy of Sabbatai Zevi: 1666-1816*. Oxford, Porland, Oregon, 2011.

Rosanes, Shlomo. *Qorot ha-Yehudim be-Turqiyah ve-'Artsot ha-Qedem* 4, Sofia, 1934.

Rosenstock, Bruce. "Abraham Miguel Cardozo's Messianism: A Reappraisal." *AJS Review* 23 (1998): 63-104.

Rosman, Moshe. *Founder of Hasidism: A Quest for the Historical Ba'al Shem Tov.* Berkeley, Los Angeles, London, 1996.

Rubashow, Zalman. "Sofro shel Mashiaḥ: Le-Toldotav shel Shmu'el Primo Mazkilo shel Shabtai Tsvi." *Ha-Shiloaḥ* 29 (1913): 36-47.

Schacter, Jacob Joseph. *Rabbi Jacob Emden: Life and Major Works.* Ph.D. dissertation. Harvard University, 1988.

—. "Motivations for Radical Anti-Sabbatianism: The Case of Hakham Zevi Ashkenazi." Elior, ed. *Ha-Ḥalom ve-Shivro* 2. Jerusalem, 2001: 31-49.

Scholem, Gershom. "Berukhiya Rosh ha-Shabta'im be-Saloniqi." *Zion* 6 (1941): 119-147; 181-201.

—. "Gey Ḥizzayon: Apoqalipsah Shabtait mi-Teiman." *Qobets 'al Yad* 14, *Sidrah Ḥadashah* 4 (1946): 103-142.

—. "Die krypto-jüdische Sekte der Dönme in der Türkei." *Numen* 7 Fasc. 2 (1960): 93-122.

—. "Die Metamorphose des häretischen Messianismus der Sabbatianer im religiösen Nihilismus im 18. Jahrhundert." Horkheimer, ed. *Zeugnisse: Theodor W. Adorno zum sechzigsten Geburtstag.* Frankfurt-am-Main, 1963: 20-32.

—. "Die mystische Gestalt der Gottheit in der Kabbala." *Eranos Jahrbuch* 29 (1960): 139-182.

—. "Ein Frankist: Moses Dobruschka und seine Metamorphosen." *Max Brod: Ein Gedenkbuch.* Tel Aviv, 1969: 77-92

—. "Gut und Böse in der Kabbala." *Eranos Jahrbuch* 30 (1961): 29-67.

—. "Ḥadashot li-Ydi'at 'Avraham Qardozo." *Ma'amarim le-Zikaron R. Zwi Perez Chajes z"l.* Vienna 1933: 323-350.

—. *Ḥalomotav shel Shabta'i R. Mordekhai 'Ashkenazi.* Berlin, 1938.

—. "Ha-Tenu'ah ha-Shabbeta'it be-Polin." *Beit Yisra'el* 2 (1954): 36-76.

—. "'Iggeret 'Avraham Mikha'el Qardozo le-Dayyanei 'Izmir." *Zion* 19 (1954): 1-22.

—. "'Iggeret Magen 'Avraham mi-'Erets ha-Ma'arav." *Qobets 'al Yad* 2 (1937): 121-155.

—. "'Iggeret me'et R. Ḥayyim Mal'akh." *Zion* 11 (1945): 168-174.

—. "'Iggeret Natan ha-'Azzati 'al Shabtai Tsvi ve-Hamarato." *Qobets 'al Yad* 6 (1966): 419-456.

—. "Kabbalah und Mythus." *Eranos Jahrbuch* 17 (1949): 287-334.

—. "Le-Sh'elat Yeḥasam shel Gdolei Yisra'el 'el ha-Shabta'ut." *Zion* 13-14 (1948-1949): 47-62.

—. "Liqutim Shabta'im." *Zion* 10 (1945): 140-148.

—. "Li-Ydi'at ha-Shabta'ut mi-tokh Kitvei Qardozo." *Zion* 7 (1942): 12-28.

—. *Mafteḥot le-Kitvei ha-Pulmus Emden-Eibeschütz.* Jerusalem, 2005.

—. "Mashmaut shel ha-Torah be-Mistiqah Yehudit." *Pirqei Yesod be-Havanat ha-Qabbalah ve-Smaleha.* Jerusalem, 1976: 36–85.

—. *Meḥqarei Shabta'ut.* Tel Aviv, 1991.

—. "Mitsvah ha-Ba'ah be-'Averah." *Kneset* 2 (1937): 347–392.

—. "Parashiyot be-Ḥeqer ha-Tenu'ah ha-Shabbeta'it." *Zion* 6 (1941): 85–100.

—. "Perush Mizmorei Tehillim mi-Ḥugo shel Shabtai Tsvi be-Adrianople." *'Alei 'Ayin: Minḥat Dvarim le-Shlomo Zalman Schocken.* Jerusalem, 1948–1952: 157–211.

—. *Pirqei Yesod be-Havanat ha-Qabbalah ve-Smaleha.* Jerusalem, 1976.

—. "R. 'Eliyahu ha-Kohen ha-'Itamari ve-ha-Shabbta'ut." *Sefer ha-Yovel li-Khvod Alexander Marx li-Melo'at lo Shiv'im Shanah.* New York, 1950: 451–470.

—. *Reshit ha-Qabbalah.* Jerusalem, Tel-Aviv, 1948.

—. *Sabbatai Ṣevi: The Mystical Messiah.* Princeton, 1973. [with a new introduction by Yaacob Dweck. Princeton, 2016.]

—. "Seder Tefilot shel ha-Donme mi-kat ha-'Izmirim." *Qiryat Sefer* 18 (1941–42): 298–312; 394–408; *Qiryat Sefer* 19 (1942–43): 58–64.

—. *Shabtai Tsvi ve-ha-Tenu'ah ha-Shabta'it be-Yemei Ḥayyav.* 2 vols. Tel Aviv, 1957.

—. "Shnei Meqorot Ḥadashim Lidi'at Torato shel 'Avraham Mika'el Qardozo." *Sefunot* 3–4 (1960): 243–300.

—. "Shnei Sridim shel Kitvei Yad be-'Osef 'Adler ha-Nog'im Toldot ha-Shabta'ut." *'Erets Yisra'el* 4 (1956): 188–194.

—. "Te'udah le-Toldot Neḥemiyah Ḥiyya' Ḥayyon ve-ha-Shata'ut." *Musaf Tsiyon* 3 (1939): 172–179.

—. "Te'udot Shabta'iyot 'al Natan ha-'Azzati be-Ginzei R. Mahalalel Halleluyah be-Ancona." *Sefer ha-Yovel li-Kvod Tzi Wolfson.* Jerusalem, 1965: 225–241.

—. "Te'udot Shabta'iyot Ḥadashot mi-Sefer To'ei Ruaḥ." *Zion* 7 (1942): 172–196.

—. "'Tsmiḥat Qeren Ben-David': Maqor Ḥadash mi-Reshit Yemei Kat ha-Donmeh be-Saloniqi." *Tarbiz* 32 (1963): 67–79.

—. *Toldot ha-Tenu'ah ha-Shabta'it.* Meir and Yamamoto, eds.. Jerusalem, 2017.

—. "Yedi'ot 'al ha-Shabta'im be-Sifrei ha-Misi'onerim ba-Me'ah ha-18." *Zion* 9 (1944): 27–38; 84–88.

Scholem, Gershom and Wilhelm, Jacob David. "Keruzei 'Ḥivya' de-Rabbannan' neged Kat Shabtai Tsvi." *Qiryat Sefer* 30 (1955): 99–104.

Schatz, Rivkah. "Le-Demutah ha-Ruḥanit shel 'Aḥat ha-Kitot ha-Shabta'iyot." *Sefunot* 3–4 (1960): 397–431.

Sela, Shlomo. *'Astrologiyah ve-Parshanut ha-Miqra' be-Haguto shel 'Avraham 'ibn 'Ezra.* Be'er Sheva', 1999.

Silberstein, Laurence J. "Postzionism and Postmodernism Theory." *Modern Judaism and Historical Consciousness: Identities, Encounters, Perspectives.* Gotzmann, An-

dreas and Wiese Christian, eds.. Leiden, Boston, 2007: 445–471.

Sisman, Cengiz. "Cortijo de Sevi as Lieu de Mémoire: The Past, Present, and Future of Sabbatai Ṣevi's House." *Journal of Modern Jewish Studies* 11 (2012): 61–84.

—. *The Burden of Silence: Sabbatai Ṣevi and the Evolution of the Ottoman-Turkish Dönmes.* 2015.

Slousch, Nahum. "Les Deunmeh: Une secte judéo-musulmane de Salonique." *Revue du Monde Musulman* 6 (1908): 483–495.

Stroumsa, Gedaliahu G. "The Early Christian Fish Symbol Reconsidered." *Messiah and Christos: Studies in the Jewish Origins of Christianity.* Tübingen, 1992: 199–205.

Telenberg, Aron. "Ha-Te'ologiyah ha-Shabta'it le-Yehudah Levi Tuvah bi-Perusho be-Parashat Bereshit." *Kabbalah* 8 (2003): 151–183.

Tishby, Isaiah. "Be-'Iqvot be-'Iqvot Mashiaḥ." *Qiryat Sefer* 21 (1944–1945): 12–17.

—. "Ben Shabta'ut ve-Ḥasidut: Shabta'uto shel ha-Mequbal R. Ya'aqov Qopel Lipshits mi-Mezrich." *Kneset* 9 (1945): 238–268.

—. "Demuto shel Rabbi Mosheh David Valle (Ramdav) ve-Ma'amado be-Ḥavurat Ramḥal." *Zion* 44 (1979): 265–302.

—. "Hashlamot le-Ma'amari 'al Maqor ha-'Imrah "Qudsha' Berikh Hu' 'Oraita' ve-Yisra'el Kula' Ḥad"". *Qiryat Sefer* 50 (1974–1975): 668–674.

—. "Ha-Tsisah ha-Meshiḥit be-Ḥugo shel Mosheh Ḥayyim Lutsato le-'Oram shel Ketuvah ve-Shirim Meshiḥim." *Sefer Yovel le-Yitsḥaq Ber: Bi-Melo'at lo Shiv'im Shanah.* Jerusalem, 1961: 374–397.

—. "'Iggeret Rabbi Me'ir Rofe le-Rabbi 'Avraham Rovigo mi-Shnot 435–440." *Sefunot* 3–4 (1960): 71–130.

—. ""Qudsha' Berikh Hu' 'Oraita' ve-Yisra'el Kula' Ḥad": Meqor ha-'Imrah be-Perush "'Idra' Rabba'" la-Ramḥal." *Qiryat Sefer* 50 (1974–1975): 480–492.

—. "Te'udot Shabta'iyot 'al Natan ha-'Azzati bi-Kitvei R. Yosef Ḥamits." *Sefunot* 1 (1947): 80–117.

—. "Tiqqunei Tshuvah shel Natan ha-'Azzati." *Tarbiz* 15 (1944): 161–180.

Tsedeq, Yosef Kohen. "Ḥerev Pifiyot." *'Otsar Ḥokhmah* 3 (1865): 22–29.

Van Bekkum, Wout and Yamamoto, Shinichi. "'The Prophet Nathan Has Come, with Shabbetay Ṣvi': An Unknown Praise Poem from the Days of Early Sabbateanism." *Frankfurter Judaistische Beiträge* 39 (2014): 69–81.

Van der Haven, Alexander. *From Lowly Metaphor to Divine Flesh: Sarah the Ashkenazi, Sabbatai Tsevi's Messianic Queen and the Sabbatian Movement.* Amsterdam, 2012.

Van der Wall, Ernestine. "The Amsterdam Millenarian Petrus Serrarius and the Anglo-Dutch Circle of Philo-Judaists." Van den Berg and Van der Wal, eds. *Jewish-Christian Relations in the Seventeenth Century.* Dordrecht, 1988.

Van Wijk, Jetteke. "The Rise and Fall of Shabbatai Ẓevi as Reflected in Contemporary Press Reports." *Studia Rosenthaliana* 33 (1999): 7–27.

Werses, Shmuel. *Haskalah ve-Shabta'ut: Toldotav shel Ma'abaq*. Jerusalem 1988.

Wirszubski, Chaim. "Ha-'Ide'ologiya ha-Shabta'it shel Hamarat ha-Mashiaḥ: Lefi-Natan ha-'Azzati ve-'Iggeret Magen 'Avraham." *Zion* 3 (1938): 215–245.

—. "Ha-Mequbal ha-Shabta'i R. Moshe David mi-Podhajce." *Zion* 7 (1942): 73–93.

—. "Ha-Te'ologiya ha-Shabta'it shel Natan ha-'Azzati." *Kneset* 8 (1944): 210–246.

Wolfson, Elliot R. *Language, Eros, Being: Kabbalistic Hermeneutics and Poetic Imagination*. New York, 2005.

—. "Construction of the Shekhinah in the Messianic Theosophy of Abraham Cardoso with an Annotated Edition of Derush ha-Shekhinah." *Kabbalah* 3 (1998): 11–143.

Ya'ari, Abraham. *Ha-Defus ha-'Ivri be-Qushta': Toledot ha-Dfus ha-'Ivri be-Qushta' me-Reshito 'ad Paruts Milḥemet ha-'Olam ha-Shniyah ve-Reshimat ha-Sfarim shel Nidpasu bah. Musaf le-Qiryat Sefer* 42. Jerusalem, 1967.

Yamamoto, Shinichi. "Torat ha-Shmitot ve-ha-Meshiḥiyut bi-Kitvei Natan ha-'Azzati." *Kabbalah* 38 (2017): 299–320.

Yerushalmi, Yosef Hayim. *From Spanish Court to Italian Ghetto, Isaac Cardoso: A Study in Seventeenth-Century Marranism and Jewish Apologetics*. New York, 1971.

Yosha', Nissim. *'Anus be-Ḥavalei Mashiaḥ: Teologiyah, Filosofiya ve-Meshiḥiyut be-Haguto shel 'Avraham Mikha'el Qardoso*. Jerusalem, 2015.

Žaček, Václav. "Zwei Beiträge zur Geschichte des Frankismus in den böhmischen Ländern." *Jahrbuch der Gesellschaft fuer Geschichte der Juden in der Čechoslovakischen Republik* 9 (1938): 343–410.

Zarcone, Thierry. "French Pre-Masonic Fraternities, Freemasonry and Dervish Orders in the Muslim World." Önnerfors and Sommer, eds. *Freemasonry and Fraternalism in the Middle East*. Sheffield, 2008: 15–52.

著者略歴

東京大学大学院人文社会系研究科博士課程修了。博士（文学）。専門は宗教学。日本学術振興会特別研究員（DC2・PD・海外）、ベン・グリオン大学研究員を経て、東京理科大学と國學院大學にて講師。現在は株式会社チームボックス取締役。慶應義塾大学大学院システムデザイン・マネジメント研究科修士課程に在籍。代表的な業績に『総説カバラー――ユダヤ神秘主義の真相と歴史』（原書房、2015年）、”A Comparative Analysis of Kabbalistic and Ismāʿīlī World Cycles.” *CISMOR* 8（2015）、“Torat ha-Shmitot ve-ha-Meshiḥiyut bi-Kitvei Natan ha-ʿAzzati.” *Kabbalah* 38（2017）、*Toldot ha-Tenuʿah ha-Shabtaʾit*（2017）がある。

異端の鎖
シャブタイ・ツヴィをめぐるメシア思想とユダヤ神秘主義

2024年11月8日　第1版第1刷発行

著　者　山《やま》　本《もと》　伸《しん》　一《いち》

発行者　井　村　寿　人

発行所　株式会社　勁《けい》　草《そう》　書　房

112-0005　東京都文京区水道2-1-1　振替　00150-2-175253
（編集）電話　03-3815-5277／FAX 03-3814-6968
（営業）電話　03-3814-6861／FAX 03-3814-6854
三秀舎・牧製本

©YAMAMOTO Shinichi　2024

ISBN978-4-326-10346-1　Printed in Japan

JCOPY ＜出版者著作権管理機構 委託出版物＞
本書の無断複製は著作権法上での例外を除き禁じられています。
複製される場合は、そのつど事前に、出版者著作権管理機構
（電話 03-5244-5088、FAX 03-5244-5089、e-mail: info@jcopy.or.jp）
の許諾を得てください。

＊落丁本・乱丁本はお取替いたします。
ご感想・お問い合わせは小社ホームページから
お願いいたします。

https://www.keisoshobo.co.jp

坪光生雄　受肉と交わり　チャールズ・テイラーの宗教論　A5判　六〇五〇円　10312-6

V・ロースキィ　宮本久雄訳　キリスト教東方の神秘思想　A5判　四四〇〇円　10066-8

渡名喜庸哲　レヴィナスの企て　『全体性と無限』と「人間」の多層性　A5判　五七二〇円　10289-1

L・M・プリンチーペ　H・ヒライ訳　錬金術の秘密　再現実験と歴史学から解きあかされる「高貴なる技」　A5判　四九五〇円　14830-1

J・ボベロ　R・リオジエ　伊達聖伸・田中浩喜訳　〈聖なる〉医療　フランスにおける病院のライシテ　四六判　四〇七〇円　15473-9

藤井修平　科学で宗教が解明できるか　進化生物学・認知科学に基づく宗教理論の誕生　A5判　四四〇〇円　10317-1

＊表示価格は二〇二四年一一月現在。消費税（一〇％）が含まれております。
＊ＩＳＢＮコードは一三桁表示です。

勁草書房刊